신자유주의와 세계민중운동

신자유주의와 세계민중운동

전태일을 따르는 민주노조운동연구소 편역

신자유주의에 맞서 인간성을 옹호하기 위하여

신자유주의라는 거창한 주제는 우리의 지식 세계에서는 좀 생소하다. 1990년대 이후 영·미 등 서구에서 신자유주의가 범람하면서 그것은 우리에게 신보수주의 정책으로, 또는 포스트-마르크스주의로 다가왔다. 진보적인 세력 가운데 많은 부분이 이 담론에 휩쓸려 들어갔다. 포스트-포드주의론이니 하는 진보주의판(版) 신자유주의가 판을 쳤다. 그렇지 않으면 낡은 현실인식, 낡은 이론에 머물러 있었다. 일국적 현실과 세계적 현실을 통일적으로 보지 못했다. 보편이라는 이름 아래 서구적인 것을 직수입해서 우리나라에 적용하기만 했다.

지식인 세계가 이러하니 노동자 대중에게는 더 했다. 신경영, 신노동이란 말은 들어봤지만 신자유주의는 들어보지도 못했다. 그런데 경제 대공황과 IMF 신탁통치를 계기로 해서 신문이나 잡지에서 이 말이 유행하고 있다.

이 책을 서둘러 펴내게 된 이유도 거기에 있다. 신자유주의란 도대체 무엇인가? 우선 그것을 좀 알고나 봐야 되겠기 때문이다. 그러나 막상 신자유주의를 알아보려고 하니 이 사물은 너무나 폭이 넓고 깊이가 깊다. 너무나 광범위하다. 그리고 너무나 근원적이다. 인간의 여러 가지 문제의 총체가 이것과 직결되어 있다. 신자유주의를 안다는 것은 현실을 안다는 것이고 역사를 안다는 것이다. 사회구성체만이 아니라 문명을 안다는 것이다. 경제만이 아니라 정치를 아는 것이다. 국내만이 아니라 국제를 아는 것이다. 동향만이 아니라 전략을 아는 것이다.(이에 대해서는 다음에 이어지는 편역자의 서론「신자유주의란 무엇인가」에서 다루고자 한다.) 경제학, 정치학, 역사학, 문화인류학, 철학 등 어느 하나의 학문 범주만으로는 코끼리 다리 만지기 식이 되지 않을 수 없다. 삶에 대한 모든 지적인 것들을 필요로 한다.

그래서 어렵기만 하다. 이것을 학술논문 쓰듯이 한다면 너무나 광범위해서 큰 백과사전이 되고 말 것이다. 또 그 근본적 물음에 대해 답하자면 심오하기가 이를 데 없을 것이다. 앞으로 이런 작업들이 필요하겠지만 지금은 역부족이다. 지금은 이 살아 움직이는 사물에 대해 그 개요와 핵심적인 성격이라도 알아봐야 하겠다. 그렇게 하기 위해서 하나의 완결된 체계를 갖춘 저술보다는 이 복잡한 사물을 다각도에서, 여러 측면에서 살펴본 인식들을 들어보는 것이 좋을 것이다. 사실보도에서 짧은 평론, 학술 논문에 이르기까지―특히 학술 논문보다는 학술적 엄격성이 떨어지더라도 현실을 생생하게 보여주는 언론 기사가 더 적절할 수도 있다.

이런 생각을 가지고 우리는 신자유주의라는 이 코끼리, 그것도 정지해 있지 않고 밀림 속을 뛰어다니고 있는 이 코끼리를 더듬어 보기로 했다. 다리도 만져보고, 코도 만져보고, 잠잘 때도 보고, 뛰어갈 때도 보고, 새끼를 낳는 것도 보고, 죽어서 남긴 상아도 보고!

이 책은 그런 것이다. 코끼리 더듬듯한 것이다. '코끼리는 이것이다'라고 논리적으로 체계화하여 제시하기에 앞서, 함께 알아 나가기 위해서 '나는 이렇게 봤다'는 이야기를 나누고자 했다. 나는 코끼리의 큰 코를 보았다. 나는 잠자는 코끼리를 보았다.… 그래서 신자유주의를 여러 각도에서 여러 부분, 여러 측면에 대해 바라본 이야기들을 실었다.

하지만 우리는 그저 심심풀이로 동물원의 코끼리 구경을 하고 있는 것이 아니다. 그들은 밀림의 코끼리들이다. 그들이 밀림 속을 휘젓고 다니면 그들에게는 무심한 일일지라도 그것에 밟힌 작은 동물들은 생명을 잃는다. 그렇다면 작은 동물들은 저 코끼리를 어떻게 해야 할까? 코끼리에 맞서는 토끼들의 대응은? 이것을 위해 코끼리를 알아보려는 것이다.

그러므로 우리는 그 코끼리의 활보가 토끼들의 생존에, 삶에 어떤 작용을 미치고 있고, 미치게 될 것인지를 알아보는 동시에 다른 토끼들은 어떻게 대처하고 있는지도 알아볼 필요가 있었다. 서양의 흰 토끼는? 인디언 토끼는? 아프리카 토끼는? 노란색 아시아 토끼는? 인디오와 백인의 피가 섞인 중남미의 토끼는? 노동자 토끼는? 농민 토끼는?

토끼들이 코끼리에 대들고 있다. 덩치로 보나 힘으로 보나 상대가 되지 않는 토끼들이! 코끼리가 그 긴 코를 가지고 한번 채버리면 나가떨어질 토끼들이! 아시아 토끼도 유럽 토끼도 대들고 있다. 토끼는 힘이 없다. 그러나 정말 아무 힘도 없을까? 코끼리가 늙고 병들어 죽을 때를 기다려야 할까? 코끼리떼가 커져서 숲의 나뭇잎을 다 먹어치워 숲을 못쓰게 만들어서 자멸할 때를 기다릴 것인가? 그때에는 토끼들도 다 죽을 텐데!

여기에 토끼의 딜레마가 있다. 그리고 사고의 파격이 필요하다. 행동의 파격이 필요하다.

자연사에 보면 맘모스떼는 없어지고 토끼는 세계에 걸쳐 남아 있다. 어린 시절 토끼를 키우던 생각을 해 본다. 얼마나 탐스럽고 귀여운가! 토끼는 풀만 먹고 산다. 토끼는 산을 뛰어내리기보다 올라가기를 더 잘한다. 그렇지! 그러면 코끼리 등에도 뛰어오를 수 있겠구나! 사방에서 그렇게 토끼떼가 덮치면 코끼리가 놀라자빠지겠구나! 그렇게 해서 코끼리를 벼랑으로 몰고 갈 수 있겠구나! 그리고 평화로운 토끼 세상을 만들 수 있겠구나! 그렇게 하려면 모든 토끼떼들이 필요하겠구나! 또 코끼리 등에 뛰어오를 담력이 필요하겠구나! 발상의 전환이 필요하겠구나!

그런 이야기들이 필요할 것 같았다. 그래서 코끼리와 싸우는 토끼들의 이야기를 실었다. 노동자 토끼, 농민 토끼, 미국 토끼, 영국 토끼, 브라질 토끼의 이야기를!

*   *   *

우리들이 이렇게 신자유주의를 알아보기 위해 시도한 것은 거슬러 오르면 1994년부터이다. 북미자유무역협정(NAFTA)이 체결되고 유럽공동

8

체가 유럽연합으로 이행하고 아시아·태평양 경제협력체(APEC)가 강화되고, 뒤이어 세계무역기구(WTO)체제가 들어서고 하는 것을 보면서 자본주의 세계질서에 뭔가 커다란 변화가 오고 있다는 것을 감지했다. 지나고 보면 이것도 매우 뒤늦은 감지였지만! 그래서 국제정세에 각별히 관심을 기울여 왔다. 그동안 주로 일국적 시야에 갇혀 있었던 한계를 극복해 보고자 했다. 그러나 기초적인 지식이 부족한데다 지배세력이 정보를 독점하고 있음으로 해서 이 큰 흐름을 정확하게 파악하기란 쉽지 않았다. 그래서 세계화냐 블록화냐 하는 낡은 구도를 가지고 이해해 보려 하기도 했다. 그러나 그런 틀로는 아무래도 잘 들어맞지 않았다.

한편 세계화는 그냥 제국주의의 팽창이 아니었다. 그냥 다국적 기업도 아니었다. 가끔 초국적 자본이라는 표현이 나왔지만, 이것을 놓고도 자본에 국적이 있느냐 없느냐 하는 형식주의적인 논의에 그쳤다.

그러나 우리는 초국적 자본이라고 인식했다. 왜 그렇게 보았느냐 하면 선진 독점자본은 이미 민족국가를 뛰어넘고 있었기 때문이다. 그들은 초국가가 아니라 초민족국가인 것이었다. 그들은 국가가 필요하다. 민족국가를 뛰어넘는 국가가! 유럽연합은 그런 움직임을 보여준다. 반면에 그들은 제3세계에서는 민족국가의 무력화를 추진한다. 초국적 자본은 그렇게 해서 자신의 모국을 비롯해 그들에게 통합된 지역을 지배하고자 하고 있는 자본이다. 나아가 그들은 그러한 통합과 지배를 전 세계로 확장하려 하는 자본이다.

또 "다국적"은 주로 생산자본의 이동을 특징으로 한다면 "초국적"은 금융자본이 전면에 나서서 추진한다. 민족국가를 무력화시키고자! 지금은 다국적 생산자본의 단계를 넘어 초국적 금융자본이 형성되고 그들이 세계 자본주의를 주도하고 있는 시대이다.… 이렇게 하면서 인식은 현실을 따라갔다.

이런 인식을 가지고 이 흐름에 저항하는 노동자들의, 진보세력의 움직임을 주시했다. 그 가운데서 가장 눈에 띈 것은 멕시코의 사파티스타(94년 초 치아파스주 농민봉기를 통해 세계에 알려진)였다. 어째서 원주민들이, 멕시코에서, 민족해방을 기치로 들고 일어났는가? 숫자도 얼마 되지 않는데….

이렇게 변화하는 현실을 있는 그대로 파악하기 위하여 우리는 낡은 고정관념들을 혁파하기로 했다. 이것은 청산이 아니다. 혁신도 아니다. 변혁이다. 우리의 사고, 행위부터 어떤 고정적인 것에서 해방되어야 했다. 그렇게 하려고 하는 속에서만 세상이 보일 수 있었다.

그러자 서서히 세상이 눈에 들어오기 시작했다. 자꾸만 멕시코의 사파티스타가 눈에 어른거렸다. 그리고 프랑스가 신경이 쓰였다. 프랑스에서는 95년에 노동자의 총파업이 있었다. "파리의 택시운전사"는 그곳에서 뭔가 새로운 것이 진행되고 있다고 전해주었다. 그래서 프랑스를 공부하기로 했다. 아니나 다를까 97년 여름에 좌파연합 정부가 들어섰다. 어째서 그럴 수 있는가? 이렇게 프랑스 소식에 귀를 기울이고 있던 중에 ≪한겨레신문≫을 통해 사파티스타의 부사령관인 마르코스의 글이 ≪르 몽드 디쁠로마띠끄≫에 실렸다는 것을 알게 되었다. 작년 우리나라의 총파업 당시 ≪르 몽드≫가 그 소식을 전하면서 "신자유주의에 대한 저항"이라고 표현했던 것을 기억하고 있던 터였다.

그래서 부족한 어학실력에도 불구하고 사전과 씨름하며 1년여 치의 ≪르 몽드 디쁠로마띠끄≫를 살폈다. 거기에는 신자유주의에 대한 많은 글들이 실려 있었다. 그것들을 서둘러 번역하여 전국노동운동단체협의회에서 발행하는 ≪주간정세동향≫에 하나씩 실었다. 그러면서 인편을 통하여 그 밖의 신자유주의에 대한 문헌을 알아보았다. 유럽쪽의 친지들 신세를 졌다. 그리고 다른 글들도 구해 보았다. 하지만 능력부족으로 많이 입수하지 못했고, 다 읽어내지도 못했다.

이 과정에서 소개할 만한 글들을 한데 모아 지난해 11월 전태일 열사 27주기를 맞이하여 자료집(『신자유주의와 세계민중의 저항』)으로 발간했다. 선진노동자들이 읽고서 신자유주의를 조금이라도 체계적으로 이해하는 데 도움이 되었으면 하는 취지였다. 그런데 그렇게 자료집을 내고 나서 곧바로 공황이 터져 나왔다. 공황이 진행되면서 처음에는 그냥 경제위기로만 이해하다가 차츰 이것이 신자유주의 세계의 현실이라는 것, 구조조정이라는 이름으로 IMF-미국-초국적 자본이 신자유주의 개혁을 강요한다는 것, 패러다임 전환을 꾀한다는 것을 알게 되면서 대중적으로 신자유주의에 대한 이해의 필요성이 높아졌다.

신자유주의란 무엇인가? 신자유주의 개혁이란? 신자유주의 패러다임 이란? 그에 대해 우리가 취해야 할 태도는? 우리의 대응은? 이러한 것들 이 노동자·민중의 일반적 관심사로 되었다.

이 요청에 부응하기에는 우리의 준비정도가 너무 부족했다. 불가피하 게 작년 11월에 발간한 자료집을 두 달 만에 손질하고 보충해서 책으로 펴내기로 했다. 작년에 발간된 자료집에서 추가된 부분은 제1부 7의 동 아시아 금융위기에 대한 글 하나뿐이다.

다른 글들은 자료집보다는 책으로 내는 것이 공식성이 무거운 만큼 번 역의 정확성을 기하고 표현을 매끄럽게 다듬기 위해 재점검하고 손질을 가했다. 다시 작업하면서 보니 틀린 곳도 여러 군데 있었다. 그리고 무엇 보다도 표현에 번역투가 많았다. 원문에 최대한 충실하려고 그렇게 했지 만, 이번 과정을 통해 원문에 충실하면서도 매끄럽게 표현하는 것이 가 능하고 필요하다는 것을 배웠다.

＊　　　＊　　　＊

이 책을 접하면서 독자들은 그 형식에 대해 당혹해할 수도 있을 것이 다.

우선 글투가 좀 특이할 것이다. 우리는 가능하면 말하는 대로 글을 쓰 려고 했다. 우리나라 책들은 대개가 논문투이다. 논문투의 글은 사물을 정태적으로 분석, 서술하는 것이 기본이다. 그러나 이 글은 사물을 동태 적으로 표현하는 경우가 많다. 예컨대 "…하고 있다" "…하고 있었다" 등 의 표현이 자주 나온다. 신자유주의는 움직이는 사물이다―하기야 모든 사물이 그러하지만. 이 움직임을 움직이는 상태에서 포착하는 것이 필요 하다. 이런 것을 저널리즘적이라고 하거나 비과학적이라고 하는 시각에 우리는 동의하지 않는다. 과학은 해석이 아니다. 움직임들의 생생한 현상 과 그 연관을―그것도 움직이는 그대로―포착하려면 어법이 달라질 필요가 있다. 그것이 우리의 문제의식이다.

둘째로 우리의 글투는 가치함축적이다. 흔히 과학에는 가치판단이 배제되어야 한다고 말한다. 우리는 거기에 동의하지 않는다. 그냥 주장만 하는 것이 되어서는 안 되지만 과학적 인식은 처음부터 끝까지 가치와 함께 간다. 우리의 인식관심 선정부터가 가치판단을 내포하고 있다. 우리는 신자유주의에 대해 기본적으로 비판적인 의식을 가지고 이 사물을 분석하고 있다. 인간다운 삶과 어떤 관계를 가지는가를 가치기준으로 하여 바라보고 있다. 그러므로 모든 분석에 그것이 배어 있다.

셋째는 대화적이다. 흔히 과학은 일방적인 해설이나 제시라고 생각한다. 그러나 우리가 보기에 과학은 사람과 사람간의 대화이다. 관계하면서 만들어 간다. 대상세계에 대해서도 그러하다. 우리는 신자유주의와 대결하면서 인식한다. 또 우리는 독자와 대화하면서 우리의 인식을 만들어 간다.

이렇게 진행형으로, 가치판단적으로, 대화적으로 쓰여진 글인 만큼 학술적인 것과는 잘 어울리지 않는다. 그러나 학술이 무엇인가? 우리는 ‘해석’하는 학술에 절대적 의미를 부여하지 않는다. 그것은 변혁하는 이론으로 복무하는 관계에서만 참으로 긍정적인 의미를 가진다. 그리고 세상을 변혁하는 이론은 과학적이어야 하지만 학술적일 수만은 없다.

물론 이런 문제의식에 비추어 볼 때 우리의 과학성은 매우 부족하다. 그러나 이것은 그야말로 패러다임의 문제이다. 지금은 패러다임을 바꾸는 것이 먼저 필요하다. 이런 취지로 부족하지만 과감하게 우리의 방식을 선보이기로 했다. 아마도 이 책에 실린 글들은 논문보다는 평론에 더 가깝다고 말할 수 있을 것이다. 그러나 종래의 평론은 학술주의적인 경향이 있다. 그래서 평론에다 학술주의가 아니라 실천성을 강화하고자 한 것이다.

*　　　　　*　　　　　*

이런 특성과 더불어 편집에서도 특이하다. 일반적인 글과는 달리 몇

개의 문단이 하나의 단락으로 구분되었다. 이것은 원문이 그렇게 되어
있는 경우가 많았다. 그렇지 않은 경우도 이 원칙에 맞추어 중간 단락을
구분했다. 그리고 문단도 가능한 한 짧게 구분했다. 왜 이렇게 했는가?

필자들을 포함하여 유럽의 실천적인 글들에서는 흔히 그렇게 하고 있
다. 논문들은 정교한 짜임새를 가지고 쓰여진다. 그러나 사물은 매우 여
러 측면을 가지고 있다. 그것을 총체적으로 인식하려면 짜임새도 중요하
지만 이 사물을 여러 각도에서 여러 측면들을 이리저리 살펴보는 것이
더 중요하다. 그러자면 각도가 바뀔 때마다, 보는 측면이 바뀔 때마다 단
락을 구분하는 것이 좋다. 장과 절로 나누는 것만 가지고는 안 된다. 장·
절은 큰 틀에서 구분하지만, 그러한 구분은 글의 처음부터 끝까지 적용
되어야 한다. 그래서 장·절을 구분하듯이 장·절 안에서도 중간 단락이
나누어지고 또 단락 안에서 문단을 나누었다.

논리적인 정합성으로 수미일관하게 맞추는 것이 능사가 아니다. 아니,
그렇게 해서는 사물을 생생하고 입체적으로 인식하는 데 오히려 곤란하
다. 그래서 우리가 취하는 글 형식이 오히려 적합하다고 생각했다.

또한 이 책은 전문 지식인이 아니라 일반 독자층, 특히 선진노동자를
주 대상으로 하고 있다. 개념적인 이해력이나 독서력이 상대적으로 지식
인에 비해 부족하기 때문에 한 가지의 논리가 너무 길게 연결되면 따라
잡는 데 어려움을 겪을 수밖에 없다. 그러므로 문단이나 단락은 짧을수
록 좋다. 그래서 원문에는 한 단락 안에 문단이 없는 것도 다시 소문단으
로 나누었다.

요컨대 글의 형식은 최대한 독자들에게 쉽게 다가가는 것을 기준으로
했다.

번역을 하면서는 최대한 원문에 충실하고자 했다. 그러나 독자를 위해
서 소제목이 있었으면 하는 부분들에 대해서는 중간중간에 소제목을 달
았다.(초수도프스키, 판타지아, 르벨리, 홀로웨이, 끌레르몽 등의 글에서)
이것은 오직 독자들이 다음에 읽는 내용이 무엇인지 미리 안내하는 의미
이상이 아니다. 글이 몇 쪽 이상 길어지면 그렇게 소제목을 다는 것이 읽

기 쉽다고 생각했기 때문이다.(그래서 역자가 붙인 소제목은 굳이 따로
표시하지 않았다.)

　끝으로 역주를 최대한 많이 붙였다. 대개가 평론투의 글이기 때문에
성큼성큼 건너뛰는 경향이 있고 독자들이 따라가기 어려운 부분이 있었
다. 신자유주의에 대한 이해의 수준, 서구와 우리 사이의 현실적, 역사적
차이 등을 고려하여 이 부분들에 역주를 많이 붙였다. 그러다 보니 역주
의 숫자가 아주 많아졌다. 이것을 전부 각주로 처리하다 보면 책의 모양
에 균형(본문과 각주 사이에)이 안 맞을 수 있었다. 또 글을 읽어 내려가
면서 그때그때 역주를 보면서 읽어가는 것이 글을 이해하는 데 도움이
되겠다고 생각되는 부분은 본문에 끼워 넣었다. 다만 역주가 너무 길거
나, 읽어 내려가는 데 걸리적거릴 수 있는 부분은 하단의 각주로 내려 놓
았다.

*　　　　　*　　　　　*

　신자유주의에 관해서는 국내에도 훌륭한 글들이 있는데 왜 번역해서
책을 냈는지 하는 의문에 대해서도 약간의 설명이 필요하다. 우선 신자
유주의에 관한 글 자체가 많지 않았다. 그리고 그동안 우리의 시야가 진
보적인 부분 안에서도 매우 국내에 갇혀 있다고 느꼈다. 시야를 좀 트는
것이 필요하다고 보았다. 그리고 이런 취지에서 국내에서 좋은 글들이
나오면 그것들을 보다 체계적으로 묶는 일은 훗날로 남기고 우선은 체계
의 짜임새가 덜하더라도 바깥세상 사람들의 생각을 소개하는 데 국한하
기로 했다.

　여기에는 총 13편의 글이 실려 있다. 제1부(8편)는 신자유주의에 대한
이해이고 제2부(4편)는 전 세계 민중의 저항이다. 그리고 신자유주의의
배경과 동인, 성격과 특징 및 의미를 우리 노동자·민중의 입장에서 전체
적으로 바라볼 수 있도록 편역자의 서론을 덧붙였다. 제1부에서는 신자
유주의의 여러 측면들을 살펴보는 것이 초점이라면, 제2부에서는 민중들
에게 미치는 의미와 그에 대한 세계 민중의 운동적 대응에 초점이 있다.

이것을 기준으로 구분했다. 그러나 완전한 구별은 불가능하다. 제1부의 글에서도 운동적 대응에 관한 이야기가 있고 제2부에서도 신자유주의에 대한 이해가 있다. 이러한 한계 내에서의 구분이다.

제1부에서 1, 2, 3은 신자유주의를 총론적으로 이해하는 데 도움이 될 만한 글들이다. 그래서 맨 앞에 배치했다. 4, 5는 신자유주의 세계에서 우선권을 행사하고 있는 경제, 초국적 자본, 시장에 관해 집중적으로 분석한 글들이다. 안젤리스의 글(4)은 경제의 '세계화'를 총체적으로 다루고 있다. 금융의 세계화, 생산의 세계화, 그리고 경제논리의 지배라는 세 측면을 검토하고 있다. 크로티의 글(5)은 보다 범위를 좁혀서 자본이동(특히 생산)이 노동자의 노동조건(소득과 고용)에 미치는 작용을 집중적으로 분석하고 있다.

그리고 6, 7은 동아시아 금융공황에 대해 정리한 것이다. 분석적인 면은 부족하지만 아시아 공황을 총체적 시야에서 바라보게 해 줄 것이다.

8은 마피아라는 특이한 문제를 다루고 있다. 그리고 그것이 초국적 금융자본과 어떻게 연계되어 같이 움직이고 있는지를 보여주면서 금융자본, 신자유주의의 부패성을 잘 말해주고 있다.

제2부의 1은 미국—신자유주의 모국인—에서 가장 심하게 희생되고 있는 노동자들의 저항과 투쟁의 이야기이다. 이 글은 미국이 세계에 신자유주의를 강요하고 있지만 정작 자신의 나라 안에서 노동자계급의 저항으로 도전받고 있음을 생생히 보여준다. 그리고 노동운동이 어떤 자세나 방법으로 이 신자유주의라는 괴물에 대응해야 하는지도 시사해 준다.

2는 영국—신자유주의가 출현한 곳—의 이야기이다. 미국이 레이건이라면 영국은 대처인데, 그 영국에서 신자유주의가 노동을 어떻게 병들게 하고 있는지, 민중은 그에 대한 대안을 어떻게 모색하고 있는지를 잘 보여주고 있다. 이 글은 종래의 노동운동의 틀로써는 안 된다는 것, 그렇다고 새롭기만 한 것(신노동당)으로도 안 된다는 것을 잘 보여준다. 요즘은 온통 "신"자 투성이다!

3은 브라질의 이야기이고 농민들의 이야기이다. 신자유주의 세계에서는 노동자 가운데서도 능력이 뒤떨어진 노동자층에 고통이 집중적으로 강요된다. 그렇듯이 제3세계―노동자만이 아니라 농민, 도시빈민이 많이 있는―에서는 농민, 도시빈민에게 더 가혹한 고통이 강요된다. 이런 상황에 대한 이해, 그리고 이 상황에 감연히 맞서는 농민운동을 통해 민중연대의 중요성을 시사할 것이다.

4는 사파티스타 운동에 대한 이론적 해명이다. 원주민들이, 인간성의 옹호를 내걸고, 세계를 변혁하겠다고 "달려들고" 있는 일면 황당한 운동에 대해 그 이론적, 철학적 기초를 해명하고 있다. 이 글을 통해 사파티스타는 신자유주의에 대해, 그리고 운동에 대해 총체적이고 근본적인 문제를 제기하고 있음을 알 수 있을 것이다. 그들이 내놓은 실천에 대해 동의하든 않든 그들이 제기한 질문은 회피할 수 없을 것이다.

*　　　　*　　　　*

이 작업을 하는 데 많은 사람이 함께했다. 일일이 다 밝힐 수는 없지만 관계 자료들을 전해 준 분들에게 감사드린다. 이런 책을 낼 수 있도록 허락해 준 《르 몽드 디쁠로마띠끄》와 필자들에게 감사드린다. 또 안젤리스, 크로티, 홀로웨이 등에게 감사한다. 그리고 '인간성을 옹호하고 신자유주의에 반대하는 런던 위원회'에 동지적 감사를 드린다.

번역에는 영문 번역팀과 불문 번역팀이 나누어서 했다. 불문 번역은 여러모로 부족한 점이 많았다. 때로는 사전에도 나오지 않는 단어들 때문에 끙끙대야 했다. 이에 대해 도움을 준 분들에게 감사드린다. 그리고 틀리거나 부족한 점에 대해 독자 여러분께서 너그럽게 이해해 주시기를 부탁드린다. 그 대신에 더 열심히 하겠다는 약속을 드리면서.

마지막으로 이같은 글이 책으로 나올 수 있도록 배려해 준 도서출판 한울의 김종수 사장님과 편집부 여러분께 진심으로 감사드린다. 그 분들이 아니었으면 이만큼 모양을 갖춘 책이 나오지 못했을 것이다.

이 책을 이땅에 살고 싸우다 먼저 가신 열사들에게 바치고자 한다. 그 분들이 아니었으면 감히 이런 책을 내겠다는 용기가 나오지 않았을 것이

다. 그리고 고통받고 있는 동포들에게 또한 바치고자 한다. 거짓 희망이
범람하는 시기에 참 희망을 찾아서 함께 걸어 가자는 이야기를 전하면
서!

1998년 1월 30일
전태일을 따르는 민주노조운동연구소

■ 차례

제2부 — 세계 민중의 저항: 투쟁과 전략

서론
신자유주의란 무엇인가[*]

신자유주의의 세 얼굴: 세계화, 신보수주의, 신제국주의

금융공황, 경제공황으로 지금 온나라가 차갑게 얼어붙어 있다. "해고" "실업" "삭감" "고통"이라는 말이 일상적인 화두가 되고 있다. "불안"이라는 말도 마찬가지이다.

어쩌다가 이런 사태가 초래되었는지 어안이 벙벙하기만 하다. 물론 자본주의 경제에는 공황이 필수적으로 따라다니게 마련이기는 하다. 그렇다고 해도 이처럼 예고없이 밀어닥치리라고는 미처 생각하지 못했다. 그래서 어쩌다 이 지경이 되었는지 원인 진단과 책임 추궁이 분분하다.

선진국 클럽인 경제협력개발기구(OECD)에 가입하는 업적을 성취하고자 국민총생산(GNP) 규모를 과장해서 발표한 김영삼 정권의 불순한 정략 때문인가? 외환 보유고 실태를 숨기고 낙관론만을 펼친 재정경제원 관료들 때문인가? 빚경영을 하면서 기업의 경영수지 상태를 숨긴, 투명하지 못한 재벌들 때문인가? 그들이 과장하고 숨기고 속이고 하지 않았더라면 이런 사태가 오지 않았을까?

---

[*] 이 글은 이 책 전체의 주제인 신자유주의에 대해 독자들의 이해를 돕고자 그것이 출현하게 된 배경과 동인, 성격과 특징 및 의미 등을 전체적으로 개괄한 편역자의 글이다.

　그들이 그처럼 새빨간 거짓말을 하지 않았다면 공황이 임박하고 있다는 사실을 조금은 미리 예감할 수 있었을 것이다. 또 공황이 지금처럼 극도로 파국적인 양상으로 나타나지 않게 사전 조치를 취할 수도 있었을 것이다. 그러나 숨겼건 아니건, 사전적으로 조치를 취했건 안 취했건 공황이 밀어닥치는 것을 막지는 못했을 것이다. 공황이 밀어닥친 이후에 그것을 어쩌지 못하고 있는 것을 보면, 밀어닥치기 전에도 별 도리가 없었을 것이 아니겠는가? 밀어닥친 이후에는 무슨 수를 써도 소용이 없고 밀어닥치기 전에는 자유자재로 막을 수 있다는 말은 이치에 닿지 않을 터이므로!

　공황은 뭐니뭐니해도 자본주의적인 현상이다. 그런데도 자본은 극구 위기라고만 말할 뿐 공황이라고 말하지 않는다. 경제"위기"론은 공황에 대한 자본의 주관적 파악이다. 공황은 자본과 자본주의에는 축적의 위기, 체제의 위기 등 위기적인 상황으로 다가오게 된다는 말이다. 그러나 위기 이전에 공황이다.

　물론 자본주의가 아닌 사회에서도 기후 변화에 따른 풍·흉작으로 또는 자연재해로 인해 경제활동에 기복이 있을 수 있다. 그러나 자연적 요인이 아니라 인위적 요인에 의해서, 일회적이 아니라 주기적으로, 그리고 체계의 운행을 마비시키는 파국적인 폭과 깊이로 경제활동이 붕괴하는 것은 분명히 자본주의에 고유한 현상이다. 따라서 이번 경제붕괴 사태를 이해하려면 공황을 알아야 하고, 공황을 알려면 자본주의의 움직임을 체계적으로 알아야만 할 것이다. 그래서 이번 사태는 여러모로 이해하기가 어렵다.

　그뿐만이 아니다. 이번 공황은 자본주의 일반에 대해 이해하는 것만으로는 충분히 해명되지 않는다. 예전의 공황에는 전례가 없던 양상이 이번 공황에서 나타나고 있기 때문이다.

　이번 공황은 외환위기라는 형태로 다가왔다. 위기가 실물경제 부문이나 증권시장에서 먼저 나타나지 않고 외환시장에서 먼저 나타났다. 또 외환위기가 되면서 국가부도, 국가파산 운운하는 국가위기로 다가왔다.

자본주의 역사상 최대의 공황이었던 1929년 미국의 경제공황은 주식시장에서 시작되지 않았던가? 외환시장이 붕괴하는 것과 국가가 부도나는 것은 무슨 상관이 있는가? 국가가 직접 외국과 경제적인 거래를 하는 것은 아니지 않는가? 그런데 이번 공황은 주식시장의 붕괴나 실물경제의 붕괴이기 이전에 외환시장의 붕괴로, 그리고 곧바로 국가의 위기로 다가왔던 것이다. 왜 이렇게 되고 있는가?

이것은 '세계화'를 빼놓고는 해명되지 않는다. 그렇다. 이번 공황은 세계화 시대의 공황인 것이다. 세계화란 무엇인가? 무엇보다도 금융시장의 세계화이다. 그리고 그 가운데서도 화폐시장의 세계화이다. 각 나라의 화폐들간의 교환이 자유로워지고 그 가격(환율이라고 하는) 또한 자유로워진 것이다. 그러면서 화폐의 거래가 이익추구의 대상이 된 것이다. 화폐는 이제 가치의 척도, 교환의 매개, 지불 수단, 화폐자본 등의 기능을 하는 데만 그치지 않고 화폐"상품"이라는 자신의 본성을 유감없이 발휘하고 있다. 즉 돈이라는 상품의 가치변동을 노리고 돈과 돈의 매매 즉 투기가 이루어지고 있다. 그리고 이로부터 어떤 나라에 어떤 시기에는 외환이 넘쳐나다가 어떤 나라 어떤 시기에는 외환이 바닥이 나는 사태가 수시로 일어나고 있다. 이처럼 세계화는 상품과 자본의 세계화에서 나아가 화폐시장의 세계화이다.

이처럼 세상이 참으로 많이 변했다. 돈이 상품이 되고 범세계적인 투기의 대상이 되었으니까! 그래서 이번 공황은 직접적으로는 외환투기에서 터져나왔다. 그리고 투자가들의 자금회수, 자본철수가 이를 뒤따랐다.

그러면 이번 공황은 금융시장의 세계화, 화폐시장의 세계화로 충분한 설명이 될까?

이번 공황에서는 이상한 현상이 많다. 첫번째로 두드러지는 것이 IMF-미국의 개입이다. 공황이 시작되자마자 그들이 달려들어 노골적으로 개입하면서 국가부도를 막아줄테니 구조조정을 실시하라고 요구했다. 그동안 어느 나라 경제가 외환이 고갈되면 환율을 인상하여 수출을 늘리고, 보호무역주의 정책으로 수입을 줄이는 것을 상식으로 알아왔다. 그

22

리고 공황이 아직 터지지 않은 나라들은 공황이 자기나라에 옮겨붙지 않게 내부단속을 하는 데 급급해 하는 것이 정상(?)이었다. 그런데 지금 미국은 느긋하기만 하다. 그리고 IMF를 앞세워 공황이 터진 나라들에게 강력한 구조조정 프로그램을 강요하고 있다. 시장을 개방하라, 긴축을 하라, 금융을 개혁하라, 재벌을 개혁하라고 몰아붙이고 있다. 그래서 '경제주권'이 문제가 되고 있고 제국주의라는 용어가 스스럼없이 쓰이고 있다.[1)

이상한 현상은 이것말고도 또 있다. 이번 공황에서는 노동에 대한 공격이 핵심적인 쟁점이 되고 있다. 신보수주의의 핵심 의제인 노동시장의 유연화, 정리해고가 최대의 쟁점이 되고 있다. 초국적 자본은 재벌을 해체시켜야 한다며 공격하는 척하더니 그것은 대충 넘기면서 정리해고제를 기필코 관철시켜야 한다고 압박하고 있다.(기업사냥을 하려면 이것이 꼭 필요하기 때문이다!) 이 점에 관한 한 초국적 자본도 재벌도 정권(현재 및 차기)도 모두 한 목소리이다.

이렇게 공황은 세계화, 신제국주의, 신보수주의라는 현대 자본주의의 세 얼굴이 확실히 드러나게 해 주고 있다. 파국이 터지니까 그동안 화장을 하여 잘 드러나지 않았던 본모습이 백일하에 드러나고 있다. 이 신판 자본주의를 무엇이라고 이름붙여 부를까? 사람들은 급한 대로 이것을 신자유주의라고 부르고 있다. 신판 자본주의의 이름이 신자유주의인 것이다. 신자유주의는 이처럼 앞에서 보면 세계화, 왼쪽에서 보면 신제국주의, 오른쪽에서 보면 신보수주의이다.

신자유주의의 몸체와 행태: 천국 속에 노니는 자본

이 신판 자본주의는 인간과는 어떤 관계를 지니고 있는가? 인간에게는 어떤 의미를 지니는 존재인가? 그것을 알려면 그에 앞서 세 얼굴을 가진 이 괴물의 정체를 알아야 한다. 그러자면 몸체와 행태부터 살펴보아

---

1) 전태일을 따르는 민주노조운동연구소, 『경제 대공황과 IMF 신탁통치』, 한울, 1997을 참조.

야 한다.

이 신판 자본주의는 냉전 시기의 자본주의—케인즈주의라고도 하고 국가독점자본주의라고도 하는—와 많이 다르다. 근본과 정신이야 다를 리 없다. 자본주의인 이상 이 신판 자본주의도 여전히 임금노동에 기초하고 있으며, 사적인 이윤동기에 의해 추동되고 있다. 그러나 이 신판 자본주의는 그 정신은 같지만 머리가 팔다리와 몸통에 연결되는 방식과 걸어가는 모습이 옛날과 많이 다르다. 즉 구조가 다르고, 체계(시스템)가 다르고, 그 행태가 다르다. 그래서 요즘 시스템이라는 용어가 자주 쓰인다. 또 모델이니 패러다임이니 하는 용어의 사용빈도도 부쩍 높아졌다.

요컨대 자본주의는 생산양식 차원에서는 전혀 달라지지 않았다. 그러나 그 다음의 차원에서는 획기적으로 변하고 있다. 그래서 세기적인 변화로 느껴지고 있다. 무엇이 그처럼 달라졌는가? 또는 달라지고 있는가? 자본주의가 존재하기 위해서는 노동이 있어야 하고, 국가가 있어야 하며, 자기 이외의 자본이 있어야 한다. 이 노동, 국가, 타 자본과의 관계에서 신판 자본주의는 획기적으로 변화하고 있다.

첫째로 자본과 노동의 관계가 다르게 설정되고 있다. 케인즈주의 또는 국가독점자본주의는 비록 자본이 지배적이기는 하지만 노-자간에 타협을 하면서 경제를 운영하는 패러다임이었다. 물론 나라마다 차이는 많았다. 그렇지만 원칙적으로는 타협하는 것을 당연시했다. 케인즈주의는 노동자계급의 변혁적 진출 앞에서 위기를 맞이한 자본주의를 구제하기 위해 고안된 패러다임이었다. 케인즈 자신이 '자유방임의 종언'을 선언하고 "타협하지 않으면 다 망한다"고 하면서 그렇게 타협노선을 제창했었다. (이런 노-자타협의 방식으로는 사회민주주의, 코포라티즘 등이 있다. 그것에까지는 못가더라도 어느 나라에나 사회복지 정책이 실시되었다.) 이렇게 하여 노동조합의 합법성을 인정하고 그 활동을 법적으로 보호해주면서 노동자대중의 생활을 유지·향상시키는 것을 추구했다. 비록 조금씩이지만!

그러나 신판 자본주의에서는 이러한 타협노선이 철회되고 있다. 노동측이 아니라 자본측이 철회하고 있다. 노동조합은 이제 보호할 대상이 아니라 무력화시켜야 할 대상이다. 그렇게 무력화시키는 방법으로서 대화, 교섭이 아니라 법치(法治)가 전면에 나선다. 복지는 사회-복지로부터 일-복지 즉 '노동을 강제하는 복지'로 전환된다. 실업률이 항상 10%대를 유지해야 하며, 임금은 안정되어야 하고, 사회보장 지출은 삭감되어야 한다. 완전고용은 더 이상 정부의 책임이 아니며 "요람에서 무덤까지" 생계를 보장하는 것은 이제 자랑이 아니라 병(영국병에서 보듯이)으로 치부된다. 부즈·앨런 & 해밀턴의 한국 보고서는 고용, 보건, 그 밖의 일상생활의 여러 측면 즉 생계는 "각 개인이 책임"지게 해야 한다고 아주 분명하게 가르치고 있다.[2]

둘째로 자본과 국가와의 관계가 다르게 설정되고 있다. 종래의 국가독점자본주의 하에서는 국가가 자본의 일부로서 사적 자본을 보완하는 역할을 수행했다. 국가는 재정·금융 정책으로 총수요를 안정적으로 관리했다. 때로는 산업정책으로(요즘 전문가들이 쓰는 표현으로는 미시적으로!) 사적 자본을 지휘·통솔하기도 했다. 또 필요하면 국영기업을 소유·경영했다. 나아가 경제의 성장과 발전을 위한 "계획"을 수립, 추진하기도 했다.

그러나 신판 자본주의에서 이것들은 이제 금기사항으로 된다. 재정은 규모가 축소되어야 한다. 재정적자는 절대 안 되고 반드시 균형을 맞춰야 한다. 자본주의 경제의 명줄인 금융은 국가로부터 자율화해서 "시장"에 맡겨야 한다. 산업에 대한 간섭이나 규제는 철폐되어야 한다. 공기업을 민영화해야 한다. "계획" 같은 것은 입에 담지도 말아야 한다. 요컨대 국가는 계급투쟁을 억압하는 '폭력독점' 장치로서만 역할하라는 것이다.

셋째로는 자본과 자본 사이의 관계가 변경되고 있다. 종래의 국가독점자본주의 하에서는 민족국가를 자본의 축적활동의 기본 단위로 삼아 왔다. 자본주의는 "한국" 자본주의, "미국" 자본주의라고 불렸다. 그러기에 "국가" 독점자본주의였다. 독점자본 상호간에 국경이라는 울타리를 치고 있었던 것이다.

그러나 이제 신판 자본주의에서는 이 국경은 사라지고 있다. 독점자본

---

2) 부즈·앨런 & 해밀턴, 『한국 보고서—21세기를 향한 한국경제의 재도약』, 매일경제신문사, 1997.

에 관한 한 국경은 사라져 가고 있다. 이것이 "세계(global)경영"이다. 자본이 이 나라에서 저 나라로 자유롭게 이동하는 것을 민족국가가 막으면 안 되는 시대로 바뀌고 있는 것이다. 이것이 자본(상품자본·생산자본·화폐자본) 자유화이다. 이렇게 되면서 자본의 국적도 많이 희미해지고 있다. 종전에는 한국자본, 미국자본이던 것이 이제는 한국"계" 자본, 미국"계" 자본이 되고 있다. 나아가 이런 독점자본들을 부르는 보통명사는 다국적 기업에서 초국적 기업으로 바뀌고 있다. 아직은 세계국가가 등장하지 않았으므로 국적이 폐지되지는 않고 있지만 말이다.[3]

그러나 이것은 이미 완성되어 있는 현실이 아니다. 하나의 추세일 뿐이다. 또 초국적 자본들이 그렇게 만들어 가고 있고, 만들고자 하고 있는 전략적 목표, 전망목표일 따름이다. 하지만 현실에는 이것과 상충하거나 대립하는 추세도 역동적으로 작동하고 있다. 인간성을 옹호하고자 떨쳐나선 전 세계 민중의 저항이 그것이다. 이런 저항들을 극복하고 자기들의 목표대로 경제와 국가를 변화, 변경시키는 것을 그들은 재구조화 또는 구조조정이라 부르고 있다. 여기서 보듯이 세계화는 완성되어 있는 '주어진' 현실이 아니다. 완성되어 있는 현실이라면 구조조정 따위가 필요할 리 없는 것이다.

신자유주의는 독점자본주의의 내부모순으로부터 출현하고 있다: 과식으로 인한 비만을 탐식으로 치유하려는 것이다

이러한 괴물, 모델, 패러다임―또는 달리 표현하면 '자본축적 양식'―

---

3) 경제협력개발기구(OECD)의 기술경제 프로젝트(TEP) 보고서에서는 초국적 기업을 다국적 기업과 구분하고 있다. 즉 "세계화는 '국제적 생산' 즉 국경 밖의 기업(혹은 기업군)에 의해 소유되고 통제되며 조직되는 부가가치 활동에 의해 도달하게 된 새로운 단계와 형태를 의미한다. 이는 가치와 부의 많은 부분이 민간부문의 네트워크 체제를 통해 범세계적으로 생산되고 분배되는 상황"과 관련된다며, 이러한 "국제화의 새로운 국면"을 주도하고 있는 것이 "새로운 스타일의 다국적 기업" 즉 초국적 기업이라고 보고하고 있다. OECD 편, 『과학과 기술의 경제학』, 경문사, 1995를 참조.

은 왜 나타나고 있는가? 자본주의는 왜 그런 엄청난 변신을 하려 하는가? 오장육부에서 무슨 작용이 일어나서 이렇게 나아가고 있는가? 신자유주의의 정체를 알기 위해서는 이것도 짚어보지 않을 수 없다. 이것까지 보아야만 신자유주의가 인간과 노동자에게 어떤 관계를 가지며 어떤 의미를 지니는지가 근원적으로―표면적인 수준을 넘어서―드러날 수 있다.

이 질문은 두 방향에서 살펴보아야 하겠다. 그 하나는 자본주의를 둘러싸고 있는 외적 조건에서 어떠한 변화가 있었는가 하는 것이다. 다른 하나는 자본주의(자본이 노동을 지배하는 사회적 관계인) 자신의 내부에서 어떤 변화가 있었는가이다.

자본주의를 둘러싼 환경이나 여건에는 10여 년 전에 커다란 변화가 있었다. 다름아닌 소련을 비롯한 동구 사회주의의 붕괴이다. 20세기의 역사에서는 누가 뭐라고 해도 소련의 등장이 가장 중요한 사건으로 평가되고 있다. 이 사건으로 사회주의가 자본주의 안에서 자본에 대립하는 대중운동으로서만이 아니라 현실의 사회체제로 등장하여 유력해졌다. 그리고 이로써 사회주의 운동이 크게 고양되었으며 자본주의와 사회주의라는 두 세력의 각축이 그 이후 세계사의 진행을 규정해 왔기 때문이다. 소련이나 동구가 원리적으로 볼 때 사회주의였느냐 국가자본주의였느냐 하는 논란과는 별개로 이러한 사실은 부인할 수 없다. 현실 사회주의는 현실 자본주의의 유지 및 확장에 심각한 도전과 제약을 가했던 것이다.[4]

이 제약은 서구 자본주의 안에서 노자간의 타협을 강제하고 자본의 무제한적 이윤추구에 제한을 가하게 만들었다. 계급투쟁이 격화될 경우 자본의 지배가 더 이상 유지될 수 없는 혁명적 상황이 초래될 수도 있었기 때문이다. 이 제약은 또 국가가 사적 자본의 이윤추구 동기의 무정부적인 작동에 제한을 가하거나 보완적인 역할을 하는 것에 대해 긍정하게 만들었다(이때부터 경제학은 이데올로기로부터 경제정책학으로 되었다). 자본의 무제한적 이윤추구는 계급투쟁을 격화시키고, 무정부적 이윤추구는 공황을 낳고 체제위기를 심화시켜 왔기 때문이다. 이렇게 하여 케

---

4) 에릭 홉스봄, 『극단의 시대: 20세기 역사』, 까치, 1997을 참조.

인즈주의적인 패러다임이 출현했던 것이다. (케인즈주의에 입각하여 국가가 노자 타협을 부과하는 것과 자본의 무정부적인 이윤추구 활동에 제한을 가하거나 보완적 역할을 하는 것을 싸잡아서 요즘 "규제"라 부르고 있다.)

한편 이같은 여건은 이른바 선진 독점자본주의로 하여금 비자본주의 세계에 대하여 제국주의적으로 자신의 생산양식과 생활양식을 이식하고 통합하는 것을 심각하게 제약했다. 제3세계 민중은 제국주의에 의해 전통적인 공동체적 관계가 파괴되면서 식민지 노예적인 상태(임금노동자 또는 빈농)로 전락되는 데 저항하고 있었는데—또 토착 부르주아도 제국주의에 의해 자신들의 영역이 침식되는 데 저항했다—이것이 민족해방 운동을 급격히 고양시켰다. 이 민족해방운동에는 제국주의에 맞서 함께 대결하고 있다는 점에서, 또 현실 자본주의에 대한 대안을 제공해 주고 있다는 점에서 현실 사회주의와 연대를 형성하는 경향이 있었다. 이런 조건 하에서 자본주의는 세계자본주의로 힘차게 확장해 나갈 수 없었고 타협하지 않으면 안 되었다. 케네디 미국 대통령의 "진보를 위한 동맹" 과 그의 경제참모인 W. W. 로스토우의 "경제발전단계론"은 선진 독점 자본주의가 제3세계와 타협을 하려 했음을 상징한다(우리나라에서도 박정희 정권의 공업화 초기에 경제개발 정책의 이론적 지주는 로스토우였다).

그런데 이제 현실 사회주의가 붕괴함으로써 제3세계는 두 가지를 잃었다. 연대할 세력도 잃었고, 대안적 전망도 잃었다. 그리하여 현실세계에는 자본주의 이외에는 없고, 따라서 자본주의 강대국에 편입·통합되는 것 외에는 다른 대안이 없다는 분위기가 팽배하게 되었다. 그리고 이러한 변화들이 선진 독점자본주의에게는 국내적으로 노동에 대해 비타협적으로 대응하면서, 동시에 국제적으로 제3세계에 대해 제국주의적 통합을 공세적으로 추구할 수 있는 여건으로 다가오게 되었다.

그러나 신자유주의가 출현한 원인을 이같은 여건의 변화에서만 구할 수는 없다. 아무리 여건이 좋아졌다고 해도 그렇게 하지 않으면 안 될 필연적 동인이 없다면—그 바꾸는 과정에 많은 저항이 예상되고 있는데도 불구하고—그처럼 자신의 패러다임을 바꾸려고 할 까닭이 없는 것이다. 여건은 단지 여건일 뿐이다.

뿐만 아니라 자본주의는 소련, 동구의 현실 사회주의가 붕괴하기 이전부터 이미 케인즈주의로부터 신자유주의로 변신해 가고 있었다는 점을 주목해야 한다. 따라서 이미 진행되어 오던 것이 유리한 여건을 맞이하여 본격적으로 발현되고 있다고 보는 것이 전후관계에 이치적으로 부합한다.

나아가 소련, 동구의 붕괴조차 신자유주의에 의해 영향을 받았다고 할 수 있다. 고르바초프의 신사고, 즉 "전 인류적 가치"라는 개념부터가 신자유주의적이다. 이 관점은 전 세계적으로 보편적이고 단일한 가치체계 즉 자본주의적 가치체계가 부과되는 것을 암암리에 긍정하고 있는 것이다. 이처럼 레닌주의 교조와 관료·권위주의적 체제를 지키기만 해 온 현실 사회주의는 더욱 고도화된 자본주의인 신자본주의 즉 신자유주의 앞에 적수가 되지 못하고 투항했던 것이다.

그러면 자본주의로 하여금 신자본주의, 신자유주의로 변신하지 않을 수 없게 만든 내적 동인은 무엇인가? 자본은 사적(私的)이다. 그리고 이윤동기에 의해 추동된다. 그리고 이윤율을 유지하지 않으면 정상적인 작동이 위태로워진다. 그런데 1960년대 종반 이후 여기에 문제가 생겼다. 1945년 이래 30여 년간의 자본축적의 황금기를 거친 후 70년대 중반에 들면서 자본축적에 심대한 위기가 도래했다. 생산에 투입하고 생산물을 소비시킬 노동력은 이제 더 이상 늘어나지 않는(인구도 늘지 않고 노동자화할 농민들도 거의 없어지고) 조건에서 완전고용 상태가 지속됨으로써 노동자계급의 교섭력이 강화되고 요구수준이 향상되었다. 서구의 노동자계급은 1968년 혁명에서 고임금을 요구했으며 권위주의적인 노동통제에 강력하게 저항했다. 이것은 70년대 초까지 계속되었다.[5] 그렇다고 이 모순을 제3세계에 전가할 수도 없었다. 당시 베트남 전에서 약소국이

---

5) 필립 암스트롱 외, 『1945년 이후의 자본주의』, 두산동아, 1993을 참조.

초강대국 미국에 승리하는 등 기세를 올리고 있었기 때문이다. 이 위기에 대한 대응으로 신자유주의 패러다임이 출현하기 시작했다.(자본주의는 특이한 생산양식이다. 다른 생산양식을 파괴하고 통합하여 자신의 지배영역을 확장함으로써만 정상적으로 굴러가는 양식이기 때문이다. 그런데 이 확장이 국내외적으로 한계선에 이르렀으니 구조적인 위기가 오지 않을 수 있겠는가?)

위기로부터의 돌파는 영국과 미국에서 시작되었다. 이 앵글로-색슨 나라들은 서구 자본주의 가운데 노자관계에서 노동자계급의 대항력이 가장 약한 나라들이었다. 그러므로 노동에 대해 자본이 타협에서 비타협으로 돌아서는 공세를 취하기가 쉬웠기 때문이다. 1년 여에 걸쳐 저항한 탄광노조를 '법대로'를 내세워 제압한 대처와, 항공관제사 노조의 파업을 대통령 긴급명령으로 깨뜨린 레이건(그는 노조간부 출신이다!)은 자본가계급의 영웅이 되었다.

이렇게 자본은 처음에는 노동운동을 억압, 약화시키고 노동자대중에 대한 착취를 강화함으로써 위기를 극복하고자 했다. 제1차적으로 임금을 억제하고 사회보장 지출을 축소하고자 했다. 이를 뒷받침하기 위한 것이 재정·금융 긴축이었다. 인플레이션과 완전고용 상태에서는 노동운동을 약화시킬 수 없기 때문이었다. 그럼으로써 착취율[잉여가치(이윤: 기업가 이윤＋이자＋지대)/가변자본(노동자의 소득: 임금＋사회보장 급여)]을 높이고자 했다. 이것을 사람들은 형태가 새로워졌다고 신보수주의라 불렀다. 그것은 내용상으로는 비타협적 보수주의였다.

그러나 이처럼 노동자계급에 대해 비타협적인 공격을 가하기 어려운 곳은 어떻게 할 것인지가 문제였다. 또 노동운동을 억압하는 것만으로는 이윤율$[s/(c+v)]$을 유지하는 것이 확실하게 보장될 수 없었다. 낮은 이윤율은 자본의 유기적 구성이 고도화한 데 따르는 구조적인 문제였기 때문이다. 이에 서구 자본주의 전반에 걸쳐 구조조정이 추진되었다.

임금이 높은 상태에서 고이윤이 보장되지 않는 산업은 제3세계로 생산기지를 이전했다. 그리하여 중남미나 동아시아 등에 나사돌리는 조립

공장들이 우후죽순처럼 생겨났다. 이런 재배치는 일국 안에서도 노동자 계급의 힘이 강한 곳에서 약한 곳으로 공장입지를 이전하는 것으로 나타났다. 한편, 마침 자본주의의 대량생산-대량소비 축적방식이 성숙하면서 자원부족과 환경파괴의 문제가 심각해지고 있었다. 이에 대응하여 자원을 많이 사용하고 그럼으로써 환경에 부담을 주는, 즉 공해처럼 비용이 높은 산업은 이웃으로(미국에서 캐나다로, 또는 일본에서 한국으로) 이전시켰다.

이러한 사업의 재구성을 흔히 리스트럭처링(재구조화)이라고 불렀다. 이윤이 남는 부문은 남기고 그렇지 않은 부문은 팔아넘기거나 해외로 이전하는 등으로 기업이 운영하는 사업들을 개편한다는 의미이다. 그리고 거시적으로는 이것이 산업 구조조정이다. 이렇게 하여 생겨난 것이 이른바 신국제분업체계였다. 한국은 이런 속에서 중화학공업화를 했고, 동남아시아는 신흥공업국의 반열에 들어설 수 있었다.

다음으로는 시장을 확대하기 위하여 선진 독점자본국 상호간에 진출을 확대했다. 판매시장은 여전히 지구상의 50억 인구 가운데 10분의 1이 안 되는 선진 독점자본주의 나라들에 집중되어 있었기 때문이다. 이때부터 다국적 기업이라는 말이 무성해지기 시작했다. 다국적 기업의 직접투자가 급속히 늘어났다. 독점자본의 국제화 시대가 열린 것이다.

하지만 축적위기는 이런 보수화, 국제화만으로 극복할 수 있는 문제가 아니었다. 위기는 보다 근본적인 데 그 원인이 있었기 때문이다. 즉 이윤율 저하를 저지할 수 없을 뿐 아니라, 투자의 기회를 새로운 영역으로 확장할 수 없는 것이었다.(위기는 이 확장이 한계에 도달함으로써 왔는데!) 이렇게 하여 등장한 것이 "과학기술혁명"을 이용한 "기술혁신"(물질기술적, 조직기술적)이었다. 그리고 이를 수단으로 한, 국제화를 넘어선 세계화의 추진이었다. 때마침 극소전자제어기술(반도체)과 통신기술(광섬유)의 발달 및 컴퓨터 기술혁명이 이용가능해짐으로써 자본은 그 계기를 얻을 수 있었다. 이것이 이른바 '정보화 혁명'이다. 이 기술혁신은 모든 방면에 적용되었다.(정보기술을 산업에 적용하는 것과 더불어 정보 자체를 산업화하여 축적의 기회를 확장하기도 했다.)

첫째는 공정을 자동화함으로써 노동력을 대폭 절약했다.(공장 자동화, 사무 자동화이다.) '합리화'가 유행처럼 번졌고 정리해고가 일상사가 되었다. 정보기술을 이용한 합리화는 과거와 비교할 수 없는 초합리화가 되었다.

둘째는 낭비를 제거함으로써 기술적 효율을 극대화하는 것이었다. 놀고 있는 자재, 노는 기계, 노는 사람이 전혀 없이 빈틈없게 관리하자는 것이었다. 대표적인 것이 일본 토요타 자동차 공장의 즉시공급(just-in-time) 생산방식이었다. 정보를 집중함으로써 각 부분에 대한 통합성을 고도화하는 것이었다. 컴퓨터와 통신의 동시적 발달이 이것을 가능케 했다. 이렇게 하여 생산과정은 벽이 없이 유연화되었다. 이렇게 통합성을 높임으로써 효율을 제고할 뿐만 아니라 시장의 다양하고 가변적인 수요에 기민하게 대응할 수 있었다. 자본은 이렇게 함으로써 구조적으로 더 이상 늘어나지 않는 수요에 대해 소비욕구를 충동하여 새롭고 다양한 수요를 만들어내고 이를 효과적으로 흡수할 수 있었다.(이런 방향으로 업무 수행 과정[process]을 재설계하는 것을 리엔지니어링이라 부른다. 이제 문제는 구조가 아니라 프로세스이다!)

셋째는 이것을 뒷받침하기 위해서는 반드시 노동이 유연화되어야 했다. 노동력 사용이 유연화되지 않으면 앞에서 말한 노는 자원을 유연하게 재배치하고 활용하는 것이 불가능하다. 그리고 권위적인 통제로 인한 노동자의 소외감을 해소하지 않고서는 노동력을 유연하게 사용할 수 없다. 저항을 불러일으킬 것이기 때문이다. 이에 '노동의 인간화'라는 이름으로 팀작업, 참여(극히 기능적인 부분에 국한해서 의견을 반영해 주는)가 추진되었다. 이를 통해 자본에 헌신하게 만들면서 동시에 개인간의 경쟁을 제도화했다. 이것이 신인사·신경영이었다. 동시에 노동력 사용을 유연하게 하려면 정규직은 줄이고 비정규직을 늘려야 했다. 외주를 늘려야 했다.(수량적 유연성) 요컨대 마음껏 자를 수 있고 마음껏 부릴 수 있어야만 했다. 이것은 위에서 말한 생산방식의 필수적 전제조건이었다.

자본은 이러한 생산방식을 유연 생산방식 또는 포스트-포디즘이라고 이름붙여 왜곡하고 미화했다. 하지만 이러한 방식으로 효율성을 높인다고 해도 착취율과 이윤율을 획기적으로 높일 수 없었다. 이 기술혁신은 공장제 수공업에서 기계제 공장으로의 혁신 같은 것에 비견될 수는 없었다. 즉 산업혁명 같은 것이 되지 못했다.(정보화 혁명이라고 과장하고 있지만!) 이 기술혁신은 산출을 증대시키기보다 노동을 절약시키는 기술이었다. 그리고 노동통제의 필요성을 증대시키는 것이었다. 또 이렇게 시설투자액이 급격히 늘어나는 경우 시장이 더욱 커지지 않으면 수익성을 가질 수 없었다. 결국 자본은 노동에 대한 공격과 독점의 강화를 극단적으로 추구하는 방향으로 나아갈 수밖에 없었다. 노동에 대한 공격은 드디어 노조의 약화를 넘어 계급의 해체로 나아갔다. 노동력은 파편화되어 자본이 자유자재로 쓰고 버릴 수 있어야 했다.(가격만 자유자재로 매기는 것이 아니라) 이를 노동시장의 유연화라 이름붙이고 있다. 이것은 초보수주의이다.

그와 더불어 독점도 이제 세계적 독점이 되어야 했다. 독점자본은 선진 독점자본주의 안에서 상호침투하면서 집중화했다. 일국 시장의 범위를 넘어 전 세계적인 범위에서 규모의 경제를 추구했다. 생산기지는 세계적으로 배치되었다. 생산자본은 어느 한 선진 독점자본주의에서 제3세계 어느 나라로 기지를 이전·배치하는 데 머물지 않고 선진 독점자본주의, 개발도상국을 망라해서 세계적 시야에서 배치되었다. 자본은 전 지구적 범위에서 소수의 손에 고도로 집중되었다. 다국적 기업간에 전략적 제휴, 매수·합병의 열풍이 불었다. 그리하여 자본은 초국적 자본이 되었다. 그리고 이렇게 전 지구적 시야를 가지고 사업을 한다는 면에서 지구화이고 세계화였다. 여기서도 정보통신기술의 발달이 이를 뒷받침했다. 이처럼 자본은 정보화를 바탕으로 세계화되었다. 이렇게 하여 독점자본은 위기를 돌파하는 길을 찾았다. 노동시장의 유연화-정보화-세계화의 틀이 만들어졌다. 이것을 강력히 추진하지 않고는 위기를 극복할 수 없었다.

한편 자본주의가 장기적으로 번영하면서 축적된 유휴자본의 규모는 엄청났다. 그리하여 금융의 세계화가 등장하게 되었다. 유휴자본인 화폐자본(이자낳는 자본)이 커지면 자본 내부의 모순으로 된다. 그들도 한통속의 자본인데, 잉여가치를 나누어 갖지 못하면 전쟁이라도 일으키려고 한다. 이 모순을 어떻게 해결할 것인가? 그러한 유휴 화폐자본들이 이제 전 지구적 자본주의화의 전면에 나섬으로써 독점자본 내부의 모순이 극복될 수 있다. 화폐자본이 세계화하여 길을 닦아야 생산자본이 순조롭게 그 나라들을 통합할 수 있기 때문이다. 상품·자본(생산) 시장을 개방하고 노동시장을 유연화하는 등! 그리하여 금융의 세계화가 전면에 나서고 그 최전선에 투기자본이 배치되었다. 이들이 외환투기를 해서 각국의 민족경제를 허물어뜨려야 했다.

이상에서 말한 과정을 거쳐 신자유주의는 그 모습을 갖추어 왔다. 이 것의 추동력은 선진 독점자본주의에서의 내부 모순이다. 더 이상 지배할 수 있는 영역이 늘어나지 않으며 지배력을 강화시킬 수 있는 기술적(물질기술적, 조직기술적) 능력은 한계를 드러낸 조건 속에서(산업화 시대에서 정보화 시대로 되었다는 말은 과장이다! 고도화되었으나 혁명이 일어난 것은 아니다!) 자본은 거대하게 늘어나고 있는 상태—이것은 근본적인 모순이다. 왜냐하면 자본주의는 애당초부터 그 지배를 부단히 확대하고 강화하는 속에서만 유지되는 생산양식인데 그 확대와 강화가 벽에 부딪혔기 때문이다. 그래서 진정한 위기였다. 그 돌파구가 금융자본을 앞세워 자본의 자유로운 활동범위를 전 지구적으로 확대하고 비타협적으로 유연화-착취를 강요함으로써 자본의 지배를 확대·강화하는 것이다. 이러한 독점자본의 몸부림, 지극히 자본주의적인 몸부림이 신자유주의의 추동력이다.

이처럼 신자유주의는 팽창하는 자본주의이다. 금융과 투기를 전면화하고 있는 점에서 부패성이 강한 자본주의이다. 또 노동에 대해 비타협적으로 공격하는 점에서 반동성을 가진 자본주의이다. 또 제3세계 민족국가, 민족경제를 허물어뜨리면서 지배의 확장을 추구하는 점에서 제국주의적이다. 그리고 그것을 뒷받침하는 것이 고도화된 물질기술적, 조직기술적 생산력이다. 초국적 독점자본이 그것을 보유하고 있다. 이처럼 신자유주의는 초국적 자본의 전 세계적 지배 추구이다.

신자유주의는 인간성에 대한 도전이다

이제 이 신자유주의가 인간에 대해 지니는 의미를 살펴볼 차례이다. 부패하고, 반동적이며, 제국주의적인, 그러나 컴퓨터를 필수품으로 하여 생산력이 고도화된 자본주의인 이 신자유주의는 인간에게 어떤 의미를 지니는가?

첫째, 부패성은 독점자본주의의 공통된 특성이다. 자본주의는 독점단계에 이르면 어디서나 자본이 넘쳐나고 과잉 화폐자본이 투기를 통해 이윤에 참여하려 한다. 그러나 신자유주의에서는 화폐를 투기의 대상으로 삼는다는 점에서 그 투기성이 극단적이다. 화폐는 경제의 정상적인 순환에 필수적인 수단인데, 이것이 투기의 대상으로 되면 경제는 심한 불안정에 빠지게 되고 수시로 붕괴하게 된다. 이처럼 신자유주의의 부패성은 시도 때도 없이 경제시스템을 붕괴시키는 부패성이다. 그리고 이같이 부패행위를 일삼는 과정에서 그 밖의 불법 또한 일삼는다. 조세는 회피된다. 마피아와도 거래한다.

둘째, 반동적인 것 역시 독점자본주의의 공통된 특성이다. 단지 지난 냉전 시기에 이례적으로 자본주의에 대립하는 세력들이 강화되어 더 이상 그 반동성을 노골적으로 드러내지 못했을 뿐이다. 이런 반동성은 노자간의 역학관계에 따라 언제라도 나타날 수 있는 것이다. 따라서 특별한 것이 아니다. 그러나 이번에는 좀 다르다. 계급을 약화시키는 데서 나아가 계급 자체를 없애려고 하고 있기 때문이다. 탄압으로 억제하는 것이 아니라 원천적으로 무력화시키려 하고 있는 것이다. 파편화시켜서 아예 해체시키려는 것이다. 개인만이 긍정되고 집단적인 것은 자유에 반하는 것으로 치부되어 부정된다. 그리고 이같은 반동의 영구적인 지속 즉 문명개조—이것을 "신문명"이라 이름붙인다—를 추구하는 점에서 극히 무모하기까지 하다.

새로운 반동성은 역시 초반동성이다. 사회적 약자를 외면하는 데서 나아가 그들을 적대시한다. "강한 것은 아름답다." "약한 것은 추하다."

셋째는 제국주의이다. 독점자본주의에서 제국주의 또한 공통적인 특성이다. 그러나 종래의 제국주의는 식민지화를 철저히 관철시키지 못하였다. 식민지의 전(前)자본주의 사회를 대대적으로 자본주의화하지 못했다. 비자본주의적인 것들과 타협해야 했다. 자본주의화는 가치체계를 변화시키고 생활양식마저 변화시키기 전까지는 완전하게 이루어질 수 없기 때문이었다. 정치·군사적인 힘으로는 이것을 이룰 수 없었다. 그런데 신제국주의는 이제 구제국주의가 이루지 못했던 것을 정치·군사적 힘이 아니라 경제의 힘, 자본의 힘에 의해 실현하고자 한다. 그래서 신제국주의는 이제 문명파괴적으로 다가오고 있다.

이처럼 신자유주의는 극단적이다. 그래서 모든 것에 초(超)자가 붙는다. 자본은 초국적 자본이다. 자본은 초일류를 지향한다. 우량은 초우량이다. 속도는 초고속이다. 노동강도는 초강도이다. 긴축은 초긴축이다. 그래서 신자유주의는 초자유주의이다.

한편 신자유주의의 부패성, 반동성, 침략성은 고도화된 생산력에 의거하고 있다. 고도화는 물질생산성, 조직생산성의 양 부분에서 공히 그러하다. 이 생산력으로 뒷받침되고 있음으로 해서 앞에서 말한 세 가지 특성들은 그 부정적 성격이 많이 가려진다. 그것들은 "높은 생산력에 의한 낮은 생산력의 극복"이라는 명분으로 정당화된다. 그래서 신자유주의에서는 미래학이 각광을 받는다. 미래는 항상 장밋빛이다. 높은 생산력이 장밋빛 미래를 약속한다. 지금의 고통은 항상 일시적이다. 그러나 실제는 그 반대이다.

이것이 신자유주의의 근본적 모순이다. 극단적으로 문명화된 생산력과 극단적으로 야만적인 생산관계의 모순이다. 자본주의 고유의 모순이 극단화된 것이다. 자본주의는 생산력을 발전시키는 데 타의 추종을 불허하는 능력을 지니고 있다. 그러나 그 생산관계는 오히려 노예적이다. 그래서 사람들은 노동자를 흔히 임금노예라고 부른다. 이것이 극단적으로 진행된 것이 초자본주의, 신자유주의이다. 그리하여 그 모순 또한 극단적으로 발현된다. 그리하여 역설적으로 19세기 사회를 배경으로 정립된 마르크스의 법칙들이 21세기에 실현되는 것으로 나타난다. 궁핍화의 법칙이! 그러나 신자유주의가 낳는 모순은 마르크스가 말한 것들만이 아니다. 신자유주의의 모순은 파괴의 모순이다. 가격파괴로부터 인간파괴에 이르기까지!

첫째, 인간과 자연과의 관계의 파괴이다. 자본주의는 더 많은 생산과 판매이다. 아니 무한한 확대이다. 그러므로 자연자원(원료·연료로서)을 무제한적으로 소모한다. 뿐만 아니라 무제한적으로 쓰레기를 내다버리고 에너지를 방출한다. 자연환경은 대기, 토양, 수질에서 나아가 지하수까지 오염된다. 숲은 사라지고 생물의 종은 줄어든다. 지구는 온난화한다. 지구 온난화 방지협약을 체결하고 생물종 다양성 보호를 외쳐도 초자유주의 아래서는 이를 근원적으로 극복할 수가 없다. 전 지구적 범위에서 자본주의화하게 되면서 이것은 재앙으로 이어지고 있다. 작년 동남아시아에서 발생한 엘리뇨와 산불 사태는 그것의 단초를 보여준다.

둘째, 그러나 보다 결정적인 것은 인간과 인간의 관계의 파괴이다. 인간은 자유주의의 사상적 원리 그대로 철저히 사적인 개인으로 파편화, 원자화된다. 신자유주의 세계에서도 이타(利他)는 있다. 세계적인 투기꾼인 소로스가 물질주의와 이기주의는 '열린 사회'를 위협하는 적이라고 비판하면서 자선사업에 돈을 대듯이. 그러나 이러한 이타는 인간과 인간이 서로 구분되고(한쪽은 우월한 존재로 한쪽은 열등한 존재로서) 대상화되는 관계 속에서 이루어지는 것이다. 그러기 때문에 인간과 인간이 대등하게, 그리고 정(情)으로써 서로 일체화되는 것은 없다. 개인주의는 이기주의를 기본으로 하지만 이타의 측면이 없는 것이 아니다. 없는 것은 오히려 정으로 엮인 일체화이다. 이것이 신자유주의에서는 극단화된다. 인간적인 정이 완전히 사라지는 것이다. 그들은 정실(情實)을 전근대적이라고 비판하면서 정 그 자체를 말살한다. 이것이 신자유주의의 생활양식이다.

셋째 이러한 인간관계 및 자연과의 관계 위에서 생산양식은 어떻게 될까? 자본은 철저히 자유로워진 노동력을 상품으로서 구매한다. 고용관계는 일회적이다. 노동력은 소모품이다. 임금은 자본이 주는 대로이다. 교섭은 없다. 자본에는 국경이 없다. 그러나 노동력에는 인격이 없다.

"노예는 말할 줄 하는 가축"이라는 아리스토텔레스의 철학(서구 문명의 근본원리를 제공하고 있는)이 "노동자는 머리를 쓸 줄 아는 로봇"으로 계승된다. 이 로봇은 재생산되어야 하므로 소비한다. 하지만 재생산될 만큼만 소비하게 한다. 상품의 가치 실현은 이제 가진자들이 과소비로써 해결한다. 그래서 한쪽은 과소비, 다른 한쪽은 과소소비이다. 이렇게 하여 신자유주의 생산양식에서는 과소소비에 따른 상품가치 실현의 위기가 구조화된다.

이렇게 신자유주의는 자본주의가 안고 있는 모순을 극단화한다. 그럼으로써 이것은 과연 바람직한 세상인가, 자본주의란 과연 살 만한 질서인가 하는 물음을 제기한다. 신자유주의는 이 물음을 회피될 수 없게 만들고 있다.

종래의 자본주의 비판은 매우 제한적이었다. 생활양식으로까지 비판이 나아가지 못하고 생산양식 비판에 머물렀다. 그것도 경제적 불평등에 대한 비판에 경도되었다. 그리고 지배·피지배가 아니라 무정부성이 집중적으로 비판되었다. 그래서 자유 대신 평등, 시장 대신에 계획이었다. 그런데 평등과 계획을 표방한 현실 사회주의가 실패하자 오늘날 시장과 민주주의(절차적인)가 그 대안으로 이야기되고 있다. 그것은 충분한가? 계획 없이 민주화로 족한가? 시장이 신성화되고 있는 신자유주의에서!

한편 인간과 인간의 관계의 측면에서 종래의 자본주의와 반자본주의의 대립은 개인주의와 집단주의의 대립 이상이 아니었다. 집단주의는 개인주의에 대한 즉자적 대립물이었다. 그 집단주의는 몰개인적이었고 그래서 쉽게 전체주의적 성격을 지녔다. 그리고 이로써 붕괴했다. 신자유주의는 이 물음을 다시 제기하고 있다. 인간과 인간의 관계의 기본은 어떠해야 하는가 하는. 서구 진보세력에서는 사회연대라는 방향을 제시하고 있다. 그러나 그것은 충분한가? 무엇으로 연대하는가? '기브 앤 테이크'인가?

종래의 자본주의 비판에서는 또한 인간과 자연과의 관계는 제외되었다. 자연은 사회주의에서도 정복의 대상이었다. 이것은 생태주의에 의해 비판되어 왔다. 그리하여 자연과의 친화성이 강조되고 있다. 그러나 "친화적"이고 "지속가능한" 것으로 충분한가? 자연과 인간의 관계는 물질적이기만 한가?

신자유주의는 이런 물음들을 포함하여 인간과 사회에 대해 근본적 물음들을 제기한다. 예컨대 사회와 역사란 무엇이고 국가란 무엇인가에 대한 물음도 제기한다. 또 인간생명이 복제될 수 있는 수준에 이름으로써 과학기술이란 무엇인가 하는 물음도 제기한다. 그럼으로써 인간의 근본 지향은 무엇인가, 인간의 본질은 무엇인가를 고민하게 만든다. 인간은 동물과 어떻게 다른가? 물질적 충족만으로 인간의 문제는 해결되는가? 아니면 인간은 물질적 조건을 기초로 하는 문화의 창조자인가? 그러면 문화란? 문화는 물질적이면서 정신적인 것, 그래서 함께 나누어 가지는 것이 아닌가. 그렇다면 지적 소유권이란 웃기는 이야기가 아닌가. 문화란 사람들이 함께하는 속에서 보이는 인간다움, 미소지을 수 있는 것, 눈물을 흘릴 수 있는 것이 아닌가.

이처럼 신자유주의는 총체적이고 근원적인 물음을 제기하고 있다.

신자유주의는 이데올로기이다

신자유주의는 또한 이상에서 던진 물음들에 대한 독점자본의 대답이기도 하다. 신자유주의는 세계관이다. 극히 이데올로기적(비과학적)인 세계관이다. 이 세계관에서는 인간은 오로지 개인이다. 그리고 오직 물질적 욕망만을 추구하는 존재다. 또 이 세상에는 지배-피지배 관계는 없고 경쟁만이 있다. 이 경쟁은 보다 나은 생산성을 가져다준다. 그럼으로써 승자만이 아니라 약자에게도 좋다. 또 이것은 필연적인 대세이다. 어쩔 수 없는 숙명이다. 세계에는 그 외의 대안은 없다 등등.

이렇게 자유주의 이데올로기가 내용적으로 극단화된 것이 신자유주의 이데올로기이다. 그와 동시에 신자유주의 이데올로기는 그 형태상으로 이론보다 담론을 선호한다. 그 담론은 자유, 경제, 이윤의 담론이다.

첫째는 자유만능이다. 19세기의 자유주의에서는 자유는 무제한적이지 않다. 자유는 타인의 자유를 침해하지 않도록 제한되어야 한다는 유보가 붙는다. 존 스튜어트 밀의 『자유론』은 그렇게 말하고 있다. 그러나 신자유주의에서는 "자유"는 어떠한 유보도 없는 무제한이다. 그래서 신자유주의에서는 평등이 끼어들 틈이 없다.

둘째는 경제만능이다. 신자유주의에서의 자유는 경제의 자유이다. 따라서 경제만 있고 정치나 문화는 없다. 인간생활은 오로지 경제뿐이다. 정치는 있더라도 경제가 정해주는 바(이것을 경제논리라 하는데)에 의해 제약되고 구속된다. 경제가 제왕이고 경제논리는 신성불가침이다. 노동자·민중의 인간다운 삶에 대한 요구는 신성을 모독하는 정치논리라고 하여 배격된다.

셋째는 이윤만능이다. 신자유주의에서는 생산을 하고 분배를 하고 소비를 하는 것이 경제가 아니다. 그 대신 이득 즉 영리를 추구하는 것이 경제이다. 신자유주의 세계에서는 모든 사람이 이같이 영리를 추구하는 존재 즉 "경제주체"이다. 그러나 현실에서 진정으로 영리를 추구할 수 있는 자는 자본뿐이다. 또 자본주의에서 영리란 이윤의 다른 표현일 뿐이다. 그리하여 경제논리란 곧 자본의 이윤추구 논리가 된다. 신자유주의 이데올로기에서는 이 자유만능론, 경제만능론, 이윤만능론이 전일적으로 지배적인 담론이 된다. 대중매체가 이런 담론을 매일매일 안방에까지 파고들어가 사람들의 의식 속에 주입한다.

이러한 담론들을 철학이 뒷받침한다. 이것을 뒷받침하기 위한 철학은 새로운 관념론 철학이다. 세상은 우주(코스모스)가 그러한 것처럼 영원히 불변한다는 관념론이 지배적으로 된다. 이제 세계관은 발전하여 우주관이 된다. 그리고 우주가 그러하듯이 세상은 변하더라도 갑자기 우연적으로 변한다는 혼돈이론 같은 것이 각광을 받는다. 그래서 변화란 합법칙적인 것이 아니라 빅뱅, 패러다임 교체 따위의 우연적인 것이라는 철학이 유행하게 된다. 이것은 숙명에 굴복하게 하는 철학이다. 그런 우연적인 변화―시장이 무정부적으로 또는 눈에 보이지 않는 독과점적 계획(그것이 담합이고 음모인데)으로 만들어내는―이외에 인간이, 대중이, 민중이 의식적으로 창조할 수 있는 변화·변혁은 부인된다.

신자유주의는 이성만이 아니라 감성까지 동원한다. 그 하나는 두려움이다. 다른 하나는 절망감이다. 신자유주의는 사람들에게 두려움을 강요한다. 세상에 대립-모순이 있어서는 안 된다. 경쟁은 없던 것도 만들어내야 하지만 차이와 적대는 모조리 없어져야 한다. 인류는 하나이며 전 인류적이다. 그렇지 않으면 커다란 재앙이 온다. 지구환경 파괴로, 핵무기 전쟁으로! 이 위협 앞에 민중은 두려움에 떨며 인류보편적인 가치와 질서를 받아들여야 한다. 그러면 오늘날 인류보편적 가치와 질서란 무엇인가? 서구적 개인주의 가치 이외에 무엇이 있는가? 신자유주의, 신제국주의 질서 이외에 무엇이 있는가?

신자유주의는 또 절망감을 강요한다. 혁명은 환상이다, 집단은 신뢰할수 없다, 계획은 효율성이 없다, 그래서 민중에게는 희망이 없다는 절망감을! 신자유주의는 집단(개인이 아니라)에 의거한 의식적 노력이(시장이아니라 계획이) 실패했다는 사실로써 이런 패배감을 부추긴다. 그것에는 아주 좋은 근거가 있다. 20세기 역사를 성격지은 현실 사회주의가 실패했다는 것 이상으로 확실한 근거가 있겠는가? 이처럼 신자유주의 이데올로기 안에는 미래는 많으나 희망은 없다. 유토피아도 없다.

이처럼 신자유주의는 담론으로, 철학으로, 감성으로 자본 앞에 인류가 무한히 굴종하라고 강요한다.

신자유주의는 세력이다

신자유주의는 현실이고 이데올로기이다. 누가 만들어낸 이데올로기이고 누가 지배하는 현실인가? 신자유주의의 주인은 누구인가?

자본주의의 주인이 자본이듯이—신자유주의는 신자본주의이므로—신자유주의의 주인은 신자본이다. 그러면 누가 신자본인가? 독점자본이다. 그러나 낡은 것을 초월하고 있는 신독점자본이다.

우리의 경우 독점자본은 구체적으로 재벌이다. 그들은 1990년대 이후 끈질기게 신자유주의를 전파하며 그것을 관철시키고 있다. 물론 수많은 지식인들이 이론과 담론을 제공하고 있다. 그 많은 박사들이! 전문가들이! 그러나 그들은 실체, 실세가 아니다. 그저 독점자본의 입일 뿐이다.

물론 재벌만은 아니다. 구질서에 대해 비판적인 특권적 중간층의 일부가 신자유주의이다. 이들은 봉건적인 것에 대한 비판자이다. 또는 권위주의적인 것에 대한 비판자이다. 이들은 개인의 자유와 개인주의에 입각한 합리성을 강조한다. 그럼으로써 낡은 봉건성과 상충한다. 그와 동시에 파시즘과도 상충한다. 그러나 그들은 현실 속에서 주도세력이 아니다. 동조자일 뿐이다. 그들은 독점자본의 존재를 거부하지 못한다. 그들의 대안은 건강한(?) 독점자본주의이다. 덜 부패한 독점자본주의이다.

그러면 신자유주의의 주인은 독점재벌뿐인가? 재벌은 모두가 신자본인가? 아니다. 신자유주의 세계에서는 국내 재벌은 그 입지가 매우 위태로워진다. 이들은 그 이데올로기를 수입해 왔지만 그것이 자기들을 죽이는 것이 될 줄은 미처 몰랐다. 그러나 이미 드러나고 있듯이 신자유주의의 진짜 주인은 초국적 자본이다. 국경이라는 보호막이 폐지된 속에서, 국제적 기준이 강요되는 속에서, 투명성이 강조되는 속에서 개발도상국의 독점자본은 그들 초국적 자본의 경쟁상대가 되지 않는다. 그들의 매수·합병의 사냥감이 되어야 하고, 수직적으로 예속된(기술-금융상으로) 자본으로 재편성되어야 한다. 그래서 신자유주의 세력은 전 지구적 시야에서는—오늘날에는 그러지 않으면 안 되는데—초국적 자본 세력이라고 보아야 틀리지 않는다. 재벌도 세계경영으로 변신하지 않으면 주인의 반열에 끼지 못한다.

그러면 이 초국적 자본은 하나인가? 아니다. 그들은 미국계, 유럽계, 일본계의 빅3로 구성되어 있다. 그 가운데 주도적인 것이 미국계이다. 미국의 주도권은 한때 약화되었으나 최근 회복되었다. 그러나 혼자 패권을 갖지는 못하고 있다. 그래서 그들은 서로 협력한다. 그러나 동시에 그들은 쟁패한다. 유럽계가 미국계로부터의 "해방"을 외치고 있다. 지금은 미국계가 주도하고 있지만 그 판도가 확고부동한 것은 아니다. 신자유주의 세계는 과점의 세계이다. 어느 제품의 시장을 3대 기업이 지배한다. 그렇듯이 전 세계를 셋이 과점적으로 지배한다.6)

그 안에는 파(派)도 있다. 금융자본 분파와 생산자본 분파가 있다. 장

---

6) 론 애쉬캐나스 외, 『벽 없는 조직』, 창현출판사, 1995를 참조.

벽을 무너뜨리는 시기인 지금에는 금융자본 분파가 설치고 있다. 그러나 그것이 포병이라면 산업자본 분파가 보병이다. 포격이 어느 정도 끝나면 보병이 설치기 마련이다. 어느 군대에서나 보병이 군대의 중추이듯이 초국적 자본 안에서도 산업자본 분파가 중추이다. 이윤 없이 이자가 있을 수 없는 것이다.

신자유주의는 지금 정복하는 시기이다. 그래서 전쟁태세를 갖추고 있다. 자기 혼자로서는 전쟁을 다 하지 못한다. 예비군도 있어야 하고 첨병도 있어야 한다. 그리고 무엇보다 사령부가 있어야 한다. 그런데 초국적 자본을 지휘·통솔할 통일된 세계국가는 아직 없다. 그래서 그러한 세계국가를 사령부로 삼을 수 없다.

그 대신에 경제적·정치적 집행기관이 등장한다. 경제적인 집행기관으로서 대표적인 것은 IMF, IBRD, WTO 등이다. 이들이 국제조약 또는 협약이라는 구속으로 신자유주의 정책, 노선, 이해관계를 강요한다. IMF는 그 선두에 서 있다. 화폐의 흐름을 맡고 있기 때문이다. 돈줄이 끊기면 당장 숨통이 끊어지기 때문이다. IMF는 돈이 차질없이 굴러다니게 하면서 동시에 각 나라에 신자유주의 패러다임을 정착시켜 나가는 감독관 역할을 한다. 그들은 정착을 좋아한다. 제도화-정착 등!

정치·군사적으로는 특별한 국가가 폭력을 보유한다. 그것은 미국이다. 미국은 세계국가 없는 세계경찰이다. 그래서 미국이 여전히 패권자이다. 그러나 혼자서 하면 되겠는가? UN은 이럴 때 쓰임새가 있다. 미국의 경찰력은 UN 다국적군의 이름으로 또 여러 나라의 돈으로 행사된다.

하지만 초국적 자본 그 자체가 또한 여러 가지 기구를 가지고 있다. 그들은 공동출자하여 신용평가기관들을 두고 있다. 선진 독점자본주의 국가들의 클럽도 있다. 경제협력개발기구(OECD)라든가 G7 등이다. 이들은 수시로 전략을 조율한다. 토론하는 기구도 있다. 다보스 포럼(정식명칭은 세계경제 포럼) 같은 것이다. 그 밖에 입들도 갖고 있다. 일간 ≪월스트리트 저널≫, 주간 ≪이코노미스트≫, 격주간 ≪포춘≫이 있다.

신자유주의에는 그 밖에도 중요한 예비군이 있다. 이 예비군은 검은 색 옷을 입고 있다. 마피아, 야쿠자 등이다. 이들은 마약, 매춘 등과 관계가 있다. 그리고 또 있다. 정치권의 검은 돈이다. 기업이 탈세를 위해 빼돌린 돈이다. 이것을 공식적·합법적 기관이 관리한다. 이들은 철저히 불투명하게 돈을 굴린다. 지난날에는 스위스 은행들만이 그러했다. 그러나 지금은 세계 도처에 금융-조세 천국들이 있다. 그들은 검은 돈을 보관한다. 그리고 높은 이익이 나게 운용해 준다. 세금없이, 조사를 받지 않고! 그것만이 아니다. 사설경비대가 버젓이 폭력을 행사한다. 초국적 자본은 수시로 이들에 동원령을 내린다.

신자유주의는 전략이다

신자유주의는 또한 전략이다. 신자본주의 세력이 추구하는 영구지배 전략이다. 영구지배 하의 영구평화 전략이다. 그 안에는 포지티브 전략과 네거티브 전략이 다 들어 있다. 포지티브 전략은 다시 둘이다. 그 하나는 자유화이다. 다른 하나는 세계화이다. 그러므로 세계적 범위에서의 '자유화'이다.

자유화는 탈규제로 대표된다. 민족국가로부터의 자본의 "해방"이다. 바야흐로 자본이 해방운동을 한다! 소유에서 어떠한 제한도 없어야 한다. 은행도 소유할 수 있고 필요하면 폭력도 소유할 수 있어야 한다. 이런 바탕 위에 이윤을 추구하는 경영활동에 대한 어떠한 제한도 없어야 한다. 규제의 완화가 아니라 폐지이다. 성공은 시장의 본성이고 실패는 정부의 본성이라는 것이다.

탈규제의 뒷면은 노동자계급의 해체이다. 계급으로서, 집단으로서 존재할 수 없게 해체시킨 상태에서 하나하나를 속박하자는 것이다. 계급으로서 해체시키려면 노동운동이 무력화되어야 한다. 노동조합은 "양보"는 할 수 있어도 "쟁취"는 할 수 없어야 한다. 이렇게 해야 노동조합은 있으나마나 하게 되고 노동시장은 노동자 개개인과 자본이 대면하는 자유시장이 된다. 그러면 자본이 노동력을 자유자재로 사용할 조건이 확보된다. 이것이 거시적 차원에서의 전략 즉 노동시장의 유연화이다. 이런 조건 위에서 개개 자본은 미시적 차원에서는 유연하게 노동력을 이용할 수 있어야 한다. 이른바 기능적 유연성이다. 노동자는 더 많은 기능을 가져야 하고 더욱 더 일에 몰입해야 한다. 이것을 그들은 "노동의 인간화"라고 부른다. 그리고 이러한 노동시장의 유연화와 노동의 인간화가 합쳐져서 유연화-착취가 이루어지는 것이다.

다음은 세계화이다. 세계화는 다시 개방, 개혁, 문명화로 나누어진다. 그 가운데 첫째는 역시 개방이다. 개방이란 국경을 넘어 상품과 자본이 이동하는 데 대한 제약을 폐지하는 것이다. 무역만이 아니라 투자에도 국경이 없어야 한다. 외환투기를 하는 데도 국경이 있어서는 안 된다. 현대판 "개항"이다. 지난날에는 항구였다면 이제는 공항이다. 둘째는 경제 패러다임을 세계적으로 단일화하는 개혁이다. 모든 나라의 경제질서를 자유 시장경제로 교체시키는 것이다. 이것을 그들은 근본적 개혁이라고 말한다. 신자유주의가 근본적 개혁 즉 "변혁"을 추구하고 있는 것이다. 셋째는 경제 패러다임만이 아니라 문명 패러다임까지 바꾸는 것이다. 생산양식만이 아니라 생활양식까지 바꾸는 것이다. 아직도 생활 속에 남아 있는 공동체적인 요소는 철저히 없애야 한다. 그래야 민중은 철저히 개인화되고 속물화되어 자본의 영구적 노예가 될 것이기 때문이다. 이것을 그들은 신문명이라고 말한다. 야만을 가지고서!

다음으로는 네거티브 전략이다. 초국적 자본의 전 세계적 지배에 저항하거나 걸림돌이 되는 세력을 제거하는 일을 말한다. 이렇게 저항하는 세력으로는 첫째가 각 나라 안의 노동자·민중 세력이다. 다음으로는 신자유주의 세계질서에 반대하는 전 세계의 약소민족들이다. 그 다음으로는 초국적 자본의 패권에 반대하는 비패권세력이다. 이것들을 극복하지 않고는 신자유주의는 이데올로기에 머물 뿐 현실이 될 수 없다. 개개의 나라 안에서 노동자계급을 제압하는 문제는 위에서 말했다. 그러나 신자유주의에 저항하는 것은 노동자만이 아니다. 예비노동자도 이민노동자도 농민도 도시빈민도 저항한다. 소시민들도 저항에 함께한다. 그러므로 통치는 고도화되어야 한다. 이제 양당제가 아니라 3당제에 의한 권력의 과점적 소유가 정치의 기본 모형이 된다. 지배세력과 피지배세력의 대립을 반영하는 구도가 아니라 지배세력의 담합을 반영하는 구도로서!

약소민족들은 신제국주의로써 제압한다. 신제국주의는 정치·군사적인 힘보다 경제적인 힘이 전면에 나서는 것이다. 약소국의 군비강화는 엄중하게 견제되어야 한다. 공산주의 세력과 전쟁을 해야 할 필요성은 없어진 반면 신자유주의에 대항하는 민족적 무력이 될 위험이 있기 때문이다. 그 대신 돈을 무기로 복종을 강요한다. 수하르토는 캉드쉬가 팔짱을 끼고 있는 앞에서 엎드려 항복문서에 서명하지 않으면 안 되었다. 반면에 무기로써 대항하는 후세인은 가차없이 공격을 받아야 한다.

그러면 약소민족도 아니고 패권세력도 아닌 비패권 세력들은 어떻게 제압할 것인가? 러시아는? 인도는? 중국은? 여기에 이르면 전략은 복잡해진다. 러시아의 옐친은 패권세력은 아니지만 신자유주의를 지향하고 있다. 그래서 G7에 포함시켜 G8을 만든다. 그러나 여전히 사회주의를 표방하고 있는 중국은 WTO에서도 배제한다. 그리고 그 성장을 견제한다. 인도는 개방 압력을 가해서 신자유주의 세계로의 통합을 추진한다. 그러면 반(反)서구의 선두에 서 있는 회교 세력은 어떻게 할 것인가? 이 지점에서는 마땅한 해답이 없는 것 같다. 그래서 문명이 충돌하는 우울한 시나리오가 설득력을 갖는다.[7]

이처럼 신자유주의 전략은 완전무결하지 못하다. 또 지역화와 세계화의 상충은 어떻게 극복할 것인가? 신자유주의는 지역적 통합을 세계적 통합으로 나아가는 디딤돌로 삼고자 한다. 그러나 지역적 통합은 세 패권세력들의 블록으로 될 수도 있다. 약소민족들의 반(反)세계화 블록이 될 수도 있다. 그러므로 신자유주의의 전략은 복잡하고 불확실하다. 혼돈이다.

인간성의 옹호를 위하여

신자유주의는 이처럼 너무나 광범위하다. 또 그것이 인간에게 갖는 의

---

7) 새무얼 헌팅턴, 『문명의 충돌』, 김영사, 1997을 참조.

미는 너무나 근원적이다. 신자유주의는 전 세계적이다. 또 생산양식의 문제에서 나아가 생활양식의 문제이다. 나아가 문명의 문제이다. 이러한 폭과 깊이를 가진 신자본주의가 지금 전개되고 있다. 그 전개는 우리에게 공황을 계기로 하여 성큼 다가와 있다.

사람들은 이것이 무엇인지 잘 알지 못한다. 그런데 지식인이건 정치인이건 지도적인 위치에 있다는 사람들은 거의 예외없이 그것을 찬양한다. 수동적으로로건 능동적으로로건 그것은 좋은 것, 숙명적인 것이라고 말하고 있다. 그러나 대중은, 민중은 그것이 고통을 강요하기에 본능적으로 경계심을 갖는다. 그리고 저항한다. 가진자들은 이것을 낡은 생각, 우둔한 짓이라고 매도한다.

그러나 지난 1월 25일 쿠바에 있었던 사건은 많은 것을 시사하고 있다. 로마교황이 체 게바라의 사진이 걸린 아바나 혁명광장에서 신자본주의, 신자유주의를 엄중 비판했다.[8] 물론 쿠바의 민주화도 촉구했다. 이것은 무엇을 말하는가? 신자본주의는 인간성에 반(反)하는 것이다. 이것을 반대하는 것은 종래의 좌파와 우파의 구분을 뛰어넘는 문제이다. 인간성 옹호의 편에 서지 않는 경향에서는 이른바 좌파라 하더라도 그것에 찬성하고 있다. 인간성을 옹호하는 편에 서면 종교도 그것에 반대하는 것이다. 이처럼 신자유주의는 사람들로 하여금 인간성을 옹호하는 편에 서느냐 아니냐에 따라 편이 갈리게 만들고 있는 것이다.

신판 자본주의는 인간성이라는 근본적인 문제를 제기하고 있다. 그리고 인간성을 파괴하는 신자유주의에 대한 인간들의 전 세계적인 대응을 촉구하고 있다. 물론 자신이 서 있는 민족과 현실을 기반으로 해서, 그리고 그것을 생활공동체의 기초단위로 해서이다.

---

8) 교황은 "맹목적인 시장경제원칙의 충동에 따라 움직이는 신자유주의 자본주의가 제3세계의 빈국(貧國)들에 감당할 수 없는 짐을 지우고 있다"고 비난했다. 또 "부국은 더 부유해지고 빈국은 더 가난해지고 있다"며, "오늘날 일부 국가들이 다른 나라를 빈곤하게 만들면서 과도한 부를 축적하고 있는 현실"을 개탄했다. ≪문화일보≫ 1998년 1월 26일자 참조.

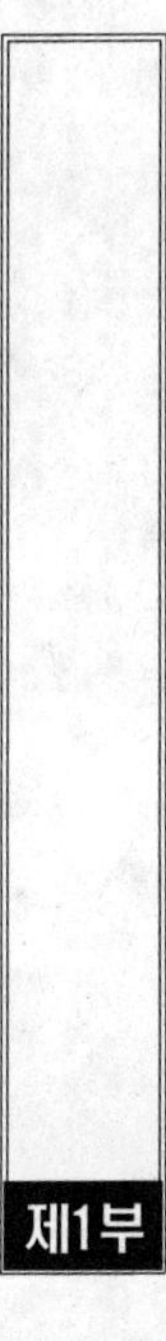

신자유주의 세계에 대한 이해

1

전체주의적인 지구촌 체제에 관하여[*]

이냐시오 라모네(Ignacio Ramonet)^{**}

사람들은 다음과 같은 체제를 '전체주의 체제'(régime totalitaire)라고 불러 왔다. 즉 현재의 지배체제에 대한 조직적인 반대는 어떠한 것도 허용하지 않는 단일정당 제도를 갖추고 있으며, 인권을 국시(國是)에 종속시키며, 이러한 조건 위에서 정치권력이 사회 안에서 행해지는 활동의 총체에 대하여 최고 주권자로 군림하면서 그것을 지휘·통솔하는 형태의 사회체제를 전체주의 체제라 불러 왔다.

그런데 20세기가 끝나 가면서 이러한 유형의 전체주의에 뒤를 이어 또 다른 유형의 전체주의가 등장하고 있다. 다름아닌 '지구촌 체제'가 바로 그것이다. 이 '지구촌 체제'는 지구화(또는 세계화) 논리1)와 '사람들의 사고방식은 세계적으로 균일해야 한다'는 교의(敎義)에 근거해서, 자기자신 이외에 별도의 정치·경제 체제가 지구상에 존재하는 것을 일체 허용하지 않는다.(예컨대 사회주의 체제의 존재를 절대로 용인하지 않는

---

* 이 글은 ≪르 몽드 디쁠로마띠끄≫ 1997년 1월호에서 번역·전재한 것이다.
** ≪르 몽드 디쁠로마띠끄≫ 사장 겸 주필. 『세계의 새로운 권력, 새로운 주인』등 국제정치관계를 분석한 여러 권의 저서를 펴냈고, 최근에 『혼돈의 지정학』을 출간했다.
1) 「세계화의 시나리오」(Scénarios de la mondialisation), ≪마니에르 드 브와르≫ (Manière de voir), 제32호(1996. 11)를 참조하시오.

다: 역주) 또 시민의 '사회적 권리들'(노동3권, 사회보장권, 환경권과 같은 유형의 권리들을 말한다: 역주)을 자본의 '경쟁' 논리에 종속시킨다. 그리고 사회(시민사회 또는 민중사회: 역주) 안에서 행해지는 인간활동의 총체에 대한 감독권을 금융자본의 시장(력)에 넘겨준다.

우리들이 몸담고 있는 사회는 이러한 사태를 맞아 당황하여 어찌할 바를 모르고 있다. 그러나 그 누구도 이 새로운 전체주의의 위세를 감히 무시하지 못하고 있다. 최근에 프랑스에서 행해진 어느 여론조사에 따르면, 응답자의 64% 가량이 "프랑스에서 오늘날 가장 강한 힘을 가지고 있는 것은 금융(자본) 시장이다"라고 응답한 것으로 집계되었다.[2]

유사 이래 수천 년 동안 농업경제가 지배적인 지위를 차지해 온 이래, 지난 19~20세기의 두 세기 동안에는 공업경제가 농업경제를 대신해서 지배적인 지위를 차지해 왔다. 그러나 이제 20세기가 끝나 가면서, 우리는 이미 공업경제의 시대를 벗어나 '전 지구적 금융(자본) 경제의 시대'로 들어서고 있다.

'세계화'는 민족국가에 있어서 국가권력의 기초들 가운데 하나를 이루고 있던 민족시장을 시들게 하였다. 이렇게 민족시장을 파괴함으로써 '세계화'는 민족적 자본주의를 폐기처분될 지경으로 못쓰게 만들었다. 그리고 공공적 권력의 역할 또한 대폭 축소시켰다.

그리하여 국가는 시장(력)에 반대할 수 있는 능력을 더 이상 갖지 못하게 되었다. 각 민족국가의 중앙은행이 보유하고 있는 외환 보유고의 규모 즉 방어력(防禦力)은 국제 금융 투기꾼들이 휘두르는 가격력(加擊力)에 비하면 빈약하기 그지없는 것이 현실이다.(이같은 사실은 최근 동아시아에 불어닥친 금융공황에서 생생하게 드러나고 있다. 본서 제1부 6 및 7을 참조하시오: 역주)

국가는 엄청난 규모로 행해지고 있는 자본의 국제적 유·출입을 저지할 수 있는 어떠한 수단도 갖지 못하고 있다. 국가는 또 자본의 이윤 추

---

2) ≪라 비≫(La vie), 1996. 11. 21.

구를 대변하는 시장(력)의 작동에 맞서서 민중과 시민의 이익을 지키기 위한 대응수단 역시 별로 갖고 있지 못하다. 민족국가의 정부들은 국제통화기금(IMF), 세계은행(IBRD), 또는 경제협력개발기구(OECD) 따위의 세계적 기구들이 규정하는 바의 '정치·경제에 관한 일반명령'에 묵묵히 순종하고 있다.

유럽에서는 마스트리히트 조약(Maastricht Treaty)에 의해 확립된, 저 유명한 '수렴의 기준'(유럽 통합을 위해 나라별 편차를 좁히기 위한 조치들의 기준으로서, 예산적자와 정부부채를 축소하고 인플레이션을 억제하는 것을 주요 내용으로 한다: 역주)들이 민족국가의 정치에 대하여 명실상부하게 독재권을 행사하고 있다. 그리고 이것이 민주주의의 기초를 약화시키고 사회적 고통을 증폭시키고 있다.

 이러한 사태 전개에 대하여 정치·지도자들은 자신들도 '정치가 경제로부터 독립적이어야 함'을 신봉한다고 강변한다. 즉, 일부의 정치 지도자들은 "우리는 우리들에게 강요되고 있는 바, 세계체제 안에서 손발이 묶여 옴짝달싹 못하고 있는 것이 아니다"[3]라고 자신들의 입장을 변호한다. 하지만 신자유주의 세계체제에 저항하겠다는 이들 정치 지도자들의 의지 표시는 '허풍'에 가깝다. 왜 그렇게 평가하느냐면, 그들은 앞에서와 같은 의지 표시에 곧바로 뒤이어 '어쩔 수 없는 기정사실이다'라는 교묘한 논리 전개 방식으로 다음과 같이 말하고 있기 때문이다. 즉 "오늘날의 국제정세는 상품과 자본의 자유로운 이동을 그 특징으로 하며, 이것이 사람들이 흔히 말하는 세계화이다"라고.

그리고 이런 논거 위에서 이들은 이러한 상황에 "적응하기 위해 노력해야 한다"고 끈질기게 주장하고 또 요구하기까지 한다. 그런데 현재와 같은 상황 속에서 '적응'한다는 것이 도대체 무슨 뜻이겠는가? 간단하게 말해서 시장(력)의 지배권을 인정하는 것이다. 이러한 주장들은 또 정치인들 자신의 무능력을 드러내는 말일 따름이다.

---

3) 「에두아르 발라뒤르와의 대담」, ≪르 몽드≫(Le Monde), 1996. 12. 18.

이상에서 밝힌 것이 바로 '지구촌 체제'의 논리이다. 지난 20여 년 동안 국가와 시민을 책임져야 할 정치는 배금주의, 미풍양속의 타락, 자유무역, 자본의 자유로운 유·출입, 대대적인 민영화 등을 적극 두둔했다. 그러면서 주요한 의사결정(투자, 고용, 보건·위생, 교육, 문화, 환경보호 등에 관하여)을 국가와 지방자치단체 등 공공의 관할영역으로부터 사적 자본의 관할영역으로 기꺼이 떠넘겨 버렸다.

이렇게 해 왔기 때문에 오늘날에 와서 경제의 지배권은 초국적 자본에 귀속되게 되었다. 즉 전 세계의 200대 초일류 경제조직(기업체) 가운데 절반 이상이 민족국가의 통제 하에 놓여 있는 것이 아니라 초국적 자본의 통제 하에 들어가기에 이르렀다.

경제의 다국적화 현상은 눈부시게 발전해 왔다. 지난 1970년대에는 다국적 기업체가 고작 수백 개에 지나지 않았다. 그러던 것이 지금에 와서는 무려 4만 개를 넘어서고 있다.… 그리고 전 세계 200대 초일류 기업체의 총 매출액을 합계하면 그 금액은 전 세계 경제활동의 1/4 이상을 차지하는 엄청난 규모에 달하고 있다. 그런데도 이들 200대 기업체는 겨우 1,880만 명의 봉급생활자(임금노동자를 포함하여)만을 고용하고 있다. 다시 말해서 지구촌 전체 노동력의 고작 0.75% 이하를 고용하고 있는 것이다.…

제너럴 모터즈(GM) 사의 총 매출액은 덴마크의 국민총생산(GNP)보다 많다. 포드(Ford) 사의 총 매출액은 남아프리카 공화국의 국민총생산보다 많다. 토요타(豊田) 사의 총 매출액은 노르웨이의 국민총생산을 능가한다.

그런데 지금까지 우리는 실물경제(돈놀이인 화폐경제 또는 금융경제에 대비되는 개념이다: 역주) 즉 재화와 서비스의 실물적인 생산과 교환의 영역에 국한해서 논의를 전개해 왔다. 여기에다 만약 금융경제(금융경제의 규모는 실물경제의 50배이다)의 주요 관계 당사자들을 추가로 포함시킬 경우, 다시 말해서 금융시장을 지배하고 있는 미국과 일본의 주요 연금기금들을 포함시켜 살펴보게 될 경우, 민족국가의 비중은 무시해도 좋을 정도가 되어 버린다.

신자유주의 노선에 따라 공공부문의 사업체들을 대대적으로 사적인 민간부문에 팔아 치우고 민족시장에 대한 규제를 철폐해 온 나라들은 점점 더 거대한 초국적 자본의 소유물로 전락해 가고 있다. 이러한 양상이 남(개발도상국)쪽 나라들의 경제의 모든 측면들을 지배하고 있다.

초국적 자본은 민족국가들을 국제여론의 광장이라는 울타리 안에 끌어넣고서 그 상태에서 압력을 가하기 위해서, 또 자신들의 전 지구적 지배를 추구하는 데 가장 유리한 정치·정책적 의사결정을 정치체(政治體)들로부터 이끌어 내기 위해서, 자본에 맞서는 대항력이 민족국가에 비해 상대적으로 취약할 수밖에 없고 때로는 중앙정부와 갈등관계에 있는 지방정부들(연방국가의 주[州] 정부나 단일국가의 지방자치단체: 역주)을 종종 그 이용물로 삼는다. 이것이 바로 '지방화'의 논리이다.(일단 지방정부가 초국적 자본에 굴복하게 되면 민족국가의 중앙정부는 지방정부에 대한 통제력이 약화되어 힘을 잃게 되고, 이로 인해 마침내 초국적 자본에 굴복하지 않을 수 없게 된다. 그리하여 규제완화, 노동시장 유연화, 자본에 대한 재정적 지원 등을 하게 된다: 역주)

경제의 세계화와 세계적 규모에서의 자본의 집중이라는 이같은 현상은 북(선진 독점자본주의 나라들)쪽과 마찬가지로 남(개발도상 국가들)쪽에서도 사회적 결속력을 깨뜨리고 있다. 세계화와 자본의 집중은 또 도처에서 경제적 불평등을 악화시키고 있다. 시장(력)의 지배가 증대되어 가면서 경제적 불평등이 점점 심화되고 있는 것이다.

이렇게 되면서 도저히 받아들일 수 없는 이 전체주의적 '지구촌 체제'를 거부하기 위하여 불평등에 항거해야 할 '의무'와 들고 일어날 '권리'가 시민들의 지상명령(至上命令)으로 되고 있다. 그렇다면 지금이야말로 일국적 수준을 넘어 지구촌 수준에서 새로운 사회계약을 체결하라고 요구해야 할 때가 아닌가?

2

제4차 세계대전이 시작되었다[*]
우리는 왜 싸우는가

마르코스(Marcos)[**]

[≪르 몽드 디쁠로마띠끄≫ 편집자 주: 지난 7월 6일 총선거가 있던 당시, 멕시코에서는 진짜 지진이라고 할 만한 정치적 격변이 일어났다. 70여 년 만에 처음으로 제도혁명당(PRI)이 국회(연방의)에서 절대다수의 지위를 잃었으며, 또 여러 주 정부의 통제권을 잃었다. 나아가 멕시코 시의 시장 자리도 잃었다. 멕시코 시장 자리는 민주혁명당(PRD) 지도자이며 사회민주주의자인 까르데나스(Cuauhtémoc Cardenas)의 몫이 되었다.

사파티스타 민족해방군(EZLN)은 치아파스(Chiapas) 주에서 이번 투표에 대하여 주민들에게 뚜렷한 지침을 내려 보내지 않았었다. 그 당시 사파티스타 민족해방군은 그들의 성역인 '라깡도나 숲'으로 퇴각하여 나뭇잎 밑에 은거해 있었던 것이다. 바로 그곳에서 그들의 지도자인 부사령관 마르코스(Marcos)가 새로운 국제동향에 관한 독창적이고 지리전략적인 이 비평을 우리에게 전해 왔다.]

*　　　*　　　*

---

* 이 글은 ≪르 몽드 디쁠로마띠끄≫ 1997년 8월호에서 번역·전재한 것이다.
** 사파티스타 민족해방군 부사령관.

"전쟁은 국가의 존망에 관계되는 중대사이다. 그것은 삶과 죽음의 영역이며 살아 남느냐 절멸하느냐로 통하는 길이다. 따라서 이 문제는 깊이 연구되지 않으면 안 된다." <손자 병법 중에서>

세계체제로서의 신자유주의는 새로운 영토 쟁탈전이다. 냉전으로 불려 온 제3차 세계대전이 종료되었다고 해서 세계가 양극적 대립을 극복하고 승리자의 패권 아래 안정을 되찾은 것은 절대 아니다. 왜냐하면 패배한 자(사회주의 진영)는 분명히 존재하는 데 반해서 승리한 자가 누구인지를 지목하기가 어렵기 때문이다. 미국이 승리자인가? 유럽연합인가? 일본인가? 아니면 이들 모두인가?

"악(惡)의 제국"(자본주의 진영이 자신을 '선한 자의 편'으로 선전하고, 사회주의 진영을 '악한 자의 편'으로 선전해 온 것을 빗대어 말하는 표현이다: 역주)의 패배로 새로운 시장이 열리고 있으며, 이 새로운 시장을 놓고 정복자는 새로운 세계대전 즉 제4차 세계대전을 도발하고 있다.

모든 갈등이 으레 그러하듯이 이 제4차 세계대전은 민족국가들에게 자신의 정체성(자신이 누구이며 왜 어느 한쪽 편을 이루어 상대 편과 싸우느냐에 대해 자기 고유의 입장을 갖는 것을 말한다: 역주)을 재규정하도록 강요하고 있다.

세계는 아메리카, 아프리카, 오세아니아를 정복하던 구 시대의 질서로 되돌아가 버렸다. 뒷걸음질치는 방향으로 전진하고 있으니 참으로 이상야릇한 근대성(또는 현대성, Modernité)이다.

비유해서 말하자면 20세기의 말년은 그토록 많은 공상과학 소설들에서 그려지는 것과 같은 '이성적인 미래'를 닮기보다는, 그러한 미래가 도래하기 전의 '야만의 세기들'—공상과학 소설들에서 그려지고 있는 것처럼 아주 야만적인—을 더 많이 닮아 있다.

광대한 영토와 재부(財富), 그리고 무엇보다도 특히 자유롭게 사용할 수 있는 거대한 노동력이 새 지배자를 기다리고 있다. 그런데 세계에 대한 주인 자리는 하나뿐인 데 반해서 이 자리를 차지하려는 후보자는 여

렷이다. 이런 연유로 해서 자칭 "선(善)의 제국" 편이라고 주장하는 자들 사이에서 새롭게 전쟁이 일어나고 있다.

제3차 세계대전에서는 자본주의와 사회주의가 다양한 싸움터에서, 그리고 가변적인 강도(고강도, 중강도, 저강도 등: 역주)로 대결하는 양상이었다면, 제4차 세계대전에서는 거대한 금융 중심부들 사이에서 전 세계를 무대로 하여, 그것도 어마어마한 강도를 지속하면서 전투가 벌어진다.

그 이름이 잘못 붙여진 "냉전"은 실제로는 매우 뜨거운 전쟁 즉 열전(熱戰)이었다. 국제 첩보전의 심연(深淵)으로부터 로널드 레이건(Ronald Reagan)의 저 유명한 "별들의 전쟁"이 벌어지는 우주 공간에 이르기까지, 쿠바의 코송 만(灣)의 모래톱으로부터 베트남의 메콩 삼각주에 이르기까지, 한도 끝도 없는 핵무기 경주로부터 라틴 아메리카에서의 야만적인 쿠데타에 이르기까지, 또 나토(NATO) 군의 가증스러운 책동들로부터 볼리비아—거기에서 체 게바라(Che Guevara)가 암살되었다—에서 자행된 미 CIA 요원들의 음모에 이르기까지.

이 모든 역사적 사건들은 마침내 사회주의 진영이 세계적인 체제로서—자본주의 세계체제와 더불어 공존하는 사회주의 세계체제로서—존재하지 못하도록 용해시켜 버렸으며, 나아가 사회주의가 현실 사회에 대한 '대안의 사회체제'로서 역할할 수 없도록 만들었다.

제3차 세계대전은 "총력전"(20세기 전쟁의 특징은 총력전이다. 에릭 홉스봄, 『극단의 시대: 20세기 역사』, 까치, 1997을 참조하시오: 역주)이 승리자—제3차 세계대전에서는 자본주의—에게 어떤 은혜를 베푸는지를 잘 보여 주었다.

전후(戰後)의 세계는 승리자의 뜻에 따라 지구촌이 새롭게 배치될 것임을 예고하고 있다. 지구촌의 이 새로운 배치 하에서 갈등을 자주 일으키는 주요한 요소들로서는 첫째, 주인 없는 땅(동구 제국의 붕괴로 인하여 생겨난)의 대규모적인 증가, 둘째, 몇몇 거대 권력(미국, 유럽연합, 일본)의 발달, 셋째, 세계적인 규모의 경제위기의 발생, 넷째, 새로운 정보화 혁명의 출현 등이 있다.

컴퓨터 덕분에 금융시장은 자신들의 환전소(換錢所)로부터, 그리고 그들의 자의(恣意)에 따라(과거 프랑스에서는 칙령에서 '짐의 뜻'을 '자의'라고 사용했다: 역주), 자신들의 법과 규범을 지구촌에 강요한다. "세계화"란 단지 그들 금융시장의 논리를 인간생활의 모든 측면에 걸쳐 총체적으로 확장하는 것일 뿐 그 이상의 그 어떤 것도 아니다.

한동안은 미국이 세계경제의 주인 노릇을 해 왔지만, 그 미국도 이제부터는 금융권력 그 자체의 역학(力學), 다시 말해서 '자유로운 상업적 통상 활동'의 역학에 의하여 통제―그것도 전신적(電信的)으로 통제된다. 그리고 '시장의 자유' 또는 '시장경제'라는 금융자본의 이 논리는 전기통신의 발달에 의해 생겨난 여러 자잘한 구멍들을 이용하여 사회 각 분야의 인간활동의 모든 측면을 자기 것으로 가로채고 만다.(일상생활의 모든 영역이 상품화, 상업화되고 있음을 말한다: 역주) 마침내 총체적으로 총력적인 세계대전이 벌어진 것이다!

이 총체적으로 총력적인 세계대전의 첫번째 희생자는 민족시장이다. 신자유주의가 촉발하는 이 전쟁은 대포를 장착한 장갑차 안에서 민중을 향해 실탄을 쏘아대는 비열한 방법으로 전투를 개시한다. 그리고 마치 호수에 던진 돌이 물 위를 튀어 날 듯이 탄알이 콩 튀듯 땅 위를 튀어 날면서 전투가 전개된다. 그러나 마침내 장갑차 안에 있는 사수에게 부상을 입힘으로써 끝을 맺는다.

이 전쟁 과정에서 근대 자본주의 국가의 국가권력의 근본적 기초 가운데 하나인 민족시장은 전 지구적 금융경제의 포격에 의해 박살이 난다. 이 새로운 국제-자본주의는 민족-자본주의들을 낡은 것으로 만든다. 그리고 공공권력을 굶주리게 하며, 마침내 쇠약하게 만든다. 신자유주의의 이 공격은 너무나 잔인하여 민족국가들은 자기 민중의 이익을 방어할 여력을 갖지 못하게 된다.

냉전으로부터 물려받은 아름다운 상품 진열장(전 세계가 자본주의화하고 상품시장이 되었음을 의미한다: 역주)―이것이 새로운 세계질서이다―은 신자유주의의 폭발에 의하여 산산조각이 났다. 기업과 국가들이 무너지는 데는 몇 분(分)이면 족하다.

이러한 총체적 붕괴는 프롤레타리아 혁명이 분출했기 때문이 아니다. 금융 폭풍이라는 폭력 때문이다.(요즈음 자주 사용되는 '금융 빅뱅'이라는 말을 상기하라: 역주)

아들(신자유주의)이 아비(민족자본)를 뜯어 먹는다. 그리고 이렇게 하는 과정에서 곁다리로 자본주의 이데올로기의 허구성을 적나라하게 폭로한다. 새로운 세계질서 속에 민주주의란 없다. 자유도 평등도 동포애도 없다. 지구촌은 혼돈이 팽배한 새로운 전쟁터의 모습으로 바뀌고 있다.

냉전이 끝나 갈 무렵, 자본주의는 군사적 공포(恐怖) 하나를 만들어 냈다. 중성자탄이 그것인데, 이 핵폭탄은 불가사의하게도 건축물은 전혀 해치지 않으면서 생명체만을 파괴하는 무기이다. 그런데 이번 제4차 세계대전에서는 이것과는 또 다른 면에서 불가사의한 폭탄 하나가 새롭게 등장했다. '금융 폭탄'이 그것이다.

이 신종 폭탄은 히로시마와 나가사키에 투하된 핵폭탄과는 달리 정치체(여기서는 민족)를 파괴하고 거기에 소속되어 살아가는 주민들에게 죽음과 폭행과 불행을 강요한다. 그러나 이 폭탄은 거기에 그치지 않는다. 이 폭탄은 민족을 파괴할 뿐만 아니라 자신들이 쟁탈하고자 하는 목표물－민족국가와 민족경제들－을 '경제의 세계화'라는 퍼즐을 짜맞추는 데 들어가는 부품 조각에 불과한 존재로 변형시켜 버린다.

이러한 '금융 폭탄'이 폭발함으로써 초래되는 것은 연기에 휩싸인 하나의 폐허 덩어리가 아니다. 또 몸을 움직이지 못하는 무수한 시체들도 아니다. '금융 폭탄'이 폭발하면 이런 현상들이 빚어지는 대신에 다음의 두 가지가 나타난다. 새로운 전 지구적 하이퍼마켓(수퍼마켓보다 훨씬 큰 상점을 말하는데 초특급의 거대 시장을 상징한다: 역주)의 상업적인 초거대(超巨大) 정치체에 덧붙여진 작은 구획들이 출현한다.(민족공동체가 지역·지방별로 파편화되는 것, 그리고 미국, 유럽연합, 일본 등에 예속적으로 통합되는 것을 말한다: 역주) 또 새로 형성되는 전 지구적 고용 시장 사정에 맞게 노동력의 재배치가 이루어진다.

유럽연합(EU)은 제4차 세계대전이 미치는 효과들을 온몸으로 체험하고 있다. 세계화는 마침내 지난 수 세기 동안 경쟁 상대로서 서로 적수가 되어 왔던 국가들 사이의 경계선을 허물어 버렸다. 그리고 이 민족국가들로 하여금 단일한 정치적 통일체로 수렴되지 않을 수 없게 강제하였다. 그러나 민족국가에서 유럽연방으로 나아가는 이 길은 유럽문명의 파괴를 비롯한 숱한 파괴와 폐허로 점철될 것이다.

지구 전체를 통치 영역으로 하는 초거대 정치체들이 다시 생겨나고 있다.(미국, 유럽연합, 일본 등이 신제국주의화하고 있음을 말한다: 역주) 이들이 상업적으로 통합한 권역들은 이들 자신의 텃밭으로 된다. 북미에서는 미국과 캐나다와 멕시코 사이에 '북미 자유무역 협정'이 체결되어 "아메리카를 미국인에게"라는 해묵은 정복 야망이 실현되는 길이 열렸다.

초거대 정치체들은 민족들을 바꾸어 놓는가? 그렇지 않다. 더 정확히 말해서 초거대 정치체들은 단지 민족들의 외양을 바꾸는 데에 그치지 않는다. 그들은 민족들에게 새로운 역할, 새로운 한계와 새로운 전망을 부여한다.

온전한(대내적으로 통일적이고 대외적으로 자주적이라는 의미에서: 역주) 나라들이 신자유주의 초거대 기업의 일개 성(省)으로 전락한다. 그와 같이 신자유주의 초거대 기업은 여러 지역과 민족에 대하여 한편으로는 파괴와 주민 절멸을 자행하면서, 다른 한편으로는 이것들을 재건하고 재조직한다.

제3차 세계대전에서는 핵폭탄이 상대편에 대하여 억지(抑止)하고, 위협하며, 강제하는 성질을 지녔던 데 비하여 제4차 세계대전에서 주무기가 되고 있는 초특급 금융 폭탄들은 그 성질이 이와 딴판이다. 이 초특급 금융 폭탄들은 새로운 경제에 부적합한 모든 사람들(예컨대 원주민—선주민이라고도 한다—들과 같이)을 배제하여 민족국가의 인구를 '질적'으로 감소시킴으로써(경제활동에 실질적으로 참여하는 인구를 축소시킴으로써: 역주), 또 민족국가의 '주권의 물질적 기초'인 민족경제를 파괴함으로써 민족국가의 영토를 먹어 들어가는 데 그 쓰임새가 있다.

그러나 금융 중심부들은 이렇게 민족국가를 파괴하기만 하는 것이 아니다. 그와 동시에 그것들은 민족국가를 재건하고 새로운 논리, 즉 경제가 사회나 정치보다 우위를 차지한다는 논리(돈이 인간보다 우선이라는 논리로서 우리나라에서는 이것을 흔히 경제논리라고 부른다: 역주)에 따라 재조직한다.

원주민의 세계는 신자유주의의 이러한 전략들을 극명하게 보여주는 사례들로 가득 차 있다. '국제노동기구'(ILO)의 중앙 아메리카 사무국장인 이안 샹베르(Ian Chambers) 씨는 전 세계 원주민의 인구는 3억 명인데, 이들이 살고 있는 지역이 보유하는 자연자원은 지구가 보유하고 있는 자연자원 전체의 60%를 차지한다고 언명한 바 있다.

그는 이렇게 말했다. "따라서 이 지역들을 독점하기 위하여 온갖 갈등이 거듭해서 터져 나오는 것은 전혀 놀라운 일이 아니다.… 자연자원의 착취(석유와 광물)와 관광은 아메리카 원주민 영토들을 위협하는 주된 산업들이다"[1]라고. 그렇게 되면 공해와 매음(賣淫)과 마약이 뒤따라 오는 것은 물어보나마나이다.

이 새로운 전쟁 하에서는 민족국가의 추진동력으로서 역할하는 정치(사회진보의 추진동력으로서 역할하는 계급정치와 더불어 정치다운 정치의 하나인: 역주)는 더 이상 존재하지 않는다. 정치는 단지 경제를 관리하는 데 봉사할 뿐이다. 그리고 정치인은 단지 기업의 집행인일 따름이다. 세계의 새로운 주인은 직접적으로 통치할 필요가 없다. 민족국가들의 정부가 주인의 이익을 위해 일처리를 대행해 주기 때문이다.

이 새로운 질서라는 것은 다름아닌 '단일한 시장으로 통일된 세계'로서의 질서 바로 그것이다. 국가는 통치하는 자로서 기업에 군림하는 대신에 기업의 관리인이 되며, 그럼으로써 기업체 그 자체가 되고 만다.

그리고 국가들 간의 새로운 지역적 동맹체들은 정치적 연합체의 모습

---

1) 「마르타 가르시아(Martha Garcia)와의 대담」, ≪라 조르나다≫(La Jornada), 1997. 5. 28.

보다는 상업적인 융합체에 더 가까운 모습으로 된다. 신자유주의가 만들어 내는 통일은 인간 상호간의 통일이 아니라 오로지 경제적인 면에서의 통일이다. 거대한 전 지구적 하이퍼마켓 속에서 상품만이 자유롭게 유통된다. 그러나 사람들은 자유롭게 유통되지 못한다.(이민 노동자들은 자유롭게 이동하지 못한다: 역주)

이 세계화라는 괴물은 또 '미국적 생활방식'을 사고방식의 보편적 모델로서 전 세계에 퍼뜨린다. 이 '미국적 생활방식'은 제2차 세계대전 동안에 미군의 꽁무니에 붙어 와서 유럽에 전파되었다. 그 후 베트남에서도 그러했다. 그리고 최근에는 걸프전에서 또 그러했다.

이 '미국적 생활방식'은 이제 컴퓨터라는 수단에 힘입어 전 지구적으로 퍼져 나가고 있다. 그리고 이것은 민족국가의 물질적 기초들을 파괴함과 동시에 그 역사와 문화까지도 파괴하고 있다. 참으로 심각한 문제가 아닐 수 없다. 각 민족들이 벼러 온 모든 문화들―아메리카 원주민들의 고귀한 과거, 유럽의 찬란한 문명, 아시아 민족들의 슬기로운 역사, 아프리카와 오세아니아의 선조들의 훌륭함 등등―이 '미국적 생활방식'에 의해 침식되고 있다.

그와 같이 신자유주의는 세계를 '미국적 생활방식'이라는 하나의 단일한 모델로 통합하기 위하여 민족과 민족집단들을 파괴하고 있다. 그리하여 바야흐로 전 지구적인 범위의 전쟁이 일어나게 된다. 신자유주의가 '인간성'에 대항하여 개시하는 전쟁이. 그리고 가장 악질적이고 가장 잔인한 전쟁이!

이 지점에서 우리는 하나의 퍼즐 문제에 직면하게 된다. 이 퍼즐을 완전하게 재조립하기 위해서는, 즉 오늘날의 세계를 완전히 이해하기에는 많은 조각들이 모자란다. 그럼에도 불구하고 우리는 이 갈등이 인류의 파멸로 끝나지 않기를 희망할 수 있기 위해서, 그 퍼즐의 많은 조각들 가운데서 큰 조각 일곱 개를 되찾아 낼 수 있을 것 같다. 즉, 디자인하고, 색칠하고, 오려 내고, 그리고 나서 오려 낸 조각들을 서로 짜맞추면서 세

계적 골칫거리인 퍼즐을 재구성해 보는 데(신자유주의의 세계를 체계적
으로 이해하기 위한: 역주) 쓰일 일곱 개의 조각들 말이다.

이 일곱 개의 조각들 가운데서

첫째는 지구촌의 양극에서 부의 축적과 빈곤의 축적이 병행되고 있는
사실이다.

둘째는 세계에 대한 완전한 착취이다.

셋째는 인류 가운데 할 일이 없어진 사람들이 겪는 악몽이다.

넷째는 권력과 범죄 사이의 역겨운 결탁관계이다.

다섯째는 국가의 폭력이다.

여섯째는 초거대 정치의 비밀이다.

일곱째는 신자유주의에 맞서 인류가(세계를 지배하려는 초국적 자본
이 아니라 인간성을 지키려는 인류가: 역주) 펼치는 다양한 형태의 저항
들이다.

퍼즐 조각 1 – 부의 집중과 빈곤의 분배

<그림 1>은 돈 표시를 그리면서 조립된다.

인류역사에서는 '부조리'를 세계 질서의 마크(예컨대 나치즘의 하켄크
로이츠와 같은 것이 대표적이다: 역주)로 삼으라고 권하기 위해 여러 가
지 모델들(세계 질서에 관한)이 다양하게 제시되고 논의되어 왔다. 신자
유주의도 그렇게 '부조리'를 자신의 마크로 하는 모델 가운데 하나이다.

이 신자유주의는 메달(각자의 몸에 패용할 수 있게 제작된 마크이다:
역주)이 재교부되는 시기인 당분간에는 특권적 지위를 차지할 것이다.
그러나 부조리하기 때문에 당분간만.

부(富)의 "분배"에 관한 신자유주의의 관점은 이중적으로 부조리하다.
첫째로 특정한 소수의 사람들만이 부를 축적할 수 있다고 생각하는 점에
서. 이와 동시에 둘째로 이들 소수를 제외한 여타의 수많은 사람들은 궁

핍을 축적해야 한다고 생각하는 점에서. 그러므로 신자유주의 하에서는 불의와 불평등이 현실 세계의 현저한 특징으로 나타난다.

지구촌에는 오늘날 50억의 인구가 살고 있다. 그 가운데 5억은 안락한 생활을 누리는 반면에 45억은 빈곤으로 고통받고 있다. 부자들은 숫적으로 소수라는 자신들의 약점을 자신들이 지니고 있는 거액의 달러로써 보완한다. 달러 표시로 십억만 장자들인 세계에서 가장 부유한 358명의 재산만도 지구촌의 극히 빈곤한 주민층의 절반 가량, 즉 약 26억 명의 연간 소득보다도 많다.(UNDP, 「인간개발 보고서」, 1996을 참조하시오: 역주)

초국적 거대기업의 성장은 발전한 민족들(소위 선진 독점자본주의 나라들: 역주)에서의 사회진보를 그 전제로 하지 않는다. 사회진보는커녕 그와 정반대로 부국이라 불리는 나라들에서도 거부들은 더욱 부유해지는 반면 가난한 사람들은 더욱 가난해진다. 그곳에서도 빈부의 격차는 엄청나다. 사회적 불평등은 완화되기는커녕 골이 더욱 깊어진다.

당신이 그린 이 돈 표시는 '전 세계 경제권력의 상징' (달러를 말한다: 역주)을 표현한 것이다. 이제 그것에다 달러 색깔인 초록색을 칠하여라. 그리고 역겨운 냄새가 나더라도 참아라. 똥 냄새, 진흙탕 냄새와 피 냄새가 나더라도 말이다. 그 역겨운 냄새들은 달러에서는 태생적으로 나는 것이므로.

퍼즐 조각 2-착취의 지구화

<그림 2>는 삼각형 모양을 그리면서 조립된다.

신자유주의가 늘어놓는 거짓말 가운데 하나로 기업의 경제적 성장이 자동적으로 부(富)와 일자리의 보다 나은 분배를 가져온다는 거짓말이 있다. 이것은 순전한 거짓말이다. 국왕의 권력이 증대하는 것이 그 신민의 권력의 증대로 귀결되지 않는 것과 마찬가지로(실제는 오히려 그 반대이다) 금융자본의 절대주의는 부의 분배를 개선하지 않으며 일자리를 창출하지도 않는다.

빈곤, 실업 및 불안정(고용 및 소득의: 역주)이 신자유주의의 필연적 귀결이요 구조적 결과물들이다.

세계은행이 빈곤층을 정의하는 기준인 하루에 1달러 이하를 처분하고 있는 사람들의 숫자는 60~70년대에는 세계를 통틀어 약 2억을 오르내리는 정도였다. 그런데 90년대 초에 이르러서는 그 숫자가 20억이 되었다.

지난 시기보다 더 많은 인간 존재들이 가난에 처해 있으며, 가난해진 것이다. 반면에 지난 시기보다 더 적은 수의 사람들이 '부유'하거나 부유해졌다. 이러한 '부조리'가 퍼즐의 첫번째 조각이 주는 교훈이다.

이 불합리한 결과를 이룩하기 위해서 '자본주의 세계체제'는 상품의 생산과 유통과 소비를 "현대화"했다. 또 새로운 기술혁명(정보화에 의한)과 새로운 정치혁명(민족국가의 폐허 위에 초거대 정치체가 떠오르는 것)이 복합적으로 작용하여 새로운 사회적인 "혁명"을 만들어 내고 있다.

그런데 이 사회적 혁명이란 실은 사회적인 힘들을 재조직하는 것, 그 가운데서도 특히 노동력을 재조직하는 것이다.

전 세계의 경제활동 인구는 1960년의 13억 8천 만 명에서 1990년에는 23억 7천 만 명으로 늘어났다. 한 세대 전보다 훨씬 많은 인간 존재들이 노동할 능력을 가지고 있는 것이다.

그러나 새로운 세계질서는 이들을 정해진 공간(초국적 자본의 연결망 속에 있는 기업들: 역주) 안으로 들어오도록 그 활동 범위를 제한한다. 그리고 이 공간 안에서 노동자들의 직무를 개편한다. 또 실업이나 고용 불안정의 경우에서와 같이 무(無)직무로 개편하기도 한다.

전 세계의 취업인구의 경제활동 종류별 구성은 지난 20년 동안에 급격히 변했다. 농업과 어업 부문에 종사하는 취업인구는 1970년의 22%에서 1990년에는 12%로 떨어졌다. 제조업 부문의 취업인구는 같은 기간에 25%에서 22%로 떨어졌다. 그러나 상업, 운수, 은행 및 서비스 등 제3차 산업에 종사하는 취업인구는 같은 기간에 42%에서 56%로 늘어났다.

개발도상국들에 국한해서 보면 제3차 산업은 1970년도에는 40%이던 것이 1990년에는 57%로 늘어난 반면 농업과 어업은 30%에서 15%로

줄어들었다.[2]

노동력은 점점 더 생산성(수익성: 역주)이 높은 경제활동 분야를 향해 이동하고 있다. 이렇듯 신자유주의 지배체제는 마치 자신이 일종의 초거대 고용주인 것처럼 행세하고 있다. 이 고용주에게 전 지구적 시장은 "현대적"인 방법으로 경영되는 '단일 기업체'일 따름이다.

그러나 신자유주의의 "현대성"은 유토피아적인 "합리성"(신자유주의가 가장 합리적이며 따라서 이상적이라고 선전하는 '시장의 합리성'을 야유하는 의미로 유토피아적 합리성이라고 말하고 있다: 역주)보다는 자본주의가 탄생하던 시기의 '야만성'과 더 친근하다. 왜 그렇게 평가할 수밖에 없는가 하면, 자본주의의 생산활동은 신자유주의 세계 하에서도 여전히 연소 노동자에 대한 착취에 호소하고 있기 때문이다.

전 세계적으로 11억 5천 만 명의 아동 가운데서 적어도 1억 명이 집을 떠나 길거리에서 떠돌아 다니고 있으며, 2억 명이 고용 노동을 하고 있다. 그리고 여러 예측들에 의하면 고용 노동을 하는 연소 노동자의 숫자는 오는 2000년에는 지금의 2배인 4억 명이 될 것이라고 한다.

2000년에는 아시아에서만 1억 4천6백 만 명의 연소 노동자가 제조업 부문에서 고용 노동자로 일하게 될 것이라는 예측이다. 한편 북쪽(이른바 선진 독점자본주의 나라들: 역주)에서도 남쪽(이른바 개발도상국들: 역주)에서와 마찬가지로 수십 만 명의 아동이 가계소득을 보충하기 위해, 또는 생명을 부지하기 위해 고용 노동을 하고 있다.

자본은 제조업만이 아니라 향락산업에도 수많은 어린이들을 고용하고 있다. 국제연합(UN)에 의하면 매년 100만 명의 어린이들이 '섹스 상품'으로 내팽개쳐진다고 한다.

전 세계적으로 수백 만의 노동력이 실업과 고용불안에 내몰리고 있는 이 어두운 현실은 가까운 시일 안에 결코 사라질 것 같지 않다. '경제협력개발기구'(OECD) 나라들의 실업률은 1966년 3.8%에서 1990년에는

---

2) 오쇼아 치(Ochoa Chi)/ 쥬아니타 델 필라르(Juanita del Pilar), *Mercado mundial de fuerza de trabajo en el capitalismo contemporáneo*, UNAM, Economia, Mexico, 1997.

6.3%로 늘어났다. 유럽에서는 같은 기간에 2.2%에서 6.4%로 늘었다.

세계화된 시장은 중소기업을 파괴한다. 국내 시장에 대한 보호가 없어지고 지방 시장 및 지역 시장이 소멸되면서 중소기업들은 더 이상 초국적 기업이라는 거인과의 경쟁에서 버티어 낼 수 없게 된다. 이렇게 해서 수백 만의 노동자들이 또 실업 상태에 빠져들게 된다. 이것은 신자유주의가 안고 있는 또 하나의 부조리이다.

생산의 성장은 고용을 창출하기는커녕 그것을 파괴한다. 국제연합은 이것을 두고 "고용없는 성장"이라 부르고 있다.

그러나 악몽은 여기에서 그치지 않는다. 노동자들은 불안정한 고용조건을 받아들이지 않으면 안 된다. 고용은 더욱 불안정해지고, 하루 노동시간은 더 길어지며, 임금은 더 낮아진다. 이것이 세계화와 서비스 부문의 폭발적 성장이 가져오는 귀결, 인간을 불행하게 하는 귀결이다.

이 모든 것들은 상호 복합적으로 작용하여 하나의 독특한 과잉(過剩)을 산출한다. 즉 인간 존재, 인간 생명체의 과잉이 그것이다. 이들 잉여 인간들은 새로운 세계화 질서에서 쓸모가 없는 존재들이다. 왜냐하면 이 잉여 인간들은 아무것도 생산하지 않고, 아무것도 소비하지 않으며(초국적 자본의 상품을 직접 생산하지 않고, 초국적 자본이 파는 상품을 직접 소비하지 않는다는 의미이다: 역주), 은행으로부터 아무것도 빌리지 않는 부류의 인간들이기 때문이다. 간단히 말해서 이 잉여 인간들은 신자유주의가 사용하다가 내다버리는 쓰레기들, 즉 '쓰레기 인간들'이다.

금융 시장은 날이면 날마다 자신의 법을 국가들과 국가집단들에게 강요한다. 그리고 주민들을 재분배한다. 그러나 기껏 그렇게 했는데도 종국에 가서 보면 여전히 인간 존재들이 과잉되게 존재하고 있음을 확인하게 된다. 이것이야말로 신자유주의가 극복할 수 없는 모순이다.

이렇게 해서 삼각형 비슷한 그림 하나가 그려졌다. 전 세계적 착취의 피라미드를 묘사하는 그림이므로 피라미드를 본떠서 삼각형으로 표현된 것이다.

퍼즐 조각 3 — 떠돌아 다니는 '악몽'인 이민 노동자

<그림 3>은 이민 노동자들이 떠돌아다니는 것을 상징하여 동그라미 모양을 그리면서 조립된다.

우리는 앞에서 제3차 세계대전이 끝나면서 정복할 영토들(구 사회주의 나라들)과 재정복할 또 다른 나라들(제3세계 나라들: 역주)이 생겨났다는 데 대해 살펴본 바 있다. 이러한 조건이 조성됨으로써 금융 시장은 삼중의 입체전략을 구사하게 된다.

첫째로 "지역적 전쟁"과 "내부의 분쟁"이 늘어나게 만든다.

둘째로 비정규적인 축적 형태(이른바 유연한 축적: 역주)를 자본의 목표로서 추구하도록 한다.

셋째로 대대적인 규모로 노동력을 이동시킨다.(국제적으로 또는 국내적으로, 그리고 공장 안에서도 이리저리: 역주)

그 결과 수백 만의 노동력이 이민 노동자의 형태로 지구를 가로질러 굴렁쇠처럼 이리저리 굴러다니게 된다. "국경선 없는" 세계에서의 "이방인"인 이들은 냉전에서 승리한 자들이 약속한 신분보증에 따라 그래도 감옥에 처넣어지거나 살해되기까지 하지는 않는다. 하지만 이들은 외국인 혐오의 박해를 받아야 하고, 고용 불안에 시달려야 하며, 문화적 정체성의 상실에 직면해야 하고, 경찰의 억압과 배고픔을 맛보아야 한다.

이민 노동자들의 악몽은 그 원인이 무엇이든 간에 계속 늘어가기만 한다. 이주민의 숫자—이것은 국제연합 '피난민' 담당 고등판무관의 소관 사항인데—는 문자 그대로 폭발적으로 증가하고 있다. 그 숫자는 지난 1975년에는 200만 명이던 것이 1995년에는 자그마치 2천7백 만 명 이상으로 늘어났다.

신자유주의의 이민 정책은 이주민의 유입을 저지하는 것을 목적으로 하기보다는 전 세계 노동시장을 불안정하게 만드는 것을 그 목적으로 삼고 있다. 제4차 세계대전은 파괴와 주민 절멸, 건설 및 재조직의 메커니즘에 입각해서 수백 만의 사람들이 지리적으로 이동하게 만든다.

이렇게 지리적으로 이동하게 된 사람들의 운명은 악몽을 짊어지고 다니며 유랑하는 것이다. 이들의 운명은 또 이렇게 이리저리 유랑하면서, 일자리를 갖고 있는 여타 노동자들에 대한 위협수단으로 사용되는 것이다. 그리고 자신을 보살펴 주는 주인을 저버리는 못된 천성을 지닌 흉물의 배역을 맡아 하면서, 마침내 인종주의의 구실이 되는 것이다.

퍼즐 조각 4 - 금융의 세계화와 범죄의 보편화

<그림 4>는 장방형 모양을 그리면서 조립된다.

만약 범죄의 세계가 사후(死後)의 암흑세계와 같은 것이라고 생각한다면 당신은 크게 잘못 생각하고 있는 셈이다. 냉전이라 불리는 시기에 조직범죄는 제법 괜찮은 존재라는 이미지를 획득했다. 이렇게 되면서 범죄조직은 현대적인 기업체처럼 움직이기 시작했다. 뿐만 아니라 민족국가의 정치·경제 체제에까지 깊숙이 뚫고 들어가기도 했다.

제4차 세계대전이 시작되면서 조직범죄는 자기 고유의 활동 즉 범죄 활동을 세계화했다. 5대륙의 범죄조직들은 "전 세계적인 협력의 정신"을 찬탈했으며(범죄자들이 서로 협력하여 인류의 진정한 협력을 방해하고 있는 현실을 말한다. 본서의 제1부 8을 참조하시오: 역주) 서로 연합해서 새로운 시장을 정복하는 데 가담하고 있다.(러시아에서 마피아의 준동이 대표적이다: 역주) 이들은 검은 돈을 세탁하기 위해서뿐만 아니라 자신들의 불법적 사업에 충당할 자금을 조달하기 위해서 합법적인 사업에 투자를 한다. 이들이 선호하는 사업은 호화 부동산 거래, 여가·오락 산업, 대중매체, 그리고 은행업 등이다.

알리바바(『아라비안 나이트』에 나오는 인물. 도둑의 보물을 발견해 부자가 된 나뭇꾼: 역주)와 40명의 고리대금업자들인가? 그건 약과이다. 상업(영리목적으로 설립된: 역주) 은행들은 이들 범죄조직이 합법적 사업을 위해 굴리는 검은 돈을 사용한다.(이에 앞서 조직범죄는 범죄 활동으로 조성한 자금을 은행의 망(網) 속에 깊숙이 묻어 둔다. 그리고 상업 은행들은 이 자금을 조직범죄가 행하는 대부사업 및 '범죄적'이면서도 매우 '합법적'인 경제분야 투자사업에 소요되는 재원으로 사용한다: 역주)

국제연합의 한 보고서에 따르면 "외채를 안고 있는 나라들은 '국제통화기금'(IMF)으로부터 자금을 차입하기 위해서는 '국제통화기금'이 권고하는 구조조정을 받아들이지 않을 수 없도록 강제되었는데, 범죄 신디케이트의 발달은 이 구조조정 프로그램 덕분에 한결 수월하게 이루어졌다"[1]고 한다.

조직범죄는 또 하나의 믿는 구석으로서 이른바 '금융 천국'들을 가지고 있다. 이러한 '금융 천국'은 전 세계적으로 약 55개가 있다. 그러한 '금융 천국'들 가운데 하나인 '까이망 섬'(les îles Caïmans)은 은행업 센터로서 세계에서 다섯번째 위치를 차지하고 있는데, 이곳에서는 법인으로 등록된 회사와 은행의 숫자가 주민의 숫자보다 더 많다.

'금융 천국'들은 검은 돈의 세탁 이외에 탈세에도 도움이 된다. 이곳은 또 통치자나 실업가들이 마피아 두목들과 몰래 접촉하는 장소이기도 하다.

이렇게 해서 네번째 그림이 만들어졌다. 이 그림은 장방형의 거울 모양인데, 이 장방형의 거울 안에서 합법성과 불법성이 자신의 영상(影像)을 상호 교환한다. 거울 안에 있는 두 개의 영상 가운데 어느 쪽이 범인이고 어느 쪽이 범인을 추적하는 자인가?

퍼즐 조각 5 — 정당성 없는 권력의 적법한(?) 폭력

<그림 5>는 펜타곤(5각형) 모양을 그리면서 조립된다.

지구화의 선술집에서 국가는 스트립 쇼를 한다. 그것도 스스로 몰입해

---

3) 『범죄의 세계화』(La Globalisation du crime), 국제연합, 뉴욕, 1995.

서 한다. 그리고 이 스트립 쇼의 막판에 가서는 없어서는 안 될 최저한의 것만을 걸친다.

즉, 국가는 오로지 억압하는 힘만을 관장한다. 민족국가는 껍데기만 남는다. 그것의 물질적 기초는 파괴되고, 주권과 독립 따위는 아예 폐지되며, 계급정치는 눈에 띄지 않게 지워진다. 이런 가운데서 민족국가는 초거대 기업체에 복무하는 보안장치로 된다.

공공 투자 지출이 사회적 지출(교육, 문화, 보건·의료, 환경, 사회복지, 노동 등에 관한 정부 지출을 말한다: 역주) 쪽에 더 많이 배분되도록 그 지출 구조를 개선하기는커녕 국가는 사회를 보다 효율적으로 통제하는 데 필요한 장치들을 개선하는 일에 열을 올린다.(예를 들어 전자주민등록증 같은 것: 역주)

폭력이 시장의 법칙으로부터 유래하는 이같은 상황에서 우리는 어떻게 하면 좋을까? 정당성 있는 폭력은 어디에 있고, 정당성 없는 폭력은 어디에 있는가? 그런 구별이 과연 의미가 있는가?(정당성은 더 이상 공권력 행사의 준거 기준이 되지 못한다. 적법하기만 하면 끝나는 것으로 된다: 역주)

수요와 공급의 자유로운 놀음이 국가에 의한 '폭력의 독점' 따위에 대해 두려움 없이 도전해 오고 있는 판에, 불쌍한 민족국가는 어떠한 '폭력의 독점'을 자기의 고유한 몫이라고 주장할 수 있는가?(민족국가는 '시장의 법칙' 즉 자본의 이해관계가 관철되는 것을 뒷받침하는 폭력을 행사하는 것 외에 다른 용도로 폭력을 행사할 수 없게 되었으며, 더 이상 민족과 민중의 이익을 수호하는 것을 근거로 하여 '폭력의 독점'을 주장할 수 없게 되었다는 의미이다: 역주)

앞에서 본 네번째 그림에서 우리들은 조직범죄와 정부와 금융 중심부들이 모두 긴밀하게 하나로 묶여 있음을 확인하지 않았던가? 조직범죄도 진짜 군대의 일부로 포함되는 것이 분명하지 않은가?(조직범죄도 자본의 이해관계 관철에 복무하는 폭력인 이상 국가의 폭력과 차별되어야 할 이유가 없어졌다는 지적이다. 용역깡패가 버젓이 활개치고 있는 것을 보면

이 말을 수긍할 수 있다: 역주)

'폭력의 독점'은 더 이상 민족국가의 전유물이 아니다. 시장은 '폭력의 독점'을 경매에 부친다.(조직범죄든 민족국가든 자본의 이익을 관철하는 데 도움이 된다면 가리지 않고 채택한다: 역주) …만약 '폭력의 독점'을 둘러싼 분쟁(예컨대 조직범죄와 민족국가 간에, 또는 민족국가 내의 권력집단 간에: 역주)에 대한 해결을 시장의 법칙에 호소하지 않고 "피지배 기층 민중"의 이해관계에 호소하여 판정하려고 할 경우(자본의 선택 또는 자본 상호간의 힘겨루기에 의한 결정에 맡겨 두지 않고 기층 민중을 동원하거나 참여시키려고 할 경우: 역주), 그 때에는 세계 권력(민족국가 권력이 아니라 신제국주의 권력: 역주)이 이에 개입하여 침략을 감행할 것이다.

이러한 외세의 개입은 신자유주의에 대항하여 인간성을 지키겠다는 기치를 치켜든 사파티스타 민족해방군의 투쟁, 즉 무장한 반란이라는 방식으로 제기된 원주민들의 과감한 도전과 관련된 여러 측면 가운데서 가장 적게 연구·검토된 측면(가장 비난받고 있는 측면임에도)이다.

미국 군사력의 상징은 펜타곤(5각형)이다. 이 새로운 세계 경찰은 민족국가의 경찰과 군대들이 신자유주의 초거대 정치체의 틀 안에서 그것의 질서 유지와 그것의 영토 확장을 보증하는 보안부대로서 역할하기를, 오로지 그러한 역할만 하기를 바라고 있다.

퍼즐 조각 6 — 초거대 정치와 난쟁이들

<그림 6>은 마구잡이로 들쭉날쭉하는 그림 모양을 이루면서 조립된다.

우리는 앞에서 민족국가들이 금융 시장에 의하여 공격받고 있으며, 초거대 정치체의 가마솥에 넣어져 용해되어 버리도록 강요받고 있음을 보았다. 그러나 신자유주의는 제4차 세계대전을 벌이면서 단지 민족과 지역들을 "병합"하기만 하는 것이 아니다.

　신자유주의의 전략은 파괴 및 주민 절멸과 건설 및 재조직의 전략인데, 이 전략은 민족국가를 병합하는 것으로 그치지 않고 민족국가에 골절상까지 입히고 만다. 즉 신자유주의는 제4차 세계대전에서 민족 간의 국경을 없애고 병합하여, 여러 민족을 하나로 합쳐 버리려고 한다. 그런데 이렇게 되도록 만들어 가는 과정에서 제4차 세계대전은 오히려 민족들이 산산조각으로 박살나도록 교사하고, 그럼으로써 국경이 더욱 증가하도록 만든다.

　이것은 분명 역설(패러독스)이다. 하지만 이것은 신자유주의가 벌이는 이 제4차 세계대전이 지니고 있는 여러 역설들 가운데 단지 하나일 따름이다. 신자유주의는 온통 역설투성이니까.

　만약 아직도 이 지구화라는 것이 사실상 하나의 세계대전이라는 사실에 대해 긴가민가해 하는 사람이 있다면, 소련과 체코슬로바키아와 유고슬라비아를 붕괴로 몰아간 갈등들을 상기하고 고려에 넣기를 바란다. 이 나라들은 민족국가의 내적 결속과 경제적 기초를 부숴 버린 위기들(신자유주의가 추구하는 '시장의 자유화'에 의해 촉발된 위기들을 말한다. 얼마 전 알바니아에서 그러한 위기가 재연된 바 있다: 역주), 바로 그러한 위기의 제물들이다.

　'초거대 정치체의 건설'과 '국가의 파편화'라는 두 가지는 '민족국가의 파괴로'부터 나타나게 되는 '하나의' 귀결이다. 이 두 가지 사태들이 각기 별개라고 말할 수 있을까? 이 사실들이 과연 상호 독립적인 현상들일까? 이렇게 서로 상충되는 사실들이 동시에 나타나고 있는 것은 오히려 하나의 초거대 위기가 도래할 것임을 예고하는 조짐이 아닐까?

　상업상의 국경이 제거되고, 전기통신이 폭증하고, 정보 고속도로가 건설되고, 금융 시장의 권력이 거대해지고, 국제간에 자유무역 협정들이 체결되고 있는 것, 이 모든 것이 민족국가를 파괴하는 데 기여하고 있다. 그리고 역설적이게도 세계화는 이렇게 민족국가를 파괴하면서, 그 결과로서 산산조각으로 파편화된 세계(하나로 통일된 세계가 아니라: 역주)를 만들어 내고 있다.

세계는 경제라는 고가(高架) 구름다리로(인류애라는 튼튼한 철도에
의해서가 아니라: 역주) 간신히 서로 연결된, 방수처리된 구획들로 파편
화되고 있는 것이다. 그러므로 신자유주의가 만들어 내는 세계는 마치
깨진 거울과 같다. 그리고 이 깨진 거울은 신자유주의라는 잡(雜)생각에
서 몽상하는 '세계의 단일성'이라는 것이 얼마나 허망한 것인지를 잘 보
여준다.

그러나 신자유주의의 모순은 세계를 통일·단일화시키고자 원하면서
도 실제로는 그것을 파편화하고 있는 데에 멈추지 않는다. 그와 동시에
신자유주의는 이 전쟁을 지휘할 정치·경제적 중심부를 만들어 낸다. 그
래서 우리는 '초거대 정치'에 대해서 언급하지 않을 수 없다.

이 '초거대 정치'는 당연한 이야기로 시장의(인간이 아니라: 역주) '초
거대 정치'이다. 시장의 정치로서의 이 '초거대 정치'는 민족정치를 병합
한다. 그리고 민족정치를 전 세계적인 범위의 이해관계를 가지고 있는
하나의 중심부에 연결시킨다. 전쟁, 신용 및 대부, 상품의 구매 및 판매,
외교적 승인, 상업적인 봉쇄(무역 제재 같은 것: 역주), 정치적 지지·지원,
이민에 대한 법률, 국제관계의 단절, 투자 등등 간단히 말해서 민족들이
온전한(자주적이고 독립적인: 역주) 민족으로서 살아남느냐 아니냐 하는
존망의 문제 모두가 바로 이 '초거대 정치'에 의하여, 그리고 그것을 위
하여 결정된다.

'금융 시장'들은 각 나라 지도자들의 정치적 색깔에 대해서는 어떤 것
이든 상관하지 않는다. 그들의 눈에 중요하게 들어오는 것은 오직 한 가
지, 즉 정치 지도자들이 어떠한 경제 강령을 가지느냐 하는 데 대한 구별
뿐이다.

모든 사안에 금융적 기준이 의무적으로 부과된다. 세계의 주인인 초국
적 자본은 시장의 이해관계를 해칠 수 있는 어떠한 조치도 취하지 않는
다는 조건이 충족되기만 하면 극우 정부의 존재까지도 참아 줄 용의를
가지고 있다. 그러나 금융 시장은 지배적인 모델, 즉 신자유주의의 초거
대 정치 모델과 결별하고자 하는 정치(예를 들어 민족해방 정치와 사회

주의 정치: 역주)는 절대로 용납하지 않으려 한다.

초거대 정치의 시각으로는 민족정치는 난쟁이들의 정치—금융 거인이 무력을 동원하여 강제하는 '불평등 조약'에 복종하지 않으면 안 되는 난쟁이들에 의하여 이끌리는 정치이다. 그들의 시각은 매양 이런 식일 것이다.… 이 난쟁이들이 반란을 일으킬 때까지는.

이렇게 해서 초거대 정치를 표현하는 그림이 그려졌다. 이 그림에서는 어떠한 합리성도 찾아볼 수 없다. 어떤 조그마한 합리성도.

퍼즐 조각 7 — 저항의 주머니들*

<그림 7>은 주머니 모양을 그리면서 조립된다.

"나는 우선 당신이 '저항'과 '정치적 반대'를 만에 하나라도 혼동하지 말기를 바라마지 않는다. 정치적으로 반대한다는 것은 권력에 정면으로 대항하는 것이 아니다. 그리고 '정치적 반대'의 모습은 가장 성공적으로 발달할 경우에 야당의 형태를 취한다. 이에 반해서 '저항'은 원래 정당으로서 존재할 수가 없다. '저항'은 통치하기 위해 생겨나는 것이 아니라… 저항 행동을 하기 위해 생겨나는 것이다."(토마스 세고비아[Tomás Segovia], 알레가토리오[Alegatorio], 멕시코, 1996.)

얼핏 보면 그럴듯하게 보이는 세계화의 무오류성은 이에 순응하기를 완강하게 거부하는 냉엄한 현실의 벽에 부딪혀 부정되고 있다. 신자유주의가 제4차 세계대전을 계속 추구해 가는 동안 이것에 항의하는 집단들 즉 반란의 핵들이 지구를 가로질러 형성되고 있다. 그리고 불룩하게 살이 찐 돈 주머니를 가지고 있는 금융 제국(帝國)은 '저항의 주머니들'의 반란에 단호하게 맞서고 있다.

그렇다. 주머니들이다! 돈 주머니들에 대한 인간성 주머니들의 대결이

---

* 여기서 말하는 '주머니'란 석유·가스 등이 저장되어 있는, 주머니 같은 모양의 지층을 가리키는 용어이다—역주.

다! '저항의 주머니들'은 키가 큰 것에서부터 작은 것에 이르기까지 온갖 종류를 다 갖추고 있으며, 색깔도 검은 색에서 흰색까지 가지각색이고, 그 형태도 천차만별이다. 이들에게 공통된 점이라고는 단 한 가지, "신(新) 세계 질서"에 저항하겠다는 의지와 이 제4차 세계대전이라는 죄악이 보여주는, 인간성에 대한 범죄에 대해 저항하겠다는 의지를 가지고 있다는 점이다.

신자유주의는 수백 만의 인간 존재를 억압하고자 하며, "잉여 인간"이 될 모든 사람을 해고 처분하고자 한다. 그러나 "쓰레기 인간"들은 이에 반항한다.

여자, 어린이, 노인, 청년, 원주민, 생태(환경)주의자, 호모(동성애주의자), 레즈비언(여자 동성애), 후천성 면역결핍증(AIDS) 환자, 노동자 및 그 밖에 신 세계 질서의 운행에 방해가 되는 모든 부류의 사람들이 스스로 조직화하고 투쟁을 전개한다. 이렇게 "근대성(또는 현대성)"으로부터 배제된 사람들이 "저항"을 꾸미고 있는 것이다.

예컨대 멕시코에서는 '테후안테페크(Tehuantepec) 지협(地峽)에 대한 통합적 개발 프로그램'이라는 이름으로 정부 당국이 거대한 산업지대를 건설하려 하고 있다. 이 계획은 이 지대 안에 "나사 돌리는 공장"(조립공장들을 말함: 역주)들과 멕시코 산 원유의 3분의 1을 처리하고 석유화학 제품들을 제조하기 위한 정유소 건설을 포함하고 있다. 또 태평양과 대서양 두 대양을 연결하는 관통로, 즉 도로, 운하, 지협을 관통하는 철도 등도 건설될 예정이다. 그리고 200만 명의 농촌 주민들이 이 공장들에서 일하는 임금 노동자가 될 예정이다.

이와 마찬가지로 그들은 멕시코의 남동부에서도 '라깡도나 숲' 지역에서 항구적인 지역개발 프로그램을 조직하고 있다. 그 목적은 풍부한 역사적 유산을 가지고 있고 위용도 당당한 원주민들의 땅, 그와 동시에 석유와 우라늄의 보고이기도 한 원주민들의 땅을 자본이 자기네 마음대로 사용할 수 있게 만들려는 것이다.

이 개발 사업은 결국 남동부를 나라의 여타 부분들로부터 분리시킴으로써 멕시코를 파편화하는 데로 귀착될 것이다. 이 개발 사업은 실은 반 (反)봉기 전략의 일부이다. 즉, 1994년에 탄생한 반(反)신자유주의 반란 을 포위하고자 쌓는 반(反)봉기 전쟁의 요새 같은 것이다. 이러한 반(反) 신자유주의 반란의 중심에 사파티스타 민족해방군의 원주민 반란이 자 리하고 있다.

원주민 반란 문제와 관련하여 불가피하게 하나의 여담을 하지 않을 수 없다. 사파티스타는 지금의 멕시코에서 민족적 주권에 대한 재정복(초국 적 금융자본에 의한: 역주)과 이에 맞선 민족적 주권의 수호(민중의: 역 주)가 반(反)신자유주의 혁명의 일부를 이룬다고 생각하고 있다. 그런데 역설적이게도 적들은 사파티스타 민족해방군이 나라의 파편화를 꾀하고 있다고 비난하고 있다.

그러나 실제는 이와 정반대이다. 분리주의 망령을 불러일으키는 자는 오로지 그들 즉 석유가 풍부한 타바스코(Tabasco) 주(州)의 기업가들이 고, 치아파스 출신의 연방의회 의원들이며, 제도혁명당(PRI)의 당원들이 다. 우리 사파티스타는 세계화 국면에서는 민족국가를 수호하는 것이 필 수적으로 요구된다고 생각하고 있다. 그리고 멕시코를 산산조각으로 파 편화하고자 하는 기도는 현 통치집단에서 나오고 있는 것이지 원주민들 에게 자치권을 부여하라고 하는 정의로운 요구로부터 나오고 있는 것이 결코 아니라고 생각한다.

사파티스타 민족해방군과 원주민의 민족운동 전체는 인디오 원주민들 이 멕시코로부터 분리되기를 결코 바라지 않는다. 우리들은 그 자신들이 나라의 통합된 일부로서, 그래서 없어서는 안 되는 일부로서 인정되기를 원한다. 물론 그 특수성도 함께 인정되기를 바란다.

우리들은 민주주의와 자유와 정의에 합치되는 멕시코를 염원한다. 이 처럼 사파티스타 민족해방군이 민족의 주권을 수호하는 임무를 수행하 고 있다면 멕시코 연방군은 이에 맞서서 나라의 물질적 기초를 파괴하 고, 마치 마약 밀매자들에게 나라를 가져다가 바치듯이 외국 거대자본에 게 나라를 가져다가 바치는 그런 썩어빠진 정부를 지키는 임무를 수행하고 있다.

신자유주의에 맞서는 저항은 멕시코 남동부의 산 속에서만 진행되고 있는 것이 아니다. 멕시코의 여타 지역에서도, 라틴 아메리카에서도, 미국에서도, 캐나다에서도, '마스트리히트 조약'(Maastricht Treaty)이 지배하고 있는 유럽에서도, 아시아에서도, 오세아니아에서도 저항의 주머니들은 날로 늘어나고 있다.

이 저항의 주머니들은 제각기 고유의 역사를 가지고 있으며, 각각의 특수성을 가지고 있다. 이들은 그와 동시에 유사점도 가지고 있다. 또 제각기 주장할 요구사항(정치적·사회적 권리 요구 또는 영토 회복 요구 등: 역주)을 가지고 있으며, 각자 고유의 투쟁과 그러한 투쟁의 성과물들을 가지고 있다.

만약 인류가 절멸되지 않고 살아남고자 하며 지금보다 더 나아지고자 한다면 인류가 기대할 수 있는 희망은 오로지 이러한 '저항의 주머니들', 다시 말해서 배제된 사람들, 수취 거부된 사람들, "쓰레기 인간들" 등이 형성하고 있는 저항의 주머니들 속에 있다.

위에서 말한 것은 저항의 주머니에 관한 하나의 표본적인 실례이다. 그러나 나는 그 표본에 커다란 중요성을 부여하지는 않는다. 표본들은 저항의 숫자만큼이나 많으며 이 세상 사람들만큼이나 다종다양하다. 그러므로 각자 자기 마음에 드는 바대로 표본을 그려 내도록 하자. 저항 행동을 하는 데 있어서와 마찬가지로 저항의 주머니를 꾸리는 데 있어서도 다양성은 귀중한 재산이다.

이상의 일곱 조각들에 대하여 윤곽을 그리고, 색칠을 하고, 오려 내고 하는 등 기껏 애를 써서 만들어 냈건만 당신은 이제 그것들을 이어 붙여 하나로 합치는 것이 불가능하다는 사실을 깨닫게 될 것이다. 그러나 신경쓰지 말라. 문제 자체가 원래 그렇게 생겨 먹었다. 세계화는 서로 끼워 맞추어지지 않는 조각들을 억지로 하나로 끼워 맞추려고 했다.

그런 까닭에, 그리고 매우 압축적인 이 평론에서는 사정 관계상 내가 미처 개진할 수 없는 또 다른 까닭으로, 세계를 새롭게 짓지 않으면 안

된다. 소수가 아니라 다수의 사람들을 포괄할 수 있는 세계, 지구상의 모든 사람들을 포용할 수 있는 그러한 세계를 새롭게 세우자는 것이다.

*   *   *

'사랑이 깃든 꿈'에 대하여 이야기하는 추서(追書)

바다는 내 곁에서 잠들어 있다. 바다는 오래 전부터 나에게 번민, 불안, 그리고 수많은 꿈을 나누어 주었다. 그러나 지금 이 순간, 숲 속의 더운 이 밤에는, 바다는 나와 함께 잠들어 있다. 나는 지금 내 꿈결 속에서 바다가 밀밭처럼 물결치는 것을 바라보고 있다. 그리고 바다가 변함이 없음을, 푸근하고 시원하고, 내 곁에 있다는 것을 새삼스럽게 재발견하면서 감탄을 터뜨린다.

숨막힐 듯한 그 무엇이 나를 침대에서 일으켜 세운다. 그리고는 안토니오(Antoino) 노인이 떠난 지 이미 여러 해가 지났으며, 오늘이 바로 그가 떠나간 날짜이므로, 그를 오늘 다시 데려오라고 내 손과 옷깃을 잡아끈다.…

나는 안토니오 노인에게 강 하류 지역을 함께 정찰하자고 요청했었다. 우리는 식량을 조금밖에 휴대하지 않았다. 우리는 여러 시간을 일정한 방향 없이 기분내키는 대로 이리저리 정찰했다. 그러자 오래지 않아 심한 허기가 느껴지면서 온몸에서 땀이 흘러 내렸다.

그러던 중에 오후가 되어 우리는 한 무리의 멧돼지 떼를 뒤쫓게 되었다. 그리고 밤이 가까워서야 그 멧돼지 떼를 따라잡아 다시 조우하게 되었다. 그런데 사나운 멧돼지 큰 놈 한 마리가 무리에서 뛰쳐 나오더니 우리를 공격해 왔다. 나는 나의 군사 지식을 총동원하여 어떻게 할지를 생각했다. 그리고 무기를 내던지고는 가장 가까이에 있는 나무 위로 기어 올랐다.

그러나 안토니오 노인은 멧돼지의 공격에도 태연자약했다. 그는 달아나는 대신에 잡목 덤불 뒤에 숨었다. 덩치가 어마어마하게 큰 그 멧돼지는 있는 힘을 다해 안토니오를 향해 일직선으로 돌진해 왔다. 그리고는 가시가 달린 나뭇가지들 사이에 내다꽂혔다. 그런데 안토니오는 멧돼지의 공격을 피하고 말고 할 겨를도 없이 낡은 카빈 소총의 방아쇠를 당겼다. 그리고 그 총 한 방에 그 큰 멧돼지는 저녁거리가 되었다.

새벽이 가까워 올 때쯤, 나의 현대식 자동소총 손질을 끝내고 나서 (발사속도 선별기를 부착하고 있고, 유효 사거리가 460미터이며, 구경이 5.56mm인 M-16 자동소총이다. 그리고 망원조준경이 달려 있고 90발짜리 탄창을 부착하고 있다) 나는 '작전일지'를 작성했다. 그가 옆에 와 있다는 것을 알아채지도 못하고서 나는 간단히 다음과 같이 적었다―"멧돼지와 조우했다. 그리고 안토니오가 한 마리를 잡았다. 고도 350미터, 비 없음."

고기를 굽는 사이에 나는 안토니오 노인에게 캠프(야영부대)에서 준비하고 있는 축제를 거들어야겠다고 이야기했다. 그는 불기를 돋우면서 "축제라고?" 하며 나에게 물었다. 나는 그에게 대답했다. "그래요. 매 달마다 무언가 기념해야 할 거리가 항상 있기 마련이지요"라고. 그리고 나서 사파티스타의 연혁과 경축행사에 대해서 장광설을 늘어 놓았다.

안토니오 노인은 내 이야기를 묵묵히 듣기만 했다. 나는 내 이야기가 그의 흥미를 끌지 못하고 있다고 생각하고서 누울 자리를 잡고 잠을 청했다. 꿈길에 잠겨 비몽사몽간에 보니 안토니오 노인이 내 수첩을 꺼내어 뭐라고 적고 있었다. 그리고 이튿날 아침식사를 마치고 나서 우리는 고기를 나누어 가진 채 헤어져 각자 제 갈 길로 갔다.

언젠가 캠프에서 나의 전투경험 사례를 보고하는 자리가 있었다. 그때 나는 지나간 일을 잘 알게 해 주려고 그 수첩을 사람들에게 보여 주었다. "이건 당신 필체가 아니잖아?" 수첩의 종잇장(그 날짜의 작전일지가 적혀 있는)을 나에게 보여 주면서 사람들이 말했다. 거기에는 나 자신이 기록한 것에 뒤이어 안토니오 노인이 큰 글자(대문자)로 다음과 같이 적어 놓은 것이 있었다.

"'이성'(理性)과 '힘', 그 두 가지를 한꺼번에 다 가질 수 없다면 항상

'이성'을 취하고 '힘'은 적에게 양도해라. 전투에서는 '힘'이 승리를 가져 다주는 경우가 허다하다. 그러나 전쟁에서는 오직 '이성'에 의거해서만 승리를 거둘 수 있다. 강자(强者)가 자신의 '힘'으로부터 '이성'을 길어 내는 것은 도무지 가능하지 않다. 그러나 우리는 언제나 우리의 '이성'으로부터 '힘'을 길어 낼 수 있다."

그러므로 더 나지막한 목소리로, 그래서 작은 글자(소문자)로 이렇게 적는다—"즐거운 축제가 되기를!"

그 이후 나는 더 이상 배고픔을 느끼지 않게 되었다. 분명히 그러했다. 그리고 사파티스타의 축제는 여느 축제들이 그러한 것처럼 아주 즐거웠다.

3

세계를 좌우하는 200대 기업[*]
다국적 기업의 전 지구적 지배에 대하여

프레데릭 F. 끌레르몽(Frédéric F. Clairmont)[**]

   [《르 몽드 디쁠로마띠끄》 편집자 주: 독일의 크루프(Krupp) 그룹은 자신의 경쟁자를 겨냥하여 '적대적 매수'를 공개적으로 제의할 예정이었으나 티센(Thyssen) 그룹의 제철산업 종사자 5만여 명이 프랑크푸르트에서 항의 시위운동을 벌이자 이 제의의 발표를 단념했다.[***] 그 대신에 독일의 이 두 기업은 공동으로 소유·경영하는 철강회사 하나를 설립하기로 합의하고 이 결정—향후 수천 명에 달하는 노동자의 해고를 초래하게 되어 있는 결정을 전격적으로 발표했다.

   한편 프랑스의 자동차 회사인 르노(Renault)는 최근 벨기에의 빌보르드(Vilvoorde)에 소재하는 산하 공장을 폐쇄하기로 했는데,[****] 이 결정

---

[*] 이 글은 《르 몽드 디쁠로마띠끄》 1997년 4월호에서 번역·전재한 것이다.

[**] 경제평론가.

[***] 티센 사는 12만여 명의 종업원을 거느린 독일 최대의 철강회사인데, 제2의 철강회사인 크루프가 97년 3월 티센 사의 주식을 사들여 경영권을 장악하겠다는 의지를 드러냈던 것이다. 이에 대량 감원을 우려한 두 회사(특히 티센)의 노동자들이 강력히 반발하며 항의 투쟁을 벌임으로써 합병 계획은 일단 무산되었다. 역주

[****] 르노 자동차 회사는 1996년 20억 프랑의 적자를 기록하는 등 몇 년간 경영난을 겪어 왔다. 이를 타개하기 위해 르노 사는 구조조정(고령 노동자 4만 명 조기 퇴직)에 필요한 재정지원을 요청했으나, 정부는 마스트리히트 조약의 '수렴 기준'

역시 "눈에 보이는 것이 없다"는 점에서―그들의 눈에 보이지 않는 것 가운데는 임금 노동자를 비롯한 봉급 생활자들이 포함되어 있음은 물론이다―위에서 말한 독일 기업들의 경우와 꼭 마찬가지였다. 이 밖에도 무수한 사례들이 있지만 위에서 든 독일과 프랑스의 두 사례는 세계 200 대 다국적 기업들이 전 지구적 차원에서 수행하고 있는 역할이 무엇인지를 극명하게 보여준다.

이들은 거듭되는 허물벗기를 통해 '보편적 이익 추구'라는 성가신 껍질을 벗어 던지고 '개별적 이익 추구'라는 자신들의 본모습을 드러낸다. 그럼으로써 그들이 추구하는 이해관계는 '보편적 이익'과는 갈수록 점점 더 거리가 멀어진다.(초국적 기업들은 오로지 이윤이라는 자본가의 사적 이익만을 생각하며 기업의 사회적·민족적 책임 같은 것은 무시한다. 그럼으로써 초국적 자본의 사적 이해관계는 사회적, 민족적 등 공적 이해 관계와 갈수록 어긋나게 된다는 의미이다. 역주)

1980년대가 시작된 이래, 이 "200대 초일류 기업"들은 매수와 합병이라는 방법을 통해 끊임없이 팽창했다. 그리고 이 팽창은 이들 "200대 초일류 기업"들로 하여금 단지 경제적 차원에서만이 아니라 정보와 인간정신의 차원에 이르기까지, 말하자면 인간 생활의 총체에 대해서 지배력을 행사할 수 있도록 해 주었다.]

[편역자 주: "기업"은 자본의 경영 단위를 가리키는 데 비해 "회사"는 법인체의 단위를 가리킨다. 하나의 회사가 여러 개의 기업이기는 어렵지만, 하나의 기업이 여러 개의 회사―예컨대 자회사나 계열회사―를 가질

을 충족시켜야 한다는 이유로 이를 거부하였다. 이에 르노 사는 97년 2월 27일 전격적으로 3천여 명이 일하고 있는 벨기에 빌보르드 공장을 폐쇄하겠다고 발표했다. 이 발표에 항의해 벨기에뿐 아니라 프랑스, 스페인, 슬로베니아 등 유럽 전역에 있는 르노 공장에서 연대파업이 벌어지고, 3월 16일에는 브뤼셀에서 10만여 명의 벨기에 시민과 유럽 각국의 노조 지도자들이 참여한 일대 시위가 벌어졌다. 이 시위에는 리오넬 조스팽 사회당 제1서기(현재의 총리), 로베르 휴이 공산당 당수 등 좌파 정치 지도자들도 대거 참여했다. 이로써 르노 사의 벨기에 공장폐쇄는 '수렴 기준'과 유럽 통화동맹에 대한 반대 분위기를 확산시키는 계기가 되었다. 역주

수는 있다. 이러한 기업 하나나 혹은 여러 개가 긴밀하게 결합되어서 시장(구매 및 판매)을 지배하고 있을 때 이것을 "독점체"라 한다. "트러스트"가 대표적인 경우에 해당한다. 그리고 이러한 독점체 가운데 생산 활동상으로 별로 연관성이 없으면서도 여러 업종에 걸쳐 다각화되어 있는 것이 "기업복합체"(Conglomerate)이다.

그러면 "재벌"은? 재벌은 가장 극단적으로 "독점적"인 형태의 기업복합체이다. 기업복합체를 "가족"(삼성 그룹과 현대 그룹이 대표적이다), "친족"(럭키금성 그룹이 대표적이다), "친지"(대우 그룹이 대표적이다) 또는 기타(외국자본을 포함하여) 극소수의 대주주가 "가족적"으로(영어식으로 표현하면 폐쇄적으로 Family를 형성하여) 결속하여 배타적으로 소유·지배하고(과반수 가까이 또는 그 이상의 지분으로), 또 종적·횡적인 주식 상호보유에 의해 계열회사들을 일체화함으로써 기업복합체를 선단(船團)식으로 경영하는 것을 주요한 특징으로 한다.

이런 기준에서 볼 때 기아 그룹도 단순한 기업복합체가 아니라 당연히 재벌이다. 다만 기아 그룹은 개인이 아니라 기아자동차라는 법인이 오너(계열주) 역할을 하면서 계열사들을 종적·횡적으로 결합하여 선단을 형성, 지배하고 있는 것이 특이하다. 그리고 기아자동차에서는 우리사주조합과 더불어 삼성 그룹, 미국의 포드 사 등이 상당한 지분을 가지고 있으면서 경영권 다툼을 벌여 왔다.

이러한 재벌의 원형(原型)은 제2차 세계대전 이전의 일본의 재벌이다. 그러나 오늘날 일본의 기업복합체는 이와 크게 다르다. 무엇보다도 극소수 대자본가가 "폐쇄적", "가족적"으로 결속하여 기업복합체를 소유·지배하고 있지 않으며, 따라서 오너에 의해 선단식으로 운영되지 않는다. 주식은 자본가들 사이에 널리 분산되어 있고, 관련 각 기업은 소유·경영상으로 서로 얽혀 있으나 일정한 독립성을 가지고 있다.]

*   *   *

"시장"의 부조리

오늘날의 자본주의에서는 '기업의 집중'이 자본축적의 주된 동력이 되고 있다. 이것은 너무나 분명한 사실이다. 그런데도 정치인들의 선거연설에서나 신고전파 경제이론의 성가대원들(미국·일본 등지에 가서 경제학을 공부하고 돌아온 주류 경제학자들 대부분이 여기에 속한다: 역주)의 말이나 글에서 이 너무나도 분명한 사실에 대해 언급하는 대목을 조금만이라도 찾아보려 한다면, 이는 공연한 헛수고가 될 것이다.

자본축적은 자본주의 발달의 역사에서는 실로 하나의 상수(常數)였으며, 더욱이 자본주의가 계급지배적인 생산양식으로서 존속하기 위해서는 없어서는 안 될 하나의 필수조건이기까지 했다. 이처럼 '자본주의 경제에서는 자본축적이라는 것이 존재하기 마련'이기는 하다. 하지만 오늘날처럼 이렇게 빠른 자본축적의 리듬은 자본주의 역사상 그 전례가 없다.

지난 1970년대 중반 이후부터 자본축적은 주로 기업의 병합이라는 방법 즉 "매수와 합병"(M&A)에 의해 이루어지고 있다. 즉 그 때 이후 금융자금 흐름의 거대한 팽창─투기(投機)적인 것과 비투기적인 것이 망라된─이 이루어지고 있는데, 이러한 금융자금 흐름의 팽창과 결합되어 '기업 병합에 의한 자본축적' 경향이 자본의 '투자 결정'에 직접적으로 영향을 미치고 있는 것이다.

그러나 정치가들이건 경제학자들이건, 투자를 결정하는 자본가들 자신이건 그 누구도 이러한 '기업 병합에 의한 자본축적'과 관련해서 노동자들에게 그 배경과 성격 및 의미를 분명하게 설명하지 않고 있다. 노동자들에게 설명되는 것은 아무것도 없다! 자신이 몸담고 있는 기업이 합병되는 회사의 노동자들에게조차도! 그렇지만 그 노동자들의 운명은 기업 병합과 '기업 병합에 의한 자본축적'으로 인해 매우 위태롭게 되어 있다.

전후 사정이 이러함에도 불구하고 저들은 노동자들에게 무언가를 설명해 주는 대신에 다짜고짜로 "시장"이 역동적인 기능(흔히 시장기능이

라고 말하는: 역주)을 수행한다고 내세우며 그것을 믿으라고 들이민다. 그리고 "시장"의 이러한 역동적인 기능이 거대 회사들의 투자 결정을 이끌어 간다며 자본의 결정을 믿고 따르라고 한다.

그러나 소련이 붕괴된 이래 7년 동안 동유럽은 대대적으로 식민지화되었고, 경제성장은 전반적으로 지지부진하며, 각 민족들 내부에서는 대립이 격화되고 있다. 그리고 심지어 제국주의 세계 바로 그들 내부에서(선진 독점자본주의 나라들의 국내에서 또 제국주의 세력들 상호간에: 역주)까지 적대가 심화되고 있다. 그렇다면 "자유시장"[1]이 찬란한 미래를 보장한다는 약속은 도대체 어디로 가 버린 것인가?

지금에 와서 1980년대 말을 잠깐 되돌아 보면, 그 당시 "경제가 회복될 것"이라고 그토록 찬미하던 핑크빛 약속들은 결국 이행되지 않은 것으로 판명되었다. 오늘날 전 세계의 제조업은(중국을 제외하고) 자신의 생산능력의 겨우 70~75%만을 가동하고 있는 실정이다.

전 세계의 부채(기업의 부채, 정부의 부채 및 가계의 부채를 총합하여)는 33조 1,000억 달러를 넘어섰다. 이는 국내총생산(GDP)의 전 세계 합계치의 130%에 상당한다. 그리고 매년 6~8%의 비율로 증가하고 있다. 이러한 증가율은 전 세계 국내총생산 증가율의 4배를 넘는다.

이처럼 생산 증가율과 부채 증가율 사이의 부조화는 견딜 수 없는 지경에 이르고 있다. 그리고 이 부조화가 초래하는 결과들은 끔찍스럽기만 하다.[2] (예컨대 빈곤층의 가계 파탄이 초래하는 결과인 가정 파괴가 전형적으로 그러하다: 역주)

---

1) 프레데릭 F. 끌레르몽(Frédéric F. Clairmont)과 존 H. 카바나프(John H. Cavanagh)의 공저인 『그물망에 갇힌 세계: 섬유산업 다국적 자본의 동학』(The Worlds in their Web: the Dynamics of Textile Multinationals), 제드(Zed), 런던, 1981을 참조하시오.

2) 예를 들어 미국 연방정부의 부채(정부가 재정적자를 메우기 위해 차입한 금액을 말함)는 1980년에 9,100억 달러이던 것이 1990년에는 3조 2,100억 달러가 되었으며, 1995년에는 4조 9,700억 달러로 늘어났다. 이 정부부채 금액은 1997년 말에는 6조 2,000억 달러에 이를 것이다.

도처에서 그리고 모든 부문에 걸쳐서 노동자들의 실질임금은 인원 감축, 공장 폐쇄, 지방화 등의 타격을 받아 급격히 떨어지고 있다. 이른바 "선진" 자본주의 경제들에서만 해도 실업자의 숫자는 4천1백 만 명을 넘어섰다. 그렇다고 실업자의 증가가 이 정도에서 그치고 있는 것도 아니다.

초국적 기업으로의 자본 집중

그러나 초국적 기업들은 수천 만 명의 희생자를 만들어 내고 있는 이 위기에서 저만큼 벗어나 있다. ≪포춘≫지는 전 세계적으로 기업들을 조사한 바를 근거로 500개 기업을 우수한 실적을 올린 기업으로 선정하고는 그들의 실적을 칭찬했다. 그러면서 그 필자들은 기분이 흡족하다는 듯이 다음과 같이 말하고 있다. "그들은 새로운 시장을 포착하고, 국지적인 수준에서 기업을 운영하는 경쟁자들을 삼키고자 국경들을 갈아 엎었다. 더 많은 나라들, 그것은 더 많은 이윤이다. 세계 500대 기업에서는 그 수입(收入) 즉 흔히 말하는 외형은 겨우 11% 늘어났는 데 비해서 그들이 벌어들인 이익은 15%가 늘어났다."[3]

1990년대 초가 되면서 약 3만 7천 개의 초국적 기업은 그들의 17만 개의 계열회사들을 거느리고서 국제경제를 자신들의 손아귀에 장악하게 되었다. 또 그렇게 되는 사이에 권력의 자리는 "200대 초일류 기업"이라는 더욱 좁혀진 동아리 안에 위치하게 되었다. 1980년대 이래 이들 200대 기업은 '기업 매수·합병'에 의하여 끊임없이 팽창해 왔던 것이다.[4]

그와 같이 하여 초국적 자본이 '전 세계 국내총생산'에서 차지하는 비중은 60년대 중반의 17%에서 1982년에는 24%로, 그리고 1995년에는

---

3) ≪포춘≫(Fortune), 1996. 8. 5.
4) 이 '200대 초일류 기업'에는 카길(Cargill), 코호(Koch), 마르즈(Mars), 골드만 삭스(Goldman Sachs), 마르크 리히(Marc Rich) 등과 같은 사(私)기업계의 거인들(그러나 증권거래소에서는 평판이 좋지 않은)이 빠져 있다.

30% 이상으로 되었다.

"200대 초일류 기업"들은5) 기업복합체들이다. 이들의 전 지구적 사업 활동은 대규모 농업개발에서부터, 제조업 상품의 생산, 금융 서비스업, 유통업 등에 이르기까지 1차, 2차 및 3차 산업 구별 없이 총망라되어 있다.

이들 기업복합체를 지리적으로 구별해 보면 10여 개로 나누어진다. 일본(62개), 미국(53개), 독일(23개), 프랑스(19개), 영국(11개), 스위스(8개), 한국(6개), 이탈리아(5개), 네덜란드(4개) 등이다.

자본을 서로 혼합하고 있는 영국-화란계 회사들을 사상(捨象)하면(쉘 그룹과 유니레버 그룹의 경우가 이에 해당한다) 단지 8개 나라만이 남게 된다.* 그리고 이렇게 자본이 혼합되어 있음으로 인해 중복 계산되는 부분을 제외하면, 그 금액은(단순합계한 금액에 비해서) "200대 초일류 기업" 자본금 전체의 96.5%가 되고 매상고 전체의 96%가 된다.

그러나 실제에 있어서 자본의 집중은 이 통계가 가리키는 것보다 훨씬 더 진척되어 있다. 그리고 경제력이 얼마나 이들에게 집중되어 있는지는 그러한 통계만 가지고는 그 실상을 미루어 짐작하는 것조차 불가능할 정도이다. 왜냐하면 "200대 초일류 기업"이라는 범주에 속하는 회사들 모두가 독립적인 회사인 것은 아니기 때문이다.

이러한 사실은 굳이 다른 예들을 증거로 끌어댈 것도 없이 미쯔비시, 스미토모, 미쯔이 등 익히 알려진 일본의 예에서 뚜렷하게 드러나 있다.

---

5) 프레데릭 F. 끌레르몽의 논문 「전 지구적 자본주의의 활개 아래에서」(Sous les ailes du capitalisme planétaire), ≪르 몽드 디쁠로마띠끄≫, 1994년 3월호를 참조하시오.

* 쉘(Shell) 그룹은 영국의 쉘운송무역회사(지분율 40%)와 네덜란드의 로열 더치 석유회사(지분율 60%)의 제휴·합작으로 탄생한 로열더치쉘 그룹을 가리키며, 세계 최대의 거대 석유회사이다. 130여 개국에 진출해 원유 탐사 및 채굴, 석유 생산, 화학, 가스, 석탄, 태양 에너지 등 에너지 관련의 모든 사업에 손을 대고 있으며, 전 세계적으로 10만 1천여 명의 종업원과 54개의 정유공장, 4만 7천 개의 주유소를 두고 있다. 한편 유니레버(Unilever) 그룹은 식품, 음료와 세제, 화장품 등을 만드는 회사로, 레버 브라더스 사와 마아가린 유니언 사의 합병으로 만들어졌다. 우리나라에도 진출해 있다. 역주

"200대 초일류 기업" 안에는 미쯔비시 계열의 기업체가 5개나 들어 있다. 이들의 매출액을 모두 합하면 3,200억 달러를 넘는다. 미쯔비시 제국(帝國)의 품에 안겨 있는 이 개별 기업들은 각자 분명한 독자성을 지니고 있음에도 불구하고 경영관리, 가격결정, 상품화(신상품 개발), 생산 등의 여러 분야에서 전략적으로 긴밀히 연결되어 있다. 마치 기왓장이 서로 겹치듯이 서로가 서로에게 겹쳐져 있는 것이다.

이렇게 기업경영의 일반적인 문제와 관련해서만이 아니라 그 밖에 경제적, 정치적 및 나아가 첩보적인 것들을 위한 공동의 그물망을 운영하는 데 있어서도 이들은 서로서로 얽혀 있다. 미쯔비시는 일본 자민당을 자신의 정치적 대리인으로 삼고 있다. 자민당 운영비의 37%가 미쯔비시 제국으로부터 나오고 있다.

"200대 초일류 기업"들 안에서도 권력은 불균등하다. 이 불균등성은 지난 20여 년 동안 그들이 달성한 급속한 팽창으로 인하여 오히려 더욱 심화되고 있다. 특히 전 세계 시장에서 점점 더 큰 부분을 차지하고자 욕심을 내면서 그들이 서로간에 벌인 "경제전쟁"으로 인하여 더욱 불균등해지고 있다.

그 결과는 이렇다. 1982년에서 1995년 사이에 미국계 기업체의 수는 80개에서 53개로 줄어든 반면에, 일본계 기업체의 수는 같은 기간에 35개에서 62개로 늘어났다. 예전에 으뜸가는 제국주의 강대국이었던 영국은 자국계 기업체의 숫자가 18개에서 11개로 줄어드는 창피스러운(?) 꼴을 보아야 했다. 반면에 지리적으로나 인구상으로 난쟁이처럼 작은 나라인 스위스가 부상했다.

아(亞)제국주의화하는 한국의 재벌

그러나 이보다 더욱 놀라운 것은 한국계 기업들의 급속하고도 비약적인 발전이다. "200대 초일류 기업" 가운데 한국계 기업은 비교적 짧은 기간에 1개에서 6개로 늘어났다. 그 선두에 대우 그룹이 달려가고 있다.

대우는 가장 공격적으로 팽창을 추구하는 초국적 기업집단 가운데 하나로서, "한국 제국주의"(정확히 말하면 아 제국주의이다: 역주)의 강철같은 정력을 잘 보여주고 있다. 대우는 연간 520억 달러를 넘는 매상고를 올림으로써 니치멘, 가네마쓰, 유니레버, 네슬레 등과 같은 거인들을 추월하고 있다.

대우의 전 지구적 팽창은 "재벌"의 힘이 어떠한지를 아주 잘 보여준다. 재벌이란 한국에만 특유한, 한국형 기업복합체이다. 한국의 30대 재벌의 자산은 1992년에 2,230억 달러이던 것이 1996년에는 3,670억 달러에 달했다. 그리고 이는 한국의 국내총생산(GDP)의 4분의 3 이상에 상당한다.6) 30대 재벌은 이처럼 높은 경제력 집중을 이루고 있을 뿐만 아니라, 그 내부에서도 극소수 재벌로의 집중이 이루어지고 있다. 즉 4대 재벌—대우, 선경, 삼성, 현대—이 보유하고 있는 자산을 합치면 30대 재벌 자산 총액의 절반 이상(1,840억 달러)이 된다.

지난 1월에 있었던 노동자들의 항쟁은 "한국의 기적"이라는 신화를 허공으로 날려보내 버렸다. 그러나 재벌이라는 이 거인들이 국내외적으로 급팽창하고 있는 추세가 이러한 노동자 항쟁으로 인해 약화될 것으로는 보이지 않는다.

위에서 말한 것(재벌의 경제력 집중 및 재벌의 국내외적인 급팽창 등) 가운데 그 어느 것도 1947~1955년에 걸친 한국경제의 성장 국면에 미국이 제공한 수십 억 달러가 없었더라면 결코 이루어질 수 없었을 것이다. 이러한 미국 원조에 뒤이어 수백 억 달러에 달하는 정부 보조(재정적·금융적 특혜)가 미국 원조가 수행했던 임무를 이어받았다.

일본에서 그러한 것과 아주 똑같이, 한국에서도 재벌과 국가 사이에는 그 경계선이 뚜렷하게 그어져 있지 않다.7) 재벌과 국가의 일체화에는 이

---

6) ≪인터내셔널 해럴드 트리뷴≫(The International Herald Tribune), 1996년 1월 18-19일자를 참조하시오. 그리고 로랑 까루에(Laurent Carroué)의 논문 「공룡의 습격을 받은 한국의 노동자들」(Les travailleurs coréens à l'assaut du dragon), ≪르몽드 디쁠로마띠끄≫, 1997년 2월호를 참조하시오.

7) 국가와 금융 과두세력 사이의 유착관계(정경유착)는 재정경제원 장관이 한보 그

러한 정부의 금전적 보조 외에 노동자계급에 대한 무자비한 탄압과 인권의 유린을 추가하지 않으면 안 되리라! 정치인들은 모두 예외없이(그리고 또 군부의 고위층 출신들도) 무대 전면에 내세워진 주주들이다. 이들은 종종 대기업의 중역회의에 적(籍)을 두고 있다. 이들은 '재벌들의 단체'(전국경제인연합회: 역주)의 울타리 안에서 모두가 서로서로 잘 알고 지내며, 나아가 그들끼리 혼사를 맺는다.

여기에서 독일 산업계의 대부이던 발터 라데나우(Walter Rathenau)가 1909년에 한 다음과 같은 말을 어찌 상기하지 않을 것인가? "3백여 명의 사람들, 서로서로 잘 아는 이 사람들이 유럽의 운명을 이끌어 가고 있다. 그리고 이 3백여 명 안에서 자신들의 후임자를 호선하고 있다."[8]

네슬레(Nestlé) 사의 회장이며 '다보스 포럼'(Davos Forum)[*]의 흥행주이기도 한 헬무트 마우허(Helmut Maucher)는 '범유럽 산업계 원탁회의'를 주재하고 있다. 이 원탁회의는 "200대 초일류 기업" 가운데 47개 기업체에 소속되어 있는 엘리트들의 클럽이다.

"유럽 사회 헌장"의 화해할 수 없는 적수인 이 클럽의 구성원들은 '노동의 유연화'의 열렬한 투사들이다. 이들 특권계급에 속하는 성원 모두가 노동의 유연화를 위한 투사인 것과 마찬가지로!

릅(철강 및 건설이 주업종인)의 부도로 야기된 경제파국을 종식시키기 위해 72억 달러(납세자들의 돈인)를 투입하기로(약 6조 원. 한보의 부채 전액을 정부가 금융 지원하는 것으로 오해될 수 있게 다소 과장된 표현을 하고 있다: 역주) 결정했을 때 또 한번 극명하게 드러났다.

8) 《노이엔 프라이엔 프레스》(Neuen Freien Press: 신자유신문), 1909년 12월호. 「틸만 부덴지그, 많은 특징을 지닌 사람」(Tilmann Buddensieg, Ein Mann Vieler Eigenchaften), 베르라그 클라우스 바겐바흐(Verlag Klaus Wagenbach), 베를린, 1909에 인용되어 있음. 또 「독일의 대은행들과 그 집중」(The German great Banks and their Concentration), 미 상원 보관문서, 제14권 제503분책, 워싱턴 D.C., 1911을 참조하시오.

* 다보스 포럼은 매년 1월 스위스의 휴양지 다보스에서 열리는 세계 최대의 민간회의로서, 정식 명칭은 '세계 경제 포럼'(World Economic Forum)이다. 각국의 대통령, 총리, 장관 등 정치 지도자와 경제계의 거물들이 참석하여 세계의 정치·경제·사회적 현안 문제들에 대해 토론을 벌인다: 역주

자본 집중 방법인 기업 매수·합병

1986년에서 1996년에 걸쳐 기업의 재그룹화는 매년 15%씩 늘어났다. 그리고 이 추세는 가까운 시일 안에 약화될 어떠한 조짐도 보이지 않고 있다. 따라서 지금부터 2000년에 이르기까지 이 추세에 어떤 변화가 일어나지 않는다면, 기업 매수·합병 거래금을 누계한 금액은 약 10조 달러에 이를 것이다.(이를 다른 것과 비교해 보면 미국의 국내총생산은 1996년의 경우에 경상가격으로 7조 6,000억 달러였다.)

디플레이션, 경제성장의 부진, 낮은 고용 및 부채 증가 등이 경제의 두드러진 특징으로 나타나고 있는 현 시기에 이들 200대 초국적 기업들은 새로운 시장을 정복하기 위해 자신의 경쟁자들을 먹어 버리는 것 외에는 자신들의 팽창을 추진할 수 있는 수단을 달리 갖고 있지 않음이 분명하다. 그럴 수밖에 없지 않겠는가?

기업 재그룹화는 또한 '전 지구적 시장'을 활동 범위로 하는 경제 주체들이 생겨날 수 있도록 했다. 많은 초국적 기업들은 판매의 확장을 이러한 전 지구적 시장에 호소했다. 미국의 3대 자동차 거인들과 보잉(Boeing) 사 같은 경우나 일본과 한국의 자동차 업종, 전자 업종, 조선 업종 대기업들이 전형적으로 이런 경우에 속한다.

이러한 세계화 결과로 가장 규모가 큰 초국적 기업들 가운데 5개 기업은 우주항공, 중전기, 전자부품 및 소프트웨어 산업의 기간(基幹)적인 부문에서 세계시장 전체의 절반 이상을 장악했다. 이들과 또 다른 2개 기업이 위의 경우와 마찬가지로 간식업(間食業)에서 세계시장 전체의 절반 이상을 장악했다. 그리고 또 다른 5개 기업이 비(非)알콜성 음료, 담배, 알콜성 음료 등의 산업 부문에서 세계시장 전체의 절반 이상을 장악했다. 이런 예는 그 밖에도 수없이 많다.

초국적 기업의 비약적 팽창은 그 기업이 "본적"을 두고 있는 나라의 정부에 의해서만 고무·격려되고 있는 것이 아니다. "현주소"의 정부에 의해서도 고무·격려되고 있다.

예컨대 영국과 아일랜드 같은 투자 도입국 정부는 동유럽의 정부들처

럼 자기 나라에 투자하는 초국적 기업에 대해 엄청난 규모의 재정적 특
혜와 보조금을 제공한다. 초국적 기업의 비약적 성장은 동유럽 정부들이
제공하는 특혜에 의해 크게 고무·격려되고 있는데, 이들 나라의 정부는
은 자기 민족의 재산을 사유화나 온갖 종류의 재정적 자극제(세금 감면,
보조금 지급 등: 역주) 제공이라는 방법을 동원해서 반(半)공짜로 처분해
버리고 있는 중이다.

기업의 합병과 결합(쉘과 '브리티시 석유'[세계 주요 석유회사의 하나
로서 1909년 영국에서 설립되었다: 역주]의 결합 같은 것)은 전체주의적
인 경제복합체를 건설하는 데(기업복합체를 만드는 데서 나아가: 역주)
기여하고 있다. "자유화" "민영화" "탈(脫)규제" "자유무역 체제" 등등
갖가지의 개념들 모두가 그러한 사태 진행을 정당화하고자 선전되고 있
는 이론적 장치들이다.

그런데 이러한 범세계적인 경제력 집중화의 움직임 속에서는 제조업
체들보다는 거대 투자은행, 상호신용금고, 연금기금 등이 보다 우세한
역할을 맡는다. 이들 금융자본 분파들이 우세한 역할을 맡게 됨에 따라
월 스트리트(Wall Street: 세계적으로 대표적인 금융시장으로서 뉴욕의
증권가: 역주)는 "상장 주식"에 대한 투자 이익을 부풀리기 위해, 즉 주
가를 부풀리기 위해 이러저러한 압력을 행사한다. 그리고 투자은행들은
이 과정에서 돈 버는 기회를 포착하게 된다.

초국적 기업들을 강화시키는 데 있어 세계에서 제1급의 반열에 들어
가는 주요 투자은행의 하나인 '골드만 삭스'(Golddman Sachs)[*] 는 주가
부풀리기를 통해 돈을 버는 일과 관련해서도 본보기가 될 만하다. 골드
만 삭스의 이윤은 1년 사이에 두 배가 되었는데, 1995년에 9억 3천1백
만 달러이던 것이 1996년에는 19억 달러가 되었던 것이다.

---

[*] 골드만 삭스는 미국 3대 증권사 중의 하나로서 1995년 말 미국내 총자본이 192
억 달러에 달한다. 이 증권사는 가능성 있는 소형 벤처기업에 대한 투자에 강점을
가지고 있다. 우리나라에도 92년에 사무소를 개설했으며, 지난 해 말 IMF사태 후
재정경제원에 의해 스미스 바니 사와 함께 국가경제 및 금융부문 자문기관으로
지정되었다: 역주

이 회사는 또 "너무 높아진 노무비용"으로 회사가 불리한 조건에 처하지 않기 위해, 근년에 들어 자신의 고유한 비법을 응용해서 직원의 20%를 줄였다. 그런데 이 회사는 이렇게 인원수는 가차없이 줄이는 반면에, 산하 17개 방계회사가 각각 자신들의 자본에 의거해 벌어들인 이윤액을 초과하면서까지 연간 통산으로 20만 달러 이상의 보너스를 지급하는 것에 대해서는 이를 막지 않는다.

한편 금융회사인 '모건 스탠리'(Morgan Stanley)*의 경우를 보면[9] 이 회사의 사장인 리처드 피셔는 1996년에 1천4백 만 달러 이상의 보너스를 받았다. 즉 전년도에 비해 30%가 증액된 것이다.(95년에는 1천1백93만 달러였다. 홍은주,『초국적 시대의 미국 기업』, 한송, 1996을 참조: 역주) 그런데 이렇게 돈을 잘 벌고 있는데도 이 기업의 산하 은행들은 다른 기업들의 합병을 부추기는 일에 더 이상 만족하지 않고, 이제는 그들 자신의 재그룹화 즉 자기자신을 다른 은행들과 합병하는 일에 몰두하고 있다.

그리하여 모건 스탠리는 '딘 위터'(Dean Witter)** 와 합병했으며, 이리하여 세계에서 가장 규모가 큰 투자회사의 하나가 탄생했다. 즉 240억 달러가 넘는 어마어마한 시장가치를 지니고 있는 거대 투자 및 '생존 자격증'(신용카드 등을 지칭: 역주) 회사 하나가 탄생한 것이다.[10] (이 두 회사는 97년 5월 31일 합병하여 '모건 스탠리 딘 워터 디스커버'사로 되었다. 이 새 회사는 세계 22개국에 409개의 사무소와 4만 5천 명의 종업원을 거느리고 증권, 자산관리, 신용카드 부문에서 세계 굴지의 초국적 금융기업이 되었다. 역주) 그리고 모건 스탠리와 딘 위터의 이 합병은 곧바로 다른 여러 투자은행과 증권(중개)회사 사이에 일련의 합병 연쇄반응을 불러일으켰다.

---

* 1935년 미국 은행법이 상업은행과 투자은행을 분리하도록 함에 따라 J.P. 모건 은행에서 투자은행업 부분이 떨어져 나오면서 설립된 회사이다. 역주
9) ≪파이낸셜 타임즈≫(Financial Times), 1996년 2월 6일자를 참조하시오.
** 딘 위터는 신용 대부와 증권업을 하는 회사로서 디스커버 카드(Discover Card)라는 신용카드를 발행해 왔다. 역주
10) 위의 신문에서.

전체주의적인 구조

이 놀음은 얼마 동안이나 지속될 것인가? 시티(런던의 금융중심가 또는 증권거래소: 역주)의 회계감사역의 한 사람은 이렇게 언명했다. "솔직히 말해서 누구도 그것을 알지 못한다", "은행들은 매우 많은 금액을 거기에 투입하고 있다. 우리는 어릿광대처럼 합병에 온 힘을 쏟고 있는 중이다. 그리고 우리는 이 합병으로 우리 자신을 먹여 살리고 있다"라고.

정신없이 마구 기업 병합을 해대는 이러한 폭식(暴食)이 자기자금이 아니라 부채에 의해 자금조달이 되고 있다는 사실을 단도직입적으로 자인할 만큼 매우 유능한 전문가가 하는 말이다. 이렇게 부채에 의지하여 굴러가고 있다는 점에서 이 놀음은 세계경제가 부채로(가계든 기업이든 정부든: 역주) 굴러가고 있는 것과 그 모습이 아주 똑같다.

1996년에 태어난 노바르티스(Novartis)는 의약품 분야에서는 두번째로 큰 거인 기업이다. 이 회사는 산도즈(Sandos)와 시바-게이지(Ciba-Geigy) 사이의 합병에 의해 생겨났는데,[*] 이 합병은 초국적 기업의 역사상 기업 합병 거래 가운데 가장 규모가 큰 거래였다. 이 합병 거래는 금융업자들에게 중개 수수료와 법정 사례금으로 약 9천5백 만 달러의 수익을 가져다주었는데, 이 금액을 J.P. 모건 스탠리 사와 '스위스 은행연합'(UBS)이 나누어 가졌다.

그리고 이 거래로 인해 노바르티스의 자본가치(주식가격 변동에 따른 기업자본의—장부상의 가치가 아닌—현실적인 시장가치: 역주)는 한순간에 63억 달러에서 82억 달러로 껑충 뛰어 올랐다. 그러한 만나(기독교의 성경에 나오는 말로 하느님이 내려주는 음식: 역주)가 한줌밖에 안 되는 금융업자들의 돈 궤짝에 쏟아져 내리는 판에 누가 감히 자본주의의 위기를 운운할 것인가?

---

[*] 두 회사는 모두 스위스 바젤에 근거를 둔 대규모 제약회사였는데, 96년 4월 노바르티스('새로운 기술'이라는 뜻의 라틴어)라는 이름으로 합병하여 종업원 10만 명 규모의 거대기업이 되었다. 역주

그러나 메달은 항상 그 이면을 지니고 있는 법이다. 노바르티스의 탄생은 대규모의 고용감축을 초래했다. 이러한 고용감축은 "비용 절감"과 "재구조화"(흔히 말하는 리스트럭처링: 역주)라는 상투적인 미명 아래 신속하게 단행되었다. 그 서슬에 이번에는 그 2개 회사(산도즈와 시바-게이지)의 주식가격이 전례없이 크게 뛰어 올랐다.

주식가격은 이렇게 올랐지만 그 반면에 이 두 회사에서는 향후 1차 인원정리에서만 1할의 노동력이 감축될 것이다. 이러한 불행은 아마도 계속해서 늘어날 것 같다. 그런데도 이에 아랑곳하지 않고 합병 거래는 금융계 안에서 조금도 줄어들지 않고 있다. 마치 '시장 합리주의'의 승리이기나 한 것처럼.

보잉 사가 맥도널 더글라스(McDonnell Douglas) 사를 흡수했을 때(140억 달러에) 월 스트리트와 기타 모든 금융시장에서 위의 경우와 똑같은 환희가 일어났다. 그렇지만 이 경우는 기업을 병합하는 전략에서 상이한 점이 하나 있었다. 기업을 취득한 보잉 사의 중역회의에서는 이 합병과 관련하여 단 한 번의 전략방침 결정도 내려진 바가 없었다. 그럴 필요가 아예 없었다.

이렇게 된 것은 미국의 우주항공 부문이 국제 시장을 뚫고 들어가는 것을 돕고자 갖은 애를 쓰는 미 펜타곤(국방성)과 상무성에 의하여 적극적으로 고무·격려되었기 때문이다. 맥도널 더글라스는 이들의 도움을 받기만 하면 되었던 것이다.

어쨌건 이 경우에도 고용감축은 엄청나게 컸다. 더구나 1992년 이래 방위산업에 종사하는 공장이나 시설의 숫자가 32개에서 9개로 크게 줄어들고 이에 따라 1백 만 개 이상의 일자리가 사라진 상황에서 이런 일이 벌어지고 있는 것이다.[11]

바로 위의 사례(보잉 사의 맥도널 더글라스 사 합병)에서는 국가전략적 고려가 이윤추구와 불가분하게 얽혀 있다. 왜 이렇게 되고 있느냐 하

---

11) 《이코노미스트》(The Economist), 런던, 1996년 12월 21일자를 참조하시오.

면, 보잉 사의 후원자들과 미 국방성 및 상무성은 미국산 수출상품에 대한 시장 개방이 더욱 확대되도록 하는 데 모두들 혈안이 되어 있기 때문이다. 그들의 입장에서 보자면 이제 에어버스(Airbus)[*]를 주변화하는 데서 나아가 그것을 아예 없애 버릴 때가 온 것이다.

맥도널 더글라스 사가 지참금으로 가지고 온 몫을 합침으로써 보잉 사는 향후 시장의 64%를 차지하게 된다.(일부에서는 2000년대 초에는 그 비율이 84%까지 올라갈 것으로 내다보기도 한다. ≪시사저널≫, 1997년 9월 4일자 관련 기사를 참조하시오: 역주) 이 회사는 또 지금까지 맥도널 더글라스에게 주어진 국방성의 주문도 이어받는 혜택을 누리게 될 것이다. 그와 동시에 이 회사의 연방정부의 재정 투·융자 및 재정 보조금에 대한 접근도 종전보다 더욱 강화될 것이다. 1997년의 경우 보잉 사는 510억 달러의 판매 수입을 올렸는데, 그 가운데 40%가 국방성 주문으로부터 나오고 있다.

제반 사정이 이같은 형편에 "시장 기준"이 도대체 어디에 존재한다는 말인가? 보잉 사는 맥도널 더글라스 사를 취득하면서(맥도널 더글라스 취득의 발자취를 따라서 필연적으로 또 다른 기업의 취득도 뒤따를 것이다) 엄청난 규모의 정부 보조금을 확보하고 있다. 그러면서 보잉 사는 자신이 생산한 막대한 양의 재화와 용역을 시장가격 이하에서 판매하고 있다.

또 보잉 사의 연구·개발 활동은 제2차 세계대전이 끝난 이래 지금까지 줄곧 펜타곤의 금전적 보조를 받고 있다. 이렇게 연구·개발 활동과 관련하여 받는 보조금의 규모는 항공기 구매와 관련하여 받는 정부 보조금처럼 수백 억 달러에 이른다.

지금으로서는 초국적 기업들이 경제의 세계에서 차지하는 이러한 과도한 비중은 정치의 세계에서는 그 쌍을 갖지 못하고 있다.(그러나 정치

---

[*] 프랑스를 중심으로 유럽 몇 나라의 항공기 제작회사들이 컨소시엄을 구성하여 설립한 회사이며, 그 회사가 제조하는 비행기 이름이기도 하다. 중·단거리용 대형 수송기로서, 미국산 여객기의 유력한 경쟁자가 되어 왔다. 역주

의 세계에서도 이미 그러한 상황이 조성되고 있다. 미국의 군사적 패권과 일본의 군국주의화 기도를 보면 알 수 있다: 역주) 그러면 다가오는 21세기에는 이 점들이 어떻게 될 것인가? 초국적 자본은 그들의 전체주의적인 지배구조 및 착취구조를 유지할 수 있을 것인가? 유한한 세계에서 무한한 성장이란 존재할 수 없다. 적어도 이 법칙만은 모든 사안에 대해 유효하다. 따라서 이 법칙은 당연히 초거대 기업에도 해당된다. 하지만 누구도 자본의 집중 운동이 언제 어디에서 멈출 것인지, 그 멈추는 지점이 어디인지를 말하기는 어렵다. 그 지점을 말하기 이전에 과연 자본축적이라는 것에서 그 한계선을 찾아낼 수 있을 것인지마저도 말하기 어렵다.

그렇기는 하지만 대량으로 잇따르고 있는 기업 매수와 합병으로 인해 심각한 사회적, 정치적 폐해들이 야기되고 있다. 그리고 이 폐해들은 이미 전체주의라는 건물에 균열을 가져오고 있다. 벌써부터 그렇게 되고 있는 중이다.

4

경제의 자율성과 세계화[*]

매시모 드 안젤리스(Massimo De Angelis)[**]

경제의 정치·문화·사회로부터의 자율성

'세계화'(또는 지구화, globalization)는 '자본주의적 착취'(capitalist ex-ploitation)가 새삼스러울 것 없듯이 그 어떤 새삼스러운 사물현상이 아니다. 브로델이 우리에게 일깨워 주고 있듯이 자본주의는 출발 당시부터 언제나 세계적이었다.[***] 그렇기는 하지만 오늘날의 세계화는 분명 새로

---

[*] 이 글은 《vis-à-vis》('서로 마주보며, 얼굴을 맞대고'라는 뜻: 역주), 1996년 겨울호에서 번역·전재한 것이다.

[**] 동런던 대학 교수.

[***] 브로델(Fernand Braudel, 1902-1985)은 아날학파를 이끌었던 현대 프랑스의 대표적 역사학자이다. 1970년대 이후 유럽에서 강력한 영향력을 미치고 있는 아날학파는 사건사 중심으로 역사를 바라보던 전통사학과 달리 지리학, 경제학, 인류학, 심리학, 사회학 등 인문-사회과학의 모든 학문적 성과를 흡수하여 역사를 종합적으로 보는 방법론을 구축했는데, 그 중에서도 브로델의 『물질문명과 자본주의』(전6권, 주경철 역, 까치)는 그 대표작으로 손꼽힌다.

이 책의 결론 부분에서 브로델은 "장기지속으로서의 자본주의, (단순한 경제체제가 아닌) 사회적 복합체의 한 부분으로서의 자본주의, 생존이냐 아니냐의 기로에 서 있는 자본주의, 그리고 시장경제와 구분되는 영역으로서의 자본주의"라고 자본주의를 보는 그의 관점을 요약하고 있다. 그에 따르면 자본주의는 단순한 경제체제가 아니라 정치·문화 등과 결부된 복합체이고, 시장경제 그 자체가 아니라 시장경제 위에서 그것을 지배·이용하면서 이득을 누리는 상층부분이다. 그리고

운 사물현상이다. 오늘날의 '세계화'는 그것의 형태, 그것이 이루어지는 정세적인 맥락(context), 그리고 그것을 추진하는 자본의 전략적 동기 등의 여러 측면에서 과거의 세계화에 비해 정말로 새롭다.

그같은 오늘날의 세계화 과정(새로운 세계화 과정: 역주) 앞에서 사람들은 모두들 정말로 무력한 것 같다. 일반 사람들은 물론이고 수많은 유럽의 좌파 정당들에서 겨우 명맥을 유지하던 좌파 급진주의마저 이 새로운 세계화 과정 앞에서는 저항할 의지를 잃고 있다. 그들도 지금 냉소적인 숙명론으로, 그리고 복종으로 돌아서고 있다. 이처럼 이 새로운 세계화는 엄청난 위력을 발휘하고 있다.

그러나 이 '새로운 세계화'에도 강점만 있는 것이 아니라 약점도 있다. 따라서 숙명론을 극복하려면 우리는 도도하게 진행되고 있는 이 새로운 세계화 과정에 대해 그 강점만이 아니라 약점까지도 포함하여 아주 분명하게 파악해야 한다. 그리고 이렇게 이 새로운 세계화 과정을 실천적으로 파악하려면 그것의 형태, 그것이 이루어지는 정세적인 맥락, 그것을 추진하는 자본의 전략적인 동기 등의 여러 측면(오늘날의 세계화는 이 측면들에서 참으로 새로워졌는데)에 대한 고찰에서부터 출발할 필요가 있다.

세계화는 많은 사물들(things)의 세계화이다. 많은 사물들이 세계화되고 있다. 국경들은 정말로 무너져 버렸다. 그러나 국경이 무너진 이유는 이민 노동자(이민 노동자들의 유입은 그 수가 급격히 늘어나고 있지만 국경을 넘는 그들의 행위는 점점 더 불법화되고 있는데)가 대규모로 늘

이러한 자본주의는 중상주의, 산업혁명, 독점화와 같은 표면적인 변화와 무관하게 장기지속되는 구조로서 변함없이 이어져 왔다고 말한다.

그는 또한 베네치아의 저력, 포르투갈의 경제적 부흥, 네덜란드 동인도 회사의 흥망, 스페인과 포르투갈의 식민지 경영, 아시아의 중심부에서 주변부로 밀려난 인도 경제, 산업혁명 이후의 물질적 진보와 생활수준 등에 대한 방대한 자료를 이용해서 자본주의적인 상층이 활동하는 단위로서의 세계-경제가 적어도 15세기부터 본격적으로 싹텄다고 주장하고 있다. 그리고 이러한 세계-경제의 개념은 월러스타인의 세계체제론에 영향을 미쳤다. 『물질문명과 자본주의 III-2, 세계의 시간 下』, 『근대세계체제론의 역사적 이해』(한국서양사학회 편, 까치)를 참조: 역주

어났기 때문이 아니다. 그렇게 많은 사람들이 대거 넘나들고 있기 때문이 아니라 TV에서 만들어 내는 이미지들, 문화적 담론들이 국경을 가로지르고 있기 때문에, 또 민족국가를 허물어뜨리는 정치적 기획들(예컨대 EC통합과 같은) 때문에 국경은 무너져 버렸다. 그리고 돈, 상품 및 생산-순환(생산-순환[productive cycle]이란 경기순환을 말하는 것이 아니라 원료에서 중간재, 최종 완성재에 이르는 생산의 연쇄 과정을 말한다: 역주)이 국경을 가로질러 세계적 범위에서 흘러다니고 있기 때문에 국경은 사라지고 있다. 돈-상품-정보-생산은 '세계공장', 즉 자본주의 세계체제가 새로운 모습으로 세워지는 데 들어가는 주요 구성요소들이다. 그리고 "책임성"과 "현실주의"라는 이름 아래 세계화의 이 구성요소들(돈-상품-정보-생산)에게 항복하는 '굴종의 합창'이 메아리치고 있다.

민족국가들이 조치를 취할 수 있는 여지는 예산상의 제약(constraints)으로 인해 점점 더 제한(limited)되어 왔다. 그리고 민족국가의 정부 예산상의 이러한 제약은 나아가 세계체제에 의하여 제약되고 있다. 이 세계체제는—국제조약(마스트리히트 조약과 같은)과 같은 형태로 존재하거나 "객관적인" 경제적·금융적 메커니즘(예컨대 무역, 투자 및 금융자본의 자유로운 유·출입: 역주)의 형태를 취하며 존재하는데—얼핏 보아서는 민족국가의 정치로써(이것이 그동안 정치의 대명사였는데: 역주) 어떻게 해 볼 수 있는 영역 너머에 존재하는 것처럼 생각되고 있다.

오늘날의 생산체제는 개혁주의(케인즈주의 또는 사회민주주의: 역주)가 지배적이었던 "황금시대"(golden age)* 에 비해 훨씬 더 높은 생산성 수준에 의해 훨씬 더 많은 절대량의 부(富)를 생산하고 있다.(상대적인 부는 그렇지 않지만: 역주) 그런데도 생산체계가 지니고 있는 문제로 인하여 필요(인간의)의 충족은 지난 시기보다 더욱 제약당하고 있다.

이러한 사실을 알게 되면 사람들은 사태가 '역설적'이라고 생각할 것

---

* 제2차 세계대전으로부터 이른바 석유 파동이 터져 나온 1970년대 중반까지 국가독점자본주의의 국가개입 정책에 힘입어 서구 자본주의에서 자본축적이 순조롭게 진행되던 시기를 말한다: 역주

이 분명하다. 그런데 현실은 그렇지 못하다. 아마도 현재의 사태 전개는 경제체제에 대해 인간의 필요를 얼마나 잘 충족시키는가 하는 기준을 가지고 그 공과를 따져 묻겠다는 관점을 계속 견지하고 있는 사람들에게만 —공식적인 경제학계에서는 이 지점에 대해 침묵으로 일관하고 있는데—역설적인 일로 받아들여지는 것 같다. 그러나 그렇게 따져 묻는 대신에 이윤을 얼마나 많이 낳는가 하는 기준을 가지고 경제체제를 심사한다면 역설이나 모순 같은 것은 일체 없다고 생각될 것이다.

만약 노동의 "비물질성"이 상대적으로 증가한다면(육체적 능력이라는 요소의 역할보다 과학기술적 요소의 역할이 증가한다면: 역주), 즉 살아 있는 노동(가변자본)에 비해 불변자본(죽은 노동)을 구성하는 정교한 기계의 비중이 증가한다면, 이윤율이 불변이기 위해서는 잉여가치와 가변자본 사이의 비율(착취도)이 증가하지 않으면 안 된다. 이것은 마르크스의 이윤율 공식과 같은 하나의 단순한 등식만 가지고도 충분히 증명할 수 있다.*

그리고 우리들이 '착취도'라는 개념을 '사회적 착취도'를 뜻하는 말로 이해할 때(이것이 본래의 의미인데) 자본가계급은 (자본의 유기적 구성 [c/v]이 고도화되는 속에서: 역주) 이윤율을 유지시키거나 축적을 증대시키기 위해서는 임금만이 아니라 사회적 가변자본을 구성하는 사회(복지)적 지출까지도 공략하는 전략(신보수주의: 역주)을 강구하지 않으면 안 된다. 이 점은 극히 자명하다.

그러면 이렇게 사회적 가변자본의 가치를 줄이기 위해서는 어떻게 해야 하는가? 답은 간단하다. 공업과 사회서비스 산업의 임금 노동자 및 비임금 노동자들(대표적으로 가족 종사자: 역주), 중·고등학교와 대학교에서 공부하고 있는 학생들, 노동력을 재생산하는 일에 참여하고 있는 사람들(대표적으로 가정주부: 역주) 등등 모든 사람들의 생산성이 향상되

---

* 마르크스의 이윤율 공식은 $p=(s/v)/(c/v+1)$이다. p: 이윤율, s: 잉여가치, v: 가변자본 가치, c: 불변자본 가치. 이 공식에서 보면, 가변자본(v)에 비해 불변자본(c)의 비중이 증가하더라도 이윤율(p)이 저하되지 않으려면 분자의 s/v(착취도)가 증가하지 않으면 안 된다는 것을 분명히 알 수 있다. 역주

지 않으면 안 된다. 그리고 이러한 경우의 대다수에 있어서 생산성이 향
상된다는 것은 곧 노동강도가 증가됨을 의미한다. 즉 노동강도가 강화되
지 않으면 안 되는 것이다.

　이러한 사실관계에서 볼 수 있듯이 마르크스주의가 끝장난 것이 아니
라 '마르크스의 죽음'이라는 자본의 이데올로기가 끝장나고 있다.

　이렇게 볼 때, '예산상의 제약'이라는 말과 같은 경제논리는 경제영역
과는 그 성격이 본질적으로 다른 사회생활의 여러 영역에까지 뚫고 들어
가 만연하고 있는데, 이러한 경제논리의 만연은 자본축적이 사회 자체의
수준(특정 산업만이 아니라, 또 생산에 직접 관련된 부문만이 아니라: 역
주)에서 전반적으로 곤경에 처한 데 따른 결과라고 생각된다. 이렇게 해
서 경제논리가 만연하게 되고, 마침내 문화적·정치적 사안에 대한 일반
대중의 담론에서 경제논리가 실질내용의 자리를 차지하게 되었다.(예컨
대 경제를 살리자는 논리가 정치의 중심내용이 되고 있다!: 역주) 그리고
이는 자본가계급이 인간존재와 사회적 존재의 모든 측면에 대해 자본주
의적 가치의 헤게모니를 강요하고자 필사적인 노력을 기울이고 있음을
나타내 주고 있다. 또 이는 칼 폴라니가 환상이므로 옹호할 수 없다고 비
난했던 그 대변환(great transformation)을 향하여 한 걸음 더 나아가는 것
이다.*

---

　* 헝가리 출신의 경제사상가인 칼 폴라니(Karl Polanyi, 1886-1964)는 인류 역사에
　서 전체 사회의 작동에 '묻어 들어 있는' 한 구성요소에 불과했던 시장이 19세기
　에 들어와 전체 사회로부터 '튀어 나와' 사회를 지배하는 요소로 전환되었다고 본
　다. 다시 말해 인간, 토지, 화폐 등 본래 상품이 될 수 없는 것들을 모두 상품으로
　취급하는 상품 허구가 생겨나고, 이러한 상품 허구에 기초한 가격의 자기조정기
　능에 의해 사회의 재생산과 균형이 담보되게 되었다는 것이다. 그런데 이와 같이
　시장원리가 사회의 재생산을 지배하는 요소로 절대화되면 필연적으로 사회는 불
　안정해지고 파괴되기 때문에 이에 대항하는 사회의 자기보호 운동이 나타나게 된
　다. 그래서 1930년대에 대공황을 겪으면서 자기조정적 시장에 근거한 19세기적인
　사회는 종말을 고하게 되었다. 여기에서 폴라니가 말하는 '대변환'은 시장원리가
　전면화되는 19세기의 변환과 그것이 종말을 고하는 1930년대의 변환을 의미하는
　데, 여기에서는 전자의 경우를 지적한 것으로 보인다. 칼 폴라니의 저서 중에는
　『거대한 변환: 우리 시대의 정치적·경제적 기원』(박현수 역, 민음사), 『인간의 경

이렇게 경제논리가 만연하면서 위에서 말한 바와 같이 자본주의적 가치가 헤게모니를 갖게 된 것과 동시에 기술관료들과 기술주의적 확실성이 헤게모니적 역할을 독차지(찬탈)하게 된다. 피에르 부르디외*가 쥐페(Juppé: 신자유주의 정책을 추구한 전 프랑스 총리)에 반대하는 글[≪리베라시옹≫(Libération), 1995. 12. 14]에서 지적했듯이 기술관료들은 이성, 근대성 및 개혁 같이 좋은 것들을 오만하게 자신들의 속성으로 돌리는 반면에, 비합리성, 시대착오 및 보수적 타성 같은 것들에 대해서는 손을 휘휘 내저으며 보통사람들의 속성으로 돌리고 있다.

이 "기술주의의 왕"들을 지난 몇 년 동안 이탈리아를 통치해 온 이른바 비정치적인 기술자 같은 존재일 뿐이라고 생각하는 것은 아마 잘못일 것이다. 그들은 비정치적 기술자이기는커녕 오히려 "진정한" 정치가들이다. 그들은 경제의 세계화에 대응하여 민족국가가 어떤 조치를 취할 수 있는 운신의 폭을 대폭 줄여 버렸다. 그럼으로써 그들은 국제경제가 부과하는 "객관적" 제약에 의하여 강요된, 경제관리에 관한 엄격한 "객관적" 기준에 순응하도록 더욱 심하게 강요받고 있다.

빌 클린턴은 스스로 공공지출 삭감 및 균형예산의 원리를 받아들이고 있는 한, 훌륭한 기술자이다. 기본적으로 그는 기술자이다. 그리고 동시에 그가 공공지출과 정부지출 삭감을 실행해 내면서 그것과 관련한 수많은 서로 다른 이해관계들을 잘 조정해 낸다면 그는 훌륭한 정치가이기까지 한 것이다. 이와 똑같은 이유에서 이탈리아의 디니나 영국의 메이저

제 1, 2』(풀빛) 등이 번역되어 있고, 그의 생애와 사상을 소개한 책으로는『칼 폴라니의 경제사상』(스탠필드 저/ 원용찬 역, 한울)이 있다. 역주

* 피에르 부르디외(Pierre Bourdieu, 1930-)는 프랑스의 비판적 사회학자. 사회학자로서의 자기성찰적 인식론 비판, 아비튀스('성향들의 체계'라는 의미) 개념을 이용한 구조와 행위 및 이론과 실천의 통합, 상징지배를 둘러싼 투쟁이라는 관점에서 문화차별화에 대한 분석 등에 관심을 기울여 왔다. 또 1975년 학술연구잡지 ≪사회과학연구학보≫를 창간하여 소장연구자들과 정치·경제·종교·문화·예술·민족·언어·취미·스포츠 등 광범위한 주제에 걸쳐 공동연구를 진행하고 있다. 한국에서 번역된 저서로는『자본주의의 아비튀스』(최종철 역, 동문선)와『혼돈을 일으키는 과학』(솔출판사)이 있다. 그에 대해 간략히 소개하는 글로는 현택수의「피에르 부르디외의 사회이론」(≪경제와 사회≫, 1996년 겨울호)을 참조: 역주

도 훌륭한 기술자이거나 훌륭한 정치가이다. 그러나 쥐페는 훌륭한 기술자이기는 하지만 형편없는 정치가임이 판명되었다. 왜냐하면 그는 공공부채 삭감이라는 그 신성한 원리를 실행에 옮기려다가 폭발적인 사회갈등을 유발했기 때문이다. 그러면 기술관료란 도대체 어떤 자인가?

훌륭한 기술관료란 자신이 맡고 있는 업무가 한쪽으로 편향되었다고 의심할 여지없이 공평무사하다고 간주되는 환경 속에서 일처리를 잘 할 줄 아는 자이다. 예컨대 사회적 지출을 삭감하는 데 타의 추종을 불허하기만 하면 그는 재무부장관 자리에 앉을 자격이 있는 훌륭한 경제기술관료이다. 이같이 기술주의는 기술이라는 것에 대해서 그것이 지니는 사회적 성격을 추상화시키면서, 그 대신에 경제논리가 객관적이고 공평무사하다는 비과학적인 가설을 받아들인다. 이런 점에서 기술주의는 물신숭배적 속성을 지니고 있다.

기술주의란 경제를 거대한 리바이어던으로 만들고자 하고, 모든 정치적·문화적 주체들에게 변경할 수도, 의심할 수도 없는 제약으로 다가가게 만들고자 하며, 인간생활의 모든 것에 적용되는 포괄적인 제약으로 만들고자 하는, 저 세계화·신자유주의화 과정을 정당화하려는 심층심리이다.

그런데 기술주의 철학자들과 이데올로그들의 안경을 쓰고 보면, 경제는 자율적인 것으로 다가온다. 경제가 자율적이라는 말의 의미는 경제결정론, 즉 "경제가 정치적 과정을 결정한다"는 의미에서가 아니다. 기술주의에서 경제가 자율적이라고 말하는 것은 다음과 같은 의미이다. 즉 기술주의적 담론의 명령을 받는 '경제의 우선성'—오늘날 사회생활의 모든 영역을 망라하고 있는데—이 스스로 자율성을 가지면서 여타의 것들에 대해 반드시 부과되어야 할 제약으로 간주된다는 의미에서이다. 달리 말해서 경제논리는 한 시대의 메타-원리, 분석 이전의 선험적 관점이 되고 있다. 이 메타-원리, 이 관점은 과학적인 사조상의 특정한 경향(슘페터가 그러했듯이) 정도로 한정되어 나타나고 있는 것이 아니라, 인간생활의 있을 수 있는 모든 표현형태들을 관통하는, 인간생활 그 자체의 메타-원리 및 선험적 관점으로서 나타나고 있다.

경제의 자율성을 주장하는 세력은 우파에서 좌파에까지 두루 걸쳐 있다. 자유주의적 우파는 이 경제적 자율성의 제창자이다. 그리고 좌파는 —이들 또한 자유주의자인데—과거에 다른 종교(사상)의 신봉자였다는 원죄가 낙인찍혀 있기는 하지만, 지금은 경제적 자율성을 신봉하는 충성스런 개종자가 되어 있다. 우파에게 경제의 자율성은 경제논리의 패권을 받아들이고 이것을 제도화된 제약으로 만드는 것을 적극적으로 추진하는 일로서 다가온다. 이 제도화된 제약이란 유럽통화동맹의 기초인 마스트리히트 조약의 '수렴의 기준'일 수도 있고, IMF의 구조조정 프로그램일 수도 있으며, 시장에 대한 규제를 철폐하는 의욕적인 정책일 수도 있다.

반면에 좌파들에게 경제의 자율성이란 민족경제로 하여금 그 경쟁이 보다 인간적이고 보다 지성적인 형태를 취할 수 있도록 개혁하는 출발점으로서 이러한 제약을 긍정한다는 것을 의미한다.(필요의 충족이 아니라 이윤추구를 최고기준으로 하는 경제적 제약을 받아들이면서 그 한계 내에서 경쟁 게임이 조금 더 인간적이고 지성적인 형태를 취하는 것을 추구한다는 뜻이다. 즉 신자유주의를 기본적으로 받아들임을 의미한다: 역주) 이런 시각에서 볼 때 경제논리가 풍미하면서 교육체계를 개혁하는 문제가 유럽 좌파들에게 최우선적인 정책과제의 하나로 되고 있는 것은 결코 우연한 동시발생이 아니다. 그러면 좌파들은 어떤 목적을 위해 이렇게 하고 있는가? 인간주체들의 자유로운 발전을 위한 보다 나은 기초를 제공하기 위해서일까? 그럴 수도 있지 않을까? 하지만 전혀 그렇지 않다. 그 목적은 국제시장에서 경쟁력을 향상시키려는 데 있다.

경제의 자율성 즉 세계화라는 이름 아래 진행되고 있는, 이 총괄력을 지닌 제약조건에 대해 그 몇 가지 측면들을 간략히 검토해 보자.
첫째 측면은 금융의 세계화이다. 그리고 다음 측면은 생산순환의 세계화 문제이다.

2. 금융의 세계화와 공공지출 삭감

우선 첫째로 화폐와 금융 시장의 세계화를 들 수 있다. 자료를 보면 화폐와 금융 시장이 세계화되고 있다는 사실은 분명하고 의문의 여지가 없다. 예를 들면 미국 연방준비은행을 구성하는 12개 조직 중의 하나인 뉴욕 연방은행은 최근에 일일 외환 거래액이 토오쿄오, 뉴욕, 런던 시장에서만 6억 5천 만 달러에 이르는 것으로 추정했다. 다른 평가기관들은 거래액을 1조 달러까지 높게 잡고 있다.

그런데 더욱 중요한 사실은 이러한 외환 거래의 구성이다. 거래액 중에 약 18%가 국제 무역과 투자의 결과이다(예를 들어 미국이 일본에서 전자제품을 수입한다면 그들은 엔화로 지불해야 하기 때문에 달러를 엔화로 바꾸게 되는데, 이러한 무역 거래나 투자에 따라 이루어지는 외환 거래액이 전체 외환 거래액의 18% 정도라는 것이다). 외환 거래액 중 나머지 82%는 환율 변동으로부터 수익을 올리려는 '순수하고 단순한 투기'이다.

각 통화 단위당 수익은 낮은 반면─1달러의 수십, 수백 분의 1로 계산되기 때문에─거래량이 엄청나게 크기 때문에 수익(혹은 손실)은 매우 크다. 이자율 또는 그 밖에 투기꾼들의 수익 전망에 영향을 미치는 다른 요소들이 조금만 변화해도 그것은 즉시에(실시간으로) 거대한 돈의 흐름을 야기한다. 그리고 그러한 돈의 흐름은 다시 환율에 파장을 일으키고, 그리하여 여러 나라 정부의 경제정책에 대한 하나의 제약조건을 형성한다.

이러한 체제(투기를 목적으로 하는 외환 거래에 의해 돈이 순식간에 이 나라 저 나라로 옮겨 다니는 체제를 말한다: 역주) 하에서는 시장의 권력은 거대해 보인다. 그 권력 앞에서 민족국가의 정부들은 그들의 전통적인 경제관리 수단을 포기해야 한다.

국제 금융투기꾼들이 노리는 공략대상은 누구이며 무엇인가? 우리가 알고 있듯이 투기적 공격은 일차적으로 정부재정을 긴축적으로 통제하지 못하고 있는 나라들의 통화를 대상으로 하여 감행된다. 정부가 사회 (복지) 지출을 확대하라는 압력에 굴복하거나 재정 재건 계획을 관장하는 능력에서 취약성을 드러내는 경우이다.

어떤 나라가 예산 재구조화('restructuring'을 문맥에 따라 재구조화 혹은 구조조정으로 옮김: 역주)나 공공지출 삭감(특히 사회-임금에 들어가는 구성부분들에 대한)을 시행하지 않는다면, 그 나라는 자본 유출, 환율 붕괴(통화 가치 폭락), 수입증가에 의해 마비될 수 있다. 그리하여 수입이 가격 조건에 대해 탄력적이지 못한 것으로 확인되는 상황에서,* 그 나라에서는 물가상승 압력이 증가하며, 노동자들의 실질 소득은—가면 갈수록 점점 더 물가상승을 따라잡지 못하기 때문에—저하되기 시작한다.

이에 반해서 어떤 나라가 공공예산의 "건전한 재구조화"(healthy restructuring)에 착수해 있다면, 그리고 사회복지에 대한 실질적인 삭감이 성공적으로 이루어져 왔다면, 그 나라는 그에 대한 보상을 받게 된다. 즉 국제 투기꾼들의 신뢰가 보증되고 통화가 안정되는 것이다. 이 경우에 통화 강세로 인해 경쟁력이 저하되지만(외국 돈이 많이 들어오면 그 나라 화폐의 통화가치가 상대적으로 높아지는데, 그렇게 되면 그 나라 상품의 가격 경쟁력은 저하된다: 역주), 그것은 공급 측면의 정책들, 생산성 향상, 그리고 노동비용 절감에 의해 만회된다.

프롤레타리아의 관점, 임금 노동자와 비임금 노동자의 관점, 경제에 대한 경험이라고는 평생 생산 혹은 재생산에 종사하면서 임금(사회-임금이나 그 밖의 임금)을 받아 욕구를 충족하며 살아가는 경험밖에 없는 사람들의 관점에서 보자면, 금융의 세계화에 의해 주어지는 양자택일은 둘

---

* 그 나라의 통화가치가 떨어지면 수입 가격이 올라가기 때문에 수입은 줄어드는 것이 일반적이다. 그러나 생산에 필요한 원료·부품이나 식량 같은 필수 소비재는 수입 가격이 올라도 계속 수입할 수밖에 없다. 세계화, 개방화가 진행되면 국내 생산기반이 붕괴 혹은 약화되어 가격이 올라도 수입하지 않을 수 없는 것들이 늘어난다. 수입이 가격에 대한 탄력성을 잃어 버리는 것이다. 이 경우 환율 상승은 (수입감소보다는) 더욱 더 물가상승으로 직결된다. 역주

다 잘못된 것임이 분명하다고 생각된다. 이런 관점은 거의 무시되고 있지만.

첫번째 경우에는 공공지출이 삭감됨으로써 잃어 버리는 것은 없지만 실업 증가와 실질소득을 감소시키는 인플레이션 때문에 그만큼 잃게 된다. 이 경우에 그 나라 화폐의 평가절하에 따라 수출이 증대하게 되지만 그것으로는 거의 보상이 되지 않는다. 왜냐하면 수출증대의 효과가 작을 뿐 아니라 그 효과조차 수출을 중심으로 하는 생산부문에만 집중되기 때문이다. 그러한 생산부문은 지리적으로 제한된 지역에 분포되어 있을 뿐이다.

두번째 경우에 국제경쟁력을 강화하기 위해 작업과 생활리듬을 스피드-업(속도 올리기)한다고 해서 공공지출 삭감을 통해 잃어 버린 것을 다시 회복할 수는 없다. 사회지출을 삭감하고 고용확대(갈수록 그것이 노동자의 유일한 소득원이 되고 있는데)의 속도를 늦춘다고 해도 마찬가지이다.(그렇게 해서 경기가 좋아지더라도 노동자들의 생활은 나아지지 않는다는 의미이다. 이것은 영국의 경우 신자유주의적 구조조정을 통해 경기가 좋아졌음에도 불구하고 빈곤층은 더 늘어나고 그들의 생활수준도 더 악화된 것이 대표적인 사례이다. 멕시코의 경우도 마찬가지이다: 역주)

그러므로 세계화에 의해 부과되는 금융적인 제약조건은 중요한 계급적 의미를 가지고 있음이 분명하다. 그러한 금융적 제약조건은 한 나라의 착취율을 관리하는 기능을 수행한다는 것이다. 이 점에서 금융의 국제화에 의해 강요되는 두번째 대안을 상식적으로 받아들이는 것의 이면에는 아주 단순한 국제자본의 인식이 있다. 즉 자본주의적 사회관계가 생산되는 장소인 공장이 사회와 일체가 되어 돌아가게 된다는 것이다. 그리고 그럼으로써 서로 다른 민족의 자본들—그렇다, "민족자본들"이다—사이의 경쟁은 생산과 재생산의 전과정을 통하여 노동강도를 강화함으로써 이루어진다는 것이다.

르벨리(Revelli)가 최근 논문(1995: 168-169)에서 일깨워 주고 있듯이,

포드주의 시대와는 달리 자본은 더 이상 국적을 갖고 있지 않는 것처럼 보인다는 사실은 확실히 맞다. 그것은 국가라는 공간과 정치가 이루어지는 공간이 더 이상 일치하지 않는다는 의미에서이다. 그 이유는 세계화 과정에 의해 민족국가의 정부가 통화와 재정 정책에 대해 조치를 취할 수 있는 여지가 좁아짐으로써 국가주권이 제한되고 있기 때문이다.

그러나 동시에 노동력에 대한 정책과 계획을 세우는 기능은 여전히 민족국가가 보유하고 있다는 점도 사실이다. 사실상 이러한 기능이 민족국가들이 구사하는 중심적인 전략축이 되었다. 공공지출을 삭감한다고 해서 그것이 국가의 경제정책이 없어짐을 의미하는 것은 아니다. 오히려 그 반대이다. 국가의 경제정책이 없어지는 것이 아니라, 국가는 점차 그 나라의 가변자본을 관리하는 방향으로 가고 있다.

국가는 연금 등을 사적 형태로 전환하는 것(민영화)을 뒷받침함으로써 사회-임금을 관리한다. 국제경쟁이라는 기준을 내세워 핵심적인 서비스 —교육 같은 것—를 민영화(그리하여 상업화)함으로써 주식거래나 투기 흐름에 투자될 수 있는 저축을 창출하는 것이 여기에 수반된다. 더구나 이런 일들은 종종 사기업과의 결탁 속에서 이루어지기도 한다(오베츠, 1996).

이러한 맥락에서 개별 국가의 현실에서 작동하는 경제정책은 오로지 외적인 객관성에 적응해 나가는 것으로 나타난다. 그리고 민족국가의 정부는 외적이며 객관적이고 거역할 수 없는 것으로 강변되는 자본주의적 제약조건(금융의 세계화에 의해 부과되는 제약조건)의 대변자가 된다.

금융의 세계화와 자본의 자유로운 이동은 사회적 가변자본을 통제하는 '제약 조건' 또는 '외적 강제력'으로서 작용하고 있다. 그런데 이것들은 아무런 목적이 없이 자연스럽게 이루어지는 것이 아니라, 유럽통합을 명분으로 하는 마스트리히트 조약이나 제3세계 채무국들을 속박하는 IMF의 구조조정 협약과 똑같은 전략적 목적 아래 추진되고 있는 것이다. 그 목적은 다름아닌 잉여가치를 증대시키고 사회적 가변자본을 축소시키는 것이다.[1] 유럽통화를 창출하기 위한 마스트리히트 조약에서 재정적자/GNP 비율 3%, 부채/GNP 비율 60%라는 목표치를 개별국가들에 부과한 것도 공공지출, 특히 사회(복지) 부문을 삭감하기 위한 의도적인 정책으로 이해되어야 한다.

마스트리히트 조약을 엄격하게 (그리고 정통적으로) 해석할 경우 오늘날까지 독일을 포함하여 유럽 국가들 중 어느 나라도 유럽 통화동맹의 요구조건들을 충족시키지 못하고 있다. 그러므로 조만간 목표치를 전략적으로 후퇴시키든가, 아니면 유럽 전체 차원에서 공공지출에 대한 한층 더 대대적인 공격을 감행하든가 하게 될 것이다.[2]

따라서 앞으로 2년간이 유럽에서 계급간 관계를 정립하는 데 결정적으로 중요한 시기가 될 것이다. 이러한 의미에서 프랑스와 벨기에에서 일어난 최근의 투쟁들은 사태가 얼마나 결실 있고 전망 있는 방향으로 나아갈 것인지, 그리고 자본의 세계화 과정에서 강요되는 제약조건들이 얼마나 사실상 "제약이 되지 않는" 것으로 될 수 있을지에 대한 가늠자가 될 것이다.

여기에서 유럽 단일통화가 갖는 전략적 의미를 되새겨 볼 필요도 있다. ≪이코노미스트≫지는 프랑스에서 투쟁이 일어나자마자 바로 "프랑스, 유럽 통화동맹을 준비하다"라는 다소 역설적인 제목을 붙인 기사에서 다음과 같이 지적했다.

"만일 독일이 다른 단일통화국가들에게 엄격한 재정적 제한을 부과하는 데 성공한다면, 경기후퇴에 따른 조정의 모든 부담은 산출과 일자리에 떨어지게

---

1) 외채 위기와 IMF 정책의 계급적 성격에 대한 일반적인 분석을 위해서는 클레버 (1988)를 보라. 특히 내가 알기로는 아직까지도 최근 진행되는 외채 위기의 발전에 대해 그에 필적하는 계급적 분석이 이루어지지 못하고 있다. 1994년 사파티스타의 출범에 뒤이은 금융위기의 전개에 대해서도 마찬가지이다.

2) 이 글은 독일의 콜 수상이 1996년 4월 하순 7천 만 마르크의 공공지출 삭감을 발표하기 전에, 그리고 마스트리히트 기준의 탄력적인 해석 가능성에 대한 많은 토론이 이루어지기 전에 쓰여졌다. 전자는 공공지출 삭감에 반대하는 투쟁을 불러일으켰고, 후자는 삭감에 반대하는 대중적 압력에 양보한 것이다. 유럽의 운명은 여전히 거리에서 결정되고 있다.

될 것이다. 민족국가 정부에 남아 있는 유일한 정책 수단은 미시경제적인 것들(예를 들어 노동시장의 구조조정 같은)이 될 것이다.(≪이코노미스트≫, 1995. 12. 9)

그러고 나면 어떤 전망이 나올 수 있을까? 이렇게 해서 만들어지는 '하나의 유럽 지대'에서는 경기후퇴에 따른 모든 부담은 노동시장과 노동과정에 부과되고, 케인즈주의 시대에 경기순환을 조절했던 거시경제적 완충장치들은 포기되며, 그에 따라 노동조합과 정부가 개입할 수 있는 공간도 줄어들게 된다. 바꾸어 말하면 경제블럭(국가)들 간의 경쟁에서 통제할 수 있는 유일한 변수라고는 자본주의 생산관계의 지속적인 구조조정(노동시장의 유연화를 의미한다: 역자)밖에 남지 않는 상황이 되는 것이다.

국제금융의 세계화에 의해 표현되는 자본 흐름과 마스트리히트 조약이나 IMF 지침과 같은 제약에 의해 부과되는 자본의 흐름 사이에는 내용적으로 별 차이가 없고, 다만 어느 정도 공식성을 띠느냐 하는 차이가 있을 뿐이다. 후자가 제도적인 제약을 보다 명확하게 표현하고 있다고 볼 수 있다.

그러나 금융적 세계화를 통한 자본의 자유로운 흐름(이동) 역시 서유럽 정부들의 중요한 정치적 선택의 산물이다. 그람시의 관찰은 이 점에서 설득력이 있다. "자유주의 역시 강제와 입법을 통해 도입되고 유지되는 국가 '규제'의 한 형태이다. 자유주의는 경제적 사실이 자동적으로, 그리고 자연발생적으로 표현되어 나타나는 것이라기보다는 의식적인 의지, 즉 뚜렷한 목적을 가지는 의지의 산물이다."(그람시, 1994: 152)

바로 이러한 시각을 통해서 보아야 비로소 자본이 내세우는 "제약조건"이 어떠한 의미를 갖는지에 대해 이론적이고 정치적으로 이해할 수 있게 된다.

이러한 관점에서 보면, 지금의 상황에서 대안은 자유주의—즉 사회적 착취율을 증가시키는 전략—이거나 아니면 사회적 이윤율을 줄이는 것이거나 둘 중의 하나이다. 이런 관점에서는 케인즈주의적 방식의 자본주의 관리는 끼어들 여지가 없다.

우선 케인즈가 주장한 것처럼 수요가 증대한다고 해서 고용확대로 이어지지 않기 때문이다. 뿐만 아니라 케인즈주의적 정책들은 노동관료와 사용자간의 생산성 거래(productivity deals)를 제도화하고, 사회적 착취율을 경제성장에 복속시킬 수 있는 사회구조를 전제로 하고 있다.[*] 그런데 그러한 사회계약, 계급타협은 영원히 사라지고 말았다. 케인즈주의적 정책들이 정치적 타협의 성격을 띠고 자본에 위협이 되기 시작한 이후로 자본측이 구조조정을 통해 이를 파괴해 버린 것이다. 계급타협의 해체는 또한 착취율에 대한 공동관리(노조-사용자)의 물적 기초를 파괴했다.

"공공부채에 대한 전투"는 미시경제적 수준에서, 그리고 기술적 구성의 고도화에 기초한 자본의 구조조정에 부응하여, 주로 사회적 가변자본을 줄이고 사회적 착취율을 높이려는 싸움이다. 공공지출의 삭감을 정당화하는 신비화된 주장의 이면에는 이처럼 케케묵은 자본의 논리가 숨어 있는 것이다.

공공지출의 삭감을 정당화하는 이런 식의 신비화된 주장들은 많이 있어 왔다. 예컨대, 이탈리아에 공공부채가 많은 것은 특권적인 사회계층의 조세 회피, 노동력 절감을 위해 구조조정을 하려는 기업에 대한 금융 지원, 가신체제(clientelism), 부채에 대한 이자 등이 합쳐져서 생긴 결과에 지나지 않는다(푸마갤리, 1994). 무엇보다도 이탈리아에는 참된 복지 상태가 존재한 적이 없다.

다른 나라-미국과 같은-의 경우 1980년대의 엄청난 공공부채는 반(反)인플레정책(즉 케인즈주의의 위기에 대한 자본가적 관리), 기업과 고소득자에 대한 감세, 군비 증강, 이자지불 증가(이자 지불이 증가한 이유는 이자율 상승 때문인데, 미국은 80년대 초에 반노동자적인 구조조정을

---

[*] 케인즈주의에서 노동자들은 생산과정에서 구상기능과 실행기능의 분리, 탈숙련화, 노동강도의 강화를 감수하는 대가로, 단체교섭에 의해 노동력 수급의 시장기능이 아닌 생산성에 연동시키는 형태로 상대적 고임금을 지불받게 된다. 이를 위해 제도적인 단체교섭의 정착을 통한 '포드주의적 노·자타협'과 사회보장제도의 확대를 통한 간접임금의 보전 등이 뒷받침되었다. 역주

관철하기 위해 이자율을 올려 의도적으로 경기침체를 조장했다) 등이 합쳐진 결과였다(클레버, 1981; 하일브로너, 1989). 정부가 대다수 국민에게 떠넘기려 하는 공공부채는 바로 이런 것들이지 사회(복지)지출 때문에 생긴 것이 아니다.

공공부채의 삭감은 승수효과를 통하여 경제성장을 위축시키고, 그래서 고용도 위축시킨다. 만일 모든 유럽 국가들이 마스트리히트 기준에 맞춘다면, 1994년 유럽 GNP의 5분의 1에 상당하는 공공지출이 삭감되게 된다. 이것은 물론 고용에 파멸적인 결과를 가져올 것이다. 적자/부채의 감축은 군비지출 축소나 부유층에 대한 증세에 의해서도 얼마든지 달성할 수 있다(이렇게 할 경우 최근 수년간 국민 대다수가 겪어야 했던 소득 감소를 보상할 수도 있다).

공공부채가 사회(복지)지출 삭감을 정당화할 만큼 많지 않다는 것도 잘 알려진 사실이다. 사실상 정부의 자본지출을 경상지출과 구분하고 물가상승을 감안한다면 적자는 상당히 줄어든다[*] (벨로피오르, 1994). 또한 정부가 지불해야 하는 이자 중에서 많은 부분은 기업과 고소득 가구에 지불될 돈이다. 이 점에서는 오히려 미국이 이탈리아보다 더 심하다(하일브로너와 버스타인, 1993). 따라서 부채의 건전한 지불유예나 탕감은 국민 대다수에게 이익을 가져다줄 것이다.

이러한 사실은 너무나 분명하지만 부채 지불을 유예하거나 탕감하자는 대안은 논쟁 속에서 한 번도 제기되지 않았다. 자본의 입장에서 보면 금융의 세계화에 의해 강요되는 제약조건은 너무나 자명한 전제라고 간주되기 때문에, 방정식에서 풀어야 할 미지수는 오직 하나밖에 남지 않는다. 공공부채를 해결하기 위해 사회(복지)지출을 얼마나 삭감해야 하는가? 혹은 국가예산에 대한 부담을 더 덜어주기 위해 사회보장 체계를

---

[*] 자본지출이란 도로·통신·전력·항만·공단 등의 사회간접자본 형성이나 교육시설 투자 등에 투자되어 국가자산으로 남아 있지만 정부 회계에서는 그냥 지출되어 없어진 것으로 계산되는 재정지출을 말한다. 이러한 지출의 대부분은 사실상 자본의 생산활동을 지원하는 데 들어간 것이다. 이에 반해 경상지출이란 인건비, 사무비 등 정부의 소비지출과 사회복지비 등 소비되어 없어지는 재정지출을 말한다. 역주

어떻게 재구조화할 수 있을 것인가?

　연금을 예로 들어보자. 영국 수상인 보수당의 존 메이저는 그의 정적인 노동당의 토니 블레어에 대해 "시기(猜忌)의 정치"를 조장한다고 비난했다.(이 글은 영국 총선 이전에 쓰여졌다. 1997년 봄에 실시된 영국 총선에서 노동당이 승리하여 토니 블레어가 수상이 되었다: 역주) 블레어가 광범위한 대중적 불만을 반영하여, 근래에 민영화된 기업들이 악평이 자자할 정도로 엄청난 이윤을 벌어들인 사실(더구나 민영화의 결과로 가격이 낮아졌다든가 서비스의 질이 개선된 것도 아니다)을 손가락질했기 때문이다.

　"시기의 정치"라는 말은 일부 공공부문 노동자들의 노동정년이 상대적으로 짧은 데 분개하는 이탈리아나 프랑스의 시사비평가들에게 더 잘 받아들여질 것 같다. 하지만 50대나 40대에 은퇴한다고 해서 뭐가 그리 불공정하단 말인가? 65세까지 일해야 하는 사람들에게 그것이 불공정하다고 한다면 오히려 퇴직연령을 낮추어야 할 것이다. 그러나 이러한 관점을 조금이라도 가지고 정년 문제에 대해 논쟁을 벌이는 사람은 거의 찾아볼 수 없다.

　이러한 관점 대신에 신문이나 TV에 의해 제안되는 "전통적인 지혜"를 보면, 현존하는 조건(정년)의 차이가 불공정하다는 내용이다. 그런데 이러한 제안을 좀 더 자세히 들여다보면 그들은 거의 똑같은 결론에 도달한다. 즉 '모든 사람은 65세에 퇴직해야 한다. 왜냐하면 공공부채를 고려할 때 정년의 하향평준화는 무책임하기 때문이다'라는 것이다.

　연금 문제를 좀 더 이야기하자면, 고전적인 주장으로서 인구통계학적으로 보아 기여금을 내는 노동자의 수는 줄어드는 반면, 그로부터 혜택을 받는 연금수혜자의 수는 늘어나고 있다는 논리가 있다. 바로 이러한 논거로부터 사람들의 노동정년과 노동시간을 연장해야 한다느니, 세대 간 연대를 포기해야 한다느니, 민영화된 통합연금을 장려해야 한다느니 하는 갖가지 제안들이 나오는 것이다.

다른 경제학적 논의들과 마찬가지로, 이런 주장은 인위적으로 만들어 진 한 묶음의 가정들, 다시 말해서 표면에 나타나지 않고 그림 밖에 숨어 있는 가정(假定)들에 의해 그 타당성이 제한된다. 이 주장의 경우에도 아 주 단순한 역사적 사실이 간과되고 있다. 은퇴한 노동자들의 수에 비해 상대적으로 젊은 노동자의 수가 적어지고 있다는 것이 사실이라면, 젊은 노동자들의 사회적 생산성이 지속적으로 향상되고 있다는 것 또한 틀림 없는 사실이라는 점이다.

우리는 노동생산성(시간당 생산량)과 임금율(시간당 임금)의 차이를 가지고 시간당 이윤을 측정해 볼 수 있다. 그렇다면 시간당 임금보다 시 간당 생산량이 훨씬 빠르게 증가했기 때문에, 자본의 시간당 이윤을 늘 리지만 않으면 그 여분을 가지고 늘어나는 노인들을 무리없이 부양할 수 있다는 사실은 원리상 자명하다.[3]

그러므로 연금에서 진정한 문제는—그것은 결국 자본을 위한 전략의 문제인데—첫째로 사적 연금들과 그에 따른 투자기금들을 도입함으로써 노동자의 저축과 자본가의 투자를 긴밀히 연계시키는 것이다. 사실 노동 자의 저축은 단지 소비를 나중으로 연기한 것일 뿐인데, 오늘날에는 그 '연기된 소비'가 은행의 손을 거쳐 생산과정에 대여되는 '자본'이 되고 있다.

따라서 연금 문제에 대한 전략은 둘째로, 이렇게 노동자의 저축을 사 적 연금제도와 투자기금을 통해 최대한 끌어들임으로써 주어진 시점에 서 가치증식 과정에 투여될 수 있는 가용자본의 양을 증가시키는 것을 추구한다. 그런데 그렇게 함으로써—이것이 세번째로 말하려는 것인데 —이러한 전략은 또한 노동자들의 운명을 자본가의 축적전망에 점점 더 긴밀히 연계시키려 한다.

사회적 갈등이 고조될수록 금융적 리바이어던(거대한 금융자본들)은

___

3) 더구나 오늘날의 연금수혜자는 바로 어제의 노동자이다. 과거에 그들이 낸 사회 보험료와 그들이 받는 연금 사이의 균형이 어떠하든 간에, 그들은 임금 노동자로 서 노동하면서 자신들이 받은 것보다 훨씬 많은 부를 창출했다.

주가를 하락시킨다. 그러면 노동자들이 주식과 같은 형태로 가지고 있는 "자본"―그들의 입장에서는 단지 미래의 소비인―의 가치는 떨어진다. 일단 이러한 연계가 내면화되면 그것은 사회적 갈등을 억제하는 데 기여한다.

예를 들어 주가가 하락하면 사적 연금에 돈을 붓고 있는 오늘의 노동자들은 정해진 미래의 소비를 보장받기 위해 더 많은 자본을 "투자"해야 할 것이다.(그렇기 때문에 주가가 떨어져서는 안 되고, 주가가 떨어지지 않게 하려면 투쟁을 자제하지 않을 수 없게 된다. 그럼으로써 노동자들의 운명이 점점 더 자본가의 자본축적이 잘 되느냐 못 되느냐에 종속되게 되는 것이다: 역주)

그러므로 연금 문제가 단지 현재의 구조조정 과정과 관련되어 나타나는 많은 문제 중의 하나로서 논의된다고 할 때, 연금제도를 "개혁"하려는 시도들은 사회적 착취율을 높이고, 현재의 소비를 공격하고, 사람들의 노동생활을 연장하는 데 기여하게 된다. 이는 또한 자본가의 관점에서 노동자들의 능동적인 주체성을 동원하려는 것이기도 하다. 전에는 소수의 특권적이고 부유한 사람들이나 관심을 가졌던 주식시세표에 모든 시민들이 주의와 열정을 기울이게 함으로써 노동자들이 자본가들의 축적활동에 '능동적으로' 이바지하도록 만드는 것이다.

3. 생산과정의 세계화

세계화라는 용어에 일반적으로 결부되는 두번째 의미는 생산과 관련된다. 북쪽 선진국에서는 1970년대에 사회적 갈등이 격화되었고, 이에 대응하여 자본측은 지난 20여 년에 걸쳐 구조조정을 진행해 왔다. 이러한 구조조정 과정이 저임금과 높은 노동강도에 의해 국제적인 기업들에게 더 많은 이윤을 보증하는 세계 여러 지역에 생산라인을 구축하는 쪽으로 귀결되었음은 의심의 여지가 없다.

이러한 현상은 세계의 남쪽 지역에 제조업체들이 표범 가죽 모양처럼 퍼져 있는 것으로 묘사될 수 있다. 그러한 제조업체들은 지방정부들에 의해 만들어진 수출자유지역에 들어서 있다. 여기에서 지방정부들은 초국적 기업들에게 우호적인 금융조건과 사회간접자본의 이용, 매우 값싼 노동력의 저수지를 보장했다. 대규모의 값싼 노동력은 전통적인 경제활동 형태를 해체시키는 "인클로저" 정책에 의해 만들어진 것이다(예컨대 우리나라의 경우에도 저곡가 정책에 의해 농업을 파탄시킴으로써 대규모 이농이 발생했고, 이들이 산업예비군으로 저임금 노동력을 형성했다: 역주)

한국, 대만, 멕시코, 말레이시아, 아이티, 그리고 브라질이 그런 지역에 아주 많은 노동력을 보유하는 나라들이라면, 중국 남부 공업삼각지대는 지난 10년간 노동력이 괄목할 만한 비율로 늘어난 경우이다. 이들 지역의 공장 대부분은 거대한 초국적 기업들이 소유하고 있다. 그리고 노동자들의 대부분은 전자, 직물, 섬유 부문에 고용되어 있다.

이들 지역에 고용된 전체 노동자의 수는 그리 대단하지 않지만 그 수는 최근 몇 년 사이에 눈에 띄게 늘어나고 있다. 예를 들어 멕시코의 맥퀼라도라스 지역에 고용된 전체 노동자 수는 1980년 11만 명에서 1992년에는 50만 명으로 늘어났다. 그리고 아시아에서는 자유무역지대에 약 70만 명의 노동자가 고용되어 있다.

특히 중요한 점은 여성노동자의 비율이 매우 높다는 사실이다. 아시아에서 이들 대부분은 17세에서 23세 사이의 미혼여성이다. 스리랑카, 대만, 말레이시아 등은 비율이 가장 높아 88%에 이르며, 한국과 필리핀은 약 75% 정도이다. 이들 지역에서는 최저임금의 60%만을 지급하기 위한 방법으로서 "견습계약"이 광범위하게 이용된다. 이에 따라 노동자들은 반복적으로 해고되고 재채용되는데, 이는 고용주들에게 영구적으로 임금비용을 절감할 수 있도록 보장하는 방법이 된다(크녹스와 애그뉴, 1991).

아래의 <표 1>은 세계경제의 몇몇 핵심지역에서 발생한 제조업의 직업변동을 요약한 것이다. 북쪽 선진국 지역에서 줄어든 9백 만 개의 일자리가 라틴 아메리카와 아시아에서 늘어난 6백 만 개의 일자리에 의해 완전히 상쇄되고 있지는 않다. 그러나 이 표는 국제적인 노동분업에서 구조적인 변동이 진행되어 왔음을 분명하게 보여주고 있다. 아프리카(국제적인 제조업에 관한 토론에서 남아프리카 이외의 아프리카 지역은 사실 별로 중요하지 않다)와 중국, 그리고 동아시아의 다른 나라들에 대한 통계를 포함하고 있지 않기 때문에 이러한 비교에는 한계가 있다는 점도 지적되어야 한다.

<표 1> 제조업의 임금 고용[4]

(단위: 백 만 명)

	1974	1984	1993	% 1974-84	% 1984-93
북아메리카	22	21.3	19.8	-3.18	-7.04
일본	12	12.1	13.7	+0.8	+13.2
서유럽	35.2	28.3[5]	26.5[6]	-19.6	-6.3
중심부 국가 합계	69.2	61.7	60	-10.8	-2.75
남 아시아	5.6	6.4	6.5	+14.3	+1.56
동남아시아	6.3	6.4[7]	9[8]	+1.6	+40.6
라틴 아메리카	7	7.6[9]	9.5[10]	+8.6	+25
주변부 국가 합계	18.9	20.4	25	+7.9	+22.5

　위에서 언급한 대로 중요한 측면은 성(性)적 구성이다. <표 2>에 보면 1984년과 1990년대 초반 사이에 제조업에서 남성노동자에 대한 여성

---

4) 북아메리카＝미국과 캐나다. 서유럽＝오스트리아, 벨기에, 독일, 이탈리아, 네덜란드, 스웨덴. 남아시아＝인도와 스리랑카(1984년과 1993년), 인도, 스리랑카, 방글라데시(1974년). 동남 및 동아시아＝홍콩, 한국, 말레이시아, 필리핀, 싱가포르, 태국, 대만(1974년만). 남아메리카＝멕시코, 브라질, 베네수엘라. 출처: 크녹스와 애그뉴(1992), 그리고 필자의 자료 수정.
5) 네덜란드 1987.
6) 오스트리아 1989, 벨기에 1991, 독일·이탈리아·스웨덴 1992.
7) 태국 1985.
8) 말레이시아 1991.
9) 멕시코 1985.
10) 브라질과 베네수엘라 1990.

노동자의 비율이 어떻게 구성되고 있는지가 제시되어 있다. 인도와 브라질을 빼면 북쪽 선진자본주의국에서보다 남쪽 개발도상국에서 그 비율이 더 높다. 말레이시아, 싱가포르, 스리랑카에서는 여성 임금노동자의 수가 남성노동자를 능가하고 있다. 태국에서는 그 수가 거의 비슷하다.

<표 2> 제조업 남성노동자에 대한 여성노동자의 비율[11]

	1984	1993[12]
미국	0.48	0.48
영국	0.41	0.43
이탈리아	0.49	0.49
독일	0.41	0.41
일본	0.54	0.55
중국	0.67	0.81
홍콩	1.02	0.8
인도	0.1	0.1
한국	0.61	0.65
말레이시아	0.81	1.04
필리핀	0.64	0.66
싱가포르	1.06	1.11
스리랑카	0.6	1.36
태국	0.72	0.98
브라질	0.32	0.37

많은 경우 이것은 기업들에 의한 의식적 선택을 의미한다. 즉 기업들이 상대적으로 젊은 여성노동자를 고용하는 데 관심을 가졌던 것이다. 왜냐하면 그들 젊은 여성노동자들이 좀 더 순종적이라고 생각하기 때문이다. 나아가 그렇게 함으로써—특히 고정자본을 그리 많이 사용하지 않은 섬유산업에서—사용자들이 노동자들의 투쟁이 우려될 때 공장문을 닫고 다른 지역으로 옮겨가는 것이 비교적 쉬워진다. ≪이코노미스트≫지가 지적하듯이 "섬유산업은 적은 자본을 사용하고 이동이 매우 쉽다.

---

11) 출처: 크녹스와 애그뉴(1992), 그리고 필자의 자료 수정.
12) 이탈리아 1992, 독일 1992, 중국 1991, 인도 1989, 말레이시아 1991, 싱가포르 1990, 스리랑카 1991, 태국 1990, 브라질 1990.

필요한 것은 오두막과 약간의 직기, 그리고 다수의 값싸고 민첩한 손가락들뿐이다"(≪이코노미스트≫, 1987: 67).

그런데 우리는 이렇게 넓게 그려놓은 그림(전 세계적인 노동력 분포를 개괄적으로 보여주는 정도의 자료를 의미한다: 역주)에 현혹되어서는 안된다. 왜냐하면 최근의 변화는 포드주의적인 공장이 북쪽 선진국에서 남쪽 개발도상국으로 단순히 옮겨갔다는 것보다도 훨씬 복잡한 의미를 지니기 때문이다. 적어도 두 개의 자료를 주의깊게 살펴볼 필요가 있다.

첫째로 거대한 초국적 기업들 중에서 현재 진정으로 '세계적인' 기업이라고 할 수 있는 기업은 거의 없다는 사실이다. ≪포춘≫지 목록에 올라 있는 100개의 초국적 기업 중에서

"약 40개 기업만이 매출액의 절반 이상을 외국에 내다팔고 있다. 생산 시설의 절반 이상을 외국에 두고 있는 회사는 20개 미만이다. 아주 드문 예외를 제외하고는 이들 회사의 이사회와 경영스타일은 그 관점에서 민족적인 성격을 굳건히 유지하고 있다. 더욱 드문 예외를 제외하고는 연구개발(R&D)은 본국의 통제 하에 있다. 그리고 대부분의 회사들은 기업 재정을 세계화하는 데 대해 불안하다고 생각하는 것 같다"(뤼그록과 밴 툴더, 1995: 159).

둘째로 국가간 투자 흐름의 거의 대부분은 미국-유럽-일본의 삼각지대에서 발생하고 있다는 사실이다. 미국의 어느 기관의 자료에 따르면 1980년대 국제간 자본이동의 4/5가 이 지역 안에서 이루어졌다. 그리고 개발도상국에서 외국인 투자의 연간성장률은 최근 거의 2배로 늘어났지만, 개발도상국에서 이루어진 외국인 투자의 비중은 전 세계 외국인 투자의 25%(1980~84)에서 19%(1985~89)로 줄어들었다(UNCTC, 1991: 10).

몇몇 연구자들이 주장해 왔듯이 이러한 자료는 "세계화"가 우리가 반드시 굴복해야 하는 주어진 현실이라기보다는 실제로 하나의 '전략적 목표'이며, 따라서 실패할 가능성도 있는 것임을 말해주고 있다. 더구나 근자에 보면 세계화라는 목표를 달성하는 데서도 일반적으로 두 개의 대안

적인 "세계" 전략이 존재하는 것 같다(뤼그록과 밴 툴더, 1995: 175).

그 첫째는 말 그대로 엄격한 의미에서의 "세계화(globalization)"이다. 이러한 전략은 '생산과정의 수직적 통합'을 통하여 하나의 초국적 기업 안에서 노동의 국제적 분업을 구축하는 것을 목표로 한다. 바꾸어 말하면 생산-순환이 비교 비용이라는 기준을 가지고 하나의 기업 안에서 세계적으로 분할된다.

자본이 적게 들고 노동집약적인 생산형태는 저임금 지역으로 가고, 그 대신 고도의 기술과 고부가가치 서비스를 요구하는 생산은 적절한 구조와 환경을 제공하는 지역으로 집중된다. 그래서 이러한 전략은 낡은 포드주의적 방식을 매우 닮았다고 볼 수도 있지만 지금은 새로운 형태와 맥락 속에서 배치되고 있다는 점에서 차이가 있다.

세계화에 따라 공장은 서로 다른 '생산 부문(부서)'들이 전 세계적으로 흩어져 있는 세계공장이 되고 있다. 이렇게 세계공장으로 된 결과, 서로 다른 유형의 노동자들은 임금이 위계적으로 차등화된 가운데 지리적으로 분산되어 존재하게 됨으로써, 자본에 대항하는 노동자의 투쟁이 확산되는 데 대한 방벽이 구축되고 있다. 그리고 생산이 아직까지는 초국적 자본의 본국에 상당한 정도로 집중되어 있는 만큼, 이러한 세계화 전략은 선진국 국내 노동자계급의 교섭력을 위협하고 약화시키는 데 기여한다. 생산과정의 일부를 해외로 이전시킬 수 있는 여지가 그만큼 크기 때문이다.

두번째 세계전략은 "세방화(glocalization, 世邦化)"라고 불린다.[*] 미

---

[*] glocalization(세방화)은 globalization(세계화)과 localization(지방화)의 합성어이다. 세계화가 진행되면서 초국적 자본은 민족국가 중앙정부의 위상을 약화시키는 대신에 지방정부들을 파트너로 이용하고 있다. 이에 따라 지방정부가 자본유치 경쟁에서 주요한 역할을 수행하게 되고 지방간의 경쟁이 격화되게 된다. 근래에 우리나라뿐 아니라 전 세계적으로 '지방화'라는 구호가 유행하게 된 것도 이러한 초국적 자본의 전략과 결부되어 있다고 할 수 있다. 그렇기 때문에 지금의 지방화는 주민자치를 진전시키는 측면보다는 외지 자본과 지역의 성장연합세력—지주, 자본가 등 소위 지역유지들—의 결탁에 의한 지역개발에 초점이 맞추어지고 있다. 이처럼 세계화와 지방화는 초국적 자본의 축적전략 속에서 동전의 양면처럼 긴

국, 일본, 유럽의 삼각지대 안에 머물러 있는 기업체들 사이에서 노동의 '기업간 분업'을 추구하는 것이다. 이 대안적인 전략은 포드주의의 한계 철학보다는 토요타주의의 유기체주의에 기초하고 있다. 이 토요타주의 하에서 기업들은 부품이나 중간재를 생산하는 생산공정들을 하도급화하고(외주화), 그러한 공급자의 망을 구조적으로 통제함으로써 "세방화"를 추구한다. 따라서 이 전략은 주로 탈규제화된 노동시장과 유연한 노동력이 있는 북쪽 선진자본주의 경제권 안에서 이루어진다.

세계화 과정이 이러한 두 가지의 전략을 중심으로 진행되고 있다는 사실로부터 몇 가지 주목할 만한 현상이 관찰된다.

첫째로, '세계화'와 '세방화'는 모순적인 효과를 낳는다. 예를 들어 세계화는 노동의 국제분업과 더불어 국제무역을 증진시키는 데 비해, 후자는 특정한 블록 안에서 집중되기 때문에 국제적인 노동 분업이나 국제무역을 감소시키는 경향이 있다. 이것은 세계경제가 하나의 지배적이며 구조화된 역동성에 따르지 않고 있음을 말해준다. '세계화'에 따라 북쪽과 남쪽 사이의 위계적인 통합이 이루어지거나, '세방화'에 따라 북쪽의 발전과 남쪽의 저발전이 서로 분절된 채 진행되거나 하는 두 가지의 시나리오가 모두 가능하다.

어떤 시나리오가 현실화될지는 어떠한 전략이 보다 우세하게 되느냐에 따라 결정될 것이다. 바꾸어 말하면, 당연한 이야기이지만, 노동강도 강화와 저임금에 맞서 확산되는 남쪽 개발도상국에서의 투쟁과, 임시직화 및 복지혜택 삭감에 맞서는 북쪽 선진국에서의 투쟁에 직면하여 초국적 자본의 입장에서 어떤 전략을 집행하는 것이 상대적으로 더 어려울 것인지에 그 귀추가 달려 있다는 의미이다.

밀히 맞물려 동시적으로 진행되고 있는데, 이러한 현상을 표현하기 위해 만들어진 말이 '세방화'이다. 이 글에서는 초국적 기업들이 국경을 넘어 다른 나라의 지방도시에 산재해 있는 하청회사들과의 외주-하청 관계를 통해 노동의 국제적 분업, 즉 생산의 국제화를 이루어 나가는 현상 내지 전략을 가리키고 있으며, 이는 주로 미국, 유럽, 일본 등 선진자본주의 경제권 내에서 진행되고 있다고 보고 있다. 역주

둘째로, 이 두 전략간의 상호작용은 발전과 저발전의 분절을 지리적으로 더욱 확산시키는 경향을 낳고 있다.(선진국과 후진국 사이의 분절뿐만 아니라 선진국 내에서도 발전하는 지역과 정체하는 지역 사이의 분절이 늘어난다는 뜻이다. 역주) 전체적으로 보면, 노동자의 작업과 고용조건이 동질화되는 경향으로 나아가지는 않는 것 같다.

북과 남의 노동자들 사이에는 명백한 구별(차별)이 존속할 것으로 보인다. 세계화된 기업들에 의해 배치되는 수직적인 통합전략－'세계화' 전략－은 제3세계의 저임금 노동자들을 착취한다. 그리고 그들을 모국 노동자들의 임금을 저하시키는 교섭에서의 위협수단으로 사용한다. 나아가 그러한 전략은 남쪽의 숙련노동자들을 착취한다. 즉 초국적 기업에 취직해 들어가는 엔지니어, 기술자, 프로그래머들이 그들이다. 이들의 숫자는 계속 늘어나고 있는데, 이들에게 들어가는 노무비는 같은 질의 선진국 노동자들에게 들어가는 노무비의 극히 적은 일부분에 불과하다.[13]

세계화 전략이 같은 기업 내에서의 수직적 통합의 성격을 띠고 있는데 비해, '세방화' 전략은 기업간의 노동분업이라는 점에서 수평적인 성격을 갖고 있다. 이와 같은 수평적 성격을 띠는 세방화 전략은 잘못 알기 쉬운 것과는 달리 분절화된 노동시장을 그 토대로 하고 있다.(동질적이고 단일한 노동시장으로 통일되어 있는 가운데 이루어지는 것이 아니라. 역주) '모기업'에서는 토요타주의적인 노동력 관리(노동자의 참여, 질[質]경영 등)를 하면서 그와 동시에 영토적으로 여기저기 흩어져 분절화되어 있는 하청 노동력을 사용한다.

토요타주의에는 이 두 가지가 결합되어 있다. 하청노동력의 사용으로 말하면 규제가 철폐된 노동시장에 기초하고 있으며, 따라서 노동자들을 더욱 심하게 경쟁과 유연화로 몰아 넣는다.

이와 같은 '세계화' 전략과 '세방화' 전략간의 상호작용에 따라 나타

---

13) "미국 주요 회사의 최고수준의 과학자는 봉급과 혜택(세금면제), 간접경비를 포함하여 적어도 25만 달러를 주어야 할 것이다. 그와 똑같은 재능을 가진 과학자가 동구쪽에서 벌 수 있는 돈은 그것의 1/10정도이다.(Reich, 1991: 124, J. Holusha, "Business Taps the East Bloc's Intellectural Reserves", ≪뉴욕 타임즈≫, 1990. 2. 20 A1, D5면에서)

나는 순수한 결과는 같은 나라, 같은 지역, 심지어 같은 동네 안에서도 발전과 저발전이 동시적으로 공존하게 된다는 점이다.

　공공지출의 삭감에 따르는 가난과 주변화의 증대, 사회의 제반 조직체계의 잠식은 자본축적에 순기능적인 역할을 한다. 특히 '세방화' 전략에 관한 한 더욱 그러하다. 이 전략은 심지어 사회적 유대의 상실까지도 일정하게 이용한다. 주변화의 증가가 감옥의 건설로 이어지고, 이렇게 해서 늘어나는 감옥을 '외주화된 강제 노동 수용소'로 이용하는 경우이다. 미국에서는 이미 이러한 일이 실제로 일어나고 있다.

　미국에서는 외국인 억류자 수가 폭증함에 따라 1985년에서 1995년 사이에 민간 회사에 의해 운영되는 감옥이 500%나 확장되었다. 그래서 감옥을 세워 운영하는 사업이 가장 유망한 사업의 하나가 되었다. 감옥을 운영하는 회사들은 일단 국가의 보조금이 안정적으로 확보되면 오로지 비용을 절감하고 수익을 극대화하는 데 관심을 집중한다. 여기에 PEN-L 인터넷 토론 목록에서 골라온 몇 개의 사례들이 있다.

　　가구회사(Michigan Brill Mfg. Co) 노동자의 대부분은 그들의 일자리와 시간당 5.65달러의 임금을 잃어 버렸다. 그 대신에 주(州) 감옥의 피수용자들이 시간당 56센트에서 80센트 사이의 임금으로 채용되었다.

　　텍사스에서는 로카르트에 있는 사설 감옥에 수용된 100여 명이 IBM, Dell, Compaq(전 세계 컴퓨터 시장을 장악하고 있는 세계적인 컴퓨터 회사들임: 역주) 등 거대 회사의 전자제품을 조립하고 있다. 그 제품들을 만들던 오스틴(Austin) 사는 문을 닫았다.

　　오하이오에서는 미국 자동차노동조합이 공장가동을 중지시키는 데 성공하기 전까지만 해도 로스 재판소 감옥의 피수용자들이 혼다 자동차의 부품을 조립하고 있었다.

　　소년 죄수들이 산타 바바라 근처에 있는 TWA를 위해 전화를 받고 기장을 한다. 샌 퀸티노에서는 민간 회사들을 위해 컴퓨터에 자료를 입력하고 있다.

　　오레곤 주 펜들턴에서는 감옥의 간부들이 오레곤 코렉션 인더스트리스(Oregon Corrections Industries)와 유니그룹(Unigroup)이라는 회사를 운영하고 있다. 그곳에서는 피수용자들이 "감옥노동(prison labor)"이라는 상표가 붙은 진바지를 생산하고 있다.

셋째로, 이러한 전략들은 생산과정 중의 적어도 일부분에서, 그리고 몇몇 지역에서는 노동자들의 능동적인 참여에 의존하고 있다. 품질관리, 생산혁신, 생산계획, 그리고 노동력 이용에 대한 자체 관리 등의 영역에서 노동자의 참여를 이용하고 있는 것이다. 마르코 르벨리(Marco Revelli)의 말을 빌리자면,

"포스트-포드주의 시대의 일본 산업가들, 그리고 그들과 경쟁하는 서구의 산업가들은 노동자들이 인간적 존재가 되는 것을 우연적인 일로 생각한다.(당연한 것이 아니라 자신들의 시혜에 의해 주어진 특별한 것이라는 의미이다: 역주) 그들은 노동자들이 '생각하고', '그들 자신을 인간화하도록' 권유할 준비가 되어 있다. 왜냐하면, 이들 산업가들은 자신들이 인간 본성에 대한 독점권을 소유하고 있다고(그리고 노동자들이 '인간'이 될 수 있는 유일한 길은 '노동력 상품'이 되는 것뿐이라고) 확신했기 때문이다. 즉 공장이라는 우주에서 생겨난 사고(思考)는 아무리 '인간적'인 것을 강조해도 본질적으로 순응적이며, 생산 목표의 달성을 지향하게 되어 있다는 것이다."

이 포스트-포드주의적인 경영자들의 철학을 위해서는 불행한 일이지만, 그들의 피고용자들은 전혀 다른 견해를 가지고 있다. 미국 컨설턴트 회사인 케프너-트레고(Kepner-Tregoe) 사가 15만 명의 노동자와 경영자들을 상대로 얻은 최근의 조사결과는 너무나 충격적이었다. 그래서 다른 컨설턴트 그룹들이 그 조사결과가 과연 맞는지 재확인 작업에 나설 정도였다.

이 조사결과는 노동자 참여 철학의 모든 측면이 미몽에서 깨어나고 있는 노동자들의 냉소주의에 의해 도전받고 있음을 분명하게 보여주었다. 케프너-트레고의 사장인 퀸 스피처(T. Quinn Spitzer)는 이렇게 말했다. "그 신랄한 반응은 놀라울 뿐이다.… 노동자들은 자신들이 다니는 회사를 좋아하지 않는다. 이 나라에서는 지금 현장의 노사관계와 관련된 근본적인 사회변동이 진행되고 있다.… 노동자들은 '우리 종업원들이 우리

가 가진 최고의 자산이다'라는 말을 헛소리라고 생각하고 있으며 사표를 던지고 싶어한다."(「집합행동 연구」, 1996에서 인용)

넷째로, '세계화'나 '세방화'는 모두 현재 조직화되지 않은 노동력에 근거하고 있다. 국제적인 수준에서는 특히 그러하다. 그러나 세계화에 의해 만들어진 세계공장에서 노동집약적 부분들의 저임금은 서서히 노동운동과 투쟁의 대상이 되고 있다. 그러한 운동과 투쟁은 가속화되어 조만간 포드주의 시대에 서구에서 발생했던 계급투쟁의 정점을 재현할 것으로 보인다.[14] 특히 선진국의 포드주의 공장이 노동자들의 적대를 만회하기 위한 시도로서 (고)임금 정책과 손을 잡고 나타난 반면에(1914년 포드 사의 하루 5달러 계획을 생각해 보라), 개발도상국에서 노동자들의 임금상승은 오로지 노동자들의 투쟁의 산물임을 주목할 필요가 있다.

<표 3>은 세계의 남쪽 몇몇 나라들에서 발생한 파업에 대한 국제노동기구(ILO)의 자료이다. 1984~88년 마르코스 정권에 반대하는 투쟁에 함께했던 필리핀의 경우를 빼놓고 볼 때, 미국의 경우 계급갈등이 명백하게 침체하고 있는 것과 대조적으로 사례로 든 개발도상국들에서는 전반적으로 계급갈등이 확대되고 있음을 알 수 있다. 특히 이러한 숫자는 해당 국가들이 공식적인 파업만 보고하기 때문에 사실보다 축소되었을 가능성이 있으므로 현실파악의 근거로 삼을 때는 주의깊게 이용해야 한다.

---

14) 이 지역에서 대규모의 노동자가 아주 빠른 속도로 창출된 것과 마찬가지로 대규모 노동자들에게서 전형적으로 나타나는 투쟁형태와 대립 수준도 서구 나라들에서보다 더 빠르게 재생산되었다. 그 적절한 예는 한국이다. "한국에서 노동자들의 태도는 반란자에 가까워, 서구 스타일의 교섭과정을 제도화하는 것을 거의 불가능하게 만들고 있다.… 그 이유는 가장 중요하게는 노동자와 다른 민중집단들이 고도성장을 추구하는 과정에서 강력하게 억눌렸기 때문이다. 또 정치적 억압이 다소 완화되었으나 종래의 성장전략을 둘러싸고 새로운 합의를 창출하는 것으로 이어지지 못하고 있기 때문이다. 그렇게 되지 못하고 있는 반면 소득분배, 부문별 우선순위, 환경과 경제간의 우선순위에 대한 진퇴양난, 그리고 사회발전의 방향 자체 등을 둘러싸고 양극화된 정치투쟁이 격화되고 있기 때문이다"(벨로와 로젠펠드, 1992).

<표 3> 파업의 수(파업에 따른 평균 노동손실일)

(단위: 천 시간)

	1984~88	1989~93	변동비율(%)
미국	7257.82	7001.76	-3.52
나이지리아	225.66	1414.86[15]	+527
멕시코	1436.6	1636.58	+13.87
홍콩	2.8612	5.2934	+84.9
인도네시아	165.0534	811.59[16]	+391.7
한국	2500.78	3386.42	+35.41
말레이시아	16.59	74.72	+350.27
필리핀	2287.16	974.57	-57.38
스리랑카	164.57	286.86	+74.30
태국	96.78	155.34	+60.50

남쪽 포드주의적 지역들 안에서 이처럼 노동운동이 성장함에 따라, 초국적 기업들은 가능한 한 더 많은 이동성을 추구하고 있다. 그래서 이전에 생산과정의 많은 부분을 한국과 같은 나라에 하청을 주었던 리바이스나 나이키 같은 미국의 섬유업체들은 이제는 다시 노동운동이 아직 한국처럼 강력하지 않은 중국이나 인도네시아 공장에 하청을 주고 있다.

마지막으로 우리는 제3세계 노동자들의 투쟁을 주목하는 것과 더불어 고기술 자본국들 안에서 사회적 적대가 발생할 때 그것이 지리적으로 상당히 넓은 범위까지 심대한 영향을 미치게 될 것이라는 점도 아울러 마음에 새겨 두어야 할 것이다(위더포드, 1995).

이런 맥락에서 노동의 유연화에 기초하고 있는, 북쪽 선진자본주의에서의 세방화 전략과 관련된 사례로서 두 가지가 주목할 만하다. 하나는 파리에서의 투쟁이고, 다른 하나는 리버풀에서 발생한 노동자 투쟁이다. 전자의 경우 노동자계급이 1995년 12월 쥐페의 민영화 조치에 항의하여 대규모로 투쟁에 나섬으로써 유연화 전략에 반대하는 '경직성의 유령'을

---

15) 1989~92.

16) 1989~92.

불러일으켰다.(노동자들의 저항 때문에 민영화나 대량해고, 사회복지 지출 축소 등이 어려워졌다는 뜻이다: 역주)

두번째의 경우 영국 부두노동자들이 전개하고 있는 투쟁이다. 이 투쟁은 여러 점에서 중요하다. 왜냐하면 사장이 '합법적으로 보장된' 유연화 제도를 도입하고 임시직화 반대 파업을 벌였던 노동자들을 해고한다는 결정을 내렸는데, 바로 이러한 합법적이고 강력한 조치에 노동자들이 반기를 들고 일어선 투쟁이기 때문이다.

그리고 이 파업은 동정파업을 금지한 영국의 노동법을 무시하면서 진행되었다는 점에서도 주목을 받고 있다. 그것이 가능했던 이유는 캐나다, 미국, 이스라엘, 호주, 스페인, 이탈리아, 포르투갈, 그 외 다른 부두노동자들이 리버풀에서 오는 화물을 실질적으로 보이코트하는 등 굳센 연대를 보내 주었기 때문이다.

이러한 사실은 유연화의 요소들에 반대하는 투쟁이 얼마나 세계노동자들의 공감을 불러일으킬 수 있는지를 보여주는 구체적인 사례이다. 때로 이러한 투쟁은 통신기술과 인터넷을 이용하여 투쟁을 고조시키거나 조직하는 것을 시도한다. 그리고 자본의 세계화 전략에 맞서 똑같이 세계적 투쟁으로 대응하려고 시도하기도 한다. 그러한 시도는 위의 두 사례뿐만 아니라 1990년대 초에 북미자유무역협정(NAFTA)에 반대하는 투쟁에 멕시코, 미국, 캐나다에서 수백 개 그룹이 동원된 데서도 나타났다.

4. 결론

오늘날의 상식에서 "세계화"라는 말은 현대 사회의 운명이 고정되고, 변경할 수 없으며, 숙명적으로 주어져 있는 것으로 보는 관점과 불가분하게 결부되어 있다. 세상은 "고정 불변"이라는 관점인 것이다. 이 관점에서는 사회는 변화될 여지가 없으며, 설사 변동의 여지가 있다고 하더라도 전 지구적 경쟁이라는 새로운 활동 규칙에 적응하기 위해 필요한 것이거나, 예산의 미세 조정(fine-turning)을 위해 필요한 것에 국한되고 있다. 신자유주의에 반대하는 진영에 속한다고 이야기되는 정당들이 내놓는 가설(假說)의 지평 안에서조차 급진적인 변화를 사고하는 것은 불가능해 보인다.(좌파정당들의 전망에서조차 급진적 변화 즉 변혁을 추구하는 내용이 담겨 있지 않다는 의미이다: 역주)

'세계화' 속에서는 돈벌이를 위해 정확하게 주판알을 굴리고 날쌔게 적응하며 살아가야 한다는 관점이 대세가 되고, 이런 관점과 철학을 뛰어넘어서 사고해 보려는 모든 시도는 공상적인 것으로 일축되고 만다. 여기에 "공산주의(국가자본주의로 이해하는 것이 정확하다)의 실패"라는 이데올로기가 아주 좋은 무기로 이용되고 있다.

현대자본주의는 인간의 주체성과 창조성에 의지하고 있다. 이것 없이는 높은 생산력이 유지·발전될 수 없다. 그럼에도 불구하고 현대자본주의는 오로지 "급진적인" 상상력이 결여되어 있고 대안적인 삶의 방식에 대한 전망이라고는 찾아볼 수 없는 것으로 특징지어지는 정치문화를 조장하고 있다. 진취성과 창조성이 전혀 없는 황량한 정치문화만이 허용되고 있다. 먼 훗날이 아니라 바로 지금 여기에, 대안적인 삶의 방식을 실현하지는 못할지라도 그것을 상상할 수는 있는 물질적·주체적인 기초들이 충분히 확보되어 있는데도 불구하고, 그같은 대안적인 삶의 방식에 대해 추구하거나 전망하는 모습은 전혀 찾아볼 수가 없는 것이다.

나는 이 논문에서 세계화라는 사물을 정치인들의 논쟁이나 일반 정보매체에서 이야기되듯이 정지되어 있고, 숙명처럼 주어져 있으며, 영구불멸하고, 움직일 수 없는 그림으로서 그려내지 않았다. 그와 정반대로 우리가 그려낸 그림은 금융과 생산과정의 세계화라는 것이 이미 실현되어 있는 현실이라기보다는 그것을 실현시키고자 하는 초국적 자본의 하나의 전략이라는 것, 따라서 능히 실패할 수도 있다는 것을 보여주고 있다.

나아가 '경제의 정치·문화·사회로부터의 자율성'이라는 이데올로기를 수동적으로 수용하는 시대 조류에 대해 두 가지 방법으로 대응할 필요가 있다.

첫째 방법은 '경제로부터의 자율성'에 의거하는 것이다. 즉 경제논리로부터 해방된 비판적이고 근본주의적 사고로써 이데올로기에 대응하는 것이다. 세계화 과정에서 지배적이 되고 있는 바의 숙명론적 세계관은 현존의 지배체제를 유지하려는 전략에 따라 정교하게 가공된 하나의 이데올로기일 뿐이므로, 이 세계관이 우리들의 사고에 부여하고자 하는 기본 가정들에 대해 거부해야 한다는 것이다. 그래야만 그 가정들에 근거하고 있는 세계관(즉 이데올로기)을 송두리째 깨뜨릴 수 있다.

둘째 방법은 '자주성의 경제'에 의거해서 대응하는 것이다. 이렇게 자주성에 입각하는 경제에서는 경제라는 사물은 더 이상 자본주의적 관계의 체계로 이해되지 않는다. 그와 반대로 대안적인 사회관계의 체계로서, 즉 현재 주어져 있는 물질적·주체적 조건을 기초로 하는 위에서의, 인간의 필요와 그것을 충족시키는 인간의 활동양식이라고 개념정의된다. 간단히 말해서 경제 물신숭배라는 가짜 현실주의에 반대하여 우리는 저항과 건설의 실제활동에서뿐 아니라 사고에서도 "이상주의적(유토피아적) 담론"을 회복시켜야 하는 것이다.

흥미있는 말놀이를 하자면 '유토피아'란 단어는 영어로 no/where—실제하지 않는 곳—로 정의되고 있다. 그러나 이는 또한 now/here—지금 여기—로 읽힐 수도 있을 것이다. 이런 의미에서 유토피아는 하나의 대안적인 "모델"로서, 정당의 프로그램으로서, 또는 사람들을 그것에 복종시키려고 하는 하나의 계획 같은 것으로서 이해되어서는 안 된다. 그것이 아니라 유토피아는 개방적이고 포용성 있는 사고 지평으로서, 그리고 저항적인 실천과 의사소통으로서 이해되어야 할 것이다.

그리고 노동자계급과 민중을 이론적·정치적으로 재구성하고자 할 때, 우리는 이 재구성을 이질적인 저항 주제들의 혼합으로서, 즉 노동, 생산, 재생산, 인종, 성, 건강, 환경, 교육 등의 주제들의 혼합으로서 이루어내야만 한다. 그리고 이를 위해서는 하나의 담론, 매우 진취적인 담론이 필요하다. 인간 주체의 진정한 열망과 필요가 무엇인가를 중심에 놓는 담론이 필요한 것이다. 냉혹하고 어찌할 수 없는 사물이라는 형태를 취하는 사회관계들에 우선권을 부여하는 담론과는 확실하게 절연하는 담론이 필요한 것이다. 이런 담론은 거대한 리바이어던을 관리하는 자들(초국적 자본)에게는 당연히 현실에서는 실현될 수 없는 "유토피아적인 것"
으로 여겨질 테지만 말이다.

참고문헌

Bello, Walden and Rosenfeld, Stephanie(1992), *Dragons in Distress: Asia's Miracle Economies in Crisis*, London: Penguin.

Bellofiore, Riccardo(1993), "Per una ripresa alternativa dello Stato Sociale," *Bozze*, vol.3, September.

Cleaver, Harry(1981), "Supply-Side economics: splendori e miserie," *Metropoli*, vol.7, December.

___________(1988), "Close the IMF, abolish debt and end development: a class analysis of the international debt crisis," *Capital and Class*, vol.39.

Coates, Ken and Holland, Stuart(1995), *Full Employment for Europe*, Nottingham: Spokesman.

Collective Action Notes(1996), vol.9, Jan-Mar.(POB 22962. Baltimore, MD 21203, USA. E-mail: cansv@igc.apg.org).

Fumagalli, Andrea(1993), "L'economia itliana sotto il gioco di Maastricht," in L. Berti and A. Fumagalli, *L'antieuropa delle monete*, Roma: Manifestolibri.

Gramsci, Antonio(1994), *Scritti di economia politica*, Torino: Bollati Boringhieri.

Heilbroner, Robert and Peter Bernstein(1989), *The Debt and the Deficit: False Alarms/Real Possibilities*, New York: W.W.Norton & Co.

Knox, Paul e John Agnew(1992), *The Geography of the World Economy*, Harlow: Longman.

Ovetz, Robert(1996), "Student Struggles and the Global Entrepreneurialization of the Universities," *Capital and Class*, vol.58, Spring.

Revelli Marco(1995), "Economia e modello sociale nel passaggio tra fordismo e toyotismo," in Pietro Ingrao and Rossana Rossanda, *Appuntamenti di Fine secolo*, Roma: Manifestolibri.

Ruigrok, Winfried and Rob van Tulder(1995), *The Logic of International Restructuring*, London: Routledge.

UNCTC(United Nations Industrial Centre on Transnational Corporations)(1991), *World Investment Report 1991: The Triad in Foreign Direct Investment*, New York: United Nations.

Witheford, Nick(1995), "Cycle & Circuit of Struggle in High-Technology Capitalism," *Common Sence*, vol.18.

5

신자유주의 체제 하에서의 다국적 기업과 자본 이동[*]

북측 노동자들과 남측 발전에 대한 영향

제임스 크로티(James Crotty)·**제럴드 에프스타인**(Gerald Epstein)
파트리샤 켈리(Patricia Kelly)[**]

신자유주의 체제 하에서 다국적 기업과 그 해외 직접투자가 미치는 영향을 분석하기 위한 하나의 대안적 이론틀

대안적인 이론틀을 구성하기 위해서 우리는 자본 철수의 '위협 효과'와 그것에 의한 노자간의 교섭력의 변화, 그리고 이 두 요소가 복합해서

---

* 이 글은 1997년 8월 13일 서울대학교 경제연구소가 주최한 「세계화, 탈(脫)규제화 그리고 그 결과들」이라는 주제의 '제5차 서울경제학저널(Seoul Journal of Economics) 국제심포지엄'에서 발표된 것이다. 그 중에서 전반부의 '서론', '다국적 기업은 얼마나 이동하고 있는가', '해외 직접투자와 다국적 기업의 영향: 이론과 증거' 부분은 주로 해외 직접투자와 다국적 기업에 대한 기존의 이론들을 비판적으로 정리하는 이론적 검토에 중점을 두고 있다. 이는 이론적으로 복잡할 뿐만 아니라 필자들의 주요 논지를 이해하는 데 필수적인 내용은 아니라고 생각되므로 이 번역에서는 생략하고 그 이후 부분만 번역·전재한다.
** 필자인 제임스 크로티와 제랄드 에프스타인은 미국 매사추세츠(Massachusetts) 대학 경제학 교수이고, 파트리샤 켈리는 퀴니펙(Quinnipeac) 대학의 경제학 교수이다.

거시경제적 결과들(예를 들어 경제성장, 고용, 소득분배 등)에 미치는 영향에 대해 검토하는 것으로부터 출발하고자 한다. 이러한 접근방법은 자본 철수의 '위협 효과'와 교섭력 등이 거시경제적 변수들에 중대한 영향을 미치고 있다고 논하는 블레커(Blecker)의 접근방법을 수용하는 셈이 된다. 이 점에서 우리는 교섭력에 심각하게 영향을 미치는 세 요인들을 중점적으로 검토하고자 한다. 세 요인들이란 ① 총수요의 수준, ② 경쟁의 성격, ③ 국내 및 국제 규정들(게임의 규칙들) 등이다.

현재의 신자유주의 체제 하에서 이 세 요인들은 불평등, 실업 및 임금 정체 등에 대해 직접적으로 부정적인 영향을 미치는 성질을 띠고 있다는 것이 우리의 주장이다. 그런데 이 글의 논지에 보다 적합하게 그리고 보다 분명하게 표현하면, 이 세 요인들이 해외 직접투자로 하여금 불평등, 실업 및 임금 정체 등에 대해 부정적인 영향을 미치도록 만들고 있다는 것이 우리의 주장이다.

이 절에서는 총수요, 경쟁 및 국내의 제반 규정들에서 이러한 파괴적인 양상이 어떻게 전개되는지를 서술하고자 한다. 다음 절에서는 해외 직접투자의 영향력에 작용하는 국제적 규정들에서는 어떻게 전개되는지를 논의할 것이다. 신자유주의적 발전 모델에서는 임금 정체, 불평등 및 실업 등이 악화되는 추세를 나타낸다. 이러한 추세는 해외 직접투자만이 아니라 신자유주의적 발전 모델과 연계되어 있는 여러 다른 요인들이 함께 작용하여 만들어지고 있다. 우리는 해외 직접투자가 단독으로 작용하는 것이 아니라 그 여러 요인들 중의 하나로서 작용하고 있다는 점을 강조하고자 한다.

총수요와 강제적인 경쟁

신자유주의 체제에서는 총수요가 증가하도록 작용하는 힘들이 구조적으로 취약하다. 반면에 다운사이징(감량경영) 혹은 "노동 솎아내기"(labor shedding), 스피드-업(작업속도 증가) 그리고 임금삭감 등을 통해 비용을 절감하도록 기업에 가해지는 압력이 구조적으로 강력하다. 이것이 우리의 가장 기본적인 시각이다.

신자유주의 체제의 특징은 생산물 시장의 확대가 부진하면 경쟁이 격화된다는 점이다. 그리고 경쟁이 격화되면 노동에 대한 수요의 증가 추세가 완만해진다. 그러므로 노동의 공급이 정상적인 추세로 증가하면 노동은 항상적으로 수요에 비해 초과공급되게 되고, 그 결과 실업 수준이 높아지는 추세가 지속된다. 이러한 실업은 선진 독점자본주의와 제3세계 모두에서 적절한 사회-임금(social wage: 현금으로 지급되는 임금 외에 노동자의 생계를 떠받쳐 주는 실업급여, 의료보장 제도, 교육보장 제도 등 사회보장제도에 의한 넓은 의미의 임금을 말한다: 역주) 없이 "위장"실업의 형태로 나타날 것이다.[1]

그런데 이렇게 높아진 실업이 장기화하면 이는 노동자의 경제적·정치적 힘을 지탱해 온 제도들이 계속 잠식되는 것과 함께 작용하여, 지속적으로 임금 상승을 완만하게 하거나 정체하게 만들고 임금 불평등을 증대시키게 될 것이다. 이것은 나중에 서술할 임금 결정에 관한 '교섭력 이론'에서 주장하는 내용이기도 하다. 이러한 맥락에서 신자유주의 체제 하에서 해외 직접투자 및 다국적 기업의 이동이 증가하는 것이 노동자와 공동체에 대해 부정적인 영향을 미칠 가능성은 예전의 "황금시대"(제2차 세계대전 이후부터 1970년대 초반 오일쇼크 등으로 장기적인 경기침체기로 들어서기까지 선진 독점자본주의 나라들이 누렸던 장기적인 호황 국면을 상징하는 표현이다: 역주) 체제 하에서보다 더 클 것 같다.

더구나 세계의 노동 공급은 "통상적인" 상태에 있는 것 같지 않다. 즉 그동안 세계자본주의 시장으로부터 상당한 정도로 격리되어 있었던 수많은 나라들이 완만하고 불균등하며 불완전하게나마 세계자본주의 시장으로 통합되어 가는 과정에 있는 것이다. 이렇게 통합되어 가고 있는 나라들로는 러시아, 인도, 중국 그리고 동유럽("RICE" 나라들: 러시아, 인도, 중국, 동유럽의 영문 머릿글자를 따서 만든 말: 역주) 등이 가장 중요하다. 그런데 이들 나라들 대다수는 '경제협력개발기구'(OECD)의 기준

---

1) 우리는 위장실업 문제에 관한 그의 통찰력에 대해 존 이트웰(John Eatwell)에게 감사드린다.

으로 보면 저임금인 상당한 수의 숙련되고 교육받은 노동자들을 보유하고 있다.

세계적으로 개방이 증대하고 기술이 진보함에 따라 다국적 기업의 생산, 분배, 연구 및 개발 그리고 심지어 영업 조정 기능까지도 지리적으로 분산된 장소로 배치하는 것이 더욱 실현 가능해지고 있다. 이렇게 된다면, 이 RICE 나라들의 숙련 노동자들은 동아시아 개발도상국들의 교육되고 훈련된 숙련 노동자들과 함께 선진 독점자본주의의 고임금 숙련 노동자들 대부분을 대체할 수 있는 보다 저비용의 대체 노동력을 다국적 기업들에 제공할 것이다.

이에 따라 만약 신자유주의 체제가 계속 강화되고 해외 직접투자가 향후 10년 동안 제3세계로 계속 유입된다면, 선진 독점자본주의의 고임금 숙련 노동자들도 임금 정체 혹은 하락을 겪게 될 것이다. 다시 말해서 선진 독점자본주의 노동력 대부분이 1980년대의 세계화에서 임금 정체 혹은 하락을 경험했을 때에도 이들 선진 독점자본주의의 고임금 숙련 노동자들의 일자리와 임금은 심각하게 영향을 받지 않았었는데, 이제 이들 고임금 숙련 노동자들의 임금도 정체 혹은 하락하게 되는 것이다.

일자리, 임금 그리고 '강제적인 경쟁으로의 이동'

선진 독점자본주의는 고용과 임금이 결정되는 제도적 환경에서 지난 20년 동안 극적인 변화를 겪었다. 이것이 우리 주장의 가장 중요한 (그리고 가장 복잡한) 부분이다. 간단하게 말하면, 자본주의 시장은 규제되지 않고 이의제기되지 않으면 실업이 높아지게 하는 자연적 경향이 있다. 또 임금은 생산성보다 더 느리게 상승하고, 따라서 불평등을 증대시키는 경향이 있다. 이러한 경향들은 황금시대의 강력한 제도와 관행들에 의해 억제되었다. 그런데 국내의 경쟁 압력과 세계화의 진전이 함께 작용하여 황금시대의 제도와 관행들을 약화시키거나 파괴하면서 이러한 경향들은 다시 나타나기 시작했다.

우리는 임금, 노동조건 그리고 직무숙련 요건 등이 결정되는 노사관계의 과정을 "교섭" 혹은 "대립"의 관점에서 보고자 한다. 교섭 대표를 구성하고, 노사가 각기 교섭 전략을 선택하며 교섭 혹은 대립을 통해 결과들을 만들어 낸다. 이 때의 과정들은 다음 세 요인들에 의해 심각하게 영향을 받는다. 그 요인들이란 ① 기업간 관계 혹은 "경쟁 체제"의 성격(이것은 무엇보다도 특히 교섭 당사자들 간에 나누어 가질 수 있는 경제적 지대의* 수준에 영향을 미친다), ② 그 테두리 내에서 교섭이 이루어지는 제도적 환경, ③ 거시경제적 조건 등 세 가지를 말한다.

교섭에 작용하는 제도적 환경으로서는 다음의 것들이 중요하다. 첫째, 교섭에 관한 법제적, 사법적 및 행정관리적 제반 제도[실물자본(real capital: 재화와 서비스를 생산하는 생산자본을 가리키는 것으로, 이 글에서는 금융자본과 대비해서 사용되고 있다: 역주)의 국내 혹은 국제 이동에 대한 제약을 포함하여] 및 정부 규제의 강제력이 가지는 성격, 둘째, 노동조합의 힘과 전투성, 셋째, 교섭이 기업 수준이나 산업 수준 혹은 전국 수준 가운데 어느 수준에서 이루어지는가의 문제, 넷째, 교섭이 진행되는 과정과 절차에 작용하는 규범, 전통, 관례, "협정" 및 비공식적인 약정들, 다섯째, 교섭이 결렬될 때 노동자의 "퇴각 지점"을 결정하는 데 영향을 미치는 '사회-임금' 등등.**

중요한 거시경제적 조건들로는 총수요의 수준과 실업률이 있다. 총수요의 수준이 낮으면 경쟁이 격화되어 기업간 관계가 압력을 받게 되고, 따라서 이윤 혹은 지대 수준에도 압박이 가해진다. 그리고 실업률의 경

---

* 경제적 지대(economic rent): 원래 지대는 토지와 같이 그 공급이 완전히 고정된 생산요소에 대해 지불되는 보수를 의미한다. 그런데 근대경제학에서는 이러한 지대 개념을 빌려서 생산요소의 공급이 제한적이기 때문에, 즉 생산요소의 공급이 가격에 대해 비탄력적이기 때문에 추가로 발생하는 소득을 '경제적 지대'라고 말한다. 여기서는 이 말을 광의의 의미로 사용하고 있는데, 경쟁이 충분한 경우에 비해 독과점 등과 같이 경쟁이 불충분한 경우에 생기는 이득을 말한다. 그 이득을 노동과 자본이 교섭을 통해 나누어 갖는다는 것이다. 역주

** 퇴각 지점(fallback position): 교섭이 결렬될 경우에 파업에 들어갈 것인지, 파업을 얼마 동안이나 할 것인지, 또는 해고를 각오하면서 싸울 것인지 등 예상되는 여러 상황에서 노동자들이 어떻게 싸울 것인지를 결정하는 데 실업급여, 교육·의료 등의 사회보장제도에 의해 확보되는 사회-임금의 수준이 크게 영향을 미친다. 결국 노동자의 퇴각 지점은 사회-임금에 의해 크게 좌우되는 것이다. 역주

우에는 "(산업)예비군"의 규모가 커지면 실업이 장기화되어 "실직 비용"
이 커지고 고용이 불안해지기 때문에 노동자의 전투성을 약화시킨다. 그
래서 노동조합의 힘도 그만큼 약화된다.

　　경쟁 체제(competitive regime)라는 개념과 경쟁 체제가 경제 운용에
대해 미치는 영향에 관해서는 크로티의 논문(Crotty, 1993)에 자세히 논
의되어 있다. 황금시대의 "협력적인"(corespective: 경쟁이 무제한적으로
강요되는 "강제적인" 경쟁 체제와 대비해서 사용한 개념으로, 과점적 시
장에서 이루어지는 제한적이고 상호 협력적인 경쟁을 의미한다: 역주)
경쟁 체제 하에서 선진 독점자본주의 주요 산업의 협력적인 과점적 기업
들은 급속한 시장 팽창의 이익을 누렸다. 그리고 상당한 양의 안정적인
이윤 및 지대를 보장하기 위해서 국내 및 국제 경쟁을 제한하였다.
　　황금시대의 특징적인 제도와 관행 하에서 기업들은 큰 걱정 없이 자본
을 축적할 수 있었다. 국내 총수요가 증가하지 못한다거나, 수입품이 그
들의 고객을 빼앗아 간다거나, 금융자본의 지배를 받아 미래 이윤의 큰
부분을 그들에게 넘긴다거나 혹은 그들의 새로운 자본이 시장 점유율을
둘러싼 광포한 비용삭감 전쟁의 촉발에 의해 (신기술의 등장으로) 조기
에 쓸모 없게 된다거나 하는 것 등에 대해 걱정할 필요가 별로 없었다.
투자율도 높았고 생산성 증가율도 높았다.
　　황금시대의 제도와 관행은 또한 상당한 양의 과점 지대를 교섭 당사자
들이 모두 만족할 수 있도록 분배하게 해 주었다. 이렇게 분배에 주요하
게 작용했던 제도와 관행들로는 강력한 노동조합, 노동의 정당한 몫을
유지하기 위한 정부의 지원, 자본과 노동간의 분배 협약 혹은 약정, 그리
고 완전고용의 유지 등을 들 수 있다. 그래서 실질임금이 강력하게 상승
하였고, 이는 또한 총수요 증가율을 유지하도록 뒷받침했다.
　　그런데 이 체제는 1970년대와 80년대 초에 무너졌다. 그렇게 무너진
원인의 일부는 체제 자체의 내부 모순에 있었다. 그러나 부분적으로는
세계화 과정이 강요한 국내시장 개방의 확대 때문이었다. 이 "협력적인"
경쟁 체제는 결국 "무정부적인" 혹은 "강제적인" 경쟁의 새로운 체제에

의해 대체되었다(크로티, 1993).

이제 총수요가 항상적으로 부족하게 되어 경기 순환의 정점에서조차 시장을 급속히 팽창시키거나 혹은 생산용량을 최대로 가동시킬 수 없게 되었다. 그리고 국제 경쟁을 막아 주었던 장벽들이 도처에서 무너졌다. 이에 따라 기업들은 황량한 홉스적 세계(Hobbesian world)(홉스는 인간사회를 "만인의 만인에 대한 투쟁"이라는 유명한 경구로 표현했던 17세기 영국의 철학자이다. 여기에서는 생존투쟁으로까지 격화된 "강제적인" 경쟁의 세계를 비유적으로 표현한 것이다: 역주)에 직면하게 되었다. 많은 대기업들은 극심한 경쟁 압박과 미래에 대한 불확실성, 그리고 극심한 혼돈의 세계에서 생존투쟁으로 내몰렸다.

1970년대 및 80년대의 경쟁은 아담 스미스(A. Smith)가 말한 '자비로운 상태'보다는 칼 마르크스(K. Marx)가 말한 '강제적인 과정'에 보다 유사한 것으로 보였다.* 선진 독점자본주의의 핵심 산업들에서 기업들은 그들이 1970년대 이전의 협력적인 체제에서 사용했던 구조와 전략의 모든 전통적인 측면들을 재검토하지 않을 수 없게 강제되었다. 구체적으로는 기업의 지리적 배치, 가격설정, 금융조달, 혼합생산, 기술선택, 노동관계 그리고 심지어 기업 자체의 조직까지도 재검토하게 되었다.

경쟁 체제가 이렇게 바뀐 데 대해 기업은 경제협력개발기구(OECD) 나라들마다 상당히 다르게 대응했다. 그렇지만 그 후 시간이 지남에 따라 경쟁 체제의 변화에 대한 기업의 전략적 대응은 일반적인 방향으로 점차 수렴되고 있다. 여기에서 우리는 영미(英美)식 대응에 초점을 맞춰 분석하고자 한다. 왜냐하면 영미식 대응은 전형적으로 신자유주의 이데올로기와 일치하기 때문이다. 또한 새로운 경쟁 체제에 대한 효과적인 정치적 저항이 별로 없는 상황에서 영미식 대응은 아마 경제협력개발기

---

* 스미스는 자본가의 이윤 추구에 따른 무정부적인 경쟁도 시장의 '보이지 않는 손'에 의해 혼돈에 빠지지 않고 조화를 이룬다고 시장의 기능을 극찬했다. 반면에 마르크스는 시장에서의 경쟁을 자본주의의 가치법칙을 철의 법칙으로서 강제적으로 관철시켜 나가는 과정으로 평가했다. 여기에서는 "협력적인" 경쟁의 자비롭고 조화로운 세계와 대비해서 "강제적인" 경쟁의 냉혹하고 무정부적인 혼돈의 세계를 두 사상가의 표현을 빌려 나타내고 있다: 역주

구 나라들이 모범으로 삼아 추종할 발전의 선구자이기 때문이다.

1970년대 후반 및 80년대 초반에 미국 주식회사(corporate America)의 새로운 경쟁전략 중에서 가장 중요한 두 측면 중의 하나는 노동과의 협력적인 관계 대신에 대립적인 관계를 선택한 것이었다. 이러한 선택은 전통적인 협약을 부인·거부하는 것을 의미했다. 또 하나는 그동안 완전고용 및 적절한 '사회-임금'의 유지를 보장하였던 사회 "계약"에 대한 지지를 철회한 것이었다. 이러한 두 변화는 별개의 것으로 따로따로 이루어진 것이 아니라 서로 맞물려 동시에 이루어졌다. 정부가 완전고용의 거시정책과 친노동적인 사회-임금으로부터 퇴각함으로써 기업 수준에서 노동의 교섭력은 심각하게 약화되었다. 또한 기업은 새로운 전략인 "작업속도 증가"와 노동절약적인 조직적·기술적 변화를 통해서 신규 노동력이 실업 노동자 예비군으로 편입되도록 만들었다.

기업은 노동에 대해 다양한 차원에서 공격했다. 이 다양한 공격 중에서 주요한 것으로는 노동조합에 대한 전쟁, 노동자들로부터 합법적 권리를 박탈하는 것을 정치적으로 지지하는 것, 제2차 세계대전 이후 처음으로 파업 중 대체노동자를 광범위하게 사용하는 것, 외주 하청, 그리고 해외 직접투자 등이 있었다.

기술 변화가 선진 독점자본주의 노동시장에 미친 영향을 올바로 분석하기 위해서는 경쟁 체제가 "강제적인" 경쟁 체제로 변화했고, 이에 따라 기업 전략이 반(反)노동자적으로 바뀌었다는 관점에 입각해서 기술 변화를 분석하는 것이 결정적으로 중요하다. 극심한 경쟁의 압력 하에서 기업들은 이러한 새로운 전략을 실행에 옮기는 데 그 수단이 될 수 있는 기술에 투자하기 위해서 온갖 방법을 다 동원했다. 구체적으로는 노동조합의 약점을 이용했고, 보다 친자본적인 정부의 법률적 및 행정규제적 제도를 활용했다. 그리고 기술적으로는 정보 처리 및 컴퓨터에 의한 생산관리(computerized machine control)의 발전을 적극 활용했다.

신고전파 경제학자들은 기술 변화를 마치 외생(外生)적인 것으로 단정한다. 그리고 그것이 우연하게 숙련지향적(skill-biased: 기술 변화가 보다 높은 숙련을 요구하는 것으로 변한 것을 말한다. 그 효과는 저임금·저숙련 노동자의 고용을 감소시키는 것으로 나타난다: 역주)인 성격을 띠게 된 것으로 본다. 그러나 바로 이 지점에서 우리는 기술 변화가 내생(內生)적인 과정의 결과였음을 관찰한다. 말하자면 기술 변화란 기업들의 외부로부터 주어진 것이 아니라 기업들이 의식적으로 선택한 것이었다. 극심한 경쟁 압력을 받은 기업들은 감량 경영, 작업속도 증가 및 임금 삭감 등을 통해 노동 비용을 감축하는 데 도움이 되는 기술을 발전시키고 그리고/혹은 채용했던 것이다. 1980년대의 기술 변화는 여러 측면을 고려할 때 아마 숙련지향적인 것이었다. 물론 70년대보다 더 그러한 것은 아니었지만(미셸과 베른스타인, 1993).

그러나 80년대에 독특한 기술 변화의 특징은 노동절약적인 것이거나 혹은 노동-솎아내기이고, 또 노동자의 권한을 박탈하는 것이라는 데 있었다. 새로운 경쟁 체제의 보다 적대적인 노사관계 전략은 최상층의 숙련 노동자들을 제외한 모든 숙련 수준에 대해 임금을 삭감하는 데 중점을 두고 있었다. 그런데 80년대의 기술 변화는 이러한 기업의 전략을 실행하는 데 더할 나위 없이 적절한 수단이 되었다.

그 결과 이 전략은 지난 15년 동안 임금 불평등을 증대시켰다. 뿐만 아니라 미국의 실질임금의 평균치(중앙값)를 크게 하락시켰다. 그 중에서도 블루칼라 노동자들이 가장 일찍 이러한 기술 변화의 희생자가 되었다. 반면에 화이트칼라 노동자들의 임금은 거의 최근에 이르러 심각한 타격을 입기 시작했다.

이러한 견해는 호웰(Howell, 1994)이 제시한 "임금 규범 변화"(shifting wage norms) 가설과 일치한다. 미국에서 임금을 삭감하고 숙련을 강화하는(upgrade) 1980년대의 변화는 일차적으로 1979년과 1983년 사이에 이루어졌다. 그런데 이 시기는 미국 기업들이 정보처리 투자의 대부분을 아직 시작하기 전이었다. 따라서 80년대의 기술 변화는 기술적 요인에 의해 추진된 것이 아니라 전략적 목적을 가지고 추진된 것이었다. 이러한 사실 역시 호웰에 의해 입증되었다.

"강제적인" 경쟁 체제로 변화하고, 총수요가 만성적으로 부족하고, 기업과 정부가 반노동자적 전략으로 전환하는 등의 변화들은 노동자들의 교섭력을 약화시켰다. 따라서 "납시대"(1970년대 초반 이후 장기적으로 계속된 세계적 경기침체 국면을 그 이전의 장기호황 국면이었던 "황금시대"에 대비시켜 상징적으로 표현한 것이다. 역주) 시기에는 교섭력 약화의 당연한 결과로 임금 정체와 실업은 더욱 악화되었고 소득 분배 역시 악화되었다. 또한 이러한 교섭력의 변화는 해외 직접투자가 왜 소득분배, 임금정체, 실업에 대해 부정적인 영향을 미치는가도 설명해 준다.

첫째로, 총수요가 불충분하게 증가하는 것은 신자유주의 세계체제의 필수적인 한 측면이다. 다른 한편, 노동절약적인 조직적·기술적 변화는 새로운 경쟁 체제 하에서 대표적인 기업 전략의 필수적인 한 측면이다. 이 두 측면이 함께 작용하여 노동에 대한 수요를 매우 완만하게 증가시킴으로써 노동 수요의 증가가 노동 공급이 증가하는 것을 따라갈 수 없게 만들었다. 그 결과 (측정된 실업뿐만 아니라 위장된 실업까지 포함한) 고(高)실업을 가져왔다.

둘째로, 고실업, 약화된 노동조합, 황금시대에 보장되었던 경제적 지대의 증발, 노동에 대한 정부의 무관심 혹은 적대, 비용을 삭감하는 고용주 그리고 사회-임금의 침식 등이 작용하여 실질임금의 상승률이 저하했다(미국의 경우 실질임금이 하락했다).

셋째로, 임금 및 소득 불평등을 낳는 자본주의의 내재적 경향은 황금시대의 제도와 관행들에 의해 억제되었다. 그러한 제도와 관행들로는 완전고용의 유지, 강력하고 전투적인 노동조합, 연대 교섭, 최저임금 입법, 분배에 사용할 수 있는 높은 경제적 지대, 저숙련 블루칼라 노동자들에게 고임금을 가져다준 자본-노동 협약, 실질적인 '사회-임금'의 증가(이것은 가장 저임금을 받는 노동자들의 최저 수준을 가장 강력하게 뒷받침해 준다) 및 고용을 유지하기 위해 요구된 누진세 및 소득이전 정책 등이 있었다. 그런데 이러한 제도와 관행들은 각 나라마다 다양한 편차가 있지만, 지난 20년 동안 여러 사건들에 의해 약화되어 왔다. 그 결과 거의 모든 곳에서 불평등이 증대 일로에 있다는 것은 별로 놀라운 일이 아니다.

마지막으로, 임금 정체와 실업, 그리고 그에 따른 불평등의 문제는 장차 더욱 악화될 것 같다. 신자유주의 체제가 정착함에 따라 불평등, 임금 정체 및 실업을 초래한 제도적 힘들이 모두 존속하고 득세할 것 같기 때문이다. 전통적으로 사회민주주의적이거나 혹은 조합주의적(coporatist)이었던 나라들까지 포함해서 경제협력개발기구(OECD) 나라들의 기업 및 정부가 영미식 신자유주의 모델을 따르는 것에 저항할 수 있을 것인지, 혹은 얼마나 오랫동안 저항할 수 있을지는 분명하지 않다.

세계 총수요의 증가

끝으로, 새로운 체제에서는 세계 총수요의 증가가 부진할 것 같다는 가설을 우리는 옹호하고자 한다. 총수요는 황금시대 말기 이래 25년 동안 실제로 상대적으로 완만하게 증가했다. 예컨대 유럽에서 1973년 이래 실질 국민총생산(GDP)의 성장 속도는 그 이전 20년 동안의 성장 속도의 절반에 불과했다. 그 결과 생산성 증가가 상대적으로 완만했음에도 불구하고 실업은 두 자리 숫자 수준으로 증대하였다.[*] 그러면 앞으로는 성장이 실질적으로 높아질 것인가? 이를 알아보기 위해서 총수요를 구성하는 요소들을 검토해 보자.

선진 독점자본주의에서는 노동절약적인 조직적·기술적 변화를 강요하는 압력이 존재한다고 우리는 주장한다. 그러한 압력을 전제한다면, 만약 총수요가 상당한 정도로 증가하지 않는다면 높은 실업률과 임금 정체는 소비지출의 증가를 계속 제약할 것이다. 선진 독점자본주의에서는 투자지출 역시 지난 20년 동안 완만한 속도로 증가해 왔다. 그러나 그 증가 속도가 빨라질 것이라고 믿을 만한 유력한 근거는 없다.[2] 수출은 지

---

[*] 높은 생산성 증가에 의한 성장은 노동수요를 크게 창출하지 못한다. 동일한 노동력이 보다 많은 양을 생산하기 때문이다. 생산성 증가가 상대적으로 완만했다는 것은 성장에 의한 노동수요의 증가가 그만큼 컸다는 것을 의미한다. 그런데도 성장률이 낮음으로써 실업이 두 자리 숫자 수준으로 증대했다는 것이다. 여기서는 성장률이 실업률에 미치는 영향이 그만큼 크다는 것을 강조하고 있다. 역주

난 10여 년 동안 급속히 성장해 왔다. 수출 성장 역시 계속 유지될 수 있을지는 알 수 없다. 특히 각 나라 정부들이 세계적 규모의 심각한 경기 침체를 탈피하기 위해 필요할지도 모를 경기조정적 거시경제 정책을 삼가고 있기 때문에 그러하다.

그러므로 장래의 세계 총수요가 빨리 증가할 것이라는 희망은 정부―선진 독점자본주의 및 제3세계의―의 거시정책이 지난 20년 동안의 거시정책보다 실질적으로 더욱 팽창적일 것이라는 믿음에 일차적으로 의지하지 않을 수 없다. 그러나 거시정책은 최근 얼마 동안 보여왔던 것보다도 앞으로 훨씬 더 제한적일 것 같다는 데 대한 근거들이 오히려 많이 있다.

첫째로, 세계의 중앙은행들은 신자유주의적 신조를 채택하고 있다. 그래서 인플레이션을 낮게 유지하는 것을 일차적인 그리고 아마 유일한 책임이라고 생각한다. 뿐만 아니라 국제통화기금(IMF)과 세계은행은 협박과 보상을 통해 제3세계의 대부분의 나라들에 대해 이러한 신자유주의적 신념을 강요하고 있다.

둘째로, 지난 20년 동안 국내 및 해외 금리생활자들에게 정부 채권의 형태로 인수된 정부 부채가 크게 누적되었다. 그리고 이러한 누적된 정부 부채는 금리생활자들에게 그들의 이익에 반하는 정책을 채택하는 재정 및 금융 당국을 압박할 수 있는 거대한 권력을 부여하고 있다. 그런데 성장을 가속화시키고 실업을 낮추기 위해 기획된 정책들은 금리생활자들의 요구에 정면으로 배치된다. 왜냐하면 그러한 정책들은 인플레이션을 상승시킬 위험이 있기 때문이다.

또한 정부 부채 중 갈수록 더 많은 부분이 외국인의 수중으로 넘어가고 있다. 그리고 해외 채권자들은 인플레이션 초기에 채권을 보다 재빨리 처분한다. 이러한 이유들로 인해서, 그리고 국내 금융시장이 점차 영

---

2) 경기 순환의 팽창기가 지속됨에 따라 미국의 투자 지출은 지난 몇 년 동안 증가했다. 그러나 투자 증가의 대부분은 감량 경영, 직무 유동화 및 임금 삭감 등과 관련되어 있는 정보처리 장치에 대해 이루어졌다. 따라서 경기 순환의 정점에 도달된 이후에 그러한 종류의 투자 증가는 소비성장 추세를 보다 약화시킬 것이다.

향력이 커져 가고 세계적으로 통합되어 감에 따라 팽창정책에 대해 반대하는 이러한 특별한 장애요인들은 앞으로 더욱 강화될 것 같다.

셋째로, 지난 20년 동안 정부의 예산적자 및 부채의 국민총생산에 대한 비율은 낮은 성장과 증대된 실업 때문에 계속 상승해 왔다. 그런데 이러한 부채 비율의 상승을 중단할 것을 요구하는 내부적·외부적 압력이 거의 모든 나라에서 증가하고 있다. 선진 독점자본주의에서 이 압력은 부분적으로는 이데올로기적인 것이다. 정부 부채 비율의 상승을 중단시킬 것을 요구하는 것은 신자유주의가 국가의 역할에 대해 공격하는 데 필수적인 요소의 하나이다.

마스트리히트 조약(Maastricht Treaty)에서 허용 가능한 정부 결손의 상한성을 설정한 것은 거시정책에 대한 신자유주의의 요구를 주요하게 반영한 것이다. 제3세계의 대부분에서 금리생활자들, 국제기구들, 그리고 국내 엘리트들은 "책임있는" 재정정책을 추진하도록 정부에 막대한 압력을 가하고 있다. 이들이 요구하는 "책임있는" 재정정책이란 낮은 인플레이션과 자본에 대한 높은 소득 몫을 보증하는 정책들을 말한다.

넷째로, 국제적으로 조정된 거시정책이 없는 상황에서 정부가 그들의 이웃 국가들과 경쟁 국가들보다 실질적으로 더 빠른 속도로 성장하려고 하는 것은 더 어려워지고 있다.

요컨대 신자유주의 체제가 계속 확대되고 강화된다면, 노동절약적인 기술적, 조직적 및 전략적 변화와 세계 경제의 노동공급의 증가가 임금, 실업 및 불평등에 미치는 부정적인 영향을 상쇄시킬 수 있을 만큼 팽창적인 거시정책이 총수요의 증가를 촉진시킬 것 같지 않다. 전 세계의 정책 입안자들이 보여주고 있는 낮은 인플레이션과 적자 감축에 대한 이러한 강박관념을 잘 포착해서 ≪월 스트리트 저널≫(1996. 10. 4)은 최근의 논설에서 "세계 경제에 긴축이 군림하고 있다"는 문장으로 시작했다.

강제 구조의 변화

장기 실업과 강제적인 경쟁을 창출하는 신자유주의적 힘에 추가하여,

국제적인 강제를 운용하는 규칙과 관행들의 변화가 다국적 기업을 한편으로 하고 국가와 공동체를 다른 한편으로 하는 양자간의 상대적인 교섭력에 중대한 영향을 미치고 있다. 이 점과 관련해서는 신자유주의 체제하에서 강제 구조가 급격하고 가속적으로 변화하고 있음이 최근 목격되고 있다. 1970년대 후반까지는 선진 독점자본주의와 제3세계 모두에서 많은 나라들이 해외 직접투자의 진입과 운용에 대해 수많은 조건을 달았고 엄격히 통제하였다. 그 때까지는 해외투자에 우호적이던 많은 민족경제에서조차 해외 직접투자에 대한 국가의 통제를 보장하는 법률과 정책이 지배적이었다(파토로스, 1996: 47). 이제 이것이 극적으로 변화하고 있다.

강제 구조가 단일한 원천으로부터 유래하거나, 혹은 단일하거나 단선적인 방식으로 발전하고 있지 않다는 것은 확실하다. 그러나 일반적인 추세는 해외 투자가들을 훨씬 더 강력하게 보호하는 방향을 지향하고 있다. 그리고 이러한 해외 투자가들에 대한 보호는 반드시 투자유치국 정부들의 행위에 대한 제한을 포함하고 있다. 그래서 투자유치국 정부들은 투자유치 이전에 다른 나라 정부에 대해서나 사기업 및 시민들에 대해서 취할 수 있었던 조치들을 이제 마음대로 할 수 없게 된다. 반면에 기업의 경우에는 투자에 따른 기업 스스로의 책임과 의무가 있다고 말로는 떠들어대지만 대체로 이러한 립서비스는 정부가 받게 되는 제한들에 비하면 사소한 것에 불과하다.

강제 구조의 한 측면이 특히 현저하게 발전하고 있다. 국가들 간의 투자협정 체결이 그것이다.[3] 이러한 투자협정들은 수많은 상이한 수준에서, 그리고 여러 가지 방식으로 작용하고 있다. 구체적으로 살펴보면 가장 많은 것들은 두 나라 사이의 양자간 투자협정이다. 그리고 투자 문제만을 다루는 둘 이상의 나라들 간의 협정인 독자적인 다자간 투자협정이 있다. 마지막으로 양자간 및 다자간의 기타 협정들 속에 들어 있는 투자

---

3) 훌륭한 조사연구로 UNCTAD, 1995와 OECD, 1996을 참조하시오.

에 관한 조항들이 있다.

1991년에서 1994년 사이에 여러 나라들은 투자 체제에 대해 350가지 이상을 변경했다. 그러한 변경들 가운데 단지 5가지만이 투자에 대한 통제를 강화하는 방향에서 이루어진 것이었다. 나머지 변경들은 투자에 대한 통제를 보다 더 자유화하거나 투자를 촉진하는 방향에서 이루어진 것이었다. 대표적인 예를 들면 보다 자유로운 해외 소유 및 영역 규제, 보다 자유로운 승인 절차, 보다 자유로운 활동상의 통제, 보다 많은 보증과 보다 많은 투자 유인책 등을 들 수 있다.

이러한 변경들 가운데 다수는 양자간 투자협정으로부터 비롯된 것들이었다. 이 양자간 투자협정은 1959년 이래 급속하게 증가해 왔고, 특히 지난 10년간 가속적으로 증가했다. 물론 이러한 투자협정들은 해외 직접 투자를 촉진하고 보호하기 위한 것들이다(브레워, 1996: 89).

또 다자간 협정으로 나아가게 하는 압박 요인도 있었다. 이러한 다자간 협정들을 옹호하기 위해서 최소한 4가지의 논거들이 제시되고 있다.[4] 첫째는 잠재적인 국제 투자가들이 국제적인 법률체제에 의해 안전이 보장됨으로써 재보증되기 때문에 다자간 협정들은 복지의 증가를 가져온다는 것이다. 둘째 논거는 다자간 협정이 나라들 간에 보다 균일한 조건들을 수립하고 따라서 덜 복잡한 투자 환경을 가져오기 때문에 다자간 협정이 양자간 협정보다 선호된다는 것이다. 셋째 논거는 협상에서 규모의 경제가 있기 때문에 다자간 협상이 일련의 양자간 협정보다 더 효율적이라는 것이다. 넷째 논거는 국제협정은 국제경제뿐만 아니라 국내정치의 수단이라는 것이다. 즉 국제협정은 국제 투자의 영향으로부터 자신을 보호하기 위해 정치적 영향력을 행사하는 국내 세력들에 대처해야 하는 정부의 정치적 지위를 강화시킨다는 것이다.

이 마지막 논거가 실제로는 중심적인 것이다. 즉 그러한 국제협정은 정부가 할 수 있는 것을 제한함으로써 수많은 정책들을 교섭석상으로부터 제거해 버린다. 다시 말해서 가능성의 영역 밖으로 밀어내 버린다. 예

---

4) 이 단락은 브레워(Brewer), 1996: 85-86으로부터 다소간 축약한 것이다.

컨대 국내 생산량 규정과 같은 이행 요건들을 불법화함으로써 국제협정들은 산업정책의 범위를 대폭 줄여 버린다. 물론 그러한 협정들을 협상하는 정부가 산업정책을 추구하는 데 아무런 관심이 없을 수도 있으나, 협정들은 의도적으로 앞으로 들어설 정부가 할 수 있는 일도 못하게 만들어 버리는 것이다.

투자 보호를 위한 여러 중요한 다자간 협정들이 또한 협상되고 있다. 우루과이 라운드/'세계무역기구'(WTO)와 '북미자유무역협정'(NAFTA)은 모두 그 내부에 투자협정을 포함하고 있다. 세계무역기구 협정만이 유일하게 정부간 분쟁을 다루고 있다. 그러나 북미자유무역협정 역시 기업과 정부 간의 분쟁을 다루고 있다. 특히 북미자유무역협정의 분쟁 해결 메커니즘은 매우 급격한 변화이다. 정부와 투자가 간의 분쟁들은 이제 세 회원국으로 구성된 재정(裁定)위원회에 제소될 수 있다. 이 재정위원회는 배상금을 재정하는 권한을 가지고 있는데, 이것은 과거 관행에서는 전혀 없었던 것으로 중요한 변화이다.

국제 투자협정들을 확대하려는 현재의 시도들은 세계무역기구의 투자 보호 및 촉진 조항들을 더욱 확장시키고, '아시아-태평양 경제협력기구'(APEC)를 위한 투자 원칙들을 더욱 발전시키며, 경제협력개발기구(OECD) 회원국들을 위한 '다자간 투자협약'(MIA)—아시아 및 그 밖의 나라들도 가입할 수 있는 협약—을 새롭게 발전시키려는 노력으로서 주로 나타나고 있다.

달리 말하면, 특정한 지역적 배치 혹은 지역 생산량 규정을 권장하는 것과 같은 투자 이행 요건들을 없애는 것이 초국적 기업의 주된 관심사이다. 이러한 투자 이행 요건들이 종종 산업정책의 주요 구성요소임을 주목하라. 그러면서도 그러한 의도를 드러내지 않기 위해 그들은 딴청을 피우고 있다. "다자간 투자협약을 발전시키는 데 있어 보다 세밀하게 연구될 필요가 있는 또 다른 문제들로는 경쟁정책, 노동 및 환경 등 다른 측면들이 포함되어 있다"(OECD, 1996: 36)라고.

요약하면 다국적 기업들이 해외에 투자하는 것을 보다 쉽게 그리고 보다 이윤이 높게 만들어 주는 한편, 투자 유치국 정부가 국가적 경제 목표에 맞추어 다국적 기업들을 규제하고 통제하는 능력을 제한하는 규정들에 있어서 극적인 변화들이 이미 이루어지고 있다.

해외투자의 기대 이윤과 안전을 증대시키는 이러한 협정들의 효과는 노동자와 정부에 대해 상대적으로 기업들의 교섭 지위를 높여주는 것이다. 더구나 이러한 협정들은 정부가 선택할 수 있는 정책수단 중에서 규제적인 수단을 제거해 버리고 있다. 그래서 정부가 해외 직접투자를 유치해서 고용 증대와 같은 국민경제적 목표를 달성하고, 또 유인책과 규제책의 악순환(해외 직접투자를 유치하기 위한 유인책으로서 규제를 완화하기 시작할 경우에 가면 갈수록 유인책으로서 더 많은 규제를 완화해야만 유인 효과가 있게 되는 악순환을 말한다: 역주)에 빠지지 않기 위해 정책을 구사하는 것을 훨씬 더 어렵게 만들 것 같다.

국내 구조의 문제

선진 독점자본주의와 제3세계의 모든 나라들은 신자유주의 세계체제의 등장으로 인한 경제적 압력에 직면하지 않을 수 없게 되었다. 그러나 기업, 노동자 그리고 정부가 한편이고, 다국적 기업, 국제 금리생활자, 국제기구 및 세계시장이 다른 한편인 양자 사이에서 이들을 중개하는 제도, 구조 그리고 사회적·정치적 우선권 등에서 나라들 간에 커다란 차이가 있다. 이러한 제도, 구조 및 우선권에서의 차이들은 민족경제가 세계경제에 편입되는 과정에서 그것에 대응하는 방식에서 중요한 차이들을 만들고 있다고 생각된다.

선진 독점자본주의와 제3세계의 많은 나라들이 신자유주의 체제의 영향에 의해 심한 상처를 입었다. 반면에 일부 나라들은 신자유주의 체제 내에서도 경제를 합리적으로 또는 효율적으로 운용할 수 있었다. 그래서 세계화 일반 혹은 특정한 해외 직접투자와 다국적 기업이 노동자, 시민 혹은 민족경제 운용 등에 미치는 영향에 관하여 일반적으로 적용 가능한 원리들을 제시한다는 것은 가능하지 않다. 왜냐하면 세계화의 이러한 영향들이 어떠한 성격을 가지게 될 것인가는 제도와 체제에 따라 달라지기 때문이다.

그러나 어떤 민족경제도 세계경제로의 통합이 증대하면서 그 제도적 구조와 경제 운용에 상처를 입지 않은 경우가 없었다는 것 또한 사실이다.

세계화가 민족경제의 제도적 구조를 통해 민족경제에 대해 영향을 미치는 바로 그 때에 제도적 구조는 변화를 겪게 된다는 명제를 우선 검토해 보자. 제3세계에서 동아시아 개발도상국의 국가주도 경제는 세계적 개방의 증대를 활용하여 산업화하고 성장하여 왔다. 그 나라들의 제도는 주로 그들에게 유리하였던 교역 조건에서 세계시장과 순조롭게 조화하는 것을 가능하게 해 주었다. 반대로 제3세계의 나머지 나라들 대부분은, 특히 남미와 사하라 이남의 아프리카에 있는 나라들은, 지난 15년 동안 정체와 불평등의 증대로 고통받아 왔다.

일반적으로 말하면, 신자유주의적 지침 혹은 "워싱턴 여론"(미국 정부의 요구와 지시로 표명되는 다국적 기업의 이해관계를 말한다: 역주)을 가장 충실하게 따랐던 제3세계 나라들은 세계화 아래에서 가장 어렵게 살아가고 있고, 거꾸로 그렇지 않은 나라들은 가장 잘 살아가고 있는 것이다.

예를 들어 한국의 "기적" 사례를 보자. 한국은 "워싱턴 여론"의 모든 교의(教義)를 실질적으로 어김으로써 정말로 널리 주목받는 성공을 성취하였다.(암스덴, 1989; 넴바르트, 1996)

그러나 한국은 일본과 대만 같은 다른 동아시아의 성공 사례와 함께, 현재 대외개방을 보다 확대하고 국가개입을 보다 축소하는 방향으로 나아가고 있는 것 또한 사실이다. 세계화의 압력은 미국 정부, 국제통화기금 및 세계은행, 세계무역기구 및 관세·무역에 관한 일반협약(GATT) 그리고 강력한 다국적 기업들을 매개로 해서뿐만 아니라 시장을 통해서도 역시 작용하고 있다. 그래서 이러한 세계화의 압력에 대해 개별국가들이 저항하기가 갈수록 어려워지고 있다.

선진 독점자본주의의 사정도 유사하다. 모든 나라들은 최근 10년 동안 세계화의 압력에 의해 영향을 받아 왔다. 그러나 일부 나라들은 독특한 제도와 정치적 가치들(예를 들어 스웨덴, 노르웨이 등 북유럽의 사회민주주의적 정치지향 같은 것을 의미한다: 역주)을 통해 세계적 경쟁이 가져올 수 있는 최악의 영향으로부터 노동자와 시민 모두를 보호할 수 있었다.

예컨대 선진 독점자본주의의 평균 실업률은 황금시대의 최저수준으로부터 1970년대에 상당히 상승하였다. 그리고 1980년대에는 전반기의 세계적 불경기와 그 이전 15년 동안 세계 총수요의 증가가 매우 부진한 결과로 인해 평균 실업률은 다시 상승하였다. 그러나 일본, 오스트리아, 핀란드, 노르웨이, 스웨덴 및 스위스를 포함한 다수의 선진 독점자본주의 나라들은 1980년대 전체에 걸쳐 5% 이하의 표준적 실업률을 유지하였다. 서독의 1980년대 평균 실업률 5. 7% 역시 주목할 만하다. 또한 실질임금 상승의 평균이 북미에서보다 유럽 국가들 대부분에서 훨씬 더 높았다는 것 역시 주목하라.

끝으로, 1980년대에는 신자유주의에 내재하는 불평등을 증대시키는 경향이 거의 모든 곳에서 드러났다. 그렇지만 선진 독점자본주의와 제3세계의 일부 나라들은 불평등에 대한 국가의 전통적 책무를 어느 정도 이행할 수 있었다. 노르웨이, 서독, 덴마크, 스웨덴, 프랑스, 오스트리아, 일본 등이 이 범주에 속할 것이다.

선진 독점자본주의에서 임금과 노동조건이 결정되는 제도적 과정을 검토해 보자. 한편으로, 일부 나라들에서는 지난 20년 동안 강력한 노조와 경영층 간에 전국적 혹은 산업별 수준에서 교섭이 이루어졌다. 그리고 임금, 사회보장책 및 노동조건 등에 영향을 미치는 입법화도 정부에 의해 활발히 이루어졌다. 그래서 이와 같은 강력한 제도와 규제들은 노사관계의 협약들을 일방적으로 지배하려는 자본의 자유를 제한할 수 있었다. 그 결과 그러한 나라에서 노동자들은 가장 잘 살았다. 이처럼 구조가 중요한 것이다. 다른 한편으로, 세계화가 노동자의 이해관계를 보호

하는 반(反)-신자유주의적 구조의 능력을 쇠퇴시키고 있다는 것은 거의
확실하다.

현실적으로 대비되는 이러한 두 차원 모두가 노사관계 비교에 관한 로
크, 코한 및 피오르(Locke, Kochan and Piore)의 최근 조사연구에서 분명
하게 표현되고 있다. 그들은 다음을 주목하고 있다. "연구에 포함된 거의
모든 나라에서 충원, 해고/대량감원, 일시해고 그리고 노동의 배치 등에
적용되는 다양한 정부 규제와 규범들이 개별 고용주들에게 보다 큰 재량
권을 부여하기 위해 완화되거나 수정되었다." "모든 곳에서 노동조합은
쇠퇴하고 있고 경영은 소생하고 있다." 그리고 "모든 나라에서 소득 및
고용 기회에서 불평등이 재연되었다." 그럼에도 불구하고 저자들은 정부
의 노동시장에 대한 전통적인 중재 의무가 이행되고 있고, 산업별 혹은
전국적 교섭에서 노동조합 연대가 강하게 이루어지고 있는 나라들에서
노동자들은 계속 잘 살아가고 있다는 점을 역시 강조하고 있다.

신자유주의 체제 하에서의 해외 직접투자: 스웨덴 사례

이러한 논의들은 해외 직접투자가 경제 운용에 미치는 영향을 분석하
는 데도 역시 적용된다. 즉 해외 직접투자가 노동자계급에 미치는 영향
은 어떤 체제이냐에 따라 달라지는 것이다. 가장 포괄적으로 말하면, 황
금시대의 완전고용 체제에서는 해외 직접투자가 선진 독점자본주의의
노동자계급에 대해 직접적으로 심각하게 유해한 영향을 미치지는 않았
다(비록 해외 직접투자가 완전고용 체제의 붕괴를 가져왔던 압력으로 작
용한 많은 힘들 중의 하나였지만). 반면에 신자유주의 체제 하에서는 해
외 직접투자가 일자리와 임금에 위협을 가하고 있다.

이 글의 서두에서 1960년대와 1990년대의 두 시기에 대해 해외 직접
투자가 서로 다르게 영향을 미쳤다는 점에 관하여 미국의 사례가 언급되
었다. 또 다른 사례로서 제2차 세계대전 이후에 선진 독점자본주의의 훌
륭한 성공사례 중의 하나인 스웨덴의 경우를 검토해 보자.

　다국적 기업은 스웨덴 경제에서 언제나 매우 중요하였고, 1970년의 경우 제조업 고용의 69%를 차지하였다. 또한 외부로 진출하는 해외 직접투자는 항상 상대적으로 큰 편이었다. 그러나 황금시대에 해외 직접투자는 스웨덴 노동자들과 스웨덴 경제에 도움을 주는 편이었다. 완전고용이 보장되었기 때문에 해외 직접투자는 스웨덴의 일자리를 위협하지 않았다. 또 중앙집중된 교섭과 기업경영층의 협조로 인해 해외 직접투자는 임금이 하락하도록 압박하지 않았으며, 불평등을 감소시키는 추세를 깨뜨리지도 않았다.

　해외 직접투자는 (예컨대 효과적인 마케팅과 분배 네트워크를 통해) 스웨덴의 수출을 촉진하고 그 수준을 높게 유지하는 데 기여했다. 해외 직접투자는 스웨덴 기업들이 기술 변화와 규모의 경제를 활용하게 해주고 생산이 좁은 국내 시장에 한정된 경우보다도 더 높은 생산성 증가율을 성취하도록 하는 데 도움을 줌으로써 그러한 기여가 가능했다. 최악의 경우에도 많은 해외 직접투자가 스웨덴 경제가 전후의 훌륭한 경제적 성취를 이루는 것을 방해하지 않았다는 것은 분명하다. 스웨덴 경제는 낮은 실업을 유지하면서 평등주의적 임금 및 소득 분배를 실현하는 데도 성공하였다. 이러한 성취는 1980년대 전 기간에 걸쳐 유지되었다.

　그러나 80년대에 세계적 불안정, 세계적 경기침체 그리고 보다 공격적인 경제 관료 등은 스웨덴 체제에 긴장을 불어넣기 시작했다. 중앙집중적 교섭체제가 약화되었고, 이에 따라 임금 불평등은 80년대에 비록 큰 폭은 아니지만 다소 증대하였다. "경영측은 교섭구조를 분권화하고 노동비용을 저렴화하는 것을 강력히 추진했다. 이에 따라 오랫동안 이어져 왔고 70년대 전 기간에 걸쳐 견지되어 왔던 스웨덴의 연대주의적 임금정책이 어느 정도 무너졌다"(로크, 코한 및 피오르: 151). 그리고 실업은 매우 낮게 유지된 반면에 인플레이션은 상승하였다.

　1980년대 중반에 스웨덴 다국적 기업은 "스웨덴 모델"로 알려져 온 자본, 노동 및 국가간의 일련의 전통적인 관계와 상호의무에 대해 공공연히 반대하고 나섰다. 또 경영측의 압력 하에서 정부는 우경화되었다.

정부는 자본에 대한 통제를 실질적으로 없애 버렸다. 그리고 국내 금융 시스템에 대한 규제를 철폐하였고, 크로나(스웨덴의 화폐단위: 역주)를 평가절상했다. 국내 및 국제 금융시장의 탈(脫)규제화는 완전고용을 유지하는 국가 능력을 약화시켰다. 예컨대 신용할당은 전통적으로 국가의 경기조정적 총수요 관리정책의 가장 중요한 수단 중의 하나였다. 그런데 이제 신용할당을 정책수단으로 사용할 수 없게 되었다. 또한 자본 이동에 대한 규제가 철폐되자 외국 기금들이 대거 몰려 들었고, 그에 따라 신용대부에 의한 투기가 폭발적으로 증가했다.

그러나 투기 붐은 결국 가라앉았고, 그에 따라 금융이 부실화되었다. 이러한 금융의 부실화는 연쇄적으로 소비 및 투자 지출을 감소시키는 압박을 가했다. 거품이 일거에 사라지기 시작했다. 그러자 자본에 대한 통제가 없어짐에 따라 외국 기금들은 쉽게 유입한 만큼 쉽게 빠져 나갈 수 있었다. 또 이러한 외국 자본의 대량이탈은 환율의 평가절하 압력으로 작용했다.

반세기의 역사를 가진 국가의 완전고용에 대한 책무를 폐기하고 제한적인 화폐정책을 채택함으로써 최후의 일격이 가해졌다. 실질 국민총생산(GDP)은 1990년에서 1993년 사이에 5% 감소하였고, 실업률은 전례없는 수준으로 상승했다. 1990년의 1.5%에서 1993년의 8.2%로 상승했던 것이다. 실제로 '유럽자유무역연합'(EFTA)의 평균 실업률은 1990년의 2.8%에서 1993년의 8.2%로 상승했다.

해외 직접투자의 국외유출(자본철수)은 1980년대와 90년대의 스웨덴의 경제 운용을 악화시킨 주범이었다. 뿐만 아니라 신자유주의적인 정치·경제 정책을 사회에 강요하기 위해 자본이 사용했던 강력한 무기였다. 스웨덴의 다국적 기업은 80년대 후반기에 경제 운용과 전통적으로 지켜온 정치적 책무 모두에 대해 엄청난 압력을 가하면서 국내를 떠났다. 1981년에서 1992년 사이에 해외 직접투자의 국외유출은 국내 투자의 평균 13.1%라는 놀라운 수준이었다.

반면에 국내유입은 국내 투자의 3.2%에 불과했다(글린, 1995: 44). 그러나 "1986년에서 1990년 사이의 해외 직접투자의 국외유출은 1981~85년의 그것보다 거의 5배나 높은 것이었고", 그 결과 "다국적 기업 생산 중에서 스웨덴 자본의 몫은 1990년에는 40% 이하로 떨어졌다."(다국적 기업 중 스웨덴 국적의 다국적 기업이 차지하는 비중을 말한다: 역주) 그 바로 4년 전의 61%로부터 그리고 1978년의 72%로부터 그렇게 떨어진 것이었다(블롬스트롬과 코코, 1994: 5·34).

문제는 이러한 해외 직접투자의 이탈이 일자리와 수출을 희생시키는 것만으로 끝나지 않았다는 점이다. 스웨덴의 다국적 기업은 생산과정 중 주로 고부가가치의 고숙련 부분을 그들의 해외 계열사로 수출했다. 반면에 저숙련의 원료 가공 및 중간재 생산을 국내 가동용으로 남겨둠으로써 국내 제조업을 공동화(空洞化)시키고 있었던 것이다.

이러한 해외 직접투자의 국외유출은 경제에 수많은 방식으로 해악을 끼쳤음을 블롬스트롬과 코코(1994)는 입증하고 있다. 즉 거대 다국적 기업은 이제 스웨덴 산업의 나머지 기업들보다도 더 적은 비율의 고숙련 노동자들을 고용하고 있다. 따라서 스웨덴의 연구·개발의 과실은 국내에서보다는 오히려 그들의 고기술로 가동되는 해외공장에서 챙겨지게 되었다. 그 결과 국내 공급업자들과 하청업자들에 대해 심각하게 부정적인 파급효과를 미치게 되었다.

더구나 국내에 남겨진 저기술 생산품에 대해서는 고기술 시장의 과점적 지대 대신에 세계시장에서의 "격심한 가격 경쟁이 이미 존재하고 있고," 그 결과 "이러한 산업들에서 계속되는 경쟁은 비용 삭감과 임금 하락을 요구하게 한다"(블롬스트롬과 코코, 1994: 23-24). 이제 사회는 자본이 적당하다고 여기는 어느 곳으로든 갈 수 있는 자본의 이윤 추구의 자유를 지켜 주기 위해 비싼 대가를 치러야 했다.

이러한 실물 자본의 대량 이탈이 1990년대에 스웨덴 "모델"을 심각하게 손상시킨 경제위기를 초래하는 데 기여했음은 분명하다. 물론 실물 자본의 대량 이탈은 어느 정도는 70년대 후반과 80년대 초반에 전개된 경제적 긴장에 대한 대응이었다. 경제에서 다국적 기업의 중요성이 크면 클수록, 그리고 국경을 넘나드는 자본 이동에 대한 국가의 통제가 약하면 약할수록, 다국적 기업이 해외 직접투자의 국외유출로 초래할 수 있는 경제적·정치적 손상은 더욱 커졌다. 국내 노사관계의 구조 및 경제에서의 국가의 역할을 변경시키려는 캠페인에서 스웨덴의 다국적 기업들은 해외 직접투자의 국외유출(자본철수)을 거대한 지렛대로 이용했던 것이다.

자본 이동과 국가간 조세감면 경쟁5)

신자유주의 체제는 그 내부에서 다국적 기업과 그것의 해외 직접투자가 노동자, 공동체 그리고 국가에 대해 점차 부정적인 영향을 미치도록 만드는 어떤 맥락을 창출한다고 우리는 주장해 왔다. 앞 절에서는 스웨덴 사례를 논의하였다. 이러한 견해에 대한 또 다른 증거는 미국 내에서 여러 주(州)와 지역 간에 벌어지고 있는 투자유치 경쟁에 대한 연구에서 찾을 수 있다.

투자유치와 일자리 창출을 위한 미국 주들 간의 경쟁은 "주들 간의 전쟁"으로 불리고 있다. "주들 간의 전쟁"은 신자유주의 체제가 강화됨에 따라 세계 무대에서 벌어질 수 있는 일들에 대한 하나의 축약도라고 해도 좋을 것이다. 새로운 일자리를 유인하거나 기존 일자리를 유지하기 위해 미국과 유럽의 주와 미국 지방 정부들이 보조금 및 조세 특혜를 제시한 사례를 많이 볼 수 있다. 이제 이러한 거래들은 점차 일상사로 되어 가고 있다. 이에 따라 지방 정부들은 조세 수입의 손실로 수백 억 달러의 비용을 치르고 있다. 그러나 그러한 양보들을 기꺼이 제공하는 것이 일반화되어 감에 따라, 그러한 양보들은 공장 유치를 결정하는 데 있어 그 실효성을 점차 잃어 가고 있다.

국가들은 양자간 투자협정과 다자간 투자협정을 보다 많이 체결하고 있다. 그리고 총수요가 계속 정체하고 있다. 나아가 해외 직접투자의 유치야말로 성장의 견인차라는 이데올로기가 득세하고 있다. 이에 따라 세

---

5) 국가조세 경쟁에 관한 여기에서의 서술에 기여한 제임스 부르크(James Burke)에게 감사한다.

계적 조건들은 점점 더 미국 주들 간의 그러한 조건들과 비슷해질 것 같다. 물론 투자유치에 따르는 위험과 강제 문제는 국가주권에 의해 보호되고 규제되는 미국 주들 간의 경우보다 국제적인 경우에 그 위험부담이 여전히 더 클 것이다.

제3세계에서의 자유화, 유치 입찰 그리고 다국적 기업

신자유주의 체제가 확대되고 심화됨에 따라 해외 직접투자를 유치하려는 경쟁은 더욱 확산되고 있다. 이 경쟁은 제3세계에서 보다 광범위하게 확산되고 있다. 여기에서 우리는 많은 제3세계 나라들이 해외 직접투자를 끌어오려고 노력하지만, 그들 중에 해외 직접투자를 많이 끌어온 나라는 거의 없다는 역설에 직면하게 된다. 많은 나라들이 해외 직접투자를 유치하기 위해 경제 및 정부 정책에서 커다란 그리고 비용이 많이 드는 변화들을 추진하지만, 그렇게 해서 실제로 해외 직접투자를 많이 유치한 나라는 거의 없다.

해외 직접투자가 최근 몇 년 동안 증가하면서 제3세계로 가는 비율이 상당히 증가하였다. 그러나 경제개발협력기구 나라들이 여전히 해외 직접투자의 가장 큰 몫을 차지하고 있다. 즉 1981~90년에 해외 직접투자의 80%가 선진 독점자본주의로 갔다. 또 1990~95년에는 50% 조금 넘게 그러했다(유엔무역개발위원회[UNCTAD], 1994a). 더구나 개발도상국으로의 유입은 소수의 나라에 고도로 집중되어 있다. 즉 10개의 나라에서 1980~90년에 투자의 70%가 이루어졌다(OECD, 1995). 뿐만 아니라 이러한 추세는 90년대에도 지속되었다. 그래서 이러한 소수의 나라를 제외한 많은 개발도상국들, 실제로 대다수가 국제적인 자본 흐름으로부터 단절되어 있다.

자본 유입에 대한 장애물들을 제거하는 것과 더불어, 정부들은 다양한 투자 유인책(인센티브)으로써 해외 직접투자를 유인하려고 시도하고 있다. 그러나 투자 유인책들이 직접투자를 유치하는 데 별로 효과가 없는 것으로 드러나고 있다. 투자 유인책이 아니라 오히려 시장 규모가 직접 투자 유입에 지배적인 영향을 미치고 있음이 경험적 연구들에 의해 확인되고 있다(루트와 아메드, 1978; 림, 1983; 오슬리반, 1985; 레크로, 1991; 유엔 초국적기업 센터[UNCTC], 1991·1992·1993).

이렇게 시장 규모가 투자유치의 주된 영향 요인으로 부각되는 것은 해외 직접투자가 선진국으로 집중되고 있는 현상을 반영하는 것인지도 모른다. 또한 시장 규모는 산업 기반(인프라스트럭처), 금융 구조 및 법률적 환경 등과 같은 투자환경을 개선시키는 기타 요인들과 상호연관되어 있는 것 같다(UNCTC, 1993).

이 연구문헌의 대부분은 조세 인센티브의 유효성에 초점을 맞추어 분석하고 있다. 조세 인센티브가 일반적으로 보급되었다는 사실은 두말 할 필요가 없다. 그런데 그러한 보급에도 불구하고, 그리고 아마도 그러한 보급 때문에 조세 면제는 직접투자를 유인하지 못하는 것 같다. 더구나 자본이 들어온다고 하더라도 그것이 국내 경제에 별반 보탬이 되지 않을 것 같다. 단순히 자본을 도입하는 것만으로는 충분하지 않기 때문이다.

해외 직접투자가 경제발전에 기여하려면, 해외 직접투자가 전반적인 발전전략이나 산업정책의 테두리 내에서 적합해야 한다. 그런데 신자유주의적 힘들은 산업정책을 자유시장 자유주의와 일치하지 않는 것으로 간주하고 금지시키려 하고 있다. 이 점을 연구문헌은 강조하고 있다(두닝, 1994). 예컨대 최근에 남미로 들어온 자본은 별로 유익한 종류가 아닐지도 모른다. 1980년대에 남미로 들어온 "자본 유입"의 지배적 형태는 실물 자본으로 새롭게 투자된 것이 아니라 기존의 부채를 주식으로 전환하는 것이었다(UNCTAD, 1994b).

해외 직접투자를 유치하기 위한 정책들이, 원하는 효과를 가져올지 여부를 판단하기에는 아직 너무 이르다. 하지만 그 실효성을 의심케 하는 몇 가지 근거들이 있다. 한 가지는 자유화 그 자체와 그에 따른 투자협정들이 민족경제가 해외 직접투자를 자신에 가장 유리하게 활용하는 것을 보다 어렵게 만들고 있다는 것이다. 즉 자유화와 그에 따른 투자협정들은 선별심사 및 우선 인(허)가 절차, 공동 소유 요건, 그리고 이윤 송금에

대한 제한 등을 금지하고 있다. 그리고 이러한 변화들은 외국기업들에
대한 내국인 대우(국내 기업들에 유리하게 적용되는 차별적 관행들을 금
지하는)의 확대와 함께, 과거 해외 직접투자를 가로막은 주요한 정책 장
애물들을 제거한 것으로 간주되고 있다(UNCTAD, 1992a·1992b·1994).

요컨대, 자유화만 하면 원하는 모든 것들이 쉽게 이루어질 것처럼 선
전되지만 실제로는 그렇지 않다. 자본 이동은 나라들을 서로 맞붙어 싸
우게 하여 출혈적인 양보들을 쥐어 짜내는 경쟁적 입찰과정을 만들어 내
고 있다. 그리고 이 과정에서 재정의 안정성과 공공 서비스의 질을 크게
손상시키고 있다. 직접투자를 보다 잘 유치하려면 자유화하는 것이 중요
하다고 강조하면서도, 실제로는 해외 직접투자의 대부분이 그들의 요구
대로 자유화한 제3세계로 가지 않고 가장 발전된 선진국들로 계속 들어
가고 있다.

끝으로 해외 직접투자를 유치할 수 있게 될 때에도, 그것은 점차 터무
니없이 무리한 대가를 요구하고 있다.

정책을 위한 하나의 이론틀

신자유주의 체제는 세 측면에서 특징을 갖는다. 이 특징들은 ① 불충
분한 총수요, ② 자본 이동을 촉진하고 자본에 대한 국가적·지역적 경쟁
을 고무시키는 제도와 규정들, ③ 기업간의 협력적인 경쟁보다는 강제적
인 경쟁의 증진 등이다. 그리고 이러한 세 측면의 특징들로 인해 신자유
주의 체제 하에서는 기업의 교섭력이 노동자, 공동체 그리고 국가 등에
비해 상대적으로 상당히 커지게 된다. 그리고 이러한 교섭력의 변화를
통해서 다국적 기업과 그것의 해외 직접투자는 임금 불평등, 임금 정체
및 실업에 대해 부정적인 영향을 미치고 있는 것 같다. 이것이 지금까지
우리가 주장해 온 바이다.

이렇게 기업의 교섭력이 강화된 환경에서는 국제 투자 조정 문제는 당
연히 하나의 역설에 이르게 된다. 즉 다국적 기업은 수요, 인프라스트럭

처 및 인적 자본(human capital) 등에서 수준이 높은 쪽으로 유인된다. 반면에 국가와 공동체는 조세 수입을 인하하고 국가를 약화시키는 "밑바닥을 향한 경주"(race to the bottom)에 참여하도록 강요된다.* 따라서 다국적 기업을 유인하기 위해 요구되는 특성들을 더욱 증진시킬 수 없게 되고 있다. 그렇다면 신자유주의 체제가 확산됨에 따라 다국적 기업과 그것의 해외 직접투자가 미치는 점증하는 부정적 영향을 뒤집기 위해서 무엇을 할 수 있을까?

자본 이동이 기술 변화 및 자유무역과 뗄 수 없이 연계되어 있고, 또 자본 이동이 위험을 초래할 수 있다는 것을 많은 학자들과 정책 입안자들은 인식하고 있다. 그러면서도 그들은 기업이 이동하는 것에 대해 심각한 제약을 가하는 것을 꺼려하고 있다.6) 대신에 라이히(Reich, 1992)와 우드(Wood, 1994)는 해외 직접투자를 유치하기 위해 보다 많은 숙련 훈련 및 산업 기반 투자를 요구하고 있다.

그러나 자유화, 민영화 등으로 민간경제 주도로 경제가 운용되고 있는 나라들에서 이러한 제안이 그들 나라의 경제적·정치적 구조를 심각하게 변화시키지 않고 추구할 수 있는 길인지에 대해서는 매우 의심스럽다. "꼭대기를 향한 등반"(climb to the top)은 산업 기반 및 교육에 대한 지출을 필요로 한다.* 그리고 기업으로 하여금 나중에 돌아올 장기 수익을

---

* 밑바닥을 향한 경주(race to the bottom): 다국적·기업과 해외 직접투자가 한 나라나 지역의 경제발전에 미치는 영향에 관한 어떤 견해에 대해 상징적으로 붙인 명칭이다. 이 견해는 해외 직접투자의 영향을 부정적으로 평가한다. 즉 자본은 자본 철수를 무기로 위협하여 조세, 임금, 제반 규제 등에서 양보를 요구하면서 노동자, 공동체, 국가 등을 서로 경쟁시킨다는 것이다. 그 결과 자본 이동성의 증대는 자본에 이익을 주는 반면에 노동자와 공동체에는 손해를 입힌다고 보는 견해이다. 역주

6) 다국적 기업의 행위를 통제하기 위한 다양한 선택에 관한 훌륭한 논의를 위해서는 미키와 그리브 스미스(Michie and Grieve Smith), 1995와 특히 코쥴-라이트(Kozul-Wright)의 논문을 참조하시오. 또 이러한 주제들에 대한 토의를 위해서는 바네트와 카바나그(Barnet and cavanagh)를 보시오.

* 꼭대기를 향한 등반(climb to the top): 다국적 기업과 해외 직접투자의 영향에 대해 "밑바닥을 향한 경주"와 정반대로 긍정적으로 평가하는 견해에 대해 상징적으로 붙인 명칭이다. 다국적 기업은 저임금이나 낮은 조세가 아니라, 고도로 교육된

위해 그러한 산업 기반 및 교육지출 비용을 기꺼이 치를 의무를 지역에 대해 질 것을 요구한다.

국제적인 조세 경쟁이 치열하고 자본 이동에 제한이 없는 현실 세계는 이러한 "꼭대기를 향한 등반"과 같은 발전 가능성을 배제할 것이다. "밑바닥을 향한 경주"를 하는 경우라면 '앞선 자의 이득'(first-mover advantage)을 누리는 부분이 있을 것이다.* 그러나 그렇게 해서 해외 직접투자를 유치한 경우에도 정부는 산업 기반 및 교육에 지출하는 데 필요한 재원을 마련하기 위해 충분하게 과세할 수가 없을 것이다. 따라서 필연적으로 다른 대안을 찾게 될 것이다.

노동자, 공동체 그리고 국가의 상대적인 교섭력을 회복시키고, 그래서 그 힘으로 "밑바닥을 향한 경주"로의 길을 차단하면서 국제 투자조정 문제를 "꼭대기를 향한 등반"이 실현되게 만드는 문제(해외 직접투자를 유치하기 위해 조세감면 등 출혈적 경쟁을 벌임으로써 지방재정의 막대한 손실을 보지 않고 오히려 해외 직접투자 유치를 통해 지역의 산업 기반 및 교육 투자 등에 필요한 재원을 확보하는 문제를 말한다: 역주)로 바꾸어 낼 수 있는 그러한 정책은 없는가?

우리는 정부나 정치운동체가 아니기 때문에 우리가 정책에 대한 청사진을 제시하는 것은 의미가 없다. 그 대신에 이 글에서 논의해 온 문제들의 분석에서 얻어진 것을 토대로 다국적 기업 및 해외 직접투자에 관한 정책을 구상하기 위한 하나의 이론틀을 제안하고자 한다. 이 이론틀에서는 세 가지의 중심 문제들이 확인되었다. 즉 ① 불충분한 총수요, ② 파괴적인 관행과 규정들, ③ 강제적인 경쟁 등이 그것이다. 이러한 세 가지

노동자, 훌륭한 인프라스트럭처, 높은 수준의 수요 등에 의해 유인된다고 본다. 그래서 해외 직접투자를 유치하기 위한 지역간 혹은 국가간 경쟁이 잘 교육된 노동자, 양질의 인프라스트럭처를 갖추게 만든다고 보는 견해이다. 역주

* 앞선 자의 이득(first-mover advantage)이란 먼저 시작하는 경우에 선택권, 기득권 등 많은 이득과 혜택을 차지하게 되는 현상을 경제학적으로 부르는 용어이다. 여기에서는 어떤 유인책을 남보다 먼저 제공한 나라가 투자를 유치하게 된다는 의미이다. 역주

중심 문제들에 역점을 두어 구사할 수 있는 정책과 제도들을 중심으로 정책 사례들을 제시하고자 한다. 투자가 이루어지는 전반적인 맥락이 해외 직접투자의 영향을 규정짓는 핵심적인 결정 요소이다. 따라서 해법에 있어서도 이러한 전반적인 맥락에서의 변화를 중심으로 제시하고자 한다.

이를 위해서는 먼저 이 문제와 관련된 행위주체들뿐 아니라 정책 수행의 수준 간에도 역시 구분이 이루어져야 한다. 첫째로, 정책 수행의 지방적, 국가적, 지역적(북미지역, 유럽, 동남아시아 등과 같이 몇 개의 국가로 이루어지는 권역을 말한다: 역주) 및 국제적 수준을 구분할 수 있다. 둘째로, 정부 주도 정책들과 노동자 혹은 시민 주도 행동들을 구분할 수 있다.

행위주체를 구분할 때는 어려운 문제들이 있다. 정부와 자본 간의 교섭력을 변경시키기 위해 정책을 고안하려고 노력할 때 부딪히는 문제는 많은 경우에 자본이 정부라는 점이다.(정부가 자본의 이해를 대변한다, 자본의 뜻대로 움직인다는 것을 의미한다. 즉 자본과 정부는 총자본으로서 그 이해관계가 일치하기 때문에 자본에 대한 정부의 교섭력을 높인다는 것이 현실적으로 제한적이다. 그들 간에 차이가 있다면 민간자본과 관료 간에 누가 주도권을 갖는가 정도가 있을 뿐이다: 역주) 또 일부 정책을 고안하고 수행하는 경우에 가장 큰 어려움은 정부 정책을 결정하는데 있어 시민들이 발휘할 수 있는 힘이 상대적으로 부족하다는 점이다.

불충분한 총수요

우리의 분석이 옳다면, 총수요의 수준을 높이고 그에 따라 공급초과로부터 수요초과로 노동시장을 복구시킨다면 해외 직접투자의 부정적 영향이 크게 감소될 것이다. 수요팽창적인 정책과 제도들은 국제적, 지역적 혹은 국가적 수준에서 모두 수립될 수 있다. 오늘날과 같이 거대하고 투기적이며 단기적인 자본 이동의 시기에는 이러한 수준들의 일부 혹은 전부에서 자본 이동을 재규제하는 정책이 필요할 것이다(크로티와 에프스타인, 1996).

그러나 어떤 국가 차원 혹은 세계 차원에서 케인즈적 수요팽창 정책이 시작될 경우에도 그것은 공급측면 정책들과 새로운 자본-노동 협약 및 지켜질 수 있는 사회적 계약들에 의해 보충되어야만 할 것이다. 더구나 개발도상국에 존재하는 거대한 과잉 노동인구로 인해, 팽창적인 케인즈적 정책은 전 세계에 걸쳐 노동비용을 평준화시키지는 못할 것이다. 따라서 세계적 경쟁이 임금, 조세 및 노동조건에 대해 가하게 되는 저하 압박을 완전하게 제거하지는 못할 것이다.

제도, 규정 및 규범들

1) 국가 주도의 변화들

그래서 해외 직접투자가 임금, 조세 및 노동조건에 부정적 영향을 미치지 못하게 하려면 "밑바닥을 향한 경주"를 위한 유인책들을 감축하기 위해 국제 투자를 운용하는 규범과 규정들을 개선하는 것이 필수적이다. 이것이 우리 분석의 두번째 함의이다. 해외 직접투자를 운용하는 국내 및 국제 규정들을 개선시키기 위해 국가와 시민들이 취할 수 있는 행동들이 많이 있다.

첫째로, 해외 직접투자를 통제하는 법률들을 자유화시키기 위해 국제기구 혹은 선진 독점자본주의 나라들이 앞장서 만들었던 국제협정들을 일시 정지시켜야 한다. 여기에는 경제협력개발기구(OECD), 세계무역기구(WTO), 아시아-태평양 경제협력기구(APEC) 등에 의해 체결된 협정들도 포함된다. 이러한 일시 정지는 해외 직접투자를 운용하는 일련의 규정들이 실효성 있게 제자리를 잡을 때까지 그대로 유지되어야 한다. 그러한 규정의 일례로는 비생산적인 조세 경쟁을 금지하는 국제협정을 세계무역기구와 같은 국제기구에 의해 이행되고 강제될 수 있게 하는 것을 들 수 있다. 일부 국제기구들은 이러한 선상에서 임의의 협정들을 조사하고 있다(UNCTAD, 1995). 그러한 협정들은 지역적·국가적 수준에서도 마찬가지로 이행되어야 할 것이다.

둘째로, 세계은행 및 국제통화기금(IMF)과 같은 국제기구들은 개발도 상국과 과도기적인 나라들(러시아, 동유럽 나라들과 같이 기존의 사회주의 체제에서 새롭게 자본주의 체제로 전환하는 과도기에 있는 나라들을 말한다: 역주)에게 신용대부의 조건으로서 그들의 경제를 해외 직접투자에 개방하도록 압력을 가하는 것을 중단해야 한다. 그렇게 함으로써 낭비적 경쟁을 없애야 할 것이다.

2) 시민 주도의 변화들: 국제적 노동기준과 기업 행동규약

국제협정의 문제보다 더 논란이 되고 있는 것은 국제 노동기준을 이행하는 정책들이다. 예를 들어 노예노동을 금지하는 것 같은 일부 기준들은 광범위한 지지를 받고 있다. 반면에, 예컨대 사회적 세금(social tariffs)(일정한 기준을 설정하고 그것을 위반한 경우에 벌과금의 성격을 띠는 세금을 부과함으로써 기준 준수를 강제한다는 것이다: 역주)의 부과를 통해 국제적으로 임금 및 노동조건을 강제하는 것은 훨씬 더 논란거리가 되고 있다(이 주제에 대한 연구조사를 위해서는 미키와 윌킨슨, 1995; 크루거, 1996을 보시오. 사회적 세금에 대해서는 슐렌버그와 디마르티노, 1995와 도르만, 1992를 보시오).

국제적 노동기준들에 대한 지지자들은 그 기준들이 임금 및 노동조건에 대해 파괴적으로 작용하는 국제 입찰을 감소시킬 것이라고 주장한다. 반면에 이에 대한 비판자들은 임금 및 노동조건 기준은 세계의 가장 부유한 노동자들의 주머니를 더욱 채워 주기 위해 가장 가난한 노동자들을 부당하게 궁지에 몰아 넣는다고 주장한다. 이러한 비판자들에 따르면, 노동기준은 제국주의의 한 형식이라는 것이다.

이 문제에 대한 한 가지 해결책은 가난한 나라와 부유한 나라 양쪽으로부터 노동자들과 그 대표들이 함께 모여서 그들이 원하는 대로 기준을 결정할 수 있는 그러한 틀을 창출하는 것이다. 현재 대부분의 논쟁은 경제학자들과 정책 입안자들에 의해 진행되고 있다. 선진 독점자본주의와

제3세계에서 그 정책에 의해 가장 영향을 받고 있는 사람들의 직접적인 대표자는 거의 없다. 이러한 방향에서의 노력들이 벌써 이루어지고 있다(예컨대 카바나그 외, 1996을 보시오). 이 그룹들은 또한 다국적 기업의 행동규약에 대한 기준에 관해서도 논의하고 있다.

그리고 확대되어야 할 "시민 주도의 국제 조정"의 또 다른 사례도 있다. 그 생산과정이 얼마나 친노동자적이고 친환경적인가를 표시하기 위해 생산품들을 분류하려고 하는 주도적 움직임이 그것이다.

'강제적인 경쟁' 의 통제

강제적인 경쟁을 감소시키기 위한 가장 중요한 국가 정책은 기업들이 노동자와 공동체에 재구조화의 과도한 부담을 떠넘기지 못하도록 하는 법률 및 기타 제도들을 보강하는 것이다. 구체적으로 몇 가지를 말하면, 노동조합을 강화하고 교섭력의 균형을 되찾고, 사회-임금 혹은 사회적 안전망(social safety net)(최저한의 생활을 보장하는 사회복지계획을 말한다: 역주)을 재구축하고 기업을 통할하는 데 노동자와 공동체가 영향력을 발휘할 수 있게 하는 그러한 정책들이 요구된다.

만약 팽창적인 총수요 정책, 국제적인 조세 경쟁 협정, 새로운 투자협정의 일시 정지, 아래로부터 협상된 국제적인 노동 및 환경기준과 기업 행동규약을 수립하려는 운동, 사회적 안전망의 개선과 입법화 등의 조치가 이루어진다면, 강제적인 경쟁을 통제하기 위한 추가적 조치는 요구되지 않을 것이다. 그러나 만약 그러한 통제 조치가 요구된다면, 중기(中期)에 걸쳐 수입 증가율을 제한하는 정책이 필요할 것이다. 이것은 구조적 변화의 속도를 완화시키고 기업과 공동체가 상호 조정할 수 있도록 해 주기 위해 필요한 것이다. 마찬가지로, 국경을 넘나드는 금융자본 및 실물자본의 이동에 대한 통제도 필요할 것이다.

결론

이 글의 서두에서 제기했던 중심 질문을 다시 제기하면서 마무리하고 자 한다. 즉 "세계화와 진보적 정책: 실제적인 제약은 무엇인가? 실제적 인 대안은 무엇인가?"

신자유주의 체제 하에서 자본 이동의 증가는 노동자, 공동체 그리고 국가에 대해 심각한 제약들을 부과하고 있다. 그러나 이러한 제약들을 기술 변화의 불가피한 결과로서 혹은 돌이킬 수 없는 불가항력으로서 바라보는 "세계화 명제"나 신고전파 경제학의 극단적 해석에 우리는 동의 하지 않는다. 반대로, 해외 직접투자의 영향은 그것이 이루어지는 국내 적·국제적 맥락에 따라 결정적으로 좌우된다는 것이 우리의 주장이다. 거시경제 정책과 해외 직접투자 및 다국적 기업을 운용하는 규정들의 국 내적 그리고/혹은 국제적 구조가 다르면 매우 다른 결과들을 가져온다. 그리고 다른 체제가 가능하다. 실제로 그러한 대안적 체제의 요소들이 신자유주의 체제 내부에 존재하고 있다.

그렇다면 진보적 정책 대안은 현실적으로 존재하는가? 총수요를 확대 하고, 경쟁의 파괴적 영향을 감소시키며, 그리고 보다 더 친노동자적인 일련의 국내적·국제적 제도들을 창출하는 정책을 놓고 세계 도처에서 연 구되고 있고 논의가 이루어지고 있다.

그래서 신자유주의 체제 하에서 자본의 이동이 부과하는 국제적인 제 약이 증가함에도 불구하고, 비관주의는 시대적 풍조가 아니다. 그러나 신자유주의 체제의 힘들이 진보에 부과한 강력한 제약들을 우리가 이해 할 때까지 우리는 진보할 수 없을 것이다.

참고문헌

Amsden, Alice(1989), *Asia's Next Giant*, Oxford: Oxford University Press.
Barnet, Richard J. and John Cavanagh(1994), *Global Dreams: Imperial*

Corporations and the New World Order, New York: Simon and Schuster.

Blomstrom, Magnus and Ari Kokko(1994), "Home Country Effects of Foreign Direct Investment: Evidence for Sweden," *NBER Paper*, no.4639.

Brewer, Thomas L.(1996), "International investment dispute settlement mechanisms: agreements, institutions and issues," in OECD(1996).

Burke, James(1996), *The Effects of Foreign Direct Investment on Investment, Employment and Wages In the United States*, mimeo, University of Massachusetts, Amherst.

Cavanagh, John, et. al.(1996), "South-North: Citizen Strategies to Transform a Divided World," mimeo, San Francisco: International Forum on Globalization.

Cullenberg, Stephen and George DeMartino(1995), "Economic Integration in an uneven world: an Internationalist Perspective," *International Review of Applied Economics*, vol.9, no.1.

Crotty, James(1993), "Rethinking Marxian Investment Theory: Keynes-Minsky Instability, Competitive Regime Shifts and Coerced Investment," *Review of Radical Political Economics*, vol.25, pp.1-26.

Crotty, James and Gerald Epstein(1996), "Capital Controls For a New Social Contract," *Socialist Register*.

Dorman, Perer, "Social Tariffs," mimeo, 1992.

Dunning, John H.(1994), "Re-evaluating the Benefits of Foreign Direct Investment," *Transnational Corporations*, vol.3, no.1, February, pp.23-51.

Fatouros, A. A.(1996), "Towards and International Agreement on Foreign Direct Investment?," in OECD 1996, pp.47-67.

Glyn, Andrew(1995), "Social Democracy and Full Employment," *New Left Review*, vol.211, pp.33-55.

Howell, David R.(1994), "The Collapse of Low-Skill Male Earnings in the 1990's: Skill Mismatch or Declining Wage Norms?," mimeo.

Kruger, Alan(1996), "Observations on International Labor Standards and Trade," mimeo, Princeton University Press.

Kozul-Wright, Richard(1995), "Transnational Corporations and the Nation State," in Michie and Smith, *Managing the Global Economy*.

Lecraw, Donald J.(1991), "Factors Influencing Foreign Direct Investment by

Transnational Corporations in Host Developing Countries: A Preliminary Report," in Peter J. Buckley and Jeremy Clegg, eds., *Multinational Enterprises in Less Developed Countries*, New York: St. Martin's Press.

Lim, Daniel(1983), "Fiscal Incentives and Direct Foreign Investment in LDCs," *Journal of Development Studies*, vol.19, no,2, January, pp.207-212.

Michie, Jonathan and John Grieve Smith. eds.(1995), *Managing the Global Economy*, Oxford: Oxford University Press.

Mishel, Lawrence and Jared Bernstein(1994), "Is the Technology Black Box Empty?: An Empirical Examination of the Impact of Technology on Wage Inequality," mimeo, Economic Policy Institute, April, 1994.

Nembhard, Jessica Gordon(1996), *Capital Control, Financial Regulation and Industrial Policy in South Korea and Brazil*, Westport. Ct: Praeger Publishers.

OECD(1995a), *Economic Outlook*, Paris: OECD.

______(1995b), *Foreign Direct Investment in OECD Countries and Dynamic Economies of Latin America and Asia*, Paris: OECD.

______(1996), *Towards Multilateral Investment Rules: OECD Documents*, Paris: OECD.

O'Sullivan, Patrick(1985), "Determinants and Impact of Private Foreign Direct Investment in Host Countries," *Management International Review*, vol.25, no.4, pp.28-35.

Reich, Robert(1992), *The Work of Nations: Preparing Ourselves for 21st Century Capitalism*, New York: Vintage Books.

Root, Franklin R. and Ahmed A. Ahmed(1978), "The Influence of Policy Instruments on Manufacturing Direct Foreign Investment in Developing Countries," *Journal of International Business Studies*, vol.9, Winter, pp.81-94.

United Nations Centre on Transnational Corporations(1991), *Government Policies and Foreign Direct Investment*, ST/CTC/SER.A. 17, New York: United Nations, November.

______(1992), *The Determinants of Foreign Direct Investment: A Survey of the Evidence*, ST/CTC/12. New York: United Nations.

______(1993), *Explaining and Forecasting Regional Flows of Foreign Direct Investment*, ST/CTC/Ser.A. 26, New York: United Nations.

United Nations Conference on Trade and Development, Division on Transnational Corporations and Investment(1992a), *World Investment Report, 1992: Transnational Corporations as Engines of Growth*, New York: United Nations.

__________(1992b), *World Investment Report 1992: vol. I, Asia and the Pacific*.

__________(1994), *World Investment Report, 1994: Transnational Corporations, Employment and the Workplace*, New York: United Nations.

__________(1994b), *World Investment Report, 1994: vol. IV, Latin America and the Caribbean*, New York: United Nations.

__________(1995), *World Investment Report, 1995: Transnational Corporations and Competitiveness*, New York: United Nations.

Wood, Adrian(1994), *North-South Trade, Employment and Inequality: Changing Fortunes in a Skill-Driven World*, Oxford: Clarendon Press.

6

아시아의 호랑이들을 덮친 금융 태풍[*]

좌초하는 동아시아형 성장 모델

프레데릭 F. 끌레르몽(Frédéric F. Clairmont)[**]

[《르 몽드 디쁠로마띠끄》 편집자 주: 석달 전, 갑작스럽게 불어닥친 외환·증권 시장의 공황으로 태국은 사회적·경제적으로 격심한 위기에 처했다. 그리고 위기에 처한 태국을 구조하기 위해 국제통화기금(IMF)은 170억 달러(정확하게는 172억 달러: 역주)를 급하게 동원했다. 하지만 국제통화기금의 이러한 구제금융 조치도 태국 증권시장에 밀어닥친 공황이 동남아시아 지역 금융산업 전체로 퍼져나가 거대한 금융공황으로 확산되는 것을 제어하지는 못하고 있다.

박식한 체하는 사람들이 확신에 찬 목소리로 '동남아시아 국가연합'(ASEAN) 나라들의 경제성장 모델이야말로 아프리카 나라들이 본받아야 할 모범이라고 떠들어대고 있는 시기에 이들 나라에서는 단 몇 주일 동안의 경제위기에서 어마어마한 거액의 자금이 공중으로 날아가 버리고 있다. 그리고 투자자들은 막대한 액수의 부채(외채) 계산서만 남겨두고 일제히 이 지역에서 도망치고 있다.

이러한 사실들은 사회·경제의 발전보다는 이윤을 쫓아 투기(외환이건

---

* 이 글은 《르 몽드 디쁠로마띠끄》 1997년 10월호에서 번역·전재한 것이다.
** 경제평론가.

증권이건)를 하는 데 관심을 갖고 그것에 몰두하는 사적 자본의 경박성을 극명하게 보여주고 있다.]

동남 아시아는 최근 30여 년 동안 지구촌 안에서 경제적으로 가장 잘 나가는 지역 가운데 하나였다. 그리고 미 국무성을 비롯하여 세계은행(IBRD)으로부터 국제통화기금(IMF)에 이르기까지 국제경제 관계자들 모두가 이 나라들의 이같은 훌륭한 경제성장 성적을 존경하는 눈초리로 높이 우러러보고 있었다.

사람들은 곧잘 세계 경제의 움직임을 동물들의 싸움으로 비유하고는, 이들 나라에 대해 동물 우화책 속에 나오는 호랑이나 용처럼 다른 동물을 잡아먹고 사는 맹수에 빗대어 부르곤 했다. "네 마리의 용"이니 "아시아의 호랑이"니 하는 말들이 그것이다. 그러나 최근 들어 아시아 지역의 근래의 역사상 가장 심각한 금융대란 및 경제대란이 발발하면서 이 호랑이들의 발톱이 뽑혀 나가고 있다. 이 금융위기, 경제위기의 파도는 또 일본을 포함한 아시아 대륙 전역으로 급속히 퍼져 나가고 있다.

무엇보다 먼저 지적하고 싶은 점은 저마다 자신이 이룩했다고 자화자찬하는 이른바 "경제 기적"이라는 것 속에 참으로 '기적적'인 것이라고는 전혀 없다는 사실이다. 이들 나라에서 사업을 하고 있는 국내 자본가 및 외국 자본가들은 수출을 촉진함으로써 부단히 자신들의 시장 몫을 키워 왔다. 이러한 시장 몫의 팽창은 여러 요인들이 복합적으로 작용한 결과였다. 즉 풍부한 노동력, 저렴한 제품 가격(노동자에 대한 초과·착취에 힘입은), 경제에 대한 국가의 체계적인 개입, 보편화된 정부 보조금, 민주적인 정치·사회 제도들에 대한 묵살, 정치의 부패—그것도 국가의 최고 위층도 이 악폐에서 전혀 벗어나 있지 않은 그야말로 정치권의 전면적인 부패, 그리고 노동조합의 저항적 활동을 일체 금지하는 엄혹한 탄압 등이 이른바 "경제 기적"의 주요한 요인들인 것이다.

이러한 사례의 전형이 인도네시아인데, 이 나라는 1965년에 좌익분자 50만 명을 학살한 덕분에 권좌에 오른 한 독재자(수하르토: 역주)에 의하여 30년 이상 통치되고 있다. 이 인도네시아의 예는 단지 다른 나라들의 경우보다 그 정도가 한결 심하다는 점에 차이가 있을 뿐 예외적인 사례가 결코 아니다.

초국적 기업들의 비약적인 발전과 더불어 이 나라들의 경제는 세계경제 체제에 점점 더 깊숙이 얽혀 들어갔다. 그리고 1960년에서 1996년 사이에 이 대륙의 경제는 사상 유례없이 폭발적인 성장의 시기를 경험했다.

물론 나라별로 차이가 없었던 것은 아니다. 예를 들어 홍콩과 싱가포르의 1인당 국민소득은 일약 캐나다의 1인당 국민소득을 추월했다.(반면 여타의 나라들은 여전히 저소득 국가이다: 역주) 중국은 다른 산업화한 나라들이 피곤에 지친 기색을 드러내는 시기에 부국으로의 힘찬 진군을 계속하고 있다.

동아시아 나라들의 이러한 성공이 매우 이례적이라는 사실은 여러 면에서 찾아볼 수 있다. 그러나 이러한 사실은 무엇보다도 특히 북반구의 가장 발전된 나라들의 국제수지와 앞에서 열거한 동남아시아 몇몇 나라들의 국제수지를 비교해 볼 경우 아주 선명하게 드러난다.

이 나라들은 모두 수년 동안 이례적으로 높은 국제수지 흑자를 누적하고 있다. 중국은 이 지점에서도 매우 괄목할 만하다. 중국의 외환 보유고는 홍콩의 외환 보유고를 합쳐 계산할 경우 2,200억 달러를 넘는다.(이 가운데 홍콩이 보유하고 있는 것이 약 800억 달러이다: 역주) 그리고 이 금액은 어느 한 나라의 외환 보유고로서는 세계적으로 단연 최대의 규모이다.

한편 이들 나라에서는 재화와 서비스 생산 중에서 수출이 차지하는 비중이 계속 증대하고 있는데, 국민경제에 대해 수출이 차지하는 비중의 이같은 증대는 홍콩과 싱가포르의 경우가 특히 현저하다. 즉 국민총생산(GNP)에 대한 수출의 비중은 홍콩의 경우 139%에 달하고 있으며, 싱가포르는 179%에 이르고 있다(아래의 <표> 참조).

장기 호황이라는 '환상'

수출 기관차의 마력(馬力) 수가 이렇게 지속적으로 높아져 왔음에도 불구하고 이 나라들의 수출은 중대한 취약점을 안고 있다.

즉 이들 나라의 수출은 미국, 일본, 유럽연합(EU)이라는 세계 3대 시장에 크게 의존하고 있는 것이다. 그런데 주지하다시피 유럽연합의 경제 사정은 최근 들어 부진을 면하지 못하고 있으며, 이에 따라 북반구 나라들(선진 독점자본주의 나라들이 주로 북반구에 위치하고 있는 것을 이유로 남쪽의 제3세계에 대비시켜서 하는 표현이다: 역주) 가운데 일부에서는 아시아 나라들의 생산물이 자국 시장을 잠식해 들어오는 데 대하여 강한 반발을 보이고 있다. 그래서 동남아시아 나라들의 수출 신장은 날이 갈수록 더욱 어두워지고 있다.

<표> 수출과 연계된 경제성장

	국민총생산 (%는 연간성장률, 불변가격 기준)				수출(재화와 서비스) (국민총생산에 대한 비율)			
	1960~70	1970~80	1980~90	1990~96	1970	1980	1990	1994
선진국	5.1	3.1	3.0	1.8	14	20	19	18
개발도상국	6.0	5.7	3.7	4.5	13	26	27	30
중국	6.1	5.5	9.8	11.8	3	10	19	24
한국	8.9	10.1	9.4	7.1	14	34	30	36
홍콩	13.7	9.1	6.9	5.4	93	89	135	139
인도네시아	5.2	7.8	5.2	7.2	13	33	27	25
말레이시아	5.9	7.9	5.3	8.7	42	57	77	90
필리핀	5.2	6.0	1.0	2.7	22	24	28	34
싱가포르	9.4	8.3	6.4	8.2	101	207	185	179
대만	9.9	9.4	6.3	6.2	30	53	48	44
태국	8.3	7.1	7.6	8.0	15	24	34	39

한편 앞에서 이야기했듯이 동남아시아 나라들에서는 금융 돌풍이 불어닥쳤는데, 이로 인해 이들 나라의 금융 사정은 이미 매우 불안정한 모습을 보이고 있다. 그런데 세계 주식시장은 현재 비교적 양호한 상태를 유지하고 있지만 이러한 상태는 무한정 지속될 수 없으며, 따라서 세계

주식시장의 상태가 반전되어 다소라도 나빠지게 되면(주식시장의 상태가 나빠지면 돈이 채권 구입으로 옮겨 가거나, 금을 사거나, 부동산 투자로 흘러 들어가거나, 금고에 잠겨 있게 됨으로써 증권시장 및 금융시장에 자금이 잘 돌지 않는다: 역주) 이들 나라의 금융 사정은 더욱 악화될 수밖에 없을 것이다. 한 마디로 전망이 매우 어두운 것이다.

태국은 지난 7월 2일 자국 화폐인 바트화를 평가절하했다. 이러한 조치에도 불구하고 금융시장을 안정시키는 효과가 거두어질 가능성이 매우 불투명한 상황에서, 상황에 떠밀려 그렇게 했다. 그리고 태국 주식시장을 뒤흔든 이 소동은 이 지역 다른 나라들의 주식시장으로 매우 빠르게 파급되고 있다.

그러면 왜 하필 태국에서 이런 소동이 빚어졌는가? 몇 달 전부터 국제 금융 투기꾼들은 이 나라를 표적으로 삼기로 작정했었다. 이 투기꾼들은 이 나라 외환 수지가 바닥이 나는 것을 보고 상황이 위태롭다는 것(투기의 기회라는 것: 역주)을 감지했으며, 이와 더불어 이 나라 정치권이 극히 무능하다는 것을 간파했기 때문이다.

그래서 외환시장 붕괴를 저지하고 투기의 엄습을 종식시키겠다는 희망을 가지고 태국의 중앙은행이 수백 만 달러를 환율 안정을 위해 투입했지만 결국 아무런 소용이 없었던 것이다.*

한편 필리핀에서는 정부 당국이 페소화 시세를 유동화하는 것을 감내해야만 했는데(종래에는 고정환율제를 채택하고 있었는데 이번 금융공황의 외중에서 더 이상 버티지 못하고 변동환율제로 후퇴했다: 역주) 이런 조치가 있기에 앞서 이자율이 무려 39%에 달하도록 폭등했었다.(페

---

* 1997년 7월 태국의 바트화는 환율이 유동화된 이래 미국 달러화에 대한 가치가 40~50%나 떨어졌다. 이렇게 금융공황이 오게 되면 공황을 맞는 나라의 환율은 폭등하고 주가는 폭락한다. 그리고 '정보화' 덕분에 오늘날에는 이러한 양상이 광속도로 전 세계에 파급되어 나간다. 그래서 10월에는 이것이 홍콩으로까지 파급되고 그 여파로 한때는 미국의 월 스트리트에서까지 주가폭락이 일어났다. 한국의 금융공황도 이와 무관하지 않다. 종합금융사들은 동남아시아에 상당액을 투자했다가 부실채권을 안게 되었고, 외화부도 위기를 맞았다: 역주

소화 가치가 떨어질 것을 내다보고 은행에서 페소화를 빌려 달러를 사려고 대거 몰려듦으로써 자금 수요가 폭증하게 되고 이로 인해 이자율이 폭등한 것이다: 역주)

이렇게 되면 일본에서 1980년대 말에 진행되었던 것과 매우 유사한 방식으로 부동산 시장이 무너지게 될 것이다. 이처럼 외국자본들은 아시아 경제의 붐을 실컷 이용해 먹고는 재빠르게 안전하게 투자할 곳을 다른 지역에서(중남미나 동구가 유력하다고 한다: 역주) 물색하고 있다.

성장률, 수출, 국내 저축률, 외환 보유고 등 거시경제 관련 지표들이 양호한 수치를 보여주고 있는 데도 아랑곳하지 않고 동남아시아 나라들의 경제는 경상수지가 불균형을 보이고 있기 때문에, 특히 1990년대 초반부터 그러하기 때문에, 겉보기와 달리 허약하고 깨지기 쉽게 되어 있다. 이러한 취약성이 가장 두드러진 나라가 태국과 말레이시아였다.

태국은 경상수지 적자가 국민총생산(GNP)의 8.2%였고 말레이시아는 7.5%였다. 그런데도 이들 두 나라 모두 이러한 잘못을 바로잡으려는 노력을 기울이지 않아 왔다. 그런 기미조차 없었다.

그래서 이들 나라의 대외 부채는 정부와 민간자본 모두 끊임없이 증가했다. '고도성장의 지속'이라는 "환상"을 쫓고 있었던 것이다. 그러나 '지속적인 번영'이라는 "환상"은 어떤 과학적 근거가 있는 것이 아니었다. 이 "환상"은 단지 그동안 번영이 지속되어 왔다는 사실, 즉 단지 일시적 데에 지나지 않는 경험에 의해 키워지고 북돋아져 왔던 것이다. 그리고 이제 이 "환상"이 깨져 나가고 있다.[*]

---

[*] 이러한 환상은 초국적 자본의 이익을 대변하는 경제학자들에 의하여 부풀려져 왔다. 그러한 경제학자의 대표적 인물 가운데 한 사람이 미 MIT 대학의 돈 부시 교수인데, 그는 동남아 경제의 과감한 대외 개방 및 수출 드라이브 정책이 고도성장을 가져오고 있으며, 이러한 추세는 장기적으로 지속될 것이라고 말해 왔다. 그러나 이번에 동남아시아 경제에 공황이 밀어닥치자 말을 바꾸어 80년대의 7%대 성장에서 향후 5년간 4%대 수준으로 성장이 둔화될 것이라고 수정하고 있다. 그러면서도 여전히 초국적 자본의 대변자답게 "외국인 투자를 견제하는 우스꽝스러운 규제를 없애야 할 것"이라고 말하면서 초국적 자본의 논리를 역설하고 있다. 《서울신문》 97년 7월 16일자, 《중앙일보》 97년 8월 5일자 및 《조선일보》 97년 10월 29일자 참조: 역주

위기가 현실화하고 있다. 그러나 현실화하고 있는 위기가 모든 곳에서 똑같은 모습으로 나타나고 있는 것은 아니다. 예를 들어 해외 자본들은 중국에서는 보따리를 싸서 떠나지 않고 있다. 그리고 홍콩의 경우와 태국의 경우는 사정이 아주 다르다. 홍콩의 금융 사정은 아직은 건강한 상태를 유지하고 있다.(그러나 이곳에도 얼마 되지 않아 위기가 파급되었다. 97년 10월 23일 홍콩의 증권시장은 전장(前場)에서 16.69%가 떨어지는 대폭락을 맞았다. 그래서 지난 1987년 10월 19일 뉴욕 월가 증권시장의 대폭락이 있었던 날을 '블랙 먼데이'[악몽의 월요일]라고 부르는 것에 견주어 이 날을 '블랙 써스데이'[악몽의 목요일]라고 부를 정도이다. 역주)

홍콩은 해외 부채도 없고 외환 보유고는 충분하다. 외환 보유고는 국제 기준에 비추어 오히려 과잉일 정도이다. 그리고 이 외환 보유고를 홍콩 통화당국이 잘 관리하고 있다. 홍콩의 통화당국은 치밀하게 통화관리를 잘 하는 것으로 정평이 나 있다.*

반면에 태국은 국내정치의 내부 폭발(태국의 정정은 항상 불안정하여 어떤 사태가 발생할지 종잡기 어렵다. 금융공황이 발발한 이후 시민·학생들의 투쟁에 의해 11월 6일 차왈릿 용차이웃 총리가 퇴진하고 제1야당인 민주당 당수 추안 릭파이를 총리로 하는 연립정부가 들어 섰다. 그러나 실업자 수가 이미 150만 명에 달했으며, 98년 말에는 300만에 이를 것으로 예상되는 등 정치적 불안요인은 더욱 심화되고 있다. 역주)과 외환 보유고의 고갈에 의해 경제가 무너지기 쉽게 되어 있다.

반면에 홍콩에서는 공업, 농업 등 산업생산 부문이 국민총생산(GNP)

---

* 그럼에도 불구하고 소로스를 비롯한 국제 투기꾼들과의 힘겨루기가 만만치 않은 것으로 알려져 있다. 또 이번 파동에서 홍콩 당국은 투기꾼들의 장난을 차단하기 위해 은행간 초단기 금리를 전 날의 6%에서 22~25%로 250%나 대폭 인상했는데, 이것이 환율에 대한 투자가들의 불안심리를 부추김으로써 외환투기를 막기보다는 오히려 격화시켰다고 이야기되고 있다. 홍콩은 지난 14년 동안 고정환율제를 고수하면서 미화 1달러=7.78홍콩달러라는 안정된 환율을 유지하고 있는데, 외환 투기꾼들은 이것을 무너뜨리고 변동환율제로 만들고 환율도 대폭 떨어뜨리는 것을 겨냥하고 있다. 역주

의 16%를 차지하는 데 불과하며, 산업생산 부문의 경제활동은 그 대부분이 이미 중국의 연안지역으로 이전된 상태이다. 그래서 홍콩은 경제가 산업생산 부문 대신에 금융서비스 부문에 의해 확고하게 지배되고 있다. 그리고 태국과 마찬가지로 홍콩에서도 부동산 투기가 대단히 광범위하게 이루어지고 있어 홍콩의 금융산업 또한 심히 불안정하다. 그리고 주력 산업인 금융산업이 불안정함에 따라 경제 전체가 매우 불안정하다.

북경은 조지 소로스(George Soros)라든가 미국 연금기금 같은 외국인 투자가들의 행태에 대하여 문제제기하는 것을 매우 조심스러워했다.[*]

---

* 조지 소로스는 세계 최대의 그리고 가장 유명한 외환·금융 투기꾼이다. 이 사람은 고도의 사기꾼으로서 투기로 천문학적인 돈을 벌어 그 일부를 '좋은 일'에 쓰면서 자선사업가 행세를 하고 있다. 97년에는 마약 남용의 예방과 마약 환자의 치료 등을 위해 2천5백 만 달러를 기부하기로 약속했는가 하면, 96년에는 가난한 이민자들을 위한 복지향상 기금으로 5천 만 달러를 기부했다. 물론 미국에서이다. 또 97년 10월에는 러시아의 보건향상과 교육기회 확대 및 퇴역군인의 직업훈련을 위해 앞으로 3년간에 걸쳐 5억 달러를 기부할 예정이라는 소문도 슬쩍 흘렸다. "병 주고 약 주는 식"이기도 하고, "개 같이 벌어 정승처럼 쓰는" 모습이기도 하고, 어쨌든 희대의 사기꾼이다. 그러나 제도언론에서 말하고 있듯이 훌륭한 자선사업가이거나 그냥 단순한 사기꾼이라고 보면 큰 착각이다. 이 사람은 헐리우드의 유명한 배우인 실베스터 스텔론 같은 미국 백만장자들의 대리인으로서 약소국의 금융시장과 경제를 공황으로 몰아넣고서 이를 계기로 약소국에 환율 인상 및 이에 따른 물가상승, 금융시장을 비롯한 시장의 개방, 노동시장의 유연화, 정부의 각종 경제규제의 철폐 등을 강요하며 이들 약소국의 민족경제를 와해시키고 민중 생존의 파탄과 초과적인 착취를 위한 조건을 만들어 내는 첨병, 초국적 자본의 첨병이다. 그는 지난 92년 9월에 영국의 파운드화를 공략해서 성공했는가 하면(그래서 유럽에서는 이 시기를 '검은 9월'이라 부르고 있다) 94년에는 멕시코를 공략하여 파탄에 이르게 했고, 97년에는 태국, 말레이시아는 물론이고 홍콩까지도 휩쓸듯이 공략했다.
  참고로 소로스와 같은 투기꾼들이 운영하는 금융 투자기관인 헤지펀드는 전 세계적으로 4,700여 개이고, 운영하는 자금의 규모는 3천 억 달러에 달한다. 그러나 이들이 실제 동원할 수 있는 자금의 규모는 4조 5천 억 달러 상당이라고 한다. 이들의 중심세력과 주도세력은 미국이다. 금융자본의 이러한 투기와 그것이 세계경제를 불안정하게 만들고 있는 것에 관해서 보다 체계적으로 설명하는 것으로는 레스터 써로우(Lester C. Thurow)의 『자본주의의 미래』, 제11장 「경제 불안정」, 고려원을 참조하시오: 역주

말레이시아 수상 마하티르 모하메드(Mahathir Mohamad)는 이들의 행태에 대해 다소 신랄하게 폭로하고 비난했지만 말이다. 그 투기꾼들이 중국에 막대한 자산을 보유하고 있기 때문이다. 그래서 북경 당국은 국제 투기자본과 정면으로 대결하는 것을 피해 왔다. 그 대신에 '홍콩달러'를 불안정하게 만들려는 기도에 대해 그런 기도들이 곧바로 '홍콩달러'를 불안정하게 만드는 반응 효과를 일으키는 것으로 이어지지 못하도록 예방하는 데 주력하고 있다.

한편 중국의 원(元)화는 다른 나라 돈과 태환이 불가능하다. 외환관리를 엄격하게 하고 있는 것이다. 이것을 보면 중국은 태국이든 다른 동남아시아 나라들이건 국제 투기꾼들의 공략에 대항할 수 없을 것이라는 판단을 일찌감치 가지고 있었던 것 같다.

지금 막 밀어닥치고 있는 금융 폭발은 과잉생산이라는 경제 전체적인 조건과 분리해서는 결코 정확하게 이해할 수 없다. 이 대폭발은 또 전 세계적으로 32조 달러에 달하는 부채와도 분리해서 이해할 수 없다.

한편 동남아시아 국가연합 즉 아세안(ASEAN) 나라들의 경제는 금융자본에 의해 지배되고 있는데, 이들 경제는 지구촌을 지배하고 있는 200대 초일류 기업체들의 연장선으로서 움직이고 있다고 할 수 있다.[1]

그래서 이들 나라에서 이루어지는 투자에 관한 주요 결정이나 이러한 투자들과 관계되는 생산에 관한 주요 결정들은 다국적 기업들―이 나라들의 정부나 기업이 아니라―의 이사회에 의해 장악되어 있다. 그리고 이렇게 외국자본에 대한 규제가 철폐되어 그 이동이 자유로워진 국제자본은 아세안 나라들의 통화제도를 지금처럼 완전히 파괴하지 않았던 시기에도 이미 매우 불안정하게 만들고 있었다.

초국적 기업 복합체들의 권력이 어느 정도인지는 일본계 기업체들의 모습을 통해 아주 잘 드러나고 있다. 일본계 기업체들은 15~20개의 산업-은행 복합체들에 의해 거의 전적으로 통제되고 있다. 일본의 해외투

---

1) 「세계를 좌우하는 200대 기업」(Ces 200 sociétés qui contrôlent le monde), ≪르몽드 디쁠로마띠끄≫, 1997년 4월호 참조(본서의 제1부 Ⅲ을 참조하시오: 역주)

자는 종전에는 1차산업 부문(농산물과 원료)에 우선적으로 향해졌는데, 최근 들어서는 공업 부문과 부동산 부문에 우선적으로 관심을 보이고 있다.

동남아시아에 위치하고 있는 일본계 초국적 자본 복합체의 하청 기업체들은 오늘날 제조업 분야에서 온갖 종류의 제품을 생산하고 있으며, 약 100만 명의 노동자를 고용하고 있다. 예컨대 일본의 주요 자동차 기업체들은 이 산업 부문을 거의 전적으로 지배하고 있다. 말레이시아의 유명한 자동차 기업체인 프로톤(Proton)은 일본에서 수입한 부품들에 거의 전적으로 종속되어 있다. 그리고 마쯔시타 계열 기업체인 이 기업체의 활동 하나에 말레이시아 국민총생산의 거의 6%가 의존하고 있는 형편이다.

과잉생산 현상은 전자산업 부문에서 가장 심하게 나타나고 있는데, 특히 반도체 생산 부문에서 두드러지게 나타나고 있다. 이 부문은 그 수요가 세계적으로 활력을 잃고 있을 뿐 아니라 그 가격 또한 계속 떨어져 심각한 타격을 받고 있다. 그래서 반도체 산업은 지난 해에 이미 80% 가량 생산이 저하되었다. 그렇다고 이것이 생산 저하의 마지막 종착점도 아니다.

가격 폭락은 산업 부문 전반에 걸쳐 극히 유해한 영향을 끼쳤다. 하필이면 생산능력이 눈부실 정도로 확장되는 시기에 이러한 가격 폭락이 밀어닥쳤기 때문이다. 이처럼 산업 특히 전자산업에서 가격의 폭락과 생산의 격증이 동시에 나타남으로써 빚어진 충격 효과가 얼마나 엄청난 것인지, 이를 정확하게 이해하기 위해 굳이 많은 설명을 들어봐야 할 필요는 없을 것이다. 그것을 이해하기 위해서는 홍콩, 대만, 태국 세 나라에서는 그 나라 수출의 1/4이 전자산업과 관련된 것이고, 싱가포르에서는 그 나라 수출의 절반이 전자산업과 관련된 것이라는 사실을 알면 충분할 것이다.

폭발하는 모순들

한국의 공업은 세계적으로 몇 번째 가는 강대한(질적으로는 떨어지지만 양적으로는 급속한 중화학공업화를 이룩함으로써: 역주) 공업 중의 하나이다. 하지만 이 나라 공업은 지금 이 나라 역사상 가장 심각한 경제 순환상의 위기를 겪고 있다. 이 나라 은행들의 경우도 마찬가지이다. 주요 기업 복합체 즉 재벌 가운데 세 개가 이미 무너졌다.(세 개만이 아니다. 이미 96년에 우성, 건영 등이 무너졌고, 97년에는 한보, 진로, 대농, 삼미, 한신공영, 해태, 쌍방울 등이 대공황이 시작되기도 전에 잇따라 무너졌다: 역주) 자동차 재벌인 기아가 과연 살아 남을는지는 심히 불투명하다.

그런데 재벌과 특권적 집권세력 사이의 긴밀한 유착관계는 재벌들로 하여금 정부의 공적 증여(조세 감면과 같은: 역주) 또는 아주 값싼 이자율로의 대부라는 형태로 지난 30여 년 동안 수백 억 달러를 챙길 수 있도록 했다. 이러한 대부는 종종 상환할 수 없는 것들이거나 상환할 필요가 없는 것들이었다. 실로 바로 이것이 이 나라를 세계의 쇠깎는 공장으로(멕시코나 동남아시아와 같은 나사 돌리는 조립공장으로부터: 역주) 보다 빠르게 전환시킨 결정적 요인이었다.[2]

그리고 지금은 진실해야 할 시간이다. 더 이상 거짓이 통하지 않는 상황인 것이다.

한국의 재벌들은 이 나라 수출산업의 거의 75% 가까이를 점하고 있는데 지금 빚으로 무너져 내리고 있다. 8개의 주요 은행들은 일본 증후군[*]

---

2) 로랑 까루에(Laurent Carroué)의 「공룡의 습격을 받은 한국의 노동자들」(Les travailleurs coréens a l'assaut du dragon), ≪르 몽드 디쁠로마띠끄≫, 1997년 2월호를 참조하시오.

* 일본의 비정상적인 경영 행태를 그대로 모방하고 있는 것을 빗대어 하는 말이다. 일본에서는 1980년대 말 은행들이 부동산 투기에 거액의 자금을 대부해 주었다가 일본 경제의 거품이 걷히면서 부동산 경기가 폭락하자 거액의 빚에 물리게 되었다. 이 빚들의 많은 부분은 원금을 받아내기가 사실상 불가능한 부실채권들이다.

에 걸려 있다. 부실채권 가운데 매우 위험도가 높은 채권 즉 상환되지 않을 가능성이 농후한 부실채권들이 은행여신의 40% 가까이를 차지하고 있다. 그리고 은행들의 금고 사정은 이미 심한 불안증세를 보이고 있는데, 은행들이 재벌의 빚을 덜어 주기 위하여 어떤 방법으로 손을 쓸 수 있을 것인지 도무지 알 수 없다.

그런데 정권은 부패로 인하여 약화되어 있고 민중들로부터 경원시되고 있어, 재벌을 구제하려는 계획을 구상해 볼 엄두조차 내지 못하게 되어 있다. 한국의 경우에 무너지는 재벌들을 구제하려고 하면 비슷한 경우인 태국에서 최근 행해진 것으로 알려진 170억 달러보다 훨씬 더 많은 금액이 소요될 수밖에 없는 상황이다.

동남아시아의 거의 모든 나라들에서는 대외부채(정부 및 공공부채와 민간 부문의 부채를 합쳐서)의 이자를 상환하는 데만 해마다 수백 억 달러가 소요될 것이다. 아무리 짧게 잡아도 오는 21세기가 시작될 때까지는 이러한 상황이 계속될 것이다.

이런 상황은 어떻게 해서 발생하는가? 항상 보다 "경쟁력 있는" 노동시장을 추구하는, 다시 말해서 보다 값싼 노동력을 추구하는 자본의 논리가 현 상황이 발생하게 된 원인의 많은 부분을 차지하고 있다.

투자의 움직임은 단지 산업화된 나라들과 남쪽의 나라들(선진 독점자본주의가 아닌 제3세계 나라들을 가리키는 표현이다: 역주) 사이에서만 행해지고 있는 것이 아니다. 투자의 이동은 날이 갈수록 점점 더 남쪽 나라들 사이에서 이루어지고 있다. 이런 기준에서 볼 때 말레이시아는 "경쟁력이 없는" 나라이고 그래서 필립스(Phillips) 사 같은 회사는 1,500여 명의 직원이야 죽든 말든 서둘러서 이 나라를 떠나려 하는 참이다. 이렇게 보따리를 싸고 떠나는 이유는 노동력의 가격 즉 임금이 너무 높다고 "생각하는" 것(사실이 그러한 것이 아니라, 그렇다고 생각을 하는 것이다: 역주), 무엇보다도 특히 중국의 임금과 비교해 볼 때 높다고 생각하

일본 은행들은 아직도 그 수렁에서 헤어 나지 못하고 있다. 역주

기 때문이다.

최근 들어 중국이 세상 사람들의 이목을 끌고 있다. 현재 진행중에 있는 사유화가 일단 완결되고 나면* 세계 시장에서 한 자리를 차지할 필요성은 더욱 더 절실해질 것이다. 그리고 현재의 경제위기는 동남아시아와 중국에서 이미 중차대한 전략적 목표가 되어 있는 것, 즉 재구조화(리스트럭처링)와 경제력 집중화를 더욱 가속화시킬는지도 모른다.

그러나 경제위기에 대한 대응책으로서 가격 경쟁력이 있도록 환율을 평가절하하는 것과 해외 시장을 더욱 적극적으로 공략하는 것, 나아가 재구조화와 지방화라는 충격이 추가될 때, 이는 개선하기를 바라던 당초의 경제 상황을 오히려 더욱 악화시키게 되는지도 모른다. 이렇게 볼 때 동아시아 지역은 앞으로 전반적으로 심각한 디플레이션** 에 처할 위험에 직면해 있다고 하겠다.

예컨대 태국의 경우, 이 나라의 주요 기업체들은 연간 6%의 성장률을 곧 회복할 것이라고 낙관적으로 전망하고 있다. 그러나 설사 이러한 전망을 그대로 인정한다고 하더라도, 이런 정도의 매출 신장 속도로는 외국 빚을 많이 지고 있는 이 나라 기업들이 자신의 부채를 차질없이 상환해 낼 수 없을 것이다. 이 나라의 외채는 1천 억 달러에 달하는데, 이 가운데 많은 부분이 단기 외채로서 내년에 상환해야 할 부채이기 때문이다.

이 지역의 노동자 임금은 다시금 무자비하게 희생될 운명에 처해 있

---

* 중국은 1997년 9월 12~18일에 열린 제15차 공산당 대회에서 국영기업에 대한 민간자본의 주식 소유를 대폭 허용하기로 결정했다. 등소평 시기에 이루어진 중소기업의 사유화에 의한 시장경제에 이어, 강택민 시대에 들어와 대기업의 사유화에 의한 시장경제로의 첫걸음을 내디딘 것이다. 물론 완전한 사유화는 아니고 국가의 지분 보유와 정부의 통제를 받는 제한적인 사유화, 자유화이다. ≪중앙일보≫ 97년 9월 20일자 참조: 역주
** 투자, 소비와 경제성장 등이 둔화되는 것을 말한다. 이와 관련하여 일본 소피아 대학의 베르너 교수 같은 이는 "이것은 시작에 불과하다. 중국을 포함한 아시아 전역이 앞으로 3~5년간 경기불황에 휩쓸릴 것"이라고 분석·전망하고 있다. ≪서울경제신문≫ 97년 10월 25일자 참조: 역주

다. 이것은 매우 분명한 사실이다. 그러나 노동운동은 이미 자신의 힘을 표출하고 있다. 제일 먼저 한국에서, 그리고 그 밖의 다른 곳에서도 노동자들의 움직임이 활발해지고 있다.

이렇게 되면 틀림없이 노동조합운동의 전투성이 되살아나게 될 텐데, 이는 이 지역 나라들에서 정치적으로 심대한 의미를 지니게 될 것이다. 노동운동의 전투성이 되살아나게 되면, 다른 제3세계 나라들에게 본보기로서 제시되어 온 경제발전 모델, 즉 '개방과 수출을 축으로 하는 경제발전 모델'이 안고 있는 모순들을 한층 더 격화시켜 폭발적으로 터져나오게 만들 것이다.

내년이 바로 그러한 해이다!

7

지금은 세계화의 역사에서
하나의 전환기이다[*]

걷잡을 수 없이 파급되는 아시아 금융위기

필립 S. 골럽(Phillip S. Golub)[**]

[《르 몽드 디쁠로마띠끄》 편집자 주: 지난 12월 18일 한국에서는 새 대통령으로 김대중 씨가 선출되었다. 그러나 그는 내년 2월 말까지는 대통령 직무를 수행하지 않을 것이다. 그 나라 법률에 그와 같이 되어 있다. 그 때까지 한국은 파산의 위협을 받는 상태에 머물러 있게 된다.

한편, 인도네시아와 태국도 파산의 위협에 직면해 있다. 그러나 시세를 결정하는 권한을 가지고 있는 거대 금융기관들이 이 나라들이 발행한 채권(債券) 가운데 싸구려(불량) 채권들에 대해서 채무부담을 경감시켜 주고 있다. 다른 한편 일본의 은행 체계도 지금 위험에 처해 있다.

이런 속에서 국제통화기금(IMF)의 새로운 충격 요법이 동아시아 지역 나라 모두에서 사회변혁을 촉발할 위험을 보이고 있다. 금융시장의 세계화에 의해 촉발되는 전 지구적 소용돌이를 야기할 잠재요인들이 점점 더

---

[*] 이 글은 《르 몽드 디쁠로마띠끄》 1998년 1월호에 실린 것으로 한국 및 동아시아 금융공황에 관한 글이다. 작년 연말쯤 작성되었기 때문에 지금 시점에서 볼 때 다소간 시기가 지난 글이기는 하지만 해외에서는 한국의 공황 사태를 어떻게 보고 있는지를 이해하는 데 도움이 될 것이라고 생각하여 번역·전재한다.

[**] 기자

많이 축적되어 가고 있는 것이다.]

　존 케네스 갤브레이스(John Kenneth Galbraith)는 그의 최근 저서에서 이렇게 썼다. "세계화란 다름아니라 금융의 고도화이며, 이렇게 고도화된 금융의 세계화이다. 이 세계화가 인간에게 가지는 의미는, '금융이 세계화된 세계'에서는 사상 최대의 파국을 향해 길을 닦아가는 사람들, 바로 그처럼 파괴적인 사람들(조지 소로스 같은: 역주)이 극도로 존경을 받는다는 사실을 인식해야만 제대로 이해될 수 있다."[1]

　이 유명한 미국 경제학자는 그 책에서 1930년대의 대공황과 그 공황이 빚어낸 비극을 곰곰이 되짚어 보면서 1920년대에 환상이 만연했었다는 사실을 밝혀내고 이를 환기시키고 있다. 즉 1920년대 당시에 증권시장에는 투기가 범람했으며, 금융자산들의 가치는 한껏 부풀려졌다. 그리고 금융자산들은 정신차릴 수 없이 빠르게 그 가치가 늘어났었다.

　위에서 인용한 갤브레이스의 이야기가 과연 지난 날에 대한 이야기일 뿐이겠는가? 그 이야기는 근자에 금융의 세계화가 빠르게 진행되면서 만연되고 있는 환상들이 어떤 맥락을 가지고 있는지를 밝히는 데도 꼭 들어맞지 않겠는가?

　"공산권이 붕괴된 이후 자유주의 이념이 개발도상국들로 확산되었다. 이러한 사태 전개로 1990년대는 19세기 말 이래 세계 자본주의 역사상 두번째로 큰 번영의 시기가 될 것이다"라고 사람들은 전망했다.[2] 그러나 실제는 어떻게 되고 있는가? 1990년대는 격변 속에 끝나가고 있다. 그리고 썰물이 시작되고 있다. 거대한 금융위기가 개발도상국들의 경제성장 전망을 무너뜨리고 있는 것이다.

---

1) 존 케네스 갤브레이스, 『양차 세계대전 이후의 세계경제』(The World Economy Since the Wars), 맨더린(Manderin), 런던, 1995.

2) 데이비드 알(David Hale), 『러시아 혁명 이후의 세계경제』(The World Economy After the Russian Revolution) 또는 『1990년대는 어째서 19세기 이래의 세계 자본주의 역사에서 두번째의 대번영기가 될 수 있는가』(Why the 1990s Could Be the Second Great Age of Global Capitalism Since 19th Century), 캠퍼 파이낸셜 컴퍼니(Kemper Financial Company), 시카고, 1991.

　　미국과 영국은 80년대 초부터 "보수주의 혁명"을 추진해 왔다. 금융의 세계화는 그 보수주의 혁명이 낳은 산물이다. 그리고 이 금융의 세계화는 금융 부문을 자율화했다. 그리고 이렇게 자율화된 금융 부문이 실물경제 부문을 자신의 논리에 따르도록 복종시켰다. 이렇게 하여 화폐적 신호의 왕국*과, 그 화폐적 신호의 왕국이 대변하는 것으로 이야기되는 실물경제의 현실은 상호 분리되었다. 금융경제와 실물경제는 대개 다소간 괴리되는 것이 현실이지만, 이렇게 심하게 괴리된 적은 근래의 역사에서—1920년대를 포함해서 보더라도—전례가 없던 일이다.

　　1970년대 이래 자본의 국제적 이동은 그 규모가 현기증이 날 정도로 팽창해 왔다. 그런데 이런 팽창은 그에 상응하는 규모의 상품(재화와 서비스)의 실물적 거래액의 증가를 동반하는 것이 아니었다.3) (상품 대금의 결제나 생산적 투자 자금으로서가 아니라 증권과 외환에 대한 투자 즉 투기 목적으로 자본이 흘러다니고 있는 것이다: 역주)

　　국가는 공동선(共同善)을 위해 사회관계에서 폭력 행사를 규제하는 것을 책임지는데, 오늘날 국가는 자신의 주요한 책임인 이 규제를 포기하고 있다.(그리하여 용역깡패 같은 사적 폭력이 범람하고 있다: 역주) 국가는 또 자신의 주권이 심각하게 손상되는 것을 기꺼이 받아들이고 있다.

　　그럼으로써 국가는 사회, 경제, 정치의 진보를 개별적이고 특수하며 사적인 이해관계가 마음내키는 대로 휘두르는 우연성에 종속시켰다.(진보와 발전을 위한 국가적인 계획이 사라지고 있으며, 나라와 사회의 운영이 독점자본의 무모한 이윤추구 동기에 의해 좌우되고 있음을 말한다: 역주) 그리하여 민주주의적인 공간을 심하게 오그라들게 만들었다.

　　뿐만 아니라 국가는 국제체제에 대해 영향을 미칠 수 있는 수단들을

---

* 금융 부문을 비유적으로 말한 것이다. 금융(화폐경제) 부문이 실물경제 부문의 상태를 반영하는 신호기의 역할을 한다는 의미에서 '신호'라는 표현을 쓰고 있다. 또 금융 부문이 절대권력을 행사하고 있다는 의미에서 '왕국'이라는 표현을 쓰고 있다: 역주

3) 국제 외환시장에서 하루에 거래되는 금액은 70년대 초만 해도 180억 달러에 불과했으나, 지금은 1조 5천 억 달러에 달하고 있다. 이 금액의 3%만 해도 재화와 서비스의 실물거래 금액과 그 크기가 버금간다.

스스로 포기했다.

이렇게 해서 어떤 결과가 초래되었는가? 금융이라는 우주(우주의 빅뱅을 연상시키는 표현이다: 역주)는 신자유주의 이론이 주장하는 바와 같이 자율규제가 그 특징으로 되고 있는 것이 전혀 아니다. 정반대로 금융우주는 화폐의 무정부성을 그 특징으로 하고 있다. 그리고 이처럼 혼돈스러운 우주 안에서 진행되는 세계화는 자본주의 세계체제에 커다란 위험을 야기했다. 그리고 사람들로 하여금 전염병 어휘집과 자연재해 어휘집에 신세를 지게 만들었다. 이렇게 해서 빌려온 말들이 "전율" "태풍" "해일" 따위이다. 자연현상에 관한 이 어휘들이 사회현상인, 금융위기가 일으키는 연쇄반응을 묘사하기 위해 차용되고 있다. 이런 용어들이 사용되고 있는 것은 결코 뜻밖이라고 할 수 없다. 그럴 만한 분명한 이유가 있는 것이다.

투기자본이 대규모적으로 철수함에 따라 진짜 금융지진이 일어나고 있다. 이 지진은 1982년 이래로 가장 큰 지진이다. 이것은 논란의 여지가 없을 만큼 확실하다. 1982년이라면 중남미 나라들에서 외채위기가 발생했던 때이다. 그 당시 멕시코를 비롯한 라틴 아메리카 나라들은 자신들의 외채에 대하여 일방적으로 지불유예(모라토리엄)를 선언하지 않을 수 없는 상태에 처해 있었다.

이번 지진은 그 때와 비교될 정도를 넘는다. 이번 금융위기는 그 범위가 전 세계적이다. 그런데 사람들은 흔히 이번 사태를 "아시아" 금융위기라고들 말하고 있다. 따라서 만약 "아시아" 금융위기라는 표현을 씀으로써 사람들이 이번 위기가 아시아-태평양 지역에 국한해서 일어난 현상이라고 받아들이게 된다면 이 표현은 더 이상 적절한 것이 될 수 없다.

이번 공황은 태국에서부터 시작되었다. 그리고 이 충격의 물결이 이웃나라들을 덮쳤다. 또 이 물결의 파고는 계속 높아져 왔다. 동남아시아 나라들은 10월에 접어들면서 이 거센 파도에 맥없이 침몰했다. 잠시 후 세계 11번째 경제대국인 한국도 이 해일에 휩쓸려 침몰했다. 또 브라질, 러시아와 같은 먼 변방의 금융시장들에까지 이 파도가 덮쳤다.

이 해일은 여차하면 방향을 돌려 세계 두번째의 경제대국이면서 지구촌에서 으뜸가는 채권(債權) 국가인 일본을 향해 쇄도해 갈 것이다. '카오스'(혼돈) 이론*에서 나비가 그러한 것처럼 태국의 공황은 계속 증폭되어 갈 이번 대재앙에서 표면에 드러난 원인이었을 뿐이다.

위기를 관리하는 전통적인 기술들(중앙은행의 금융시장 개입, 경기후퇴에 수반되는 과세 징수의 자동적인 감소 등)은 아무런 도움이 되지 않았다. 이 폭풍에 휘말려 들어간 나라들은 모두 자국 통화의 난폭한 평가절하를 겪었다. 그리고 증권시장의 급격한 위축도 겪었다.

그러자 태국, 필리핀, 인도네시아 및 한국은 자신들의 은행 체계가 붕괴되는 것을 피하기 위해 국제통화기금에 도움을 청하지 않을 수 없었다. 그리고 국제통화기금의 무자비한 구조조정 프로그램을 받아들이도록 강요되었다. 그 결과는 무엇인가? 그 구조조정 강요는 필연적으로 격심한 경기후퇴로 귀착될 것이다.

하지만 1994년에서 1995년 사이에 있었던 멕시코 금융공황의 경우와는 달리 국제통화기금 역사상 가장 중요한 금융협약(약속)은4) 밀어닥쳐 오는 폭풍우를 막지 못했으며 누그러뜨리지조차 못했다. 한국의 금융위기는 97년 12월 4일, 국제통화기금이 긴급 구제금융을 제공하는 프로그램(구조조정 프로그램의 반대급부로: 역주)을 발표했음에도 불구하고 그해 12월 동안에 더욱 격화되었을 뿐이다. 97년 12월 한국에서는 민간 부문의 일련의 파산에 따라(한라그룹 부도 등을 말한다: 역주) 촉발된 이례

---

* 프리고진이 제창한 철학이론이다. 북경에 있는 작은 나비 한 마리의 날개짓이 연쇄작용을 통해 나중에는 태평양에 태풍을 발생시키게 된다는 이론을 펼치고 있다. 이를 '나비효과'라고 한다. 이 이론은 필연성을 의심하고 우연성을 강조하는 철학적 의미를 가지고 있다: 역주

4) 인도네시아와 태국에 각각 230억 달러와 170억 달러를 제공한 국제통화기금은 12월 4일 한국에 대한 지원 프로그램으로 자체 지원금 210억 달러를 포함하여 총 570억 달러에 달하는 구제금융을 제공한다고 발표했다. 국제통화기금과 미국 재무부는 1995년 멕시코에 대해 500억 달러를 제공한 바 있다.

적으로 격렬한 새 투기 파동 하나가 터져 나왔다. 그리고 이 파동은 금융시장을 송두리째 무너뜨렸다.[5] 더구나 금융시장은 김대중 씨가 새 대통령으로 당선될까봐 불안해 하고 있었다. 한국은 파산 일보 직전에 있었다.

요컨대 국제통화기금이 보증을 서고 임창렬 재경원 장관이 "한국이 국제사회에 한 약속을 성실히 이행하겠다"고 언명했음에도 불구하고 투기를 동반한 위기가 촉발되어 디플레이션 소용돌이를 불러일으켰다. 이 디플레이션 소용돌이는 국제통화기금이 강요한 '긴축'에 의하여 더욱 악화되었다. 국제통화기금의 '긴축' 강요는 신용의 격심한 위축을 야기했던 것이다.[6]

한국의 은행체계는 국제적인 은행간 금융시장에서 사실상 거래를 금지당할 만큼 높은 위험 할증금을 지불하도록 강요당하고 있다. 이로 인해 금융기관들은 초과잉으로 부채를 지고 있는 기업체들에게 더 이상 유동성을 공급할 수 없게 되어 있다. 그런데 기업체들은 지금 유동성이 절대적으로 필요하다. 이리하여 12월 중순에는 단기 신용의 이자가 25%에 달했다. 이 이자율은 16년 만에 가장 높은 수준이다.

이렇게 하여 충분한 자기자금을 확보하지 못하고 있는 기업들은 파산의 궁지에 몰려 있다. 그 결과 은행들의 회수불능 채권(부실채권) 규모가 더욱 커져 가고 있다.

국제통화기금(IMF)에 굴복하다

이러한 상황 속에서 국제통화기금은 구제금융 지원을 제공함에 있어

---

5) 1997년 12월 23일, 한국의 통화인 원은 달러 대비 가치가 역사상 최저로 떨어졌다. 1달러를 사기 위해 2,000원을 지불해야 했다.(1997년 7월에는 1달러에 890원이었음에 비해 엄청나게 떨어진 것이다.) 97년 1월 1일에서 12월 23일 사이에 주식 가격은 평균 75%가 하락했다.
6) 국제통화기금은 한국의 인플레이션율을 5% 수준에 묶어 놓아야 한다고 요구했다. 원화가 대폭 평가절하되어 수입 물가가 오를 수밖에 없음에도 불구하고 그같이 강요한 것이다!

서 구조조정 프로그램의 이행을 조건부로 했다. 그런데 이 구조조정 프로그램은 신용 창출을 아주 빡빡하게 조였다. 그것도 신용 창출이 매우 절실하게 필요한 바로 그러한 시기에 그렇게 했다. 그럼으로써 국제통화기금은 디플레이션을 증폭시켰다.

한국 정부는 두 가지 나쁜 것 가운데 하나를 고르지 않으면 안 되었다. 그 선택지의 하나는 외국 투자자들의 기대에 부응하기 위해서, 경제적 및 사회적 후과가 어떤 것이 되건 간에 국제통화기금의 처방에 무조건 복종하는 것이었다. 다른 하나는 투기 열병이 더욱 가속화될 위험을 무릅쓰고 은행권(圈)(종금사를 포함하여. 해외에서는 종금사를 '상업은행'이라고 부르고 있다. 역주)의 불량 채권을 정부가 사줌으로써 금융 체계의 붕괴를 막는 것이었다.[7]

만약 한국 정부가 은행들에게 도움을 주기를 거절한다면 필시 은행들이 대외 부채를 상환할 수 없는 사태가 뒤따르게 될 것이다. 그렇게 되면 국제적인 은행간 자금시장에 통제불가능한 연쇄작용이 일어날 것이다. 12월 15일부터 연말 사이에 만기 도래하는 단기 외채는 140~150억 달러에 달했던 것이다. 그리고 1998년에 만기 도래하는 단기 외채가 최소한 1천 억 달러가 될 것이기 때문이다.

한국과 동남아시아에 금융공황이 오면서 다음 차례로 일본의 금융 시스템이 이 공황에 말려들어갈 위험이 시시각각 커져 가고 있다. 한국에 대한 최대의 차주(借主)인 일본은(243억 달러를 한국에 빌려주고 있다) 이미 동남아시아 금융공황에 의해서, 또 일본 자신의 내부 사정에 의한

---

7) 한국 정부는 12월 12일 은행 체계에 유동성(66억 달러의)을 주입하고자 뒤늦게 이런 결정을 내렸다. 정부는 또 여러 상업은행(종금사)들의 자본금을 보충해 주겠다고 발표했다. (당시 한국은행은 금융권에 총 11조 3천 억 원의 자금을 지원하기로 했다. 특히 14개 종금사들의 영업정지 조치로 동결된 콜 자금을 우선적으로 지원하는 차원에서 은행에 4조 6천 억 원의 특별대출을 최장 3개월간 지원하기로 했다. 또 한국증권금융과 신용관리기금을 통해 증권사와 종금사에 각각 2조 원, 1조 원을 최장 6개월 동안 대출해 주기로 했다. 역주) 또 파산 직전에 있는 제일은행과 서울은행을 인수했다.

은행들의 경영실패로 인해서 매우 취약해져 있다.[8]

그런데도 불구하고 이 공황에 대해 조금은 주눅이 들어 있는 ≪파이낸셜 타임즈≫지는 97년 11월 11일자에서 이렇게 한가한 이야기를 하고 있다. "모든 신흥공업국의 은행들이 위기를 맞을지도 모른다. 이러한 불안이 심화되면 일본의 은행들도 위기를 맞을 가능성이 있다. 이렇게 될 경우 (국제: 필자)금융체계에 미치는 결과는 매우 심각할 것이다. 각국 중앙은행들은 우애를 발휘하여 은행간 자금시장에서 커다란 문제들—한국의 금융위기로부터 비롯되어 파급되고 있는—이 일어나는 사태를 방지하는 데 시급히 만전을 기해야 한다."

그러나 이 "우애"가 지난 날 보여준 근시안적인 안목은 지금 시기에 전혀 믿고 의지할 바가 못된다. 몇 가지를 예로 들어보자. 97년 8월 미셸 캉드쉬(Michel Camdessus) 국제통화기금 총재는 "(동남아시아: 필자) 나라들은 전염병 확산에 대비하는 전략을 강구할 만한 충분한 자체 능력이 있다"고[9] 하면서 기뻐했다. 이와 마찬가지로 미국 연방준비제도 이사회(FRB) 의장인 앨런 그린스펀(Alan Greenspan)은 97년 10월 24일 세계경제의 장래에 대해 공개 연설을 했는데, 그 연설에서 놀랍게도 현재 진행 중에 있는 경제위기에 대해 단 한 번도 사람들의 관심을 불러일으키지 않는 탁월한 재능을 발휘했다.(장밋빛 얘기만 늘어 놓았던 것이다: 역주)

또 이 일이 있은 지 나흘 후 미 재무부 장관인 로버트 루빈(Robert Rubin)은 동아시아 사태에 대해 "아시아 나라들의 경제는 그 기초(흔히 '펀더멘틀'[fundamentals]이라고 하는 것: 역주)가 아직 건강하다"는 주장을 상투적으로 되풀이했다. 국제통화기금은 나아가 1997년도 연차보고서에서 "한국의 거시경제 성적은 인상적이다"라고 경의를 표했다. 그리고 "(한국의: 필자) 재정 상태는 부러워할 만하다"며 치하했다!

국제간의 대금지불이 불가능해지는 진짜 파국이 올지 모른다는 시나

---

8) ≪니혼 게이자이 신문≫ 1997년 12월 8일자에 따르면 일본 금융계가 행한 대출 가운데 받아내기가 불가능하거나 어려운 부실채권은 6,120억 달러에 이른다고 한다. 일본 재무성은 이에 대해 반론을 제기하고 부실채권 총액은 그렇게 많지 않고 1,680억 달러 정도라고 주장하고 있다.

9) 1997년 8월 23일자 ≪르 몽드≫지와의 대담.

리오는 더 이상 저 먼 데 있지 않다. 일본의 은행 시스템이 수축되면 결국 은행간 자금 교류 장치가 취약해질 것이다. 또 세계의 유동성이 고갈될 것이다. 그리고 세계의 모든 채권 시장에서 이자율이 자동적으로 폭등하게 될 것이다.

만약에 일본이 국내의 자금 필요를 충당하기 위해서, 또 불황에 빠진 국내경제를 재차 활성화시키기 위해서 미국 금융시장으로부터 투자를 철수하는 사태가 일어날 경우 상황은 걷잡을 수 없게 될 것이다. 일본은 미국 연방정부의 채권을 3,200억 달러(총액의 8.5%) 가량 보유하고 있다. 그리하여 일본은 80년대 이래 미국에 대한 가장 큰 채권자가 되어 있다. 이런 까닭으로 일본이 미국에서 자본을 철수한다면 서구의 금융시장에, 가까운 과거에 있었던 작은 위기들과 비견할 수 없을 정도의 심각한 구조적 파탄이 야기될 것이다.

사람들은 일본과 미국 사이가 무역분쟁으로 다시금 긴장되고 있다고 말하고 있다. 이 긴장은 불가피하게 계속될 엔화의 평가절하 때문에 당분간 더욱 격화되어 갈 것이다. 엔화가 평가절하되면 일본 수출품의 국제경쟁력이 높아질 것이기 때문이다.[10]

워싱턴 당국은 97년 11월 중순 이래 일본 정부에 대해 무역수지 흑자를 줄이고 국내시장을 개방하기 위한 조치들을 적극 강구하라는 압력을 높여가고 있다. 1997년 12월 12일에 미 상무장관 윌리엄 댈리(William Daley)는 토오쿄오 당국에 대해 미국의 대일 무역수지 적자가 늘어나게 되면 "정치적인 문제"가 일어나게 될 것이라고 예고했다. 미국은 일본이 "내수시장 성장요인에 의해 (불황에서: 필자) 탈출"하기를(수출의 신장, 특히 대미 수출 신장에 의해서가 아니라: 역주) 바라고 있다는 입장을 분명히 했던 것이다.

---

10) 엔화의 가치는 1997년 말에 무너졌다. 달러 대비 엔화 가치의 비율은 5년 반 만에 가장 낮은 수준을 기록했다(1달러 당 130엔으로). 일본의 무역수지 흑자는 1997년 10월에 3배로 늘어났다. 반면 한국, 싱가포르, 대만 및 홍콩과의 교역에서 생긴 미국의 무역수지 적자는 지난 9월 중에 두 배로 늘어났다.

미국의 속셈

동아시아에 대한 미국의 이같은 요구들은 동아시아 나라들의 지금의 현실을 매우 경시하고 있다. 이런 까닭으로 이 지역 나라들의 수도에는, 미국이 전략적인 이득을 이끌어내기 위해서, 또 무역과 금융상으로 일방적인(호혜적이 아닌: 역주) 이익을 챙기기 위해서 동아시아의 위기를 이용하려 한다는 감정적인 여론이 널리 유포되어 있다. 방콕을 필두로 콸라룸푸르, 토오쿄오에 이르기까지 사람들은 다음과 같이 말하고 있다. "미국은 1994년 멕시코 위기 당시에는 파국을 막기 위해 민첩하게 행동했다. 그런데 아시아 위기와 관련해서는 아무것도 하지 않거나 하더라도 아주 조금밖에 하지 않았다"라고.

미국이 전략적 속셈을 가지고 있건 아니건, 클린턴 미 행정부가 일본과 동아시아 사태에 대하여 그것이 야기하는 그야말로 거대한 파국의 금융적, 경제적 및 사회적 부담의 핵심적 몫을 동아시아 나라들에 감당시키려 하고 있음은 분명하다. 클린턴은 97년 12월 12일 신고립주의[*] 논리가 지배하고 있는 의회에 맞서기를 꺼려해서 자신의 영원한 우방인 한국이 간청한 비상 지원금 보따리를 풀어놓기를 거절했다.

미 의회는 심지어 동아시아 나라들과 일본에 대해 이 나라들로 하여금 무역수지 흑자를 감축시키도록 강요하기 위해서 무역 제재를 부과하려는 의향마저 내보이고 있다. 그러나 보복적 성격을 갖는 이같은 조치들은 틀림없이 "태평양의 동반자" 관계에 조종(弔鐘)을 울리게 할 것이다.

설사 이와 같은 극단―1930년 6월 대외 무역에 관한 스무트-홀리(Smoot-Hawley)의 보호무역주의 법(이 법은 1930년대의 대공황으로 가는 길을 열었다)이 초래한 극단적인 결과들과 동일한 결과들을 낳을 수도 있는―까지 가지는 않는다고 하더라도 미국과 아시아 나라들 사이의 관계는 점점 악화되고 있다. 그렇게 되고 있는 중이다.

---

[*] 고립주의는 정확히 말하면 국가 이기주의이다. 세계 각국에 대해 한편으로는 다독거리고 한편으로는 제압하는 헤게모니적 방식으로 통솔하는 역할을 맡지 말고 미국 독점자본주의의 국가이익만을 추구하자는 입장이다. 역주

그런데 금융 부문의 디플레이션은 가까운 몇 달 안에 실물경제 부문에 사람들이 감지할 수 있을 만큼 뚜렷하게 그 영향을 미치게 될 것이다. 아시아 나라들은 자신들의 근래의 역사에서 가장 심각한 사회적 위기를 맞기 직전에 있다. 실업이 폭증할 것이기 때문이다. 한국에서는 실업률이 다가오는 열 두 달 사이에 3배가 되어 9%에 도달할 것이다. 이렇게 되면 민중의 분노가 끓어오를 것이다. 그리고 이 분노는 반(反)서구적인 민족주의로 흘러갈 것이다.

이러한 조짐은 이미 나타나고 있다. 동아시아에서는 국제통화기금의 긴축 프로그램에 대한 항의가 터져 나오기 시작했다. 이러한 움직임은 한국에서 특히 두드러진다.

민중이 정치화되고 있다. 이러한 민중의 정치화는 세계화의 역사상에 하나의 전환기적인 획을 그을 것이다.11) 세계화는 사람들이 자유주의 도그마와 규범에 예외없이 복종하는 데에 그 성패가 달려 있다. 하지만 세계화는 그와 동시에 정치적으로 서로 협력(국제적 또는 국내적으로: 역주)하는 모델에 의해서도 좌우된다. 그런데 이 '정치적 협력 모델'이 지금 붕괴하기 시작했다. 세계가 디플레이션 국면으로 빠져 들어가고 있음이 분명해졌는데도 불구하고 미국은 이러한 상황이 안고 있는 위험에 대해 전혀 느끼지 못하는 것 같다.

역사가인 찰스 킨들버그(Charles Kindleberger)가 쓰고 있는 것처럼, 1929년의 대파국과 그것에 뒤따른 1930년대의 대불황이 가르쳐 주는 주요한 교훈 중의 하나는 다음과 같은 것이다. 즉 1930년대의 대불황과 이것이 초래한 비극은 어쩌면 모면될 수도 있는 것이었다. 그것이 모면되기 위해서는 돈을 빌려준 측에서 빚을 가장 많이 지고 있는 측에게 신용을 제공하지 않으면 안 된다. 이렇게 해야만 경기순환에 대한 상쇄작용이 생겨날 수 있다. 이것이 궁극적인 해결책이다. 나아가 돈을 빌려준 측은 국제간의 지불체계가 통합성과 현금 유동성을 유지할 수 있도록 하는

---

11) 경쟁적인 평가절하는 조만간 중국으로 옮겨붙을 것이다. 중국의 경제성장은 지난 10년간 연안지역의 수출과 노동력에 대한 초과착취에 전적으로 힘입고 있다.

책임을 지지 않으면 안 된다.

미국과 서구는 지금 이러한 교훈에 반(反)하는 방향에서 움직이고 있다. 현실로 다가온 이 세계적 위기에 대한 서구, 특히 워싱턴 당국의 반응은 이같은 역사의 교훈을 염두에 두는 기미를 조금도 보여주지 않고 있다.

8

마피아는 어떻게 세계경제를
암에 걸리게 하고 있는가[*]

국가를 엄습하는 부패

미첼 초수도프스키(Michel Chossudovsky)[**]

[≪르 몽드 디쁠로마띠끄≫ 편집자 주: 최근 유럽의 7명의 재판관들이 민주주의에 대한 치명적인 위협의 하나인 조직범죄를 억제해 보고자 스위스 제네바에 모였다. 거기에서 이들은 조직범죄 문제에 관해 각국 정부가 상호 협력해 줄 것을 요망하는 간절한 호소문을 발표했다.

그러나 조직범죄는 저 혼자가 아니다. 그들은 막강한 동업자를 두고 있다. 조직범죄는 동업자인 정치권력과 다국적 기업들(실물경제 부문 및 금융경제 부문을 망라하여)에 의해 지지·지원받고 있다. 그리고 이에 힘입어 점차 세계경제의 모든 분야로 뚫고 들어가고 있다. 이렇게 조직범죄는 국가의 합법성을 우롱하면서 조직범죄 자체의 부패체계를 세계경제의 모든 분야에 부식 또는 부가하고 있다. 그리하여 세계경제의 모든 분야가 조금씩 암에 걸려 들어가고 있다.]

---

* 이 글은 ≪르 몽드 디쁠로마띠끄≫ 1996년 12월호에서 번역·전재한 것이다.
** 오타와 대학 경제학부 교수.

이른바 '세계화' 시대라는 오늘날에도 조직범죄가 경제의 운행에서 어떠한 역할을 수행하고 있는지는 여전히 베일에 가려져 있다. 세론(世論)은 헐리우드의 스테레오 타입(미국 할리우드에서 제작되는 천편일률적인 내용의 폭력물들을 말함: 역주) 영상물과 선정주의적인 언론에 길들여져, 범죄활동이라는 것을 고작 공공질서를 문란케 하는 것(교통질서 문란과 비슷한 차원에서 일상생활에 나쁜 영향을 미치는 문제: 역주) 정도로만 알고 있다.

그러나 조무래기 경범죄의 나쁜 짓들은 세인의 주목을 끄는 반면에 국제적으로 노는 큰 범죄조직의 정치적·경제적 역할 및 그 영향력은 좀처럼 여론의 도마 위에 올려지지 않는다. 적수가 되는 갱들이 시카고의 길거리에서 유혈낭자한 대결을 벌이는 따위는 1930년대의 "좋은 시절"에나 있었던 이야기이지 오늘날의 조직범죄 실상과는 거리가 멀다.(그러나 얼마 전 일본의 야쿠자들이 시가지에서 혈전을 벌였다. 이것을 보면 유혈적 폭력 행사가 여전히 조직범죄의 기본적인 토대를 이루고 있다: 역주)

기업화하는 범죄조직들

제2차 세계대전 이후 수십 년에 걸쳐 범죄 신디케이트들[*]은 점점 더 정규 기업체처럼 움직여 왔으며, 그럼으로써 자신에 대해 점차 좋은 평판을 조성해 왔다. 그리고 그 때부터 조직범죄는 경제체제 속에 견고하게 맞물려 들어가게 되었다.

이런 발판 위에서 1980년대 이후 급속히 진행되고 있는 시장의 개방, 복지국가의 쇠퇴, 민영화(사유화), 무역 및 금융에 대한 제반 규제의 철

---

[*] 독점의 한 형태로서 판매가격을 담합할 뿐 아니라 물품의 수급물량이나 수급지역까지 공동으로 할당하는 등 카르텔보다 한층 공고하게 담합한 것이 신디케이트이다. 주류판매에서 이런 형태를 흔히 볼 수 있다. 20세기 초반의 미국에서는 주류판매가 금지되면서 주류밀매와 조직범죄가 밀접한 연관을 가지고 있었는데, 이 때문에 조직폭력의 연합체를 주류판매 신디케이트와 동일시하여 신디케이트라고 부른다. 역주

폐 등 신자유주의는 결과적으로 조직범죄의 불법적이고 부정한 활동이 증가되도록 조장하고 있다. 이것들은 또 범죄조직들이 상호 협력하여 만들어 내고 있는 '범죄 경제의 국제화'도 조장하고 있다.

국제연합(UN)에 의하면 '초국적 범죄조직'들의 연간 수입을 전 세계적으로 합계하면 대략 1조 달러가 된다고 한다. 이 금액은 저소득 국가들(세계은행의 분류 기준에 따라 구분한) 및 이들 나라의 30억 주민의 국민총생산(GNP)을 모두 합친 금액과 맞먹는다.[1]

물론 위에서 말한 계산치에는 마피아에 의해 통제되는 일상적인 범죄 활동들(매춘, 도박, 외화 암거래…)로부터 나오는 이윤만이 아니라 마약거래, 불법적인 무기판매, 핵물질의 밀수 등에서 얻는 이득도 들어 있다. 그러나 위의 수치에는 범죄조직들이 합법적인 사업의 지배권을 빼앗기 위해 지속적으로 실행해 온 각종 투자들이 갖는 중요성은 전혀 헤아려져 있지 않다. 그와 마찬가지로 수많은 합법적인 경제활동 분야들에서 조직범죄가 생산수단에 대해 행사하는 지배력도 역시 헤아려져 있지 않다.

여기에서 더 나아가 얼마 전부터 중국의 삼합회(三合會)와 일본의 야쿠자 및 유럽과 미국의 마피아 사이에 새로운 관계가 구축되었다. 이 유명한 범죄조직들은 자신들의 전통적인 사업에 소매를 걷어붙이고 그것을 수호하는 데 급급하기보다는, 차라리 "전 세계적인 협력의 정신 아래" 서로가 연합해서 그들 자신의 '속성'이 범죄적인 것만큼이나 '외양' 상으로 아주 합법적인 사업 영역들에서 "새로운 시장을 개척"하는 쪽으로 방향을 돌려서 함께 나아가고 있다.[2]

---

1) 다음의 자료들을 참조하시오. 유엔, 사회개발을 위한 정상회담. 『범죄의 세계화』(Nations unies, Sommet mondial pour le développement social. La globalisation du crime), 유엔 공공정보과, 뉴욕, 1995 및 『범죄 예방에 관한 유엔의 세계대회 보고서』(le rapport de la Conférence des Nations unies sur la prévention du crime), 카이로, 1995. 5. 아울러 다음의 자료를 참조하시오. 쟝 에르베 데이예르(Jean Hervé Deiller)의 「국제 범죄조직에게 돌아가는 매년 1조 달러의 이익」(Gains annuels de 1000 milliards pour l'Internationale du crime), ≪라 쁘레스≫(La Presse), 몬트리올, 1996. 4. 30.

2) 다니엘 브란트(Daniel Brandt), 「조직범죄가 신 세계질서를 위협하고 있다」

조직범죄 문제에 관한 한 관찰자의 이야기에 따르면, "조직범죄가 이루어 내는 영업 실적은 ≪포춘≫지가 전 세계에 걸쳐 조사해 선정한 500대 기업들 대부분의 영업 실적을 능가한다.… 그리고 이들 범죄조직은 전통적인 시칠리아 마피아를 닮기보다는 오히려 '제너럴 모터즈'(GM)를 더 많이 닮아 있다."[3]

로이터 통신사가 인용한 바에 따르면 미 연방수사국(FBI) 책임자인 짐 무디(Jim Moody) 국장은 미 의회의 한 분과위원회에서 다음과 같이 증언했다고 한다. 러시아의 범죄조직들은 "해외의 다른 마피아들과 협력한다. 이렇게 상호 협력하는 해외 마피아에는 이탈리아계 마피아와 콜롬비아계 마피아가 포함되어 있다. 구 소련의 자본주의로의 전환은 이들 마피아에게 신속하게 착취할 수 있는 새로운 기회들을 제공하고 있다"고.

범죄조직들은 이렇게 스스로 기업화하는 동시에 합법적인 지위를 가지고 있는 기업체들과 합작을 한다. 그들은 각종 합법적인 사업에 투자하고 있는데, 이 합법적인 사업들은 이들 범죄조직에게 돈 세탁을 위한 안전한 엄폐물로서 유용할 뿐만 아니라 범죄활동 영역 밖에서 안전하고 확실하게 자본을 축적하는 수단으로서 적극 활용되고 있다.

이렇게 범죄조직들이 경영하고 있는 합법적인 투자사업으로는 호화 부동산 거래업, 오락 산업(카지노 같은 도박업: 역주), 매스미디어(홍콩의 영화 제작과 같은: 역주)와 출판업(섹스 잡지나 비디오 판매와 같은: 역주), 금융 서비스업 등이 주된 업종이다. 그와 아울러 이들은 공공 서비스업, 공업 및 농업 등 생산적인 분야에도 투자를 한다.

1980년대의 투기적 호황기에 일본의 야쿠자는 건설업과 도시개발업 부문에 엄청난 규모의 투자를 했다. 야쿠자는 거기에 들어가는 방대한 자금을 부동산 대여 회사(이 부동산 대여 회사들은 최근 토오쿄오의 토지 가격이 붕락함에 따라 대거 파산했다)의 중개로 조달했다.

(Organized Crime Threatens the New World Order), ≪네임베이스 뉴스라인≫ (Namebase Newsline), 오하이오, 제8권, 1995년 1-3월호.

3) 다니엘 브란트, 위의 글 참조.

이탈리아의 마피아는 농촌의 토지에 투자하는 것과 마찬가지로 도시 부동산에도 투자를 하고 있다.

태국에서는 "황금의 삼각지대"의 헤로인 거래에서 발생한 수십 억 달러가 방콕 섬유산업의 재정적 밑천으로 흘러 들어갔다가 다시 범죄조직으로 되돌아 흘러나오는 재순환을 해 왔다. 이렇게 검은 돈이 기업자금으로 연결되는 데는 비밀(유령)회사들과 기업체의 단체(협회 등)들이 그 매개체 역할을 했다.

중국의 삼합회도 마찬가지이다. 삼합회는 홍콩의 영화 제작 산업으로 자금을 흘려 보내고 있다. 삼합회는 또 '위험 공동분담제'(joint-venture) 방식으로 합작해서 중국의 광동성과 복건성, 그리고 경제자유지대인 심천 경제특구 등에 위치하는 공업 계통의 기업체들에도 투자하고 있다. 삼합회가 전 세계에 걸쳐 벌이고 있는 영업활동의 매상고는 연간 2천 억 달러에 상당하는 것으로 추계되고 있다. 이 금액은 자그마치 중국 국민 총생산의 40%를 넘는다.[4]

범죄활동에서 얻어진 성과물들은 은행의 그물망 속에 비장된다. 그리고 상업은행들은 이렇게 조직범죄 집단이 예금한 자금을 그같은 집단이 지니는 '극히 범죄적인 성격'만큼이나 '극히 합법적인 외양'을 지니고 있는 경제분야들에 투자하거나 대부하는 데 사용한다. 검은 돈은 또한 보통사람들이 보기에 평판이 그럴듯한 '금융시장'이라는 곳으로도 투자되어 들어간다. 그래서 공공부채의 일부분이 조직범죄 집단들에 의해 국가 보증 채권 및 국공채의 형태로 보유된다.

그 결과 수많은 나라들에서 조직범죄 집단은 국가에 대하여 채권자가 되었다. 그럼으로써 그들은 시장에서 행하는 자신들의 경제행위를 통해 정부의 거시경제 정책에 대해서도 영향력을 행사하고 있다.

뿐만 아니라 이들은 증권거래소에서 일차 금융상품 시장과 파생 금융상품 시장을 가리지 않고 투기적인 투자를 한다. 마피아들은 상공(商工)

---

4) 조직범죄에 대한 필자의 중국과 태국에서의 인터뷰에 의거하여 판단하건대 그러하다.

은행들에 의미심장한 분량(경영권에 영향을 미칠 수 있을 만한 규모의:
역주)의 투자를 해 놓고 있다. 그럼으로써 그들은 이 상공 은행들을 부분
적으로 지배한다.

이들은 또 증권(중개)회사들과 대형 법률사무소들에도 의미심장한 분
량의 투자를 해 놓고 있다. 조직범죄 집단은 또 검은 돈 세탁을 위해서
투자회사들, 특히 금과 외환의 매매를 전문으로 하는 투자회사들을 이용
하고 있을 뿐 아니라 미국의 최정상급 은행들 가운데 몇몇 은행까지도
이용하고 있다.[5]

조직범죄의 검은 돈은 세계 금융시장의 통합된 일부분

금융천국은 고객의 비밀을 철저히 지키는 것으로 유명하다. 그러나 이
세상에 완전한 비밀은 없다. 금융천국의 비밀보장 서비스에도 불구하고
그곳 은행들이 저지르는 돈 세탁 행위들 가운데 많은 수가 명백하게 확
인·적발되고 있다. 하지만 범죄 혐의는 매번 말단 직원에게만 뒤집어 씌
워진다. 그래서 부정한 돈의 세탁과 관련해서 극소수의 은행들만이 기소
되고 있다.

예컨대 1994년의 경우, 미국 텍사스 주 휴스턴 지방재판소의 한 판결
은 아메리칸 익스프레스(American Express)라는 미국 '국제 은행'(미국의
특정한 주 또는 미국 연방 내에서만이 아니라 국제적으로도 영업을 할
수 있는 면허를 가지고 있는 은행을 미국에서는 '국제 은행'이라 부른다.
대개 거대 은행들이다: 역주)에 대해 검은 돈 세탁에 연루된 데 대한 죄
과로서 7백 만 달러의 배상금과 2천5백 만 달러의 벌과금을 선고했다.
그런데 그 후 어떻게 되었는가?

이 사건 담당 검사의 조수인 데이비드 노바크(David Novak)의 말을 들
어보자. "'아메리칸 익스프레스' 사건으로 비벌리 힐즈(캘리포니아 소재)

---

5) 조나단 해리스(Jonathan Harris), 『마약에 취한 아메리카』(Drugged America), 토
론토, 맥밀란, 1991, p.52를 참조하시오.

은행의 이사 2명이 범죄 혐의를 받게 되었다. 이들은 '까이망 섬'(les îles Caïmans)에 설립되어 있는 위장회사들(이들은 익명으로 예금을 납입·인출하고 있는데)이 가지고 있는, '아메리칸 익스프레스' 은행의 구좌들을 이용해서 자금을 세탁한 죄를 범했다는 혐의를 받았다. 그러나 이 사건이 조속히 종결되도록 하기 위해 연방경찰은 '아메리칸 익스프레스'를 기소하는 것을 단념해야 했다. 우리는 그 '아메리칸 익스프레스' 은행이 범죄 활동에 연루되었는지 여부가 확실하지 않다고 최종 판단을 내렸다. 검은 돈 세탁은 그 은행의 일개 부서와만 관계가 있었다."6)

이렇게 범죄 혐의는 서둘러 축소되어 버렸던 것이다.

범죄 신디케이트들과 세계 최정상급 상업은행들과의 접촉은 금융천국들에서 이루어진다. 그곳에 있는 이들 은행의 지점들은 비밀을 보장하는 서비스를 제공하는 '비밀 금융'(private banking)을 전문으로 하고 있으며, 또 높은 수익률로 구좌를 관리하는 것을 특장으로 하고 있다. 그래서 이곳으로 법망을 피하는 검은 자금이 몰려든다.

그런데 이러한 자금 도피의 가능성은 범죄조직들에 의해서만이 아니라 합법적인 기업들에 의해서도 이용되고 있다.(물론 부패한 독재 정치가들에 의해서도 이용되고 있다: 역주) 금융기법과 전기통신의 발달은 자금이 신속하게 순환될 수 있는 길을 크게 열어 놓았으며, 또 불법적인 거래에서 생기는 이윤을 눈에 보이지 않게 감출 수 있도록 하는 가능성도 매우 크게 해 주었기 때문이다.

돈은 모(母)회사와 금융천국에 있는 그 회사 지점들—위장회사를 만들어 독립된 법인으로 등기를 하고 있는 경우가 많다—사이의 전자(電磁)적인 자금 이동에 의하여 손쉽게 순환할 수 있게 되어 있다. 수십 억 달러가 제도적인 자금(여기에는 연금 기금, 상호 저축 및 국고 자금 등이 포함된다)을 관리하는 영업소들로부터 흘러나와 룩셈부르크에 등록된 은행들의 구좌들을 몇 바퀴 통과하고 나서는 앵글로-노르만 섬, 까이망 섬

---

6) 러셀 모키버(Russel Mokhiber), 「미국의 더러운 돈」(Amex's Dirty Money), ≪멀티내셔널 모니터≫(Multinational Monitor), 워싱턴, 1994년 12월호.

등을 차례로 옮겨다니면서 순환되고 비축된다.

이렇게 하여 탈세가 아주 쉬워졌는데, 그 결과 거대회사들이 소유하는 엄청난 규모의 잉여 자본이 금융천국들에 비축되게 되었다. 그리고 이것이 서유럽 몇몇 나라들에서는 정부의 예산적자를 증가시키는 주범으로 되고 있다.(대자본들이 자신이 벌어들인 이윤을 감추고 정당한 세금 납부를 회피함으로써 조세 수입이 감소하게 된다. 이로 인해서 재정적자가 악화된다: 역주)

이러한 부정·부패 현상이 얼마나 폭넓게 이루어지고 있는지를 보면 실로 경악스러울 정도이다. 오늘날 세계 주요 지역에 약 55개의 금융천국들이 있다. 그 중의 하나인 까이망 섬은 전 세계 은행센터 가운데 제5위를 차지하는 곳인데, 이곳에서는 법인으로 등기된 회사와 은행의 숫자가 그곳에 사는 주민의 숫자보다 더 많다.[7]

범죄활동과 합법활동을 통해 긁어 모은 엄청난 금액의 자본이 또한 바누아투(Vanuatu: 태평양 남서부에 위치하는 섬나라. 1980년에 독립하여 성립한 '공화국'. 수도는 포트빌라: 역주), 쿠크 제도, 모리셔스(Mauritius: 인도양 남서부 마다카스카르 섬 옆에 위치하는 섬나라. 수도는 포트루이스: 역주) 같은 태평양과 인도양의 여러 섬들은 말할 것도 없고, 바하마(Bahamas: 미국 플로리다 동남쪽의 카리브 해에 위치하는 섬나라 '공화국'. 수도는 나소: 역주), 영국령 버지니아 제도, 버뮤다 제도, 세인트 마르틴 등 카리브 해의 금융천국들에 비축되어 있다.

미국계 실업(實業)은행인 '메릴 린치'(Merrill Lynch)는 최소한 3조 달러의 사유재산을 금융천국에서 관리하고 있다. 이 금액은 자그마치 전 세계 국민총생산의 15%에 달한다.[8]

---

7) 작크 블룸(Jack A. Blum)의 계산("Drogas, desarrollo y estado de derecho," Bilbao, 1994. 10)에 따름. 아울러 알랭 라브루스(Alain Labrousse)와 알랭 왈롱(Alain Wallon) 공동편집의 『마약의 세계』(La planète des drogues), 르 쇠이으(Le Seuil), 파리, 1993 중에 있는 자크 블룸과 알랑 블로흐(Alan Bloch) 공동집필 논문 「서인도제도의 돈 세탁」(Le blanchiment de l'argent dans les Antilles)을 참조하시오.
8) 다음의 자료를 참조하시오. 「수요의 증가가 시장을 바꿔 놓는다」(Increased

그러나 부정한 자본의 가장 큰 부분은 영업상의 비밀을 철저하게 지켜줌으로써 엄호받는, 일반은행(금융천국이 아닌)의 비공개 구좌에 비축되어 있다. 이렇게 볼 때 부정한 자본의 실제 총 규모는 금융천국들에 비축되어 있는 것보다 훨씬 거대하다고 할 것이다.

스위스는 여전히 검은 돈들이 매우 선호하는 금융천국이다. 은행의 공개된 계좌번호(비밀계좌가 아닌 것. 스위스에서는 1934년부터 비밀계좌제를 도입하여 운용하고 있다. ≪시사저널≫ 1997년 8월 28일자를 참조하시오: 역주)를 사용하고 있는 예금의 경우만 해도 그 금액 전체의 40% 이상이 비거주자들의 것이다.[9]

금융천국들은 열대지방의 섬들에 위치한 수많은 "싸구려 공화국"들에 국한되지 않는다.(태평양, 인도양, 대서양, 카리브 해 등에 있는 작은 섬들에서는 이런 식의 사이비 '공화국'들이 무수히 산재하고 있다: 역주) 그곳과 마찬가지의 편의들이 서유럽에도 룩셈부르크, 스위스, 앵글로-노르만 군도, 더블린, 모나코, 마디라 군도, 지브롤터, 몰타 등지에 잘 설치되어 있고, 훌륭한 서비스를 제공하고 있다.[10]

이처럼 금융천국들은 서유럽 은행체계의 분리될 수 없는 연장선을 형성하고 있는 것이다.

그곳에 개설되어 있는 예금 계좌들은 보통의 단말기로 쉽게 입출금을 할 수 있다. 더구나 비자 카드를 사용하여 자동창구에 들어감으로써 지구상의 어디에서든지 돈을 넣었다 뺐다 할 수 있다.

이처럼 규제완화나 규제철폐에 힘입어 이 금융천국들은 이제 전 세계 금융시장의 통합된 일부분으로 되고 있다. 그리고 합법적인 사업과 불법적인 사업은 점점 더 구분할 수 없을 정도로 얽히고 있다. 바야흐로 자본

Demand Transforms Markets), ≪파이낸셜 타임즈≫(Financial Times), 런던, 1995. 6. 21.

9) 피터 보사르(Peter Bosshard), 「스위스 은행의 분해」(Cracking the Swiss Bank), ≪멀티내셔널 모니터≫, 1992년 11월호.

10) 장 쉐노(Jean Chesneaux)의 다음의 글을 참조하시오. 「거대한 전 지구적 카지노 판에 떨어지고 있는 유럽의 색종이 조각들」(Les confeittis de l'Europe dans le grand casino planétaire), ≪르 몽드 디쁠로마띠끄≫, 1996년 1월호.

주의의 구조에 근본적인 변화가 진행되고 있는 것이다.

범죄조직의 '부정한' 돈과 한몸이 된 '합법적'인 초국적 자본

마피아는 범죄활동으로 벌어들인 돈을 합법적인 사업에 투자한다. 그러면 다음에는 이 합법적인 사업에서 벌어들인 돈이 역으로 범죄경제 쪽으로 흘러 들어간다. 조직범죄는 검은 돈의 세탁에 연루되어 있거나 범죄조직과 이러저러한 관계를 가지고 있는 상업적인(영리 본위의) 은행들 혹은 기업체들에 대한 통제권 탈취를 통해서 이러한 자금 순환을 가능하게 만들고 있다.

은행들은 자신의 거래는 신의와 성실에 입각하여 이루어지고 있으며 은행 경영자들은 예금된 자금의 출처에 대해서는 일체 관심을 갖지 않는 것처럼 가장한다. 그러나 이것은 어디까지나 "가장"일 뿐이다! 이처럼 출처에 대해 어떠한 의문도 제기받지 않는 외환, 비밀을 철저히 지켜주는 은행업무 관행, 거래의 익명성 허용(금융실명제가 아닌 것: 역주) 등 모든 것들이 범죄조직의 이익을 보장하고 있다. 이러한 제도나 관행들은 나아가 은행기구들을 공공의 감시나 범죄 혐의 추궁으로부터 확실하게 보호해 주고 있다.

거대 은행들은 엄청난 액수의 수수료를 받는 대가로 기꺼이 돈 세탁을 해 줄 뿐 아니라, 범죄조직인 마피아들에게 높은 이자율로 신용대부를 해 주기까지 한다. 이렇게 범죄조직에 자금을 대부해 주는 것은 곧 공업, 농업 등으로의 생산적인 투자를 희생시키는 것으로 된다.(자원이 비생산적인 부문에 우선적으로 배분됨으로써: 역주) 이와 같이 전 세계적인 부채의 증가와 불법적인 상업활동의 만연 및 검은 돈의 세탁 사이에는 긴밀한 상호 관련성이 있다.

1980년대 초 제3세계 나라들에서 외채위기가 발생한 이래 1차 산품의 가격은 뚝 떨어졌다.(외채를 갚기 위해 낮은 가격으로라도 수출해야 했

기 때문이다: 역주) 그 결과 개발도상국의 소득은 극적일 정도로 크게 저하되었다.

또 국제 채권자들(국제통화기금과 세계은행으로 대표되는: 역주)이 지시하는 재정·금융 긴축조치의 영향을 받아 공공부문 노동자들이 대량으로 해고되었고, 국영기업들은 싼값에 처분되었으며, 공공투자는 차갑게 얼어 붙었다. 그리고 농업 및 공업에 대한 자금 대부는 크게 축소되었다. 또 실업은 계속 증가하고, 임금은 계속 저하했다. 이렇게 됨으로써 합법적인 경제부문은 빈사의 위기에 처하게 되었다.

그 결과 수많은 나라에서 비공식적인 지하경제 부문이 경제의 공식적인 부문을 대신해서 발달했다. 그리고 이 지하경제는 범죄 마피아들이 번성하기에 안성맞춤인 기름진 토양이 되었다.

한편 민족(국내)시장과 수출이 동시에 무너져 내리면서 경제체제에 커다란 공동(空洞)이 생겨났다. 그렇게 되자 부정한 생산활동(예컨대 마약 재배 같은 것: 역주)이 경제활동의 지배적인 분야로 되었으며, 나아가 그 나라 외환조달의 주된 공급원이 되었다. 유엔의 한 보고서에 따르면 "외채 채무국들은 국제통화기금의 자금 대부를 받을 수 있기 위해서는 그 기구가 권고하는 '구조조정'을 받아들이도록 강요되었는데, 경제에 대한 범죄 신디케이트들의 틈입(闖入)은 이러한 구조조정 프로그램 때문에 아주 용이해졌다"고 한다.[11]

예컨대 볼리비아에서는 1985년에 국제통화기금에 의해 "신경제 정책"이 권고되고 시행되었는데, 이것은 주석 원광석 수출의 격감을 초래했다. 또 그와 더불어 코미볼(Comibol) 주(州)의 광산 컨소시엄에 의해 광부들이 대량 해고되는 데 크게 영향을 미쳤다. 그런데 역설적이게도 당시 노동자들에게 지급된 해고 보상금은 코카인 생산 지대의 토지 구입에 재투자되었으며(생존의 벼랑에 내몰린 노동자들로서는 살아 가려면 그 길밖에 없었다: 역주) 그 결과 마취제를 매매하는 상업이 엄청나게 증가했다.

---

11) 유엔, 앞의 책, 2쪽 참조.

볼리비아의 경우와 마찬가지로 페루에서도 알베르토 후지모리(Alberto Fujimori) 대통령에 의해 실시된 구조조정 및 '경제 안정화' 프로그램이 이 나라 경제에 참혹한 피해를 초래했다. 1990년 "후지 쇼크"(이 쇼크에는 석유가격이 순식간에 30배나 상승한 것이 포함된다)는 '합법적'인 농업생산(커피, 옥수수, 담배 등)의 파괴를 초래했다. 그리고 상(上) 후알라가(Huallaga) 지역의 '불법적'인 코카인 재배를 급속하게 발달시켰다.

하지만 불법·부정한 산업의 성장은 라틴 아메리카나 아시아의 마약 생산지대인 삼각형과 초생달 지역(마약 왕 쿤샤로 유명한 미얀마와 태국의 국경 지대: 역주)에만 국한되지 않는다. 아프리카에서도 상업상의 국경이 허물어지고 유럽과 미국의 잉여 농산물(밀을 비롯한 곡물)이 각 나라의 시장에 투매됨으로써 식량을 공급하는 농업부문의 생산은 극적일 정도로 대폭 저하되었다. 이리하여 이 나라들에서는 수천 년을 이어오던 식료의 자급자족 체제가 무너졌다.

이 지경이 되자 대외부채의 압박에 짓눌려 있는 여러 나라들은 경제활동의 방향을 돌려, 다투어 대마초 재배에 나서게 되었다. 모로코에서는 수많은 농민들이 하시시(인도 삼에서 뽑은 마약이나 마약 성분이 있는 인도 삼. 아편 유사품임: 역주)를 재배하기 시작했다. 이 하시시 재배·수출로 인해 모로코에서는 불법·부정한 대외무역이 모로코의 합법적인 농업수출 금액 전체와 맞먹는 규모에 달하게 되었다.12)

마약 마피아들은 또 아프리카의 여러 나라들에서 정치권에 유력한 창구를 개설하는 데까지 진출해 있다.

소련 및 동구 사회주의의 붕괴 이후 구 소련 블록의 나라들은 외부 채권자들의 밥이 되어 그들이 강요하는 경제의 극약처방에 내맡겨지게 되었다. 그 결과는 경제를 온통 황폐하게 만드는 것이었다. 이들 지역에서는 생산의 해체와 빈곤이 '범죄경제'의 비약적 발전을 조장하고 있다. 이

---

12) 파스칼 모르테노 토레그로소(Pascal Morteno Toregroso), 「국가부채와 키프의 재배」(La culture du kif et la dette nationale), ≪엥떼르데빵당스≫(Interdépendances), 파리, 1996년 3월호. ('키프'란 모로코에서 담배에 섞어 피우는 삼 가루: 역주)

틈을 놓치지 않고 범죄조직은 1990년대 이후 다른 어느 곳보다도 동유럽에 대거 침투해 들어갔다.

예컨대 우크라이나에서는 국제통화기금이 1994년 8월에 일련의 거시 경제 개혁을 후원했는데, 이 경제개혁은 식량생산 농업을 심대한 위기에 빠뜨리는 결과를 가져왔다. 그 결과에 대해 '마약에 관한 지정학적 관측소'는 이 나라에서 소맥 생산이 줄어들면서 그에 상응하여 아편 재배가 급속하게 발달하고 있음을 확인해 주고 있다.

구 유고슬라비아 지역에서도 위의 경우와 똑같이 토착 농업이 내리막을 걸음에 따라 '산타 코로나 유니타'(Santa Corona Unita)라는 이탈리아 마피아에 의해 통제되는 양귀비 재배지와 헤로인 제작소들이 속속 그 모습을 나타내고 있다.13)

외부의 채권자들에 의해 강력하게 요구되고 있는 채무구조 개편 프로그램과 사유화(또는 민영화)는 라틴 아메리카와 동유럽의 수많은 은행들이 서구와 일본 실업은행들의 소유·지배로 넘어가게 하고 있다. 예컨대 헝가리에서는 '중부-유럽 국제은행'(CIB: Central-European International Bank)이 '이탈리아 상업은행', 독일의 '바이에리셔 베라인(Bayerischer Verein) 은행', '일본 장기신용 은행', 일본의 '사쿠라 은행' 및 프랑스의 '소시에떼 제네랄'(Société générale) 은행 등으로 구성된 외국은행들의 컨소시엄에 의해 매수되었다.

이렇게 됨으로써 이 '중부-유럽 국제은행'은 정부의 간섭을 일체 받지 않게 되고, 외환거래와 관련한 정부의 규제와 통제에 따라야 할 의무도 없어짐으로써 이익이 많이 나는 돈 세탁에 자유자재로 관여할 수 있게 되었다.

1992년 룩셈부르크에서는 돈 세탁에 관한 사법적인 분규 하나가 있었는데, 헝가리의 '중부-유럽 국제은행'이 '칼리 카르텔'(cartel de Cali)('칼리'는 콜롬비아 남서부의 도시 이름으로서 마리화나 집산지로 유명하다.

---

13) 《마약의 국제적 급송》(La Dépêche internationale des drogues), Paris, 제45권, 1996년 7월호를 참조하시오.

그래서 '칼리'라는 말은 곧 마리화나를 의미하는 것으로 통한다: 역주)의 자본을 이동시키는 데 이용되었다는 판결을 받았다. 그러나 헝가리의 반 (反)마약 대책반에 따르면 "나라의 어려운 경제문제들과 유동성에 대한 필요성을 고려할 때, 정부에 대해 은행들에 예치되어 있는 자금의 출처에 대해 보다 가까이 들여다보라고 강력히 요구할 수가 없다"[14]고 한다.

볼리비아와 페루에서는 국제통화기금의 후견 아래 은행 체제의 개혁이 이루어졌는데, 이 개혁은 '외환의 자유로운 유통'을 아주 용이하게 해 주었다. 한 관찰자에 의하면 그 개혁은 "페루 금융체제에 의해 돈 세탁을 합법화해 주는 것이나 다름없는 것으로 귀착되었다"[15]고 한다.

더구나 사유화된 여러 국영은행들은 검은 돈을 세탁하는 일에 관여하고 있는 것으로 종전부터 의심받고 있었는데, 경제개혁으로 인해 외국자본의 통제권 아래로 넘어감에 따라 이제는 더 이상 그 혐의를 추적할 수 없게 되었다.

예를 들면 '인터방크'(Interbanc)가 바로 그러한 경우이다. 이 은행은 페루의 국영은행이었으나 1994년에 까이망 섬에 소재하는 컨소시엄인 '다비 오우버시즈'(Darby Overseas)가 이 은행을 취득했다. 그런데 ≪파이낸셜 타임즈≫의 보도에 따르면, 이 '다비 오우버시즈'는 "향후 부채구조를 재편하는 '브래디 플랜'(Brady plan)이 있을 것으로 기대하면서 위험도가 높은 시세로 페루의 실업은행 부문에 투자할 생각을 가지고 있다. … '다비 오우버시즈'는 1년 전(즉 1993년도)에 브래디(이전에 조지 부시 행정부의 재무장관이었다)와 그의 수석 보좌관인 홀리스 맥로우린(Hollis McLoughlin)과 예전에 아르헨티나의 재무차관이었던 다니엘 마르크스 (Daniel Marx)에 의해 설립되었다.… '인터방크'의 주요 책임자는 카를로스 파스토르(Carlos Pastor)인데, 그는 80년대 초 페루의 경제기획원 장관

---

14) 알랭 라브루스(Alain Labrousse), 「돈 세탁을 배우는 은행 체제」(Un système bancaire à l'école du blanchment de l'argent), ≪엥뗴르데빵당스≫, 1996년 3월호를 참조하시오.

15) 홈베르토 캄포도니코(Humberto Campodonico), 「유동하는 자본이 대외부채를 치른다」(Les capitaux flottants paient la dette extérieure), ≪엥뗴르데빵당스≫, 1996년 3월호 참조.

이었던 인물"16)이라고 한다.

정치권력과도 굳게 결탁하고 있는 조직범죄

동유럽과 구 소련의 사유화 프로그램은 국영은행과 공공 서비스 기관, 에너지 부문, 집단체(예컨대 집단농장)에 귀속되어 있는 토지, 공업적 및 상업적 기업들 등의 매각을 포함하고 있다. 이러한 국가재산의 매각에는 심지어 군산복합체 매각도 포함되어 있다. 그리고 이 나라들은 '브레튼 우즈' 체제의 회초리로 닥달을 당해서, 이 매각 대금을 서유럽의 채권자들인 거대 상업은행들에게 진 빚의 원리금을 갚는 데 사용하고 있다.*

그런데 이 사유화 과정에서 공공재산의 상당히 많은 부분이 조직범죄 집단에 넘어갔음은 두말할 나위가 없다. 저간의 사정이 이러하므로 러시아에서 신흥 부유층을 형성하고 있는 마피아가 신자유주의의 열렬한 당원으로 되고, 나아가 보리스 옐친 대통령의 경제개혁에 대한 정치적 버팀목이 되었던 것은 전혀 의외의 일이 아니다.

러시아 연방에는 통틀어 약 1천3백 개를 넘는 범죄조직이 있다.17) 최근 '러시아 과학아카데미'에서 발표한 한 조사연구에 의하면, 조직범죄는 러시아 경제의 40%와, 모스크바 상업용 부동산 전체의 절반, 그리고

---

16) 샐리 보우웬(Sally Bowen), 「미국 전 장관의 회사가 페루에서 은행을 매수하여 '브래디 인베스트먼트 은행'을 설립하다」(Ex-US Secretary's Company buys into Bank, Brady Investment in Peru), ≪파이낸셜 타임즈≫, 1994. 7. 22.

* 브레튼우즈(Bretton Woods): 1944년 미국 뉴햄프셔 주의 브레튼우즈에서 개최된 국제회의를 가리키는 용어로, 이곳에서 국제통화기금 및 세계은행의 설립이 결정되고, 미국과 선진자본주의 강대국을 본위로 하는 제2차 세계대전 이후의 세계경제 질서의 골격이 짜여졌다. 냉전이 끝난 90년대에 들어 우루과이 라운드 협상에 따라 1995년 1월부터 세계무역기구가 등장하여 세계경제에서 점차 중요한 역할을 해 가고 있으나, 통화·금융의 영역에서는 브레튼우즈 체제가 여전히 세계경제 질서의 뼈대 구실을 하고 있다. 역주

17) 갱들은 48,000개의 상사(商社), 1,500개의 공공기관 및 800개의 은행을 지배하고 있다. ≪코메르잔트≫(Kommerzant), 모스크바, 제20권, 1994년호를 참조하시오.

국내 상업기관들의 2/3를 지배하고 있다고 한다. 즉 3만5천 개의 사기업체와 400개의 은행과 150개의 국영기업을 지배하고 있다는 것이다.[18]

심지어 러시아 마피아의 한 지파는 군수용 물자, 우주 정복 장비, 핵물질 등의 거래에 관여하고 있다. 이들의 거래 품목에는 재래식 무기는 물론이고 전자조종 미사일과 핵무기 제조용 플루토늄까지 포함되어 있다.[19]

나아가 러시아의 범죄 신디케이트는 정치권 및 고위 공직자들과 끈을 대고 이들을 마음대로 부리고 있다. 뿐만 아니라 국회인 두마에 자신들의 대표를 직접 내보내고 있기까지 하다. 새로운 국제금융 환경이 정치 생활의 범죄화를 부추기는 비옥한 토양이 되고 있는 것이다.

한편 사회의 범죄화에 따라 조직범죄와 연결되어 은밀하고 불법적인 방식으로 움직이는 강력한 압력단체들이 마구 설쳐대고 있다. 간단히 말해서 범죄 신디케이트들은 국가의 경제정책에까지 그 영향력을 행사하고 있는 것이다. 새로이 시장경제로 나아가고 있는 나라들만이 아니라 유럽연합의 나라들이나 북미, 일본에서도 부정·부패가 덩쿨처럼 뻗어 있으며, 정치인들과 정부 관료들은 조직범죄의 이익에 복무하는 더러운 유착관계를 맺고 있다. 정경유착에서 나아가 정범유착(政犯癒着)을 하고 있는 것이다!

이렇게 해서 사회적인 구조물(자유로운 개인들에 의해 구성된 상호 연대적인 공동체라는 의미이다: 역주)이라는 국가의 성격이 완전히 변질되고 있는 중이다. 유럽의 경우에 이러한 상황은 '코사 노스트라'(Cosa Nostra)(지연을 중심으로 굳게 결속한 마피아형의 범죄조직. 노스트라는 '우리 고향사람'이라는 뜻을 가지고 있다: 역주)가 국가의 정상부 요소요

---

18) 정밀한 연구에 따르면 러시아 조직범죄는 이 나라 전 국토 안에서 영업활동을 하고 있는 대단히 다종다양한 금융기관들 주식 총액의 35~80%를 지배하고 있다. ≪이즈베스챠≫(izvestia), 모스크바, 1995년 9월 21일자와 파울 클레브니코프(Paul Klebnikov), 「스탈린의 상속자들」(Stalin's Heirs), ≪포브스≫(Forbes), 뉴욕, 1993년 9월 27일자를 참조하시오.

19) ≪업저버≫(The Observer), 런던, 1994. 9. 11.

소에 두루 박혀 있는 이탈리아에만 국한되는 것이 결코 아니다.

라틴 아메리카의 여러 나라들에서는 정도가 더욱 심해서, 마약 카르텔이 국가기구를 포위하고 있으며 유력한 지위에 있는 정당들과 하나로 통합되어 있다. 최근 콜롬비아에서는 '콜롬비아 자유당'에 관한 스캔들 하나가 밝혀졌는데, 이 과정에서 에르네스토 삼페르(Ernesto Samper) 대통령이 대통령 선거운동 과정에서 '칼리 카르텔'로부터 상당한 액수의 기부금을 받았음이 폭로되었다. 이와 마찬가지로 1994년에 있었던 멕시코에서의 정치적 암살사건—이 사건으로 카를로스 살리나스(Carlos Salinas) 전 대통령이 고소되고 그의 동생 라울(Raul)이 살인죄로 구속되어 있다—은 멕시코의 마약 카르텔들이 제도혁명당(PRI: 멕시코의 집권당으로서 70여 년간 계속 집권하며 독재 통치를 해 오고 있다: 역주)의 운영에서 어떤 역할을 하고 있는지를 극명하게 보여 주었다.[20]

한편 베네주엘라에서는 환각제-마피아가 마약거래에서 얻은 이윤을 세탁하기 위해 그 나라 최대의 상업은행인 '방코 라티노'(Banco latino)를 이용했다. 그런데 이 '방코 라티노' 은행은, 1994년 베네주엘라 19개 은행들의 연쇄적인 파산을 초래한 자신의 거대한 파산이 있기 전까지 '페드로 티노코'(Pedro Tinoko) 가에 의해 지배되어 왔다. 그 '페드로 티노코'는 또한 부패 혐의로 기소된 카를로스 안드레스 페레즈(Carlos Andres Perez) 대통령 정부 치하에서 이 나라 중앙은행의 장(長)을 맡기까지 했다.[21] '페드로 티노코'는 또 1988년에 착수된 베네주엘라 경제 구조조정 프로그램의 주요 설계자였다.

한 관찰자의 이야기에 의하면 "마약 카르텔은 정치·경제 구조와 공생 관계를 맺어 움직이고 있다."[22] 합법적인 경제활동—공업적 및 농업적

---

20) 볼리비아에서는 1980년대 중반 이후 그 당시 군사독재자였던 휴고 반제르 (Hugo Banzer)에 의해 지도되는 민족민주당 덕택으로 줄곧 연립정부가 들어섰는데, 이 정부는 마약 거래에 깊이 연루되어 있었다.

21) ≪마약의 국제적인 급송≫(La Dépêche internationale des drogues), 제51권, 1996년 1월호를 참조하시오

22) ≪르 몽드≫(Le Monde), 문헌자료(Dossiers et documents), 파리, 1996년 1월호를 참조하시오.

등—의 와해는 수많은 개발도상국을 대외부채와 구조조정의 올가미 속으로 몰아 넣었다. 이들 가운데 몇몇 나라에서는 부채 원리금 상환액이 그 나라의 합법적인 수출금액 총액을 초과하고 있다.

그래서 어떤 경우에는 불법적이고 부정한 상업거래에서 얻는 수입금으로 부족한 외환을 대신 충당하는 사례마저 있다. 아이러니칼하게도 이 불법·부정한 자금이 외채를 지고 있는 정부들로 하여금 원리금 상환 약속을 이행할 수 있게 해 주고 있는 것이다.

이것이 소위 라틴 아메리카에서 출몰하는 "환각제-민주주의"의 실상이다. 그곳에서는 환각제-달러가 공식적인 은행체계 안에서 세탁되고 재처리된 후, 정부로 하여금 대외 채무를 이행할 수 있도록 "좋은 일을 한다."

조직범죄는 사유화에 힘입어 국영 기업체들을 취득하게 되는데, 범죄조직의 이러한 국가재산 취득은 '국제 금융자본 공동체'에 의해 차악(次惡)으로서 암암리에 받아들여지고 있다. 누가 국가재산을 사유하든 사유화만 되면 정부에 돈이 들어오게 되고, 그러면 채무국 정부는 이 돈으로 외채를 상환할 수 있게 되기 때문이다.

불법적이고 부정한 거래(마약 거래는 이러한 부류의 갖가지 거래들 가운데 단지 하나에 불과하다)의 폭증은, 이 해외 채권자들을 향하여 그리고 이 채권자들을 위하여 엄청난 금액이 채무자로부터 이전되는 것을 가능하게 해 준다. 이 해외 채권자들은—민간자본만이 아니라 국가기관들도—이런 검은 돈을 마다지 않는다. 그래서 채권자들은, 일시적으로야 어쩔지 모르지만 궁극적으로는, 돈의 자유로운 유통과 순환—어떤 돈이 어떻게 이동하든—에 기초한 경제체제를 두둔하고 장려한다. 그래서 이들은 줄기차게 경제의 개방화를 요구한다. 그리고 이것이 이른바 구조조정 또는 경제 재구조화라는 그럴듯한 말 속에 숨겨져 있는 "자본의 논리"이다.

요컨대 부채가 차질없이 상환되는 한에 있어서 채권자들은 "정상적인 돈"과 "검은 돈" 사이에 어떠한 구별도 하지 않는다.

이런 상황 속에서, 유엔이 발표한 보고서의 용어를 빌리면, "법을 지키게 하는 것을 책임지는 치안행정 서비스의 '국제적 기준'을 강화하는 것은 임시방편이요 미봉책일 뿐이다. 경제적인 면에서의 발전과 사회적인 면에서의 발전(평등, 정의, 동포애 같은 것의 향상을 말한다: 역주)이 동시병행적으로 이루어지지 않을 경우에 조직범죄는 전 지구적 범위와 규모로 확대될 것이다. 그리고 아주 구조화된 모습으로 고착될 것이다."[23] (마치 우리나라에서 철거 용역깡패가 이미 구조화되어 있고 공장 용역깡패가 도입되어 구조화를 향해 나아가고 있는 것처럼!: 역주)

---

23) 유엔, 앞의 책 참조.

세계 민중의 저항: 투쟁과 전략

1

미국 화물트럭 노동자들의 눈부신 승리[*]
숙명론은 더 이상 노동자의 숙명이 아니다

릭크 판타지아(Rick Fantasia)[**]

[《르 몽드 디쁠로마띠끄》 편집자 주: "어쩔 수 없는 경제적 제약"이라는 자본의 논리(우리나라에서는 이를 흔히 경제논리라고 부른다. 역주)는 갈수록 사회운동의 조직적인 저항에 부딪히고 있다.

프랑스에서는 좌파정부 치하에서조차 덩굴처럼 뻗어 나가는 공기업의 사유화 조치들(대표적으로 '프랑스 텔레콤'[France Télécom])과 공기업 체제 유지를 통해 '비영리적인 공공부문'이라는 특성을 지키고자 하는 노동자들의 의지(대표적으로 '프랑스 철도공사'[Société National des Chemins de fer Français: SNCF]의 경우)가 서로 충돌하면서 노동조합들이 대중행동에 떨쳐 나서고 있다.

한편 철강산업의 심장부인 로렌느(Lorraine) 사람들은 지금 심각한 생활고를 겪고 있는데, 이들의 운명은 산업계의 '프리미엄 사냥꾼들'(사냥꾼이 좋은 사냥감이 있는 곳으로 신속하게 이동하듯이 자유로운 정리해

---

[*] 이 글은 《르 몽드 디쁠로마띠끄》 1997년 10월호의 특집 「노동자들의 저항: 로렌느에서 미국까지」 중 미국에 관한 부분을 번역·전재한 것이다.

[**] 스미스 칼리지(노샘프턴, 매사추세츠) 사회학과 교수로, 저서로는 『연대의 문화』(Cultures of Solidarity), 캘리포니아대학 출판부, 1988이 있다.

고와 유연한 노동통제의 보장, 낮은 임금, 낮은 세금, 값싼 사회간접자본 제공, 정부의 각종 보조금 지원 등 프리미엄이 있는 곳을 찾아 재빠르게 기업 소재지를 옮기는 자본의 행태를 빗대어 하는 표현이다: 역주)에게 내맡겨져 있다. 이는 '사회적·정치적 도박들'(아무런 계획 없이 순간순간의 이해득실에 따라 사회와 정치를 운영하는 모습을 도박에 비유해서 하는 말이다. 그동안의 '경제개발 5개년 계획'을 '사회복지 계획'으로 발전시키지는 못할망정, '계획' 따위는 아예 없애 버리자고 어느 대통령 후보자가 선거에서 공약으로 내세웠던 우리나라의 경우도 이와 별반 다르지 않을 것이다: 역주)의 본질이 무엇인지를 잘 보여주고 있다.

바다 건너 미국에서는 '합동 소화물 서비스'(United Parcel Service: UPS) 사의 노동자 185,000명이 2주일간 파업을 했다. 이 회사의 노동자들은 불안정 고용의 전면화에 맞서 과감하게 투쟁함으로써 모든 국제경제 기구들과 고용주들의 나팔수들이 한결같이 노래하듯 읊어대고 있는 '유연화 모델'에 대하여 이를 다시금 사회적 쟁점으로(기정사실로 인정하기를 거부하고서!) 만들고 있는 것이다.

그런데 노자간의 이번 대결에서 양보할 수밖에 없었던 쪽은 놀랍게도 노동조합이 아니라 사용자 쪽이었다. 시민들에게 불편을 끼치는 특성 때문에 파업하기가 쉽지 않은 서비스 산업의 기업체에서, 정보화가 고도로 이루어진 기업체에서, 주체할 수 없을 만큼 이윤이 철철 넘쳐나 사용자의 기세가 등등한 기업체에서, 노동자들이 파업투쟁에서 승리한 것이다.

미국 노동운동의 이 오랜만의 승리는—그동안 노동자 편에 좀체 서 주지 않던 여론이 파업 노동자들에게 대대적인 지지를 보여 주었다는 사실과 함께—초강대국 미국에서 바야흐로 새로운 시대가 열리고 있음을 예고하는 것 같다.]

미국 노동운동이 되살아났다!

정치인, 언론인, 대학교수들이 노동운동은 죽었다고 치부하고서 그 비문(碑文)을 기초(起草)하느라 분주한 시대에 미국 노동운동은 그런 인사들을 비웃기라도 하듯이 힘차게 떨쳐 일어섰다. 세계적으로 소문이 자자한 대로 미국 노동운동은 지난 20여 년 동안 실로 고전을 면하지 못하였다. 미국 노동운동이 이렇게 궁지에 몰려 고전한다는 사실은, 그 구체적인 실례로는 지난 1981년 '항공 관제사 노동조합'의 파업이 당시 대통령 레이건에 의해 박살난 사건에서 극명하게 드러난 바 있다.[1]

그런데 이렇게 고전을 거듭하던 20년이 지나고 나서, 그리고 일련의 중요한 파업들에서 연이어 패배를 겪고 나서—극히 최근 싸움에서 패배한 파업은 말할 것도 없고, 90년대 중반에 있었던 카터필라(Caterpillar), 스탤리(Staley), 브릿지스톤(Bridgeston), 디트로이트 뉴스(The Detroit News) 등의 일련의 끈질긴 파업에서도 노동운동은 모두 패배했는데[2]—그러한 패배들을 딛고서 '합동 소화물 서비스'사 노동자들이 눈부신 승리를 쟁취한 것이다.

이 승리는 향후 수년 동안 미국 노동운동은 물론이고 미국 사회 전반에 커다란 충격파를 던지게 될 것이다.

이번 파업은 산별노조인 '전(全) 미국 트럭운전사 노동조합'(the Team-ster's Union 또는 the Teamsters)에 의해 촉발되고, 이 산별노조의 공격적인 지도자 론 캐리(Ron Carey)에 의해 이끌어졌으며, 무려 2주일간이나 지속되었다.('합동 소화물 서비스'사 노동자들은 산별노조인 '전 미국 트럭운전사 노동조합'에 소속되어 있다. 이 산별노조는 조합원 수가 미국 내 최대이다. 역주)

---

1) 1981년 8월, 레이건 대통령은 항공 산업을 마비시키고 있던 '항공 관제사 노조'의 파업에 대하여 파업에 참가한 12,000명을 전원 해고했다. 이 해고자들의 자리는 즉각 대체인력으로 충원되었다. 그리고 파업투쟁은 노동조합측의 요구조건 가운데 어느 것 하나도 받아들여지지 않은 채 막을 내렸으며, 심지어 파업에 참가한 노동자들의 재(再)채용조차 허락되지 않았다.

2) 토마스 프랭크(Thomas Frank)와 데이비드 멀케이(David Mulcahey)의 「미국 노동자들의 힘겨운 파업」(Ces dures grèves des ouvriers américains), ≪르 몽드 디쁠로마띠끄≫, 1996년 10월호를 참조하시오.

이에 앞서 '합동 소화물 서비스'사 사용자는 노동자들을 적대시하면서 이른바 "현대적"인 경영기법들을 고안해 시행했으며, 이에 힘입어 소화물 배달 시장의 80%를 점유하기에 이르렀다. 그래서 사람들은 이 회사를 두고 서비스 산업 분야에서 고효율과 고생산성을 이룩한 모범사례로 간주해 왔다.

그런데 '트럭운전사 노동조합'의 파업과 노동자들의 승리는 노동자의 권익을 침해함으로써 비용을 줄이는 것, 즉 저비용의 실현을 골자로 하는 산업계 공통의 이른바 "현대적" 경영전략(우리식으로 말하면 '신경영전략'이다: 역주)에 대해 드디어 파열구를 내 버렸다. 사용자들이 추구하는 이 "현대적" 경영전략에 따르면 노동자들의 권익은 단체협약 체결에서 '암묵적 합의에 의한 갱신'(우리식으로 말하면 '무교섭 타결'이다: 역주)이나 '무파업 교섭'(우리식으로 말하면 '무쟁의 선언'이다: 역주)의 결과에 내맡겨지게 되어 있었다.

'합동 소화물 서비스'사는 이러한 "현대적" 경영전략을 적극적으로 구사하는 기업체 중의 하나였다. 그리고 이러한 반(反)노동자적 경영전략의 주요한 수혜자 가운데 하나이기도 했다.

지난 몇 년 동안 '합동 소화물 서비스'사는 매년 자그마치 10억 달러가량의 이윤을 벌어 들였다. 이러한 경영성과는 그 기업의 직원들 가운데 '부분-시간 노동자'(part-timer: 파트타임 노동자)가 차지하는 비율이 점차 높아져 온 것과 무관하지 않다. 이 회사에서는 지난 10여 년 사이에 '부분-시간 노동자'의 비율이 42%에서 60%로 늘어났다.

물론 미국 경제 역시 전체적으로 항상 '절반-시간 노동자'(half-timer: 오전이든 오후든 정규 근무시간의 절반만 일하는 노동자를 미국에서는 이렇게 부른다: 역주)들의 고용에 의지해 왔고 또 점점 더 그러한 불안정한 형태의 고용에 의지하고 있지만, 그럼에도 불구하고 '절반-시간 노동자'의 비율은 미국의 전체 고용인력의 19.4%에 불과하다. 이에서 보듯이 '합동 소화물 서비스'사는 미국 산업계의 평균치에 비해 보더라도 이례적일 만큼 비정규직 직원을 많이 고용해 왔던 것이다.

한편 '합동 소화물 서비스'사에서는 '절반-시간 노동자'들의 시간급 임금은 '전(全)-시간 노동자'(full-timer: 정규 근무시간 내내 일하는 노동자를 이렇게 부른다: 역주)들의 시간급의 절반에도 미치지 못하였다. 즉 '전-시간 노동자'의 임금은 시간당 19.95달러인 데 비해서 '절반-시간 노동자'의 임금은 시간당 9.65달러에 지나지 않았다. 그리고 이런 낮은 임금률로 한 나절만 근무하게 하는 것이 아니라 온종일 근무하도록 했다. 때로는 주당 50시간까지 근무시키기도 했다.

회사측은 또 짐꾸러미를 꾸리는(일정한 중량 이하의 묶음으로 나누어 포장하는) 경비를 절감하고자 했다. 그리고 이를 위하여, 그 회사의 산업재해 발생률이 당해 산업의 평균 산업재해 발생률의 두 배 반이 넘는 상태인데도 불구하고, 소화물을 배달하는 운전사가 직접 손으로 수취인에게 날라줘야 하는 짐꾸러미 중량의 최대치를 두 배 이상 늘렸다.

즉 종래에는 32킬로그램의 화물까지 운전사가 직접 날라주던 것을 68킬로그램 중량의 화물까지 운전사가 직접 날라주도록 규정을 변경했던 것이다. 더구나 이러한 사용자의 결정은 갑작스러운 것이었을 뿐만 아니라 완전히 일방적인 것이었다.

나아가 '합동 소화물 서비스'사는 산별노조인 '트럭운전사 노동조합'이 관리하던 직원들의 퇴직연금 운영권을 빼앗아, 그것을 기업연금제로 전환시켜 자신들이 관장하려고 기도했다.(산별노조를 인정하지 않으려 한 것이다: 역주)

사용자측의 이러한 갖가지 도발들이 한데 엮이면서 미국 노동운동에서 찾아보기 어려운, 거의 완전한 만장일치의 참여에 의한 파업이 터져나오게 되었던 것이다. '합동 소화물 서비스'사의 직원 185,000명(운전사, 탁송할 화물을 분류·선별하는 사람, 짐을 차에 싣는 사람 등) 가운데 95% 이상이 파업에 참여하였다. 그리고 용하게도 파업이 터지자마자 곧바로 여론의 폭넓은 지지를 받게 되었다.[3]

---

3) 1981년에 있은 항공 관제사들의 파업 당시 미국 국민의 51%가 레이건 대통령의 입장을 지지했다. 그리고 지난해까지만 해도 여론은 노사간의 분쟁에 대해서 다

노동조합의 전국 연합체인 '미국 노동 총연맹-산업별 회의'(AFL-CIO:
American Federation of Labor and Congress of Industrial Organizations)
역시 거의 전설로 굳어지다시피 한 자신의 소극성을 벗어던지고서 화물
트럭 노동자들의 파업투쟁을 지원하기 위해 모든 직종의 노동자들을 총
동원했다. 나아가 자신들의 모든 조직역량을 투입하기로 결정했다. '미
국 노동 총연맹-산업별 회의'는 지난 번 위원장 선거에서 그 전보다 훨씬
전투적인 지도부를 선출해 놓았던 것이다.*

연대는 그 전례를 찾아보기 힘들 정도로 잘 이루어졌다. '트럭운전사
노동조합' 본부로 기부금이나 대부금 조로 매주 1천 만 달러의 거금이
답지했다. 또 각 노조들은 '합동 소화물 서비스'사 노동자들의 피케팅을
지원하기 위해 자기 조합원들을 동원하겠다는 의향을 다투어 전해 왔다.

지난 수십 년 동안 '미국 노동 총연맹-산업별 회의'는 산하 각 노동조
합의 투쟁에 대하여 자본측이 그 노동조합에 겨누는 무기가 어떤 종류이
건 아랑곳하지 않고(긴급조정이건 공권력 투입이건 용역깡패이건 불문
하고: 역주) 각 노조가 알아서 해결하도록 내버려 둘 뿐이었다. 그런데
이번에는 양상이 확연하게 달랐다. 이 단체의 지도자인 존 스위니 위원
장은 '트럭운전사 노동조합'의 파업에서 단체행동의 일환으로 전개된 피
케팅에 그 자신이 직접 참가하였다.

소는 자발적으로(물론 언론은 응당 기본적으로 친자본적인 홍보기구의 역할을 했
지만) 사용자의 편을 들었다. 그러나 그 후 16년이 지나고 나서 이제 상황은 거꾸
로 뒤집혔다. 미국 국민의 2/3가 노동조합측의 요구조건을 지지하고 있는 것이다.
여론 흐름의 이러한 역전은 '합동 소화물 서비스'사 파업투쟁에 즈음하여 이루어
졌다.
* '미국 노동 총연맹-산업별 회의'(AFL-CIO)는 1955년에 AFL과 CIO가 통합하여
만들어졌으나, 자본측과의 야합, 관료화, 부패 등으로 노동자 대중으로부터 불신
을 받으면서 조직률이 크게 저하되는 등 침체일로를 걸어 왔다. 그러다가 지난 95
년 10월, 16년간 제왕처럼 군림하던 조지 미니의 후계자 레인 커클랜드(Lane Kir-
kland)를 물리치고 존 스위니(John Sweeney)가 위원장으로 당선되면서 노조의 재
건을 위한 노력이 추진되어 왔다. 특히 스위니 위원장은 고임금 정규직 노동자층
에 안주해 온 노조의 체질을 혁신하여 저임금 노동자의 조직화에 적극 나선다는
방침을 내세우고 있어, 미국 노동운동의 변화 가능성에 대한 관심을 불러일으키
고 있다: 역주

그는 자신의 이러한 행동에 대해 다음과 같이 설명했다. "이 파업은
우리들의 파업이다"라고.

파업의 승리까지는 1년간의 철저한 준비가 있었다

그러면 파업의 결과는 어떻게 되었는가? 거의 완전한 승리였다. 교섭
막판에 가서 회사측은 마침내 양보안을 내놓았다. 회사측은 부분-시간제
일자리 1만 개를 전-시간제 일자리로 즉시 전환하기로 했다. 이와 더불
어 전-시간제 일자리를 1만 개의 80%(즉 8천 개) 이상을 미리 확보해 두
었다가 향후 본인의 의사에 반(反)하여 부분-시간제로 일하고 있는 노동
자들을 그 자리에 충원하기로 했다. 단, 기업규모의 확장을 얼마나 할지
에 대한 예정을 기준으로 해서 그렇게 하기로 했다.(일시에 그렇게 할 수
도 있고, 단계적으로 그렇게 할 수도 있는 여지를 남겨 놓은 것이다: 역
주)
　'합동 소화물 서비스'사는 또 산별노조인 '트럭운전사 노동조합'이 관
리하는 연금기금에 대한 기여금 출연을 중단하려고 했었는데, 자신들의
당초의 바람과는 정반대로 사용자측 기여금을 더욱 증액시켜야 했다.
　이것만이 아니다. 모든 직원들의 급여가 인상되었다. 또 전-시간 노동
자와 부분-시간 노동자 사이의 시간급 격차도 줄어들게 되었다. 나아가
운전사가 운반할 짐꾸러미 중량의 최대치에 대해서도 노동조합과의 교
섭을 통해 결정되도록 하였다.
　결국 사용자측이 노동조합측으로부터 얻어낸 양보라고는 단 하나, 단
체협약의 유효기간을—노동조합은 그 기간을 3년으로 단축했으면 했는
데 이를 받아들이지 않고—종전대로 5년으로 한 것뿐이었다.

　이번 파업은 '합동 소화물 서비스'사 노동자들에게 매우 중대한 싸움
이었지만, 미국 노동운동 전체로서도 그에 못지 않게 중대한 싸움이었다.
이 파업이 제기한 문제들의 성격, 즉 불안정 고용의 문제가 모든 노동자

와 관련된 사안이라는 점에서도 그러했고, 이 파업에 참여한 관계 당사자들이 미국 노동운동 전체에 걸쳐 있다는 점―노총 위원장을 포함하여―에서도 그러했다.

그리고 무엇보다 우선적으로 높이 평가되어야 할 점으로는 미국의 노동조합이 '합동 소화물 서비스'사와 같은 서비스 산업 부문의 거인(巨人)에 맞서서 전국적인 투쟁을 조직해 낼 수 있었다는 사실이다. 그리고 특히 부분-시간 노동자의 비중이 압도적으로 높고 급여의 불평등성 또한 매우 심해서 해당 기업체 안에서 노동자의 단결이 원천적으로 철저히 봉쇄되어 버린 것처럼 보이는 상황에서 그렇게 할 수 있었다는 사실이다. 이러한 성취는 참으로 주목할 만한 것이다.

그러나 이러한 성취는 느닷없이 이루어진 것이 아니었다.

산별노조인 '트럭운전사 노동조합'의 지도부는 거의 1년여 동안 이 파업을 준비해 왔다. 조합원 한 사람 한 사람에게 체계적인 교육을 실시했으며, 조합원들에게 부분-시간 노동자들의 매우 어려운 처지에 대해 충분하게 이해시켰다. 그렇게 함으로써 '합동 소화물 서비스'사 사용자로부터 그들이 지니고 있는 화투패 가운데 가장 전도가 유망한 화투패 즉 "노동자의 분열"이라는 화투패를 빼앗는 데 성공했다. 그리하여 시간당 20달러를 받는 노동자들이 그 절반밖에 받지 못하는 동료 노동자들을 위해 기꺼이 파업투쟁에 나서게 된 것이다.

이런 점과 더불어 '합동 소화물 서비스'사는 사실 다른 기업체의 경우와 달리 기업을 다른 지방으로 옮겨 버리겠다고 위협함으로써 직원들이 업무에 복귀하도록 강제할 수도 없었다.(전국의 고객을 상대로 하는 서비스 업종이라는 특성 때문에: 역주)

그리고 다른 곳에서 채택하여 곧잘 재미를 본 파업 대응책인 노동조합 파괴전략을 쓰기도 어려웠다. 즉 파업 노동자에 대해서는 직장폐쇄를 해서 쫓아내고 그 자리에 대체인력을 투입함으로써, 조합원을 영구히 "비조합원"으로 바꿔치기하는―그래서 무노조 사업장으로 만드는―전략에 의지하는 것은 이 기업으로서는 극히 위험스러운 도박이 되었을 것이다.

(당해 사업장 노동자들의 높은 단결과 전체 노동조합운동의 적극적인 연대, 그리고 여론의 광범위한 지지로 미루어 볼 때 분명히 그러했다: 역주)

운수산업은 '정보화-현대화'의 급소이다

소화물 배달 업종은 사실 배달 차량 운전사와 고객들 사이에 맺어지는 인간관계에 크게 의존한다. 요컨대 대부분의 미국 사람들이 'UPS'라는 말을 듣고 언뜻 머리에 떠올리는 것은 무엇보다도 먼저 "호감이 가는 'UPS' 운전사들"이다. 일반 국민들은 이들의 존재에 대해 익히 알고 있다. 미국 국민들에게 'UPS' 운전사들은 유명한 밤색 제복을 입고, 같은 색깔의 화물 트럭을 몰고는 자기 동네를 매일 순방하는 존재로서 잘 알려져 있는 것이다.

이런 상태에서 만약 회사측이 파업을 파괴하기 위해 대체인력을 투입하는 위험한 수단을 택했다고 한다면, 이들 대체투입된 인력은 틀림없이 단골 고객들로부터 아주 안 좋은 대접을 받았을 것이다. 나아가서는 고객들 가운데 어떤 사람들은 집요하게 이들을 들볶았을 것이다. 이처럼 서비스 산업 분야의 사용자 녀석들이 즐겨 동원하는 이른바 "현대화"의 급소는 아마도 직원과 고객들간에 맺어져 있는 이러한 인간관계인 것 같다.

또한 "팽팽하게 당겨진 작업공정"과 "무(無)재고"를 그 특징으로 하는 새로운 작업조직[*]은 운수산업으로 하여금, 그리고 더 나아가서는 경제

---

[*] just in time: 최종 산출물이 나오는 속도에 맞추어 앞 공정에서 뒷 공정으로 그 즉시 자재나 부품이 공급되게 하는 작업방식이다. 이렇게 함으로써 모든 작업이 최종 생산물을 산출하는 최후 공정의 작업속도에 맞추어질 수밖에 없게 되고, 그래서 공장 전체적으로 작업속도를 높일 수 있게 된다. 또 공정의 중간에 쌓여 있는 재고를 줄일 수 있게 된다. 나아가 각 작업공정에서 여유인력을 즉각 발견해 내어 다른 곳으로 투입할 수 있게 된다. 이러한 관계가 단위 공장 안에서만이 아니라 외주를 통해서도 이루어지므로 이러한 작업방식은 정보통신 및 운수산업이 차질없이 이를 뒷받침해야만 정상적으로 운용될 수 있다. 그래서 이러한 산업부문들이 경영 "현대화"의 급소가 된다. 또 운수산업 자체도 그 경영기법이 앞에서 말한 방식으로 "현대화"될 경우 부분적인 파업만으로도 전체 기능이 차질을 빚는

전체로 하여금 장기적인 사회적 갈등에 극히 취약하게 만든다.[4]

그래서 대부분의 경제 예측자들은 만약 이번 파업이 장기적으로 계속되었다고 하면 아마도 미국 경제의 성장률의 1/5 정도는 족히 저하되었을 것이라고 보고 있다.

부분-시간 노동자들의 문제를 자신의 관심사항의 중심에 가져다놓으면서, 론 캐리(Ron Carey) 위원장과 '트럭운전사 노동조합'의 지도부는 미국의 노동자 조직 가운데 가장 주요한 조직, 140만 명의 조합원을 가진 조직의 역량을 하나의 전투에 투입하기로 결정했다. 즉 '트럭운전사 노조'는 그 지도자가 자신의 체험을 통해 싸움의 요령을 터득하고 있는 한 사업장의 전투에 전 역량을 집중해서 투여하기로 결정했던 것이다.

론 캐리 위원장은 본인 스스로가 이 사용자와 싸움을 해 본 전력을 가지고 있었는데, 그는 이미 뉴욕에서 '합동 소화물 서비스'사의 운전기사로서 일한 경력을 가지고 있었다. 그리고 그 다음으로 이 회사의 노동자들을 대표하고 책임을 지는 노조 상근자로서 30년 가까이 일해 온 경력을 가지고 있었다. 그는 이렇게 수십 년 동안 '합동 소화물 서비스'사의 사용자와 끊임없이 투쟁을 벌여 왔다.

론 캐리가 '트럭운전사 노조' 전국조합의 위원장으로 선출된 것은 1991년이었다.(미국의 산별노조 체계에서 산업별 전국 본부를 전국조합이라 부르고 지역별 하부조직을 지부[local]라 부른다: 역주) 당시 그는 이 노조 역사상 수십 년 만에 처음으로 공정하게 치러진 위원장 선거에서 승리했다.

이렇게 해서 '트럭운전사 노조'의 위원장이 된 그는 과연 어떤 사람인가? 그는 노동운동 투사로서 자신의 주요 일생을 두 개의 투쟁전선에 몸 바쳐 왔다. 그 하나는 '합동 소화물 서비스'사 사용자와의 투쟁이었다.

취약성을 드러내게 된다: 역주

4) 브루노 르페브르(Bruno Lefebre), 「업무의 틈새들과 팽팽한 흐름」(Espaces professionnels et flux tendus), ≪사회과학 분야 연구 기록부≫(Actes de la recherche en sciences sociales), 제114호, 1996년 9월호를 참조하시오.

다른 하나는 전국조합의 지도부, 즉 썩고, 반동적이고, 나아가 사업장 내의 노동조건에 대해 사용자가 일방적으로 지배하는 체제를 구축하는 일에 사용자와 한통속이 되어 이 구석 저 구석 두루 협조하는, 썩어 문드러진 어용 지도부와의 투쟁이었다.[5]

그는 또 '트럭운전사 노조'의 전국조합 위원장이 된 1991년 이후에는 노조의 관료층을 개혁하는 투쟁을 벌여 왔다. 노조 관료층은 여전히 어느 정도는 옛 주인에 의해 통제되고 있었던 것이다.

이런 사정 때문에 지난 해에 있은 위원장 선거에서 론 캐리는 가까스로 재선되었다. 그의 적수는 마피아와 내통하고 있는 것으로 대충 짐작되는 골수 어용분파의 대표자였다. 그 자가 바로 제임스 호파(James P. Hoppa)로, 다름아닌 '트럭운전사 노조'의 전설적 지도자였던 지미 호파(Jimmy Hoppa)의 아들이었다.[6] (지미 호파는 1975년에 이 세상에서 갑자기 사라졌는데, 아마도 암살되었을 것으로 추정되고 있다. 그러나 암살의 동기가 무엇인지는 아직도 밝혀지지 않은 채 흑막에 가려져 있다.)

그런데 또 새로운 선거가 금년 11월에 치러진다. '합동 소화물 서비스'사 노동자들의 파업투쟁이 승리로 마감되기 직전에 사법부에서 지난 해에 치러진 선거가 무효라는 판결을 내렸기 때문이다. 파업투쟁에서의 눈부신 승리도 그 역사적 싸움에서 주동적이었던 인물의 자리를 보장해 주지는 못하고 있는 것이다.

---

5) '트럭운전사 노조'에서는 오랫동안 부패(공갈과 지도자들에 대한 거액의 급여, '온천 도시'에서 열리는 호화스러운 회의 등)가 만연해 있었다. 이러한 부패상은 사용자들과 언론에 의하여 미국 노동조합 전체를 불신하게 만들기 위한 악선전의 소재로 끊임없이 이용되어 왔다. '트럭운전사 노조'는 이렇게 한편으로는 자본의 반(反)노조 선전에 호재를 제공하는 역할을 하면서 다른 한편으로는 오랫동안 AFL-CIO에 가입하지 않아 왔다. 뿐만 아니라 끊임없이 공화당 후보를 지지하는 선거운동을 하기까지 했다.(1980년, 84년, 88년의 선거에서 레이건과 부시를 지지하는 선거운동을 했다) 그 행태가 이러한 만큼 사태는 더욱 역설적이다. 한편 1982년 당시 이 노조 위원장이던 로이 윌리암스(Roy Williams)는 연방 형무소에 처넣어지기 조금 전에 UPS사와 단체협약을 체결하고 조인했는데, 그 단체협약의 내용은 부분-시간 노동자의 임금을 시간당 8달러로 정한 것이었다.
6) 노만 쥬이슨(Norman Jewison)이 감독한 영화 <피스트>(FIST)(1978)에서 실베스터 스텔론이 지미 호파 역을 맡았다.

아주 오랫동안 미국의 기업들은 자신의 경영전략을 어떠한 제약도 받지 않고 완전히 "자유롭게" 구사해 왔다. 이런 시절은 이제 서서히 마감되고 있는 것일까?

'미국 노동 총동맹-산업별 회의'(AFL-CIO)와 '전 미국 트럭운전사 노동조합' 내부에서는 노동운동의 이념적 지향의 측면에서, 또 조직역량의 측면에서 커다란 변화가 진행되고 있다. 이러한 변화와 혁신으로 미국 노동운동은 조만간 미국 사회의 불합리한 사회세력 관계를 문제삼고 나올 것이다. 그리고 여차하면 낡은 세력관계를 지금과는 상당히 다른 모습으로 전환시킬 수도 있을 것이다.[*]

'합동 소화물 서비스'사 노동자들의 파업은 노동조합이 제정신을 차리고서 노동운동의 조락(凋落)이니 사멸(死滅)이니 운운하는 자들의 예언에 맞지 않게 행동할 때 과연 어떤 것을 이루어 낼 수 있는지를, 극히 짧으면서도 강한 인상을 주는 방식으로 언뜻 보여준 막간극 같은 사건이라고 하겠다.

---

[*] 미국 노동운동은 이념적으로 "계급 연대주의"가 아닌 "조합원 실리주의"와, 민중의 "진보주의"가 아닌 중산층의 "자유주의"에 의해 주도되어 왔다. 그리고 이에 따라 대중들은 실리주의와 자유주의에 깊이 빠져 있었다. 이런 상태에서는 계급의 역량을 진취적으로 키워 나갈 수 없었다. 그리고 이러한 한계와 오류로 인해 미국 노동운동은 사회세력 관계에서 항상 자본에 비해 열세를 면하지 못하였다. 그래서 미국의 노동운동과 노동자계급은 미국의 정치가, 우리나라의 경우와는 상당히 달리, 상당한 정도로 대중민주주의적인 형태를 취하고 있음에도 불구하고 항상 보수 정당―구체적으로는 민주당―의 표밭 노릇만 하게 되었다. 그리고 이것이 다시 미국 사회의 세력관계에서 자본측이 노동측에 대하여 압도적인 우위를 지속시킬 수 있는 사회적 환경을 조성했다. 말하자면 노자관계에서 노동자측의 열세의 악순환이었던 것이다. 이에 대해서는 마이크 데이비스(Mike Davis), 『미국의 꿈에 갇힌 사람들』, 창작과 비평사, 1994를 참조하시오: 역주

2
'유연화-착취'와 노동자의 저항[*]
영국의 경우

인간성을 옹호하고 신자유주의에 반대하는 운동(fHUMAN:
for Humanity and Against Neoliberalism) **런던 위원회**

[요약: 1980년대 이래 영국에서는 '신자유주의'의 공세가 지속적으로
강화되어 왔다. 총자본은 노동자계급을 투쟁에서 패배시키는 한편 조직
적으로 해체시키고, 나아가 계급으로서 존재하지 못하도록 완전하게 분
해시키기 위해 신자유주의 전략들을 대대적으로 펼쳐 왔던 것이다. 그
결과 노동은 대폭 '유연화'(flexibilization)되고 또 대거 '임시직 노동자
화'(casualization)되었으며, 이로 인해 착취의 정도가 필연적으로 매우 강
화되었다. 그래서 우리는 이것을 "유연화-착취"라고 부르려 한다.

이러한 "유연화-착취"는 우리들 모두에게 '불안정', '굴욕' 및 '엄격한
노동규율'을 강요하고 있다. 예컨대 실업에 처해진 사람들은 국가로부터
실업 급여금을 받을 수 있기 위해서는 임금노동과 유사한 '일'을 하도록
요구받아 왔던 것이다.

---

* 이 글은 제2차 '인간성을 옹호하고 신자유주의에 반대하는 대륙간 회합'에 제출
된 나라별 보고서 가운데 영국 대표단의 보고서이다. 원 제목은 "UK Flexiploita-
tion and Resistance Beyond Waged Labour"이다. 이 회합은 1997년 7월 25일부터
8월 2일까지 스페인의 수도 마드리드에서 열렸다. 출처는 fHUMAN London
Committee, Dis-United Kingdom c/o BM-CRL, London WC1N 3XX, email
fhuman@hotmail.com

하지만 최근에 들어 신자유주의의 이러한 공세는 해고 노동자들과 '행동주의적'(캠페인을 위주로 하는 것이 아니라 과감한 대중행동을 위주로 하는: 역주)인 환경운동과 '노동강요형 복지제도'(workfare: 노동자에 대한 재교육 등에 의해 실업 노동자들로 하여금 임금노예적인 노동이라도 이에 순응하면서 열심히 일하도록 훈련해, 실업급여를 비롯한 사회보장급여를 대폭 축소하려는 정책이나 제도를 말한다: 역주)에 대한 반대운동 등의 동맹, 즉 비록 맹아적이기는 하지만 새로운 동맹의 등장에 의해 점차 도전받고 있다. 이 새로운 공동체들은 임금노예적 노자관계의 틀 안에 구속되지 않고 그것을 넘어서려는 지향을 보이고 있으며, 이러한 지향에 기반해서 신자유주의로 악명높은 영국 사회에서 계급 대립을 새롭게 만들어 내고 있다.

이러한 흐름은 현재의 생활양식을 보다 인간적인 대안적(代案的) 생활양식으로 대체시킬 수 있는 가능성을 내포하고 있다. 그러한 의미에서 이러한 흐름은 매우 의미심장하다. 그러나 이 흐름은 아직은 대단히 분산되어 있고, '신노동당' 정부의 공격을 감당하기에는 그 힘 또한 미약하기 그지없다.

이런 조건이므로 '신노동당' 정부(블레어[Blair] 수상의 노동당은 이름은 '노동'당이지만 '자본'의 신자유주의 정책노선을 적극 수용하고 있기 때문에 노동자계급의 이해를 대변하는 정당이라고 보기 어렵다. 이렇게 종래의 노동당과 확연히 달라졌다는 뜻에서 "신"노동당이라 부르고 있다: 역주)는 '노동시장의 유연화'를 영국 국내에서 나아가 전 유럽적 차원으로까지 거침없이 확대·관철시켜 나가고 있다. 상황이 이러한 만큼 보다 많은 사람들과 보다 먼 미래를 포괄할 수 있는 새로운 저항운동을 건설해 내는 정치적 상상력이 무엇보다도 절실하다. 영국에서 특히 그러하다고 하겠다.]

*　　　　　*　　　　　*

1. '의사(擬似) 고용된 사람들'의 맹아적인 동맹

1997년 4월 12일, 수천 명의 사람들이 '사회정의를 위한 시민의 행진'(People's March for Social Justice)에 참여하여 런던 중심부를 가로지르면서 춤을 추며 행진하였다. 이 행사에는 다양한 사회운동 세력이 신자유주의에 저항하고 '임금노예적 노동'의 세상을 넘어서 '인간화'된 세상을 만들어 나가기 위하여 함께하였다. 그리고 이 행사는 이러한 사회운동 세력들 간에 맹아적인 수준이지만 동맹관계를 한걸음 진척시켰다.

 이처럼 신자유주의에 반대하는 여러 사회운동 세력들 간의 동맹은 역동성을 보이면서 전개되고 있다. 그리고 신자유주의에 반대하는 여러 운동세력들이 동맹을 이루어 가는 이같은 역동적 흐름은 진보운동의 고식적(姑息的)인 범주들('노동조합운동', '임금노동자', '실업자' 등)에 대해 그 지반을 허물어뜨리면서 '의사 고용된 사람들'과 같은 새로운 범주를 만들어 내고 있다.

이 행사는 명목상으로는 '사회정의를 위한 인민의 헌장'(People's Chart for Social Justice)을 지지하기 위하여 개최되었다. '사회정의를 위한 인민의 헌장'은 다양한 계급·계층·집단에 의해 제출된 요구들을 길게 늘어놓은 것이다. 그러나 실질적으로는 신자유주의에 반대하는 시위였다. 이 행사에 동원된 인원수는 1~2만 명으로, 유럽적인 기준에서는 적은 숫자에 불과했다. 그러나 영국의 실정에서 반(反)신자유주의 시위로는 지난 수년 동안을 통틀어 가장 규모가 큰 것이었다.

이 행진은 애초에는 '리버풀 부두 노동자를 지지하는 런던 그룹'(London Support Group for Liverpool Dockers)—1995년에 리버풀에서 500여 명의 부두 노동자들이 해고되면서 이들을 후원하고자 결성된 단체이다—에 의해 발기되었다. 그런데 이후 환경운동 단체인 '거리를 되찾자'(RTS: Reclaim the Streets) 운동 그룹이 이 시위와 "동시병행적으로", 같은 집회 장소에서 출발하는 행진을 가지겠다고 천명하고 나섰다.

4월 12일 행진에서는 해고 노동자 그룹(부두 노동자, 병원 노동자, 가구 노동자 등)들이 선두에 섰다. 그리고 여러 노동조합들의 깃발이 그 뒤를 따랐다. 그러나 각 노동조합 깃발의 뒤를 따르는 사람들은 그리 많지 않았다. 터키인 또는 쿠르드인들이 조합원의 대다수를 차지하고 있는 노조 지부들의 경우만이 예외적이었다. 이들은 의류산업이나 식품산업처럼 노동조건이 극히 열악한 부문에 속해 있었기 때문이다. 이와 같이 열악하고 불안정한 일자리를 가지고 있거나 일자리를 못 가진 노동자들(유감스럽게도 이러한 범주의 노동자들은 계속해서 늘어나고 있다. 기업주들이 파업 노동자들을 대규모로 해고하고 그리고/또는 그들의 노동력을 임시직 노동자화하고 있기 때문이다)이 노동조합 운동을 대표했다. 이것은 참으로 기묘한 모습이라 할 만했다.

이 행진에서 대부분의 시위 대오는 각종 정치 캠페인의 기치나 축제적인 구호("그들은 싸움을 원한다. 그러나 우리는 춤을 원한다"와 같은) 주변에 결집하거나 아무 깃발도 없는 곳에 무리지어 모였다. 이들은 춤추고 노래하면서 '화이트 홀(영국의 중앙관청가) 투어리스트-랜드'(White-hall Tourist-land)를 카니발 축제장으로 바꾸어 버렸다.

도로를 따라 행진해 가면서 소규모 그룹들이 경찰 통제선을 뚫고자 대담하게 도전하기도 했다. 그러면 다른 그룹들이 이들의 선도를 따라 경찰 통제선에 도전하는 데 함께했다. 어떠한 공식적 지휘계통도 없이 이런 일이 진행되었다.

행진이 끝날 때쯤 RTS 자동차('거리를 되찾자' 운동에서 제작한, 자동차 엔진 소음을 없앤 차량이다) 한 대가 대담하게 경찰 저지선을 돌파했다. 아주 상징적인 장소인 트라팔가 광장에 진입하기 위해서였다. 이 돌파 덕분에 많은 군중이 그 상징적인 장소에 진입할 수 있었고, 그곳에서 여러 시간 동안 축제를 가졌다. 경찰은 행사를 해산시키려고 여러 차례 시도했으나 성공하지 못했다.

행사는 성공적이었다. 이처럼 성공적으로 행사가 이루어지기 위해서는 여러 가지 기술적인 요소가 필요했고, 또 활동가들 사이의 집단적인 계획이 필수불가결하게 요청되었다. 활동가들은 이러한 요구에 책임감 있게 잘 대응했다. 나아가 활동가들은 정부당국의 의표를 찌르는 경험들을 풍부하게 개발해 냈다.

‘거리를 되찾자’ 운동은 간혹 ‘환경주의자’라는 딱지를 붙여 시큰둥하
게 평가하기도 하지만, 공공 장소를 탈(脫)사유화하는 데 있어, 그리고
공공적인 공간으로 그 구조와 기능을 바꾸는 데 있어 독보적인 역할을
하는 운동단체이다. 예전에 이 단체와 그 지지자들은 간선도로를 점거하
고 그곳에서 축제를 벌이기도 했다. 그런데도 경찰은 이러한 행사를 제
지할 수 없었다. 이들은 심지어 고속도로의 일부를 점거하기까지 했다.
이 단체는 그 뿌리가 1980년대에까지 거슬러 올라가는데, 그 당시 ‘시
티를 정지시키자’(Stop the City) 운동의 활동가들은 ‘런던 시티’(City of
London: 런던의 상업·금융 중심지구: 역주)의 정상적인 경제활동을 일시
적으로 완전 마비시켰다. 그리고 ‘런던 시티’의 투자들로 인해 야기된 환
경의 파괴와 인간의 죽음 문제를 여론에 크게 부각시켰다.

노동운동과 환경운동의 이 맹아적 동맹은 1996년 여름부터 시작되었
다. 당시 런던 지하철 운전사들은 경영자측이 주당 노동시간 단축을 실
시하지 않은 데 대한 책임을 물어 파업에 들어갔다. 경영자측이 1년 전
에 그렇게 하기로 노동자측과 약속했는데 그것을 이행하지 않았기 때문
이었다.
이 파업은 ‘비판적 대중’(Critical Mass)이라는 운동단체에 의해 지지를
받았다. 이 단체는 ‘거리를 되찾자’ 운동과 연계를 맺고 있는 단체로서
자전거 타기를 실행하는 그룹이다. 이 단체는 지하철 파업 당시에 교통
을 교란시키기 위해 대규모로 자전거 타기를 벌임으로써 지하철 노동자
들의 파업을 지원했다.
그러나 지하철 노동자들의 파업을 그냥 지원하기만 한 것이 아니었다.
이 단체의 활동가들은, 대중교통 체계를 세우는 데 충분한 자금을 제공
하지 않거나 대중교통 체계를 사유·사영화하고, 나아가 대중교통 부문의
노동력을 약화시키고 있는 정부의 정책과, 자신들의 고유한 운동적 관심
사인 환경문제를 긴밀하게 연결시켜 문제제기했던 것이다.

1996년 9월, '거리를 되찾자' 운동은 1년 전에 해고된 리버풀 부두 노동자들이 조직한 시위에 참여하기 위해 자신의 지지자들을 동원했다. 이를 계기로 노동조합 운동의 활동가들과 환경운동 단체의 활동가들은 도시라는 싸움터에서 자신들의 항의 행동을 어떻게 효과적으로 수행할 것인지에 대해 처음으로 공통의 인식(노동문제와 생활·환경문제를 긴밀히 결부시켜 제기해야 한다는: 역주)에 도달했다. 그들은 다시 한 번 계급적 쟁점과 환경적 쟁점들을 연결시켰다.

그런데 해고된 부두 노동자들은 이전에 유독(有毒) 쓰레기의 수입을 저지한 선례가 있었다. 그래서 부두의 경영진은 그 당시 노동자들의 하역 거부라는 장애요소를 우회하려 하고 있었다. 부두를 경영하는 회사는 쓰레기 처리 회사와 그 이사진들이 서로 겹쳐 있기 때문에 그렇게 하려는 특별한 이해관계를 가지고 있었다. 노동운동과 환경운동이 연대하여 싸우기에 안성맞춤의 조건이 형성되어 있었던 것이다.

그리고 나서 몇 달 후인 1997년 1월 20일, 세계 여러 곳의 부두 노동자들이 리버풀에서 오는 배들의 하역을 봉쇄하거나 지연시켰다. 이 날 '그린피스'(Green peace) 활동가들은 리버풀 항의 하역 크레인을 점거했다. 그럼으로써 몬산토(Monsanto) 사(미국 화공산업계에서 세번째로 큰 회사로서 화학약품을 마구 사용하고 버림으로써 노동자의 인체와 지역의 자연환경을 못쓰게 만들어 왔다. 이로 인해 악명이 높다: 역주)의, 유전공학적으로 보존되고 처리된 콩이 영국과 유럽에 도착하여 배에서 하역되는 모습이 사람들의 눈에 확 띄도록 만들었다.

이 때 부두 노동자의 지도자들은 환경운동가들의 지원에 공개적으로 감사의 뜻을 표명했으며, 우리들의 식량을 공급하는 문제라는 보다 폭넓은 문제에 대해 (임금·근로조건·고용 등의 문제 범위를 넘어: 역주) 적극적인 관심을 표시했다. 이렇게 하여 노동운동과 환경운동의 동맹이 다시 한 번 가시화되었다.

이 다양한 행동들이 모아져서 1997년 4월 12일 행사에서 그 절정을 이루었던 것이다. 이 행동들은 국가와 자본에 대해 압력을 가하기 위한 전술에 그치는 것이 아니다. 이 행동들은 그 행동 과정을 통해서 새로운 공동체를 창조하고 있다. 이 행동들은 또 평소에 공공 장소를 지배하고 있던 상업을 밀쳐 내고서, 그런 비인간적인 것들을 대신해서 새로이 창조된 이 공동체가 공공 장소의 주인 역할을 하게끔 만들고 있다. 이 행동들은 참여자들에게 도시 환경을 개조할 기회, 즉 ‘인간화’할 기회를 제공하고 있는 것이다.

이 행동들은 또 신자유주의에 저항하는 갖가지 힘들을 ‘고용관계상의 지위’(정규직이나 임시직이냐, 시간제 근로자냐 전-시간 근로자냐, 또는 ‘자기 고용’ 노동자냐 종신고용 노동자냐 하는 등의 구별: 역주)를 뛰어넘어 하나로 통일시키고 있다. 이 맹아적인 동맹은 종래의 고정관념에 따라 “피고용 노동자와 실업자를 단결시키는 것”에 관해서는 큰 관심을 갖지 않는다. 그보다는 신자유주의 세상의 현실에 대한 과학적 인식에 입각하여, 각종 방식으로 ‘의사 고용’되어 있는 노동자들을 하나로 모으는 데 관심의 초점을 두고 있다.

이제 그들이 어디어디에서 왔는지 살펴보기로 하자. 또 그들로 하여금 단결하게 한 기초는 무엇이었는가?(또는 무엇이 기초일 수 있었을까?) 그리고 노동과 생활에 관해서 그들은 어떤 미래상을 제시하며 주장하고 있는가? 이러한 것들을 살펴보기로 하자.

2. ‘유연화-착취’ 전략: 노동조합의 순응과 노동자 대중의 저항

영국은 1970년대 중반 이래 신자유주의의 선봉장이었다. 영국의 국가는 포드주의-케인즈주의 시대*를 상징하는 존재인 산업노동자 계급에

---

* 대량생산과 대량소비를 특징으로 하는 시대이며, 이것을 담당하는 주된 계급이 산업노동자인 시대이다. 제2차 세계대전으로부터 이른바 석유파동이 터져 나온 1970년대 중반까지의 시기가 이에 해당한다. 이 시기는 국가독점자본주의의 국가 개입 정책에 힘입어 서구 자본주의에서 자본축적이 순조롭게 진행된 자본주의의

대해 그 조직을 해체시키고 계급 자체를 분해시켰다. 국가는 산업노동자 계급에게 역사적인 패배를 안겨준 것이었다.

이렇게 노동자계급에게 패배를 안겨주기 위해 국가는 여러 가지 무기를 구사했는데, 그러한 무기들 가운데 대표적인 것으로 탈(脫)중앙집권화, 사유화, 유연화, 법치화(criminalization) 등을 들 수 있다. 이러한 과정을 거치면서 '임시직 노동'(casual labour)이 더욱 일상화되었다. 예전에는 '공공 부문'으로서 공적으로 소유되고 경영되다가 신자유주의 공세로 사유화된 기업체들에서 이러한 양상이 특히 두드러졌다. 이들 사유화한 공공부문 기업체들은 자신이 고용하는 노동력을 정규직에서 임시직으로 바꾸기 위해 하청회사(subcontractor)나 용역회사(employment agency)를 흔히 이용했다.

역사적으로 볼 때 '노동의 유연성'은 자본가의 작업규율에 반대하는 노동자측의 교섭 무기가 된 적이 간혹 있었다.(출퇴근 시간을 자유롭게 할 것을 요구하는 경우가 그러한 예일 것이다: 역주) 그러나 1980년대 이후 '노동의 유연성'이 노동에 대한 착취를 강화하기 위한 유력한 무기라는 것을 자본측이 새삼 발견하게 되면서 경영자측에서 이것을 적극 도입했다. 그런 의미에서 '노동의 유연화'는 "유연화-착취"라고 말하는 것이 보다 정확할 것이다.

"유연화-착취" 전략은 신자유주의 하에서 살아가는 사람들 모두에게 공장의 작업규율과 같은 유형의 엄격한 규율을 일상생활 속에까지 부과하고자 한다. 그렇게 함으로써 자본은 '고용된 노동자'와 '실업 노동자'

'황금시대'였다. 그러나 이러한 황금시대는, 자본은 거대하게 집적되고 집중되어 초국적 자본화한 반면에, 서구 자본주의 나라들 안에서 착취할 노동력은 더 이상 공급이 늘어날 수 없고 노동자의 단결력은 향상되어 있는 구조적 한계에 도달함으로써 위기에 봉착하게 된다. 그리고 이 위기에 대한 자본의 돌파구로서 반동적인 신자유주의가 등장하게 된다. 신자유주의는 일국 내에서는 신보수주의로 나타나며 국제적으로는 초국적 자본에 의한 신제국주의로 나타난다. 이처럼 신자유주의는 전 세계적 범위에서 노동에 대한 자본의 공격을 전면화하는 것을 그 핵심 내용으로 한다. 에릭 홉스봄, 『극단의 시대: 20세기 역사』, 까치 및 필립 암스트롱 외, 『1945년 이후의 자본주의』, 두산동아를 참조하시오: 역주

들을 확연하게 구별할 수 없도록 만든다. 우리들은 불안정한 ‘의사 고용’(quasi-employment) 상태에서, 때로는 임금을 받지도 못하면서, 더욱 열심히 일하도록 내몰리고 있다.

이와 함께 보수당 정부는 자가 주택의 소유를 대대적으로 증대시키는 정책을 추진했다.** 그 결과 노동자들은 ‘부채의 덫’에 걸리게 되었으며, 이 덫은 노동자들로 하여금 빚에 쪼들리게 함으로써 그 생활을 더욱 불안정하게 만들었을 뿐만 아니라 노동자들의 저항 의지를 현저하게 저하시켰다.

고용의 유연화

영국의 신자유주의는 노동당 정부가 ‘통화·테러주의’* 정책과 ‘재정 긴축’ 정책(이것은 주로 공기업 부문에 대한 투자를 줄이고 사회보장 지출을 삭감하기 위해 추진되었다. 역주) 및 ‘법대로 하기’ 전략을 실행한 1976~77년경부터 등장했다고 할 수 있다.

그러나 노동당 정부의 이러한 전략은 곧 바로 노동자계급의 거센 저항에 직면했다. 그래서 노동당 정부는 1979년 총선에서 패배하고 정권은 보수당으로 넘어가게 되었다. 그렇게 되자 보수당 정부가 노동당 정부에 이어 그러한 전략을 더욱 과감하게 추진했다.(대처의 보수당 정부는 노

** 공적으로 운영하는 임대주택 수를 대폭 축소하고 그 대신 자기 집을 소유하도록 주택 구입비를 융자해 주는 정책을 말한다. 영국에서는 전통적으로 공공주택을 제공함으로써 주거권을 보장하는 것이 정부 특히 지방정부의 책임으로 되어 왔는데, 이것을 폐기하는 정책인 셈이다. 이 정책은 가난한 사람들에 대한 주거권 보장비 지출을 줄이는 동시에, 노동자들로 하여금 주택 구입비를 마련하고 융자받은 주택자금의 원리금 상환금을 벌기 위해 정신없이 일하도록 강제하는 일거양득의 효과를 노리고서 보수당 정부가 이를 적극 추진했다. 역주

* moneterrorist: 인플레이션을 억제한다는 명분을 내세우면서 통화공급을 극도로 억제함으로써 의도적으로 경기를 악화시키고, 이 인위적인 불경기를 계기로 실업자를 양산하고 노동조합을 약화시켜 노동에 대한 공격을 전면화하는 자본의 전략을 말한다. 그래서 ‘통화주의’에 ‘테러주의’를 묶어 ‘통화·테러주의’라 부르고 있다. 필립 암스트롱 외, 『1945년 이후의 자본주의』, 제17장 「합의의 역전」, 두산동아를 참조하시오. 역주

동법을 개악하고는 이 악법을 어기는 경우에는 가차없이 기소하여 제재를 가함으로써 노동운동을 무력화시켰다: 역주)

보수당 정부 하에서 1980년대를 경과하면서, 대규모의 조합원을 포괄하고 있으면서 조직력이 강한 사업장들은 무수히 파괴되거나 약화되었다. 이렇게 노동자의 조직력이 강한 대단위 사업장을 파괴 내지 약화시키는 수단으로서는 해당 기업에 대한 국가보조금을 깎아 내리거나, 국가 소유 기업체 또는 공공 서비스 부문을 민영화하거나, 공장을 폐쇄하는 것 등이 주로 동원되었다.

노동력의 공급은 일자리의 임시직화, 즉 '계약 노동제'나 '부분-시간 노동제', '하청주기', 용역회사에 의한 '파견근로제' 등에 의해 더욱 '유연화'되었다. 또 임금을 받는 일자리가 줄어들면서 '자기 고용'(self-employment)이 늘어나는 현상이 뒤따랐다. 그런데 이 '자기 고용'이란 실은 '자기 착취'와 '노동보호 법규의 회피'를 우회적으로 표현하는 말에 지나지 않는 경우가 허다했다.*

실업이 광범위하게 만연하면서 일자리를 가진 사람들의 경우에도 시간외 근로가 부쩍 늘어났다. 그런데 이러한 잔업에 대해서 잔업수당을 지급하는 경우도 있었지만 지급하지 않는 경우도 적지 않았다. 특히 임시직 노동자의 경우에는 잔업수당을 지급하지 않는 경우가 허다했다. 심지어 시간외 근로에 대해 아예 임금을 지급하지 않는 경우도 많았다.

또 사용자들은 각종 방법으로 노동자들에게 작업량을 늘리도록 강요했다. 예를 들어 일하는 사람의 수효는 줄이면서 작업량은 줄이지 않으면 1인당 작업량이 자동적으로 늘어나게 되는 것이다.

노동조건을 개악시키는 이 모든 나쁜 경향들은 법령의 변화에 의해 한

---

* 가내공업 같은 경우가 대표적으로 이에 해당한다. 건설업에서도 이런 고용형태를 흔히 볼 수 있다. 영국에서는 보수당 정부 하에서 이러한 노동자들이 거의 두 배 가량 늘어나, 전체 노동력의 12%에 이르게 되었다. 앤 그레이[Anne Gray], 「노동의 유연화와 노동자의 생활조건에 대한 공격」(Flexibilization of Labour and the Attact on Workers' Living Standards), *Common Sense*, 제18호, 1995. 12를 참조하시오: 역주

층 더 강화되었다. 보수당 정부가 도입한 새 노동법에 따르면, 어느 노동
자가 그 일자리에서 근속한 햇수가 2년을 넘지 않은 경우, 불공정하게
해고당하더라도 법에 의해 보호받을 수 없게 되었다. 이 악법 조항은 실
업상태에 있는 사람들에게 특히 악영향을 미치고 있다. 새 노동법의 이
‘해고 자유’ 조항은 사용자들로 하여금 신규채용한 노동자들을 2년이라
는 ‘해고 제한 기한’ 안에 해고시켜 버리도록 조장하고 있다. 이 법조항
은 사용자들로 하여금 그렇게 하도록 특별 유인을 제공하고 있다. 2년
안에 해고하면 해고수당을 지불하지 않아도 되고, 노동법원에 불려다닐
이유도 없어지기 때문이다.

　이렇게 ‘해고의 자유’가 법제화됨으로써 실업자들은 일자리를 얻은 후
1년 안에 그 일자리를 다시 잃게 되는 경우가 태반에 이르고 있다. 이렇
듯 노동자들의 고용조건은 더욱 불안정해지고 있다. 고용기간을 짧게 정
하고 있는 ‘계약 노동자’들만이 아니라 그들보다 훨씬 많은 수의 정규 노
동자들의 고용까지도 이 법규로 인해 불안정해지고 있다. 이들도 언제
계약 노동자가 될지 모르기 때문이다.

　이것말고 여타의 ‘고용’ 관련 법률 역시 노동자의 계급적 단결에 대해
제약과 벌칙을 부과했다. 노동조합의 파업은 민사재판으로 손해배상을
청구할 수 있는 대상이 되었다.(사용자뿐만 아니라 피해를 입었다고 ‘생
각하는’ 일반시민도 청구할 수 있게 되었다: 역주) 또 노동조합은 파업을
하려면 어떤 경우이든 반드시 파업찬반투표를 하도록 파업 요건이 강화
되었다. 이렇게 하지 않으면 적법한 파업이 아니어서 손해배상의 대상이
되는 것이다.

　또 사용자는 합법적으로 노동자들을 한꺼번에 몽땅 해고할 수 있도록
보장되었다. 말하자면 정리해고가 자유롭게 허용된 것이다.

　반면에 노동자들이 ‘2차 행동’을 하는 것은 불법으로 금지되었다. 타
기업체 노동자들의 요구와 투쟁을 지지하여 자신의 고용주가 아닌 타 기
업체의 사용자를 투쟁 상대로 하여 파업, 태업, 피케팅 등의 행동을 하는
것이 불법화되었다. 즉 연대투쟁이 금지된 것이다. 그 결과 사용자들은
자신의 법인체를 여러 개로 조각냄으로써(우리나라의 경우로 비유하면

'위장 분할'이다: 역주), 그리고/또는 일부 공정을 같은 공장 안에서 하청화(우리나라의 경우로 비유하면 '사내 하청' 또는 '소사장제'이다)함으로써 노동자의 단결을 깨뜨릴 수 있게 되었다. 이렇게 되면 모든 형태의 연대투쟁은 '2차 행동'으로 규정되어 불법화되기 때문에 사업장을 뛰어넘는 단결·투쟁은 물론이고 한 사업장 안의 노동자들이 일치 단결하여 투쟁하는 것조차 원천적으로 불가능해지는 것이다.(하나의 사업장이 여러 개의 법인체로 되어 노동자들이 서로간에 제3자가 되었으므로!: 역주)

몇몇 노동조합들은 자신의 조합원들을 단속하기 위해 이러한 '고용' 관련 법률을 들먹이거나 활용하였다. 예컨대 보수당은 '고용'법에서 어떤 파업 사업장에 대해 규찰활동을 할 수 있는 규찰대원의 수를 법적으로 제한했는데, 노동조합들은 이 법률을 빙자하여 집행부가 '공인한' 규찰대원에게만 규찰대원 완장을 지급했다. 그럼으로써 경찰로 하여금 '비공인' 규찰대원을 쉽게 찾아내서 체포할 수 있도록 방조했다.

더 최근에 와서 몇몇 노동조합들은 파업에 참여한 노동자들을 사용자가 대량으로 해고하는 데 대해 이를 이의없이 받아들였다. 이 노동조합들은 파업 노동자들에 대해 "파업을 했으므로 더 이상 피고용자가 아니다"라는 자본의 입장을 그대로 수용했던 것이다.

이처럼 관료화하고 그래서 어용화한 산별 노동조합들은 경영자측과 이면(裏面) 거래를 모색하면서 기층 노동자들의 저항을 적극적으로 침해했다. 이렇게 해서 보수당의 '고용' 관련 입법은 '반(反)노동조합적'(anti-trade union)인 기능을 발휘하기도 했지만 그 이상으로 '반(反)단결적'(anti-solidarity)인 기능, 즉 기층 노동자들의 단결을 파괴하는 기능을 발휘했다.(영·미 계통의 산별노조들은 그동안 심하게 관료화되고 그 결과로 어용화되어 조합원들의 최소한의 이익조차 대변하지 못하고, 심지어 일본의 기업별 노동조합들처럼 자본의 노무관리 기구로 전락하는 경우조차 있었다: 역주)

법률과 관행에서의 이 모든 변화들은 복합적으로 작용하여, 노동자계급의 조직적 저항을 해체시키고 파편화시키는 역할을 했다. 몇몇 노동조합들은 노동자계급이 패배하는 데 기꺼이 순응했다. 어떤 노동조합들은 심지어는 노동자계급를 패배시키는 데 자본측에 가세하기까지 했다. 이러한 어용 노동조합들은 ‘새 현실주의’(New Realism), 즉 “세상이 과거와는 달라졌다”는 논리를 펴면서 경영자측의 동반자인 체하며 실질적으로는 들러리를 서는 역할을 맡아 하려고 했다. 이렇게 되자 많은 사업장에서 노동조합 관료들은 말할 것도 없고 ‘현장 활동가’(shop-stewards) 조직까지도 현장 대중에 대한 영향력을 잃어 갔다. 심지어 조직적인 자주성을 잃는 경우도 많았다.

이렇게 상황이 진행되는 동안, 대부분의 사용자들은 상용(常用)으로 고용되고 노동조합의 조합원으로 조직화된 노동자들(또는 그들의 일자리들)을 점차 줄여 나갔다. 그리고 이들 정규직 노동자를 임시직 노동자로 대체해 나갔다. 최악의 경우에는 파업을 유도하고는 파업에 참여한 노동자들을 해고하는 악랄한 수법을 구사하기까지 했다. 또 이런 정도까지는 아니더라도 만약 새로운 노동자들이 지금보다 더 나쁜 조건으로 충원될 수 있다면, 정규직 노동자들은 안정된 일자리를 당분간만 보장받을 수밖에 없었다. 이것이 최상의 경우였다.

어떤 경우, 사용자들은 고용 노동력의 일정 부분을 임시직 노동자로 남겨두는 것을 전제조건으로 해서 노동조합을 인정하고 있다. 이렇게 되면 이 임시직 노동자들은 단체교섭 과정에서 교섭 당사자에서 제외되며, 또 단체협약의 포괄 대상에서 제외되어 버린다. 이 장치는 자본가계급으로 하여금 회사 밖이 아니라 회사 안에 ‘산업예비군’을 확보할 수 있도록 만들어 주고 있다. 얼마나 편리하고 유연한가!

‘의사 고용’의 강요

노동력을 유연화하기 위해서 국가는 피고용자뿐만 아니라 실업자에 대해 유연화하는 것까지 추구하고 있다. 실업자들은 국가로부터 실업 급여금을 받을 수 있기 위해서는 고용노동과 유사한 업무들(work-like activities)에 부지런히 종사하는 것을 급여금 수령의 요건으로 요구받고 있다. 이렇게 해서 '의사 고용'(quasi-employment)이 기승을 부리고 있다. 그리고 이렇게 '의사 고용'이 횡행하는 가운데 노동자들은 임금은 낮고, 고용계약 기간은 일시적이면서, 부분-시간만 일하는 '열악한 조건의 일자리'를 받아들이도록 강요받고 있다.

즉 공식적으로 실업자로 등록된 사람들에 대해서는 일정한 '훈련'이 의무화되고 있는데, 이 훈련노동은 노동자들에게 회사 규율에 대한 복종심을 강요하거나, 임금을 떨어뜨리고, 나아가 기대하는 임금의 수준을 낮추도록 하는 등의 역할을 해 왔다. 이와 같은 공식적인 '훈련' 계획(training schemes)을 받기를 거부하거나 '고용조건이 적절한 일자리'(reasonable jobs)를 받아들이기를 거부하는 사람에 대해서 정부는 '소득 보조금'(실업 급여금) 지급을 지난 10여 년 동안 점차 철회해 왔다. 이렇게 하여 실업 급여금 수령으로부터 배제되는 사람의 숫자가 날로 증가했다.

이러한 조치들은 실업 급여금을 계속해서 청구할 권리가 있는 노동자들로 하여금 급여금을 청구할 엄두를 내지 못하게 기를 꺾었으며, 어쩔 수 없이 '의사 고용'되는 일자리를 찾아 나서게 만들었다. 그래서 '의사 고용'된 사람들의 저수지를 크게 팽창시켰다.

1996년 10월부터 '구직자 급여제'(JSA: JobSeekers' Allowance, 보험금 납입에 의한 실업급여 대상을 줄이고자 96년부터 도입되었다. 이 제도 하에서 실업급여를 받으려면 급여 수령자의 자산에 대한 조사를 받도록 되어 있다. 그래서 당장 일하지 않고 버틸 여지가 조금이라도 있는 사람은 실업급여에서 제외시키고 어떤 열악한 조건에서라도 기꺼이 일하려는 사람에게만 실업급여를 일시적으로 지급하고 있다: 역주)의 수혜를 받으려면 실업자가 된 달로부터 석 달이 지난 후에는 어떤 분야에서든, 즉 그 분야가 임시직이든 저임금이든 불문하고 반드시 일자리를 갖도록 요구하고 있다. 또 어느 실업자가 주당 16시간 이상 되는 교육과정(교육과정은 실업자들이 선택하도록 되어 있다)을 수강하는 경우에는 정부가 그 실업자에게 실업급여의 지급을 거절할 수 있도록 하고 있다. 이 규정은 많은 실업 청년들로부터 자신의 기술자격 및 기술능력을 향상시킬 수 있는 기회를 박탈하고 있다.

이런 방법들을 통해 ‘구직자 급여제’(JSA)는 그 급여의 지급 수준을 마구 깎아 내렸다. 또 실업 기간이 6개월에서 12개월에 이르는 사람들 모두에 대해 보험금 납부에 기초한 실업급여의 지급을 자의적으로 철회했다. 또 급여를 계속 수령할 수 있기 위해 급여 청구자들이 지켜야 할 요건을 훨씬 더 엄격하게 만들었다.[*]

더욱이 1996년에 들어서는 ‘사회보장급여를 받기 위한 노동’ 계획 (work-for-benefit scheme) 즉 ‘노동 숙제 제도’(Project Work)가 몇몇 분야에서 도입되었다. 노동당 정부는 이 계획을 새로운 ‘일-복지’(workfare: 정부에서 실업자에게 일정한 급여를 지급하여 소득을 보장해 주는 방식과 반대로 무슨 일이든 일을 하게 만들어 소득을 벌게 하고, 그렇게 해서 굶어죽지 않게 하는 것을 그 정신으로 하는 제도이다. 그래서 보다 정확히 표현하면 ‘노동을 강요하는 복지’ 제도이다. 이 제도의 원산지는 미국이다: 역주) 형(型) 계획으로 확장할 구상을 가지고 있다.(아래의 제5절 참조)

이렇게 하여 영국의 실업급여 체제는 케인즈주의적 ‘사회-복지’(welfare) 모형으로부터 멀리 이탈하여 ‘일-복지’(workfare) 모형으로 전환되었다. 이 새로운 모형에서 실업자들은 급여를 받을 수 있기 위해서는 단기간 이상 놀고 먹어서는 안 되고, 어떤 나쁜 조건의 일이든 반드시 ‘일’(work)을 하지 않으면 안 되도록 요구받고 있다.

복지 체제의 이러한 변화는 사회-복지를 받을 권리를 공격함으로써 노동자들로 하여금 실업급여를 받는 데 안주하지 못하게 하고, ‘일자리를 구하는’(job-seeking) 데 더욱 신경을 쓰게 만들었다. 그리고 ‘일자리를 구하는 노동자들’(job-seekers) 상호간에 치열하게 경쟁하지 않을 수 없게

---

[*] 영국의 실업급여는 범위만이 아니라 그 수준도 낮아져 왔다. 실업급여의 수준은 남자 가장의 경우를 보면 노동자 평균임금의 20.1%에 불과하다. 이것은 유럽연합 평균치의 절반에도 미치지 못한다. 또 이 수치는 1992년을 기준으로 한 것인데, 이는 1979년의 26.2%보다 한참 떨어진 수준이다. 앤 그레이의 앞의 논문을 참조: 역주

했다. 그리고 이런 과정을 통해 자본에 대한 노동자의 교섭력(bargaining power)을 크게 저하시켰다. 자본의 입장으로 보면 임금도 깎고 사회보장비도 깎는, 꿩먹고 알먹기가 된 것이다.

굴욕에 대한 거부

많은 '급여 청구권자' 그룹은 실업급여에 대한 총자본의 이러한 공격에 반대했다. 그러한 반대 활동의 일환으로서 그들은 실업급여 지급 사무소 또는 직업알선 사무소의 단기(短期) 직업들 가운데 몇몇 부분에 종사하는 노동자들을 노동조합으로 조직화했다. 그리고 일-복지를 중심으로 하는 새로운 복지 규정들이 자신들의 직무에 끼치는 부정적 작용에 반대하여 투쟁하고 있는 공무원들의 노력을 지지·지원하기도 했다.

그러나 실업자들의 이러한 연대활동은 짝사랑하듯 일방통행식이었을 뿐이고, 취업 노동자들로부터 거의 되돌아오는 보답을 받지 못하였다. 대부분의 노동조합들은 '노동 숙제 제도'에 대해 비록 공식적으로는 반대했지만 형식에 그쳤을 뿐, 실질적으로는 미미하게 대응하거나 아무런 대응도 하지 않았다.

일-복지에 반대하는 저항운동은 노동조합의 조합원이 되어 본 적이 없음은 말할 것도 없고, 일정한 직업을 가지고 일해 본 경험 자체가 없는 젊은이들을 이 운동에 많이 끌어들이고 있다. 그런데 이들은 임금노동제 밖에서 행해지는 활동, 즉 임금노예적인 노동제가 아닌 방식으로 운영되는, 사회적으로 유익한 활동들에 대해 일체감을 느끼고 있다. 그래서 이들은 실업급여를 자신들의 의미있는 사회활동이나 임금노예적이 아닌 대안적 생활양식을 영위하면서 살아가기 위한 최저 생계수단으로 삼고 있다. 따라서 일-복지 계획은 이들 '임금노동제 밖에서 살아가는 사람들'이 사회적으로 존립하고 정체성을 유지할 수 있는 물질적 기초를 위협하고 있다.

1990년대 중반 이래 노동자들은 인간의 품위를 떨어뜨리는 제반 조건과 노동강도의 강화와 인간의 존엄성에 대한 굴욕의 강요, 그리고/또는 낮은 임금에 대해 즉 "유연화 착취"에 대해 점점 더 적극적으로 저항하기 시작했다. 1996년 여름에는 런던의 지하철 기관사들이 파업을 했는데, 이들은 사용자측이 주당 노동시간을 단축하기로 약속했다가 이를 이행하지 않은 것을 이유로 파업에 돌입했다. 사용자측은 1년 전에 이를 약속했던 것이다.

한편 체신노동자들도 파업을 했는데, 이들은 노동시간 단축을 요구하는 것과 더불어 기존의 '작업 팀'을 새로운 '작업 팀'으로 교체하면서 작업 부하(負荷)를 높이려는 사용자측 계획에 반대하여 투쟁을 전개했다.

식품 제조업 노동자들과 의류 제조업 노동자들도 파업을 했다. 이들은 주로 터키계 또는 쿠르드계 노동자들로서, 1996년에 런던 북동부 지구에서 연쇄적으로 파업투쟁을 전개했다. 당시 파업 노동자들은 임금을 지급하지 않고 일을 시키는 '무보수 잔업' 및 '강제 잔업'에 반대하고, 정식 노동계약서를 작성할 것과 노동조합 결성을 인정할 것을 요구하며 떨쳐 나섰다.

노동자들이 일괄 정리해고되는 경우에도 몇몇 사업장의 노동자들은 이를 그대로 수용하지 않고 쟁의를 제기하고는 이 쟁의를 성공적으로 이끌어 나가고 있다. 이들은 자신이 속한 노동조합과 독자적으로 또는 심지어 소속 노동조합과 대립하면서 그렇게 하고 있다.

이렇게 해서 이들은 결국 전임제 정치활동가들이 되고 있는 셈인데, 이렇게 전임제 활동가로 살아가는 데 있어, 이들은 자신의 생계를 노조에서 지급하는 파업자 수당 및 외부로부터의 기부금에 의존하고 있다. 이들은 종종 자신이 속한 노동조합의 정치적 통제를 따르지 않고 그것을 교묘히 피해 나가고 있다.

이들은 또 자신의 종전 일자리를 되찾을 권리를 주장하고 있지만 거기에만 머물지 않고 있다. 이들은 착취가 '유연화'된 직장이 됨으로써 잃게 된, 자신의 인간으로서의 존엄성을 회복하는 것을 투쟁의 근본적인 요구로 삼고 있다.

이들의 파업은 노동조합 밖에 있는 여러 운동세력들, 예를 들어 무정부주의자들과 자치주의자들 및 환경주의자들(위에서 설명한 바 있는)에 의해 지지·지원받아 왔을 뿐만 아니라, 노동조합 안에 있는 좌파 핵심부에 의해서도 암암리에 지지·지원받아 왔다.

노동자들의 투쟁을 지원하는 이들 운동세력의 활동가들은 직업을 가지고 있고 또 나아가 노동조합의 조합원이기도 할 테지만, 그럼에도 불구하고 자신들의 정치적 귀속감을 관료화된 노동조합에 바치지 않고 있다. 이들의 정치적 일체감은 자본의 "유연화-착취"에 저항하는 사람들과 임금노예적 노동의 비인간화된 규율에 대한 대안적 모델, 즉 '인간화된 노동과 생활'의 모델을 개발하는 사람들 쪽에 두어져 있다.

대안적 모형들이 그들의 개인적인 '생존전략' 이상으로 별로 나아가지 못하는 경우에조차 그것들은 우리들의 생활을 보다 창조적으로 되게 하려는 열망을 표현하고 있다. 예컨대 이 서클들 안에서 몇몇 활동가들은 자발적인 내핍을 추구하는 경향을 보이고 있으며, 그럼으로써 '정치적'인 쟁점을 개인의 '도덕적'인 선택의 문제(예컨대 무엇을 먹고, 어디에서 살고, 어떻게 여행을 하고 하는 등의 문제로)로 떨어뜨리고 있다. 그러나 이렇게 사회·정치적인 문제를 개인의 도덕적 문제로 바라보는 태도는 대체로 극복되고 있으며, 사람들은 새로운 사회적 선택지들을 창조하기 위해 집단적 수단을 움켜쥐는 방향으로 나아가고 있다.

이렇게 "유연화-착취" 전략은, 그 전략을 구사하고 있는 자들이 의도했던 것과는 무관하게, 다양한 국외자 집단들 즉 틀에 박힌 고정관념에 입각할 때는 '고용 노동자'로 볼 수 없는 '의사 고용'된 사람들을 피고용 노동자들과 하나로 동맹하도록―다양한 통로를 통해―작용을 가했다. 그 결과로 고용된 노동자들과 '의사 고용'된 사람들의 새로운 동맹체가 만들어졌다.

하지만 이 동맹체의 단결은 그동안에는 그 수명이 매우 짧았다. 파업 노동자들은 전통적인 '노동자주의'적(Labourist: 노동력 상품 판매자로서의 임금노동자의 정치·경제적 이익을 추구하는 데 머무는 이념을 말한

다. 조합주의보다는 다소 넓은 시야이나 민중연대로 나아가지 못함으로
써 여전히 시야가 제한되고 따라서 변혁지향성을 갖기 어렵다: 역주) 어
법을 되풀이하는 경향이 있다. '일할 권리' 같은 구호가 바로 그런 것이
다. 반면에 파업 노동자들의 동맹자인 '의사 고용'된 사람들은 '노동'이
라는 것을 본원적으로 인간의 품격을 떨어뜨리는 그 무엇으로 간주하는
경향이 있다.(마치 노동해방이란 '노동 소외의 극복과 노동의 인간화'가
아니라 '노동으로부터의 해방'이라고 생각하는 경우가 있었듯이: 역주)
   이처럼 이 두 가지의 상이한 흐름은 인간으로서의 존엄성을 드높이는
삶을 영위하겠다는 자신들 공통의 열망을 적확하게 표현할 수 있는, 그
들 공통의 언어를 아직 찾아내지 못하고 있다. 심지어 그들이 현시점에
서 이미 실행하고 있는 일, 즉 인간의 존엄성을 드높이는 정치적 '일'을
묘사할 수 있는 공통의 언어조차 아직 갖지 못하고 있다.(그들은 아직
'인간해방'이라는 근본지향과, '온 세상의 인간화'라는 실천적 목표에 입
각하여 하나로 통일되고 있지 못한 것이다: 역주)

3. 리버풀 부두 노동자들의 모범적인 투쟁

   리버풀 부두 노동자들은 1995년에 일괄적으로 대량 해고되었으나 지
금까지도 끈질기게 해고철회 투쟁을 전개하고 있다. 그리고 노동자의 저
항을 어떻게 전 지구적 차원의 저항으로 세계화할 것인지에 대해 하나의
모범사례를 보여주고 있다.
   그들은 자신의 대표단을 전 세계의 항구들에 파견했으며, 그곳 노동자
들에게 리버풀로 향하거나 리버풀로부터 들어오는 배의 짐을 부리기를
거부하거나 부리는 것을 지연시켜 달라고 요청하고 설득했다. 그리고 이
요청은 여러 곳에서 받아들여졌다. 이렇게 자신들의 투쟁을 지지·지원하
는 국제 연대를 이끌어 내는 것을 통해, 이들 리버풀 부두 노동자들은 불
안정 고용(구체적으로는 임시직 노동자화)에 대항하는 노동자의 투쟁이
영국 국내는 물론 해외에까지 보다 광범위하게 확산되도록 고무하였다.

영국 국내에서의 연대활동은 '리버풀 부두 노동자를 지지하는 런던 그룹'이 주관하고 있다. 이 단체는 96년 12월 14일과 97년 4월 12일 두 번에 걸쳐, 수도 런던에서 리버풀 부두 노동자들을 지지하는 시위를 조직했다. 이 시위에는 전국에서 지지자들이 동원되었다. 특히 97년 4월 12일에 있었던 행사는 '도로를 되찾자' 운동 그룹의 동참을 통해 연대의 외연이 더욱 확장되었다.

이 지지 그룹은 '부두 노동자 헌장'(Dockers' Chart)이라는 월간 소식지를 발행하고 있다. 이 소식지는 리버풀 부두 노동자들의 투쟁 소식만이 아니라 영국과 전 세계 노동자·민중들의 투쟁 소식도 함께 전하고 있다.

부두 노동자들을 '유연화' 시키다

리버풀 부두 노동자 쟁의는 1989년 보수당의 노동법 개악으로부터 비롯되고 있다. 대처의 보수당은 개악한 노동법에서 '전국 부두 노동자 계획'(National Dock Labor Scheme)을 폐지해 버렸던 것이다. 89년의 노동법 개악이 있기 전까지는 이 '계획'이 발효되고 있었는데, 이 '계획'은 영국 부두 노동자들이 불안정한 임시직 고용에 처해지는 것으로부터 보호하고 있었다. 그런데 대처 정권에 의해 이러한 보호장치가 없어져 버리자, 부두 노동자들의 일자리는 전국의 모든 부두에서 일제히 정규직에서 임시직으로 바뀌고 말았다.

총자본의 이러한 총공격에 대해 조직적인 저항으로 맞선 것은 오로지 리버풀의 부두 노동자들뿐이었다. 리버풀 부두 노동자들의 이 투쟁은 '머지사이드 항만 현장 활동가들'(Merseyside Port Shop Stewards: MPSS)이 이끌었다. 그런데 머지사이드[잉글랜드 북서부의 메트로폴리스 주로서 1974년에 신설. 주도(州都)는 리버풀: 역주] 항(港)은 '특설 정치 경연장' 같은 곳으로서, 노자 쌍방간에 커다란 이해관계가 걸린 한판 승부처였다.

이렇게 된 것은 사용자측인 항만회사─이 항만의 경영자측은 '머지 부두 및 항구 회사'(Mersey Docks and Harbour Company: MDHC)인데─가 그 소유권의 일부를 정부가 보유하는, 반관반민(半官半民)의 정부출자 회사였기 때문이다.(즉 자본과 정권은 하나의 이해당사자로서 구체적으로 결합되어 있었으며, 그들의 피고용자인 리버풀 부두 노동자들은 전국의 부두 노동자들을 대표하는 위치에서 그들과 맞서고 있었던 것이다: 역주)

이와 더불어 항만의 소유주측은 '지역 경제 발전' 계획을 입안했는데, 이 계획안에서 사용자측은 채용 노동력의 규모를 감축함과 아울러 그들의 지위를 정규직에서 임시직으로 바꾸는 것까지 구상하고 있었다. 그런데도 정부는 이 회사에 거액의 보조금을 제공했다.

나아가 정부는 '머지 부두 및 항구 회사'로 하여금 이렇게 정부 보조금을 받는 것을 빌미로 해서, '유럽연합 위원회'(European Commission: 유럽연합 이사회[European Council]의 결정에 대한 집행기관: 역주)의 제5총국으로부터 "'목표 1'(Objective 1) 빈곤퇴치 기금(anti-poverty funding)"을 받을 수 있도록 주선했다.* 이런 부조리와 특혜는 노동당 출신의 이 지역 '유럽의회 의원'(MEP) 한 명이 이에 강력히 항의할 때까지 지속되어 왔다.

1990년대 초에 접어들면서 부두 하역 일자리 가운데 많은 수가 용역업체에 넘겨져 임시직으로 전환되었다. 즉 부두 노동자들은 이제 민간(반관반민이 아니라) 용역업체(employment agency)에 고용되어 파견되는 임시직 파견노동자의 지위로 격하되었다. 그런데 이 용역업체는 겉으로는 독립적인 민간 인력공급 기관이지만, 실질적으로는 '머지 부두 및 항구 회사'가 설립한 것이었다. 그런데도 이러한 기만적인 조작을 통해 '머지 부두 및 항구 회사'는 "우리는 임시직 노동자를 고용하고 있지 않다"고 강변할 수 있었다. 왜냐하면 이 새로 만든 용역업체가 '머지 부두 및

---

* 제5총국(Directorate-General V: DG V): 고용, 노사관계 및 사회복지 문제를 담당하는 부서이다. "높은 고용률과 사회보호, 생활수준 및 삶의 질의 향상, 회원국간의 경제적·사회적 결속과 연대"를 증진시키기 위하여 여러 가지의 목표들(objectives)을 설정하여 사업을 추진하고 있다. 역주

항구 회사'를 대신해서 노동자들과의 고용계약 문제를 처리하게 되었기 때문이다.

이렇게 노동자들을 비정규직으로 지위를 격하시키면서, 사용자측은 이를 계기로 부두 노동자들에게 명목상의 고용주가 부두회사나 용역업체냐 하는 구별을 불문하고—많은 수의 노동자들이 형식상 용역업체로 넘겨졌는데—모두 전화 호출을 통해 출근을 하도록 강요했다. 즉 부두 노동자들은 이제 정규직, 비정규직 할 것 없이 경영자측이 필요할 때는 언제든지 불러서 일을 시킬 수 있게 '유연화'되었던 것이다.

이에 따라 당연히 노동자들의 불만이 폭증했다. 그리고 현장 활동가들은 산업별 전국조합인 '운수 일반 노조'(T&GWU)에 파업찬반투표를 실시해 줄 것을 요청했다. 보수당이 개악한 노동법에 따르면 파업을 하려면 반드시 조합원들의 찬반투표를 거쳐야 했기 때문이다. 그러나 '운수 일반 노조' 전국본부는 이 요청을 거절했다. 그럼으로써 '운수 일반 노조'는 노동악법을 자신의 조합원들을 통제하는 수단으로 사용했던 것이다.*

지금 진행되고 있는 쟁의는 95년 9월에 터져 나왔다. 그 당시—고용계약의 형식상으로—노동력을 실제로 사용하는 '머지 부두 및 항구 회사'가 아니라 민간 용역업체인 '토르사이드'(Torside) 사에 고용되어 있던 노동자들이 부당하게 낮은 임금으로 강제잔업을 시키는 데 항의하여 이를 개선하라고 요구하며 파업에 들어갔다. 전국조합의 통제와는 상관없이 그렇게 했다.(이들도 노조에 가입하고 있었다. 다만 그 사용자가 용역업

---

* '일반 노조'라 함은 숙련, 반숙련 및 비숙련 노동자들을 산업별 구별 없이 하나의 조합으로 단결시키는 조직 형태이다. 숙련 노동자들이 직업적인 이해관계를 중심으로 직종별로 단결하는 '직업별 노조'와 달리, 그리고 '산업별 노조'와 마찬가지로 직업상의 이해관계를 뛰어넘어 계급적으로 광범하게 단결하는 '계급적 대중조직'의 성격을 가진다. 영국에서는 노동조합운동이 직업별 노조로부터 산업별 노조로 발전하던 당시에 이러한 '일반 노조' 형태가 많이 생겨났다. 그러나 완전하게 '일반적'인 노조는 많지 않고, 하나의 산업을 중심으로 하면서 여타 산업의 노동자들도 포괄하는 것이 보통이다. '운수 일반 노조'도 그런 경우이다. 역주

체였다: 역주) 그러자 사용자측은 이 노동자들을 즉각 해고했다.

그런데 이 파업이 진행될 때 ‘머지 부두 및 항구 회사’의 정규직 노동자들은 용역업체에 고용된 비정규직 노동자들이 벌이는 파업의 피켓 라인(파업에 동참하여 회사에 출근하지 말 것을 촉구하는 규찰대의 대열을 말한다: 역주) 통과하여 출근하기를 거부했다. 그래서 이들 정규직 노동자들 역시 일괄 해고되었다. 이 자발적인 파업이 있은 후 노동자들은 다시 정상 출근을 하려고 했으나, 자신들의 일자리를 훨씬 낮은 임금으로 다른 임시직 노동자들이 이미 차지해 버린 상황에 직면해야 했다.

이런 일이 진행된 한참 후에 해고 노동자들 가운데 몇몇은 종전보다 더 나빠진 조건에서 개별적으로 신규 고용계약을 맺으라는 제안을 받았다.(말하자면 사용자측이 각개격파 전술을 쓴 것이다: 역주) 그러나 해고 노동자들은 그런 비열한 제안을 거부했다. 또 해고되기 전까지 ‘머지 부두 및 항구 회사’에 고용되어 있던 노동자들은 거액의 해고 수당을 줄 테니 해고를 받아들이라는 제안을 받았으나(용역업체에 고용되어 있다가 해고된 노동자들은 이런 비열한 제안에서도 제외되었다) 그들 역시 이런 부당한 제안을 거부했다.

사용자–정부–노동조합의 3자동맹

노동자들 자신의 조직인 노동조합(T&GWU)은 ‘머지 부두 및 항구 회사’에 대항하여 일어선 조합원들의 단체행동에 대해 이를 지지하기를 거부하면서 단지 재정적 지원만을 제공했다. ‘운수 일반 노조’로서는 단체행동을 지지하는 것이 불법적이었을 수도 있다. 보수당의 개악 노동법 아래서는 ‘2차 행동’이 금지되고 있었기 때문이다. 그러나 이 개악 노동법은 노동조합에게 편리한 구실을 제공한 측면도 없지 않았다. 노동조합은 이 쟁의에 대해 결과적으로 비조합원들(scab workers)을 충원하게 됨으로써 자신의 권위와 이익을 위협하게 되는 사태(조합원이 줄고 이에 따라 대내외적으로 가지는 영향력과 조합비 수입이 줄어드는 것을 말한다: 역주)로 간주하고 있는 것이다.

그래서 '운수 일반 노조'는, '합리적'인 교섭을 거부하고 있다면서 공개적으로 파업 노동자들을 비난했다. 그리고 부두 노동자들의 전 세계적인 연대활동을 방해하려 했다. 그러나 부두 노동자들은 노동조합에 쟁의를 공식적으로 승인해 줄 것을 요청하지 않았다. 왜냐하면 쟁의의 공식적인 승인을 요청하고 조합이 이를 승인하여 '공인 파업'이 되면, 이를 계기로 노동조합 전국본부의 간부들이 쟁의에 노골적으로 개입하여 이를 통제하고 끝내 버릴 소지가 높기 때문이었다. 그 밖에 다른 이유도 있었지만 이것이 주된 이유였다.

해고 노동자들은 사용자-정부-노동조합의 3자 동맹에 직면해야 했다. 이들 3자는 동맹을 이루어 노동자들의 저항을 분쇄하려고 작정하고 있었다. 이런 3자 동맹 때문에 최근 들어 파업 노동자들은 쟁의를 끝내라는 압박을 심하게 받고 있다. 예컨대 해고 수당을 받아들이라거나 임시직 노동자 자격으로 일자리로 복귀하라거나 하는 압력이 바로 그런 것들이다.

1996년 말 이래로 지금까지 해고 노동자들을 재차 고용할 수 있는 '노동력 고용 체계'(labor-hiring system)를 수립하는 데 관해 많은 논의가 진행되고 있다. 그리고 이러한 논의들 끝에 경영자측과 노조측은 한 경영자문회사(KPMG)에 세부적인 계획안을 마련하도록 돈을 주고 작업을 의뢰했다. 이 계획안의 내용은 해고 노동자 가운데 일부를, 고용기간이 보장되지 않는 극히 불안정한 고용관계인 '자기-고용'으로 재(再)채용하는 것이 될 예정이다.

이 계획이 실행된다면 이제 노동조합이 그 발기인이 되는 가운데 노동력의 임시직화를 한층 더 제도화하고 합법화하게 될 것이다. '운수 일반 노조'에 따르면 해고 노동자들은 더 이상 "피고용자"가 아니라고 한다. 그리고 '머지 부두 및 항구 회사'가 사실상 운영하고 있는 용역업체인 '토르사이드'에 고용되었던 사람들은 결코 '머지 부두 및 항구 회사'의 피고용 노동자였던 것으로 인정될 수 없다고 한다. 따라서 '운수 일반 노조'는 '토르사이드'에 고용되었다가 해고된 사람들은 이 계획(MDHC와

T&GWU가 공동으로 추진하는)의 찬성 여부를 묻는 찬반투표에도 참여할 자격이 없다고 주장하고 있다.

해고된 노동자들은 어떤 노동 형태가 노동의 미래상으로서 가능하거나 바람직한지에 대해 여러 가지 다양한 메시지를 전해주고 있다. 대부분의 현장 활동가들의 생각에 따르면, 부두의 경영자측은 ‘전문화’된 숙련 노동력을 필요로 하는데, 이러한 전문화된 노동력은 오로지 경험이 축적되어 있는 부두 노동자들(즉 지금은 해고되어 있는)만이 제공할 수 있다고 한다. 그렇기 때문에 해고 노동자들은 안정된 일자리에 ‘복귀’되어야 마땅하다고 이들은 주장하고 있다.

그러나 몇몇 현장 활동가들은 과거보다 훨씬 행동반경이 트인 노동을 미래상으로 제시하고 있다.(노동에 투입하는 시간을 줄이고 노동과 직결되는 일 이외의 시간을 늘리는 것과, 작업시간 내에서도 위로부터의 규율보다 현장에서의 자주적·자율적인 결정이 많아지는 것을 말한다: 역주) 이런 전망 위에서 한 현장 활동가는 “아무 의미도 없고, 인간의 희망을 충족시켜 주지도 못하며, 사람을 소외시키는 형태—임금노예적인—의 노동에 푹 잠긴 채로 자기 인생을 보내는 삶을 사회적 제약이나 구속이 없는 자유의사로써 선택할 사람은 결코 많지 않을 것이다.… 리버풀 부두 노동자들의 투쟁은 단지 과거의 상태를 유지하기 위한 투쟁에 머물지 않는다. 우리들의 투쟁은 자신의 ‘미래’를 보호하기 위한 투쟁이기도 하다”고 말하고 있다.

이 논의의 결과가 어떤 쪽으로(과거지향 쪽인지 미래지향 쪽인지: 역주) 모아질지는 지금으로서는 단언할 수 없다. 그 결과가 어느 방향으로 기우느냐 하는 것은, 현재와는 다른 미래의 건설을 지향해서 여러 저항 투쟁들을 상호 연결시키면서 연대 노력들을 주고 받게 만드는(한 방향으로 주거나 받기만 하는 것이 아니라: 역주) 전략에 달려 있을 것이다.(즉 그러한 상호연대 전략을 운동의 중심에 놓는 것과 그 전략을 성공적으로 수행하는 것에 달려 있을 것이다. 그것이 성공적으로 이루어진다면 단순히 과거의 일터로 ‘복귀’하는 데 머물지 않고 과거보다 더 풍요로운 노동

생활을 노동자의 미래로서 전망하는 쪽으로 논의가 모아질 것이다: 역주)

4. 임시직 노동자화에 저항하는 그 밖의 쟁의들

사용자들은 고용 노동력을 임시직화하는 초기의 시도들이 어렵지 않게 성공을 거두자, 그 다음부터는 자신감을 가지고서 점점 더 과감하게 노동력의 임시직화를 확대하였다. 사용자들은 때로는 파업을 고의적으로 도발하고서 이를 틈타 파업 노동자들을 해고했다. 그리고 파업 노동자들이 하던 일자리를 모두 임시직으로 교체했다. 그런데도 전반적으로 살펴볼 때, 노동조합들은 노동력의 임시직화 체제에 저항하기보다는 이에 순응하고자 했다.

한편 사용자들은 노동력을 임시직화하는 공격을 함에 있어서, '유연한' 노동력은 저렴한 비용으로 손쉽게 확보할 수 있을 것이라고 과신하는 경향이 있었다. 그러나 막상 정규직 노동력을 임시직으로 바꾸었을 때, 임시직 노동자의 고용에 들어가는 비용은 기대했던 것보다 훨씬 비싸게 먹혔다. 이는 부분적으로는 노동자들의 저항 때문이었다.

아래에서 더욱 상세히 설명하겠지만, 여기에서 예로 든 세 건의 쟁의는 그 하나하나가 자본측이 노동력의 임시직화를 추구함에 따라 노동운동의 전략상에서 보편적으로 제기되는 문제들이 어떠한 것인지를 확연하게 보여주는 대표적인 사례들이다.(자본의 전략이 임금의 차별화 또는 정규직과 임시직의 차별화를 통해 노동자의 단결을 깨고, 이를 기초로 노동자를 임금노예적인 노동에 속박시키는 데 있으며, 따라서 이러저러한 차별화를 뛰어넘어 노동자의 계급적 단결을 이루어 내고 이를 바탕으로 임금노예적 노동을 극복하는 노동의 미래상을 건설하고자 노력하는 것이 운동 전략의 관건임을 지적하려는 말이다: 역주) 그리고 예로 든 세 건의 쟁의 가운데 뒤의 두 건의 경우는 노동력을 임시직화하려는 사용자들의 기도가 '공공부문'을 민영화 내지 시장화하려는 기도와 복합되어 진행되고 있음을 보여주는 동시에, 사용자들의 그러한 기도가 일사천리

로 관철되지 못하고 노동자들의 저항을 불러일으키고 있음을 보여주는
대표적인 사례들이다.

마그넷 키친 공장의 쟁의

1996년 9월, 영국 북동부의 다링턴에 소재하는 ‘마그넷 키친’(Magnet
Kitchens) 공장에서 350명의 가구제조 노동자들이 파업에 들어간 이후
해고되었다. 경영자측은 노동력의 60%에 대해서는 임금인상을 해 주겠
다고 하면서, 나머지 40%의 사람들에 대해서는 임금을 인상해 줄 수 없
다고 했다. 그것도 4년 연속으로 이런 식으로 했다. 이렇게 해서 파업이
터져 나왔고, 이어서 직장폐쇄가 행해졌다. 사용자측이 파업을 유도한
것이었다.

그런데 뜻밖의 사태가 발생했다. 노동자들의 저항이 예상했던 것보다
매우 완강했던 것이다. 그래서 회사측은 경비용역을 채용해야 했는데 그
비용이 엄청났다. 경비용역을 채용하는 데 들어간 비용은 노동자들이 지
난 10년 동안 요구한 임금인상 요구액을 전부 다 들어주고도 남을 만큼
큰 액수였다. 여기서 확인될 수 있듯이 ‘마그넷 키친’의 회사측은 임금인
상을 해 주지 않음으로써 돈을 아끼는 것보다는 노동자들의 단결을 깨뜨
리는 것을 보다 중요하게 생각하고 있는 것이다.

경영자측은 파업 노동자들을 임금이 낮은 비노조원(scabs 또는 strike-
breakers: 파업 파괴 노동자들)으로 대체했다. 그러나 이 ‘파업 파괴 노동
자’들은 곧 다링턴 지역사회로부터 심한 배척을 받았다. 그 후 ‘파업 파
괴 노동자들’은 그 전보다 더욱 열악한 임금으로 고용계약을 다시 체결
하도록 강요받았다. 파업 노동자들이 요즈음 이 ‘파업 파괴 노동자들’에
게 깨우쳐 주고 있는 바와 같이, ‘파업 파괴 노동자들’은 ‘마그넷 키친’
사에 봉사하기 위해서—다시 말해 오로지 경영자들이 자기들에게 굴욕
을 더욱 강요할 수 있도록 하기 위해서—자기들의 인간적 품격을 스스로
천하게 만들었던 것이다. 그리고 이것은 어리석기 짝이 없는 처신이었다.

해고 노동자들은 고객들에게 ‘마그넷 키친’ 사의 제품을 구입하지 말

라고 촉구했다. 고객의 '자기 이익'에 호소한 것이다. 이렇게 불매운동을 벌이면서 파업 노동자들이 내건 구호는 다음과 같았다.

"고객 여러분들이 사고자 하는 고품질, 고가치의 마그넷 주방기구는 지금까지는 수년 이상의 근무 경력을 가진 300명의 고기술 노동자들이 만든 것입니다. 이제 이 고기술 노동자들이 없이 '마그넷 키친' 사가 과연 종전과 같은 품질을 고객 여러분들에게 보장해 줄 수 있겠습니까?"

파업이 발생한 이후 경영자측은 높은 기술을 필요로 하는 작업들을 외주를 주는 방향으로 작업배치를 변경했는데, 이로 인해 고객의 주문을 받고 물건을 만들어 납품하기까지의 기간이 더욱 길어지게 되었다. 또 제품의 품질도 더욱 불량해지게 되었다. 그리고 이는 고객들의 불만을 사는 원인이 되었다.

해고 노동자들은 해당 노동조합으로부터 공식적으로 지원받아 왔다. 그리고 이 지원을 매개로 하여 전국조합은 이 쟁의를 영국 노동법이 정하는 합법성의 테두리 안에서 진행되도록 개입하고 있다.

힐링던 병원의 쟁의

보수당 정부는 '경쟁입찰 의무 제도'(CCT: Compulsory Competitive Tendering)를 도입했다. 이 제도는 공공부문의 여러 기관으로 하여금 지정된 용역에 관해서는 이를 반드시 경쟁입찰로 외부에 발주하여 조달받도록 하는 것이었다.

정부의 이러한 요구는 해당 공공기관들로 하여금 자기가 고용하고 있는 노동력들을 외부의 입찰자들과의 경쟁관계 속에 던져 넣도록 조장했다. 또 노동자들을 해고하고 하청에 돌리도록 조장했다. '전국 보건 서비스'(NHS: National Health Service) 산하의 한 병원에서 일어난 쟁의는 정부가 공공부문 업무들을 민간에 넘기고 있는 가운데 노동조합이 현장 조합원의 이해(利害)를 외면하고 사용자측의 이러한 조치에 공모하는 모습을 생생하게 보여주는 사례이다.

1995년 10월, 서부 런던의 교외에 소재하는 ‘힐링던 병원’(Hillingdon Hospital)에서는 ‘장기 근속직’ 직원인 조합원들이 해고되고 임금이 싸고 조합에 가입하지도 않은 ‘단기 계약직’ 직원으로 교체되었다. 그에 앞서 이 병원에서 일해 오던 청소 및 취사 노동자들은 병원측과의 고용계약 관계를 끊고 그 대신 용역회사인 ‘팔 말’(Pall Mall)과 고용계약을 새로 체결하라는 병원측의 요구를 거부했었다. 새 계약서에 서명하지 않은 것이다. ‘팔 말’이 제시한 새 고용계약은 임금을 대폭 삭감하도록 강요하는 것이었다. 또 노동자들의 잔업수당과 연금수령 권리를 폐지했다. 그동안 사용자가 지급하던 ‘병가(病暇) 수당’(sick pay)도 폐지했다. 용역회사인 ‘팔 말’은 나아가 노동자들의 대부분이 외국인인 아시아계인데, 이들에게 여권을 복사하여 제출하라고 요구해 인격적으로 모욕감을 주었다.(이런 부당한 것을 거부했다고 해고된 것이다!)

이 직원들이 해고되고 난 뒤, 이들이 하던 일자리는 용역회사 ‘팔 말’이 확보하고 있던 노동자들로 충원되었다. 이들이 저임금의 비정규직 파견 근로자임은 물론이다. 이렇게 하여 대체고용되어 들어온 노동자들 가운데 극히 일부만이 노동조합에 가입했다.

이렇게 하여 노동자들이 해고 철회를 요구하며 파업에 돌입했다. 파업 노동자들은 병원 앞에서 매일 피켓팅(우리 식으로 하자면 출근투쟁: 역주)을 하고 있다. 사용자의 괴롭힘과 경찰에 의한 체포 및 구속의 위험을 무릅쓰고 이렇게 싸우고 있다. 이들을 관할하고 있는 노동조합은 ‘공공부문 연합노조’(UNISON: 조합원 수 140여 만의 영국 최대의 노조이다. 1993년에 공공부문의 여러 노조들의 통합에 의해 만들어졌다. 영국에서는 그동안 노조들의 통합이 활발히 이루어져 왔다: 역주)인데, 노조는 파업 노동자들의 투쟁의지를 꺾으려고 기도해 왔으며, 파업이 막을 수 없는 상황이 되자 부득이 이를 공식적으로 지원했다. 그러나 ‘공공부문 연합노조’는 파업을 진정으로 지원하지는 않았다.

1997년 1월 ‘공공부문 연합노조’는 더 이상 파업을 지원하지 않겠다고 선언했다. 그리고 파업 노동자들에게 해고수당을 받고 끝내라고 권고

했다. ‘팔 말’의 내부 문서에 의해 밝혀진 바에 따르면 이 용역회사는 노동조합측과의 ‘관계 정상화’를 모색해 왔다. 노조측 역시 용역회사측의 이러한 의사에 호응하는 길을 모색했음이 분명하다. 노조측은 파업 노동자들의 자리에 ‘파업 파괴 노동자들’로 채우는 것과 이들의 고용조건을 임시직화하는 것을 묵인하려 했던 것이다.(정규직이 비정규직으로 대체되더라도 사용자측과의 협력 하에 비정규직 노동자들을 전부 조합원으로 받아들일 수 있으면 조직은 확대된다: 역주)

노조측의 생각이 이러했던 만큼 노동자들의 파업은 노동조합의 조직 확대 계획에 대한 위협으로 간주되었다. ‘공공부문 연합노조’는 표면적으로는 ‘경쟁입찰 의무 제도’에 반대한다고 말하고 있지만 내면적으로는 ‘힐링던 병원’ 쟁의에서 보듯 그 제도로 인해 노동자들의 처지가 임시직으로 바뀌는 것을 기꺼이 수용하고 있는 것이다.

이후 노조는 파업 노동자들에게 정기적으로 지급하던 파업수당 지급을 중단했다. 그래서 파업 노동자들의 생계는 기부금 모금에 의존하지 않을 수 없게 되었다. 노조는 또 파업 노동자들에게 재정적 도움을 주지 못하도록 지역 및 지방 수준의 산하 조직들에게 지침을 내렸다. 이러한 ‘공공부문 연합노조’의 부도덕한 통제에도 불구하고 파업 노동자들은 쟁의를 계속했으며 고립화 기도를 극복했다. 이들은 영국 전역은 물론 유럽에까지 진출하여 다른 노동조합들의 여러 피켓팅에 동참하고, 나아가 각종 정치집회에도 참여했다.

노동자들의 투쟁이 이렇게 끈질기게 진행되는 동안, 용역회사인 ‘팔 말’은 재정적인 곤란에 처하게 되었다. 그리고 회사를 매각하게 되었다. 이 용역회사는 1996년에 사실상 아무런 이익도 내지 못하였다. 이렇게 된 것은 ‘전국 보건 서비스’와의 용역공급 계약을 너무 낮은 입찰가격으로 맺은 것이 주된 이유였다. 용역공급 계약은 극히 낮은 가격으로 맺은 반면에 노동자들의 임금과 근로조건은 기대했던 것만큼 낮출 수 없었기 때문이었다.

이 쟁의가 보여주듯이 노동자의 계급적인 저항은 돈계산만 하는 자본가의 통박을 박살내고 그럼으로써 그들의 "유연화·착취" 전략을 저지할 수 있는 힘을 가지고 있다! 비록 해고된 노동자들 자신은 자기의 옛 일자리를 되찾게 되지 못할지라도! '힐링던 병원' 노동자들의 투쟁은 이러한 사실을 뚜렷이 보여주고 있다.

'성인 교육' 대학들의 쟁의

영국의 '성인 교육'(FE: Further Education) 대학은 많은 사회 그룹들에 있어 갈수록 중요해져 왔다. 학교에서 중퇴한 지 얼마 안 되는 젊은이들, 학교 교육을 더 받고자 하는 어른들, 피난민들 등이 이 제도에 관심을 가져 왔다. 그런데 1997년 봄부터 런던 주변의 '성인 교육' 산하 대학들에서 파업이 터져 나왔다. 학생과 교직원들은 학교측의 새로운 경영계획안에 반대했다. 이 새로운 안에 따르면 교육의 질이 저하될 뿐만 아니라 교직원들의 고용조건이 임시직화되고, 인원수가 감축되며, 보수가 낮아지고, 규율이 강화될 판이었다.

예를 들어 새 경영계획은 앞으로 전임제의 수석 교사들(Senior Lecturers) 대부분을 제거하는 것을 포함하고 있다. 이들은 일반적으로 오랜 강의 경력을 지니고 있으며, 부분-시간제 교사들과 업무상 좋은 협조관계를 유지하고 있었다. 그런데 새 경영계획은 이 수석 교사들을 전-시간제 관리자들로 대체할 구상을 담고 있었다.

새 경영계획은 또 부분-시간제 교사들과의 고용계약을 해지하고서 이들이 맡아 하던 일자리의 일부를 '교육적 강의 서비스'(ELS: Educational Lecturing Service)라는 용역 공급기관으로 넘겨줄 생각이었다. 이 '교육적 강의 서비스' 제도 하에서 부분-시간제 교직원들은 공식적으로 이 기관의 피고용자가 아니다. 피고용자가 아니라 '자기-고용'(self-employed) 노동자가 되도록 되어 있는 것이다. 그래서 교사들은 보수도 삭감되고, 고용보호 입법들에서 보장하는 제반 권리도 상실하게 된다. 이 제도를 시행하는 주된 동기가 바로 그런 것이다.

새 경영계획은 여러 가지 동기를 가지고 추진되었다. 정부는 이 대학들에 대해 학생 1명당 지원금액을 매년 줄여 왔다. 이렇게 정부 지원금액이 줄어듦으로써 대학들은 재정상으로 압박을 받게 되었고, 이 곤란을 타개하기 위해 학생수를 늘리거나 그리고/또는 직원수를 줄였다. 이렇게라도 해서 종전에 확보하던 것과 같은 규모의 수익을 유지해 보려 했던 것이다.

경영진에서는 또 수석 교사들보다는 중간-관리자들이 부분-시간제 교사들을 더 잘 조종할 수 있다고 생각했던 것 같다.

또 하나의 동기는 법원의 판결과 관련이 있었다. 법원은 부분-시간제 교직원들에게 전-시간제 교직원들과 동등한 고용조건을 부여하라고 명령하고 있었다. 이러한 법원의 명령에 대한 경영자측의 대응책으로 나온 것이 '교육적 강의 서비스'였다.

그런데 교원노조에 따르면 '교육적 강의 서비스'는 "사용자들로 하여금 '연금 기여금 납입 의무'와 '해고 제한 의무'를 우회(회피: 필자)할 수 있게 하는 사기협잡으로서 고안된 것"이었다. 이 말은 다음과 같은 사실을 보면 결코 과장이 아니다. 몇몇 경우 대학과 '교육적 강의 서비스'의 이사진이 서로 겹쳐 있다. 그래서 대학에서 '교육적 강의 서비스'에 강사료를 지불하는 것은 같은 회사의 한 지점이 다른 지점과 돈을 주고 받는 것과 다름없다.

교사들의 파업은 '강제 퇴직 절대 반대', '강요된 자원 봉사 절대 반대' 및 '모든 교직원에게 단일한 (동일 표준의: 필자) 고용계약'을 요구조건으로 내걸었다. 교사들의 파업에 대해 학생들도 이를 지지했다. 학생들은 학교측의 새 경영계획이 실시되면 향후 학생들이 받는 교육의 질이 개악되어 자신들에게 불리해질 것이라는 사실을 정확히 간파했던 것이다.

이 파업이 있기 전에도 어떤 학급에서는 아예 교사가 없었다. 이렇게 된 것은 학교측에서 부분-시간제 교직원들을 임시직화하거나 그리고/또는 퇴직시켜 버린 것이 주된 이유였다. 이렇게 교사가 부족하게 되자 부분-시간제 교사들이 맡아 하던 업무들 가운데 일부가 전-시간제 교사들에게 떠넘겨지게 되었다. 학생들은 이 모든 불리한 조건 속에서 자신들의 교육과정을 이수하기 위하여 더욱 열심히 공부하고, 자격증을 따고, 그리고 나서 임금노동자가 되는 것이었다.

자신들의 요구조건을 관철시키기 위해 파업 지도자들은 '교육적 강의 서비스' 제도가 안고 있는 실행상의 모순점을 강조했다. 즉 블레어 정부는 이전 정부로부터 '성인 교육' 대학들을 확대하는 일을 넘겨 받았는데, 이 대학들을 '사회-복지로부터 열심히 일하기로'라는 훈련 프로그램의 비결이 숨겨져 있는 곳으로 간주하고 있다. 블레어 정부는 이 프로그램을 활용해서 실업자들에게 직업훈련을 제공하고, '훈련생'들이 자신의 기술을 연마하는 것을 돕고, 그게 아니더라도 최소한 자격증이라도 따게 하는 역할을 맡길 참이다.

그러나 '성인 교육'의 새 경영계획들은 교직원의 수를 줄이고, 그 질을 떨어뜨릴 것이다. 그럼으로써 정부 프로그램이 성공하지 못하게 그 프로그램의 토대를 허물어뜨릴 것이다. 따라서 정부가 의도하는 바와 실행의 결과가 서로 상충될 것이다. 이것이 파업 지도자들이 이 계획의 도입에 반대하면서 제기하는 주장의 주된 논지이다.

이렇게 정부 계획들과 '성인 교육'의 새 경영계획들은 서로 조화되지 못하고 삐걱거리게 될 요소를 내포하고 있는 것이 사실이다. 하지만 이 둘은 재정 운영이라는 보다 근본적인 요소에 입각해서 상호 조화되는(상충하는 것이 아니라) 관계를 맺고 있다.

최근 '성인 교육' 대학들은 '성과에 의한 지급'에 점점 더 의존해 왔다. 즉 훈련받은 피교육생들 가운데 수료 후 직장을 잡는 숫자가 얼마인지에 따라서 정부의 재정 지원이 제공되고 있다. 정부의 이런 재정 지원 정책에 따라, 대학들은 재정 조달이 더욱 불안정해지고 있다. 그리고 이로 인하여 자기 교직원들을 임시직화하도록 내몰리고 있다.

이렇게 정부와 학교가 결합해서 교직원의 임시직화를 확대하고 있다. 그리고 이것이 '성인 교육'의 교과 과정으로 하여금 직업교육 중심으로 되고, 표준화되고, 시장화되는 경향, 즉 기존에 진행되어 오던 경향을 더욱 부채질하고 있다. 정부와 대학 당국이 한덩어리가 된 가운데 일이 이

같이 잘못된 방향으로 흘러가고 있는 것이다.

5. 장래의 전망: 많은 세계들을 아우르는 하나의 저항운동을 향하여!

맹아적인 동맹이 이루어졌음에도 불구하고 다양한 저항운동들은 여전히 파편화되어 있다. 이들은 자신들의 다양한 열망들을 표현해 주거나 자기들 서로간의 차이를 상호 이해하도록 해 줄 공통의 언어를 아직 갖지 못하고 있다. 거세게 밀려오는 신자유주의의 공격에 저항함에 있어서 저항세력들의 단결은 이처럼 아직 취약하기 그지없는 상태이다.

영국에서 저항운동들을 상호 연결시킬 전망은 있는가, 있다면 어떤 것인가? 유럽의 다른 나라들에서도 '유연화-착취'를 속속 채택하고 있는데, 영국의 경험은 이들에게 어떤 참고가 될 수 있을까? 서로 다른 열망들을 모두 아우르고, 많은 분야 내지 많은 세계들(세계는 단일하거나 획일적이거나 하지 않다: 역주)을 포함하고, 현재와 다른 대안적인 미래를 건설할 수 있는 실질적인(형식적인 것이 아닌) 단결은 어떻게 하면 이루어낼 수 있을까?

영국에서의 전망: 저항운동들을 어떻게 연결시킬 것인가

위에서 설명한 바와 같이, 다양한 분야의 활동가들이 서로의 투쟁을 지원하기 시작했다. 단지 형식적으로 '연대'하는 데 그치지 않고 그물망을 형성하고, 상호 일체감을 만들어 가고 있다. 안정된 '고용'으로부터 쫓겨나 한계화(限界化)되면서 노동자계급의 파편화된 조각들이 저항의 그물망으로 자신들을 재구성하고 있다.

노동자들은 또 필요하면 가져다쓰고 용도가 끝나면 내다버리는 임시직 임금노동자로 전락해 버린 굴욕적인 현실에 직면해서, 그같은 "임금

노예적-노동의 울타리 밖에서 이루어지는 사회연대적인 활동들"을 창조하고 있다. 그와 동시에 그들은 인간의 존엄성을 존중하는 조건으로 "노동에 복귀하겠다고 요구"하고 있는 동료 노동자들을 지원하는 일도 하고 있다. 비록 인간의 존엄성을 존중하는 노동을 제공하는 곳이 있을지 그 전망은 불투명하지만, 그럼에도 불구하고 그들은 희망을 포기하지 않고 있다.

이러한 저항운동들은 사람들로 하여금 맹아적인 동맹을 맺도록 만들었다. 그리고 바로 이 저항들이 아마도 사람들로 하여금 종래에 자신들이 지니고 있던 정치적-경제적 정체성을 뛰어넘어 서로 동맹하도록 만들었던 것 같다.

이와 같은 사태 발전은 '노동자주의' 기구들(구체적으로는 영국의 노동조합과 노동당을 지칭한다: 역주)의 이데올로기와 상충할 요소를 함축하고 있다. 노동자주의 기구들은 노동은 본질적으로 신성하다는 관념을 가져 왔다. 즉 '노동의 존엄성'(내지는 심지어 일할 도덕적 의무까지도)을 이상화(理想化)해 왔던 것이다.

그런데도 많은 좌파주의자들은 연대 행동을 조직함에 있어 '구 노동당'(블레어의 노동당 이전의 노동당을 가리킨다: 역주)과 노동조합들에 대해 노동자정당과 노동조합은 이러이러한 모습이어야 한다고 생각해 온 자신들의 당위론적이고 "환상적인" 생각을 여전히 그대로 밀고 나가고 있다. 그들은 또한 파업 노동자들이 잃어버린 일자리를 되찾는 데 모든 희망을 걸고 있다. 마치 과거의 일자리로 되돌아가는 것만이 유일무이하게 값어치 있는 성과물인 것처럼 생각하고 있다.(그 일자리가 어떤 조건의 일자리인지 따져묻지 않고서: 역주) 이처럼 좌파는 터널 구멍을 통해 세상을 바라보는 듯한 협소한 시야 때문에 "유연화·착취"에 맞서는 저항을 전면화하고, 해고된 노동자들의 힘을 강화하는 데 기여할 유용한 기회들을 놓치고 있다.

저항은 '자격'(credential)의 수사학(修辭學)를 펼치고 있다. 그런데 이 '자격의 수사학'은 양 날을 가진 칼의 역할을 하고 있다. 경영자가 흔히 노동과정으로부터 전통적인 기술들을 이러저러하게 고안해 내려 하고 있듯이(첨단기술이나 질적으로 새로운 기술로써 노동과정을 변혁하려 하지 않고: 역주), 해고 노동자들은 이전에 자신이 행하던 노동에 대해 그것을 변혁시키려고 하기보다는 그것이 지닌 집단적인('특정한 노동자 집단의'라는 의미이다. 개인적인 것과 대비되는 의미에서 강조하고 있다: 역주) 사회적인 가치를 고수하겠다는 주장을 반복하려 하고 있다.(숙련 노동자들 집단이 고품질의 가구를 만들어 제공한다고 하면서 자신의 사회적 가치를 주장하고 있는 '마그넷 키친' 노동자의 경우가 이런 예에 해당한다: 역주) 노동자가 이렇게 하는 것은 능히 이해할 수 있는 일이기는 하지만 말이다.

그러나 '자격의 수사학' 또는 '전문가/기술자'의 수사학은 사용하는 개념 그 자체 때문에 노동자를 각기 전매특허권을 가진 존재로서 서로를 구획되게 한다.(누구는 용접 기술자, 누구는 설계 기술자 등으로: 역주) 그리고 공인된 자격증을 더 많이 구비하도록 경영자가 노동자에게 요구하는 것에 대해, 노동자들로 하여금 그 요구에 복종할 수밖에 없도록 무방비 상태로(논리상으로 대응하기 어렵게: 역주) 만들어 버릴지도 모른다.

이치가 이러함에도 불구하고 해고 노동자들은(그리고 몇몇 지지자들은) 역설적이게도 여전히 '일자리'를 요구하거나 '일할 권리'를 요구하고 있다. '일'한다는 것이 인간을 모욕하는 것으로, 그리고 우리들 모두에게 한도 끝도 없는 의무로 뒤바뀌어 버린 신자유주의 시기에도 여전히 해묵은 가락만을 되풀이하고 있다.

오늘날 사람들은 너무나 많은 일을 하고 있다. 저들은 예를 들어 잔업, '노동을 강요하는 복지 제도', '자격증을 따기 위한 교육훈련 과정' 등 가지가지로 우리들을 일하는 기계로 만들고 있다.

세상이 이렇게 흘러가는 동안 해고 노동자들은 자신의 인간적 존엄성을 되찾게 해 주는 정치적인 '일'을 표현할 만한 적절한 정치학 용어를 갖지 못하고 있다. 자신들은 인간적 존엄성을 되찾게 해 주는 정치적인 '일'을 이미 행하고 있음에도 불구하고…

한편, 많은 환경주의자들과 ‘노동을 강요하는 복지’에 반대하는 활동가들은 ‘일하는 것은 얼간이 짓이다!(Fuck work)’라고 주장하는 경향이 있다. 이들 가운데 몇몇은 노동조합이 노동자가 인간답게 살게 하는 데 별 도움이 안 되거나 심지어 노동자 위에 군림하여 규율을 강제하는 것을 몸소 체험한 전력을 가지고 있다. 그래서 쉽게 그렇게 극단으로 나가고 있다.

그들은 임금노예적인 노동에서 인간으로서의 존엄성을 거의 느끼지 못했기 때문에, 임금노예적인 노동만이 아니라 노동이라는 것 자체를 본질적으로 즐겁지 않은 활동의 영역, 즉 인간소외의 영역이라고 간주하고 있다. 심지어 노동은 본질적으로 부도덕한 것이라고 간주하기까지 하고 있다.(그러나 임금노예적 노동을 적게 하자면 이치에 닿지만 모든 종류의 일을 적게 하자고 한다면 게으른 베짱이가 되자는 이야기가 되고 말 것이다: 역주)

‘노동자주의’적인 노동조합 운동과 극단주의적인 ‘환경주의자’(Environmentalist)들 사이에는 이처럼 커다란 간격이 가로놓여 있다. 이 간격을 메우기 위해 몇몇 활동가들은 ‘일을 더 적게 할 권리’를 이 양자를 통일시키는 요구로서 정식화해 내기도 했다. 그러나 이 구호는 전형적으로 절충주의적인 것인데, 이 구호는 “우리들이 ‘일’이라고 말할 때 무엇을 ‘일’이라고 생각하고 그런 말을 하느냐?”에 따라 그 뜻하는 바가 전혀 달라질 수 있는 치명적인 한계를 가지고 있다. 그런데 이 절충주의적인 구호는 이러한 질문에 대해 대답을 회피하고 있다.

우리들은 지금 블레어 정부가 신자유주의를 정착시킨 보수당의 메이저 정부의 업적(대처 정부가 신자유주의를 도입한 업적의 연장선에서: 역주)을 기초로 해서 그것을 더욱 밀고 나가고 있기 때문에 새로운 위협에 직면해 있다. 1997년 5월 선거가 있기 이전에도 ‘신노동당’은 “유럽에서 가장 반(反)노동조합적인 영국의 노동관계법들”에 대해 그것을 손질하지 않겠다고 공언했었다.

또 노동당은 선거에서 공약을 별로 많이 내세우지 않았지만, 내건 공약들의 대대분이 유감스럽게도 우리 노동자와 노동운동을 위협하는 것들이다. 예컨대 '노동시장의 유연성'을 확장하겠다고 하는 것이 그것이다. 노동시장을 유연화해서 영국이 세계시장에서 보다 경쟁력을 가질 수 있도록 만들겠다는 것이다. 신노동당의 공약에는 또 '사회-복지로부터 일하기로' 프로그램에 동참하라는 제안을 거부하는 실업 청년들에 대해서는 사정 여하를 불문하고 '소득 지원'(사회보장비를 급여함으로써 개인의 소득을 보태주는 것을 말한다. 역주)을 철회하겠다는 것도 포함되어 있다.

또 고용될 수 있는 요건을 구비하는 것, 사회복지의 수혜 자격을 갖추는 것, 연금 수령 자격을 갖추는 것 등에 대해 '개인의 책임'을 높이겠다는 것도 포함되어 있다. 또 길거리를 떠도는 집없는 사람들에 대해 '절대 불관용'(zero tolerance) 정책을 실시하겠다고 하고 있다. '무능력한' 교사는 전원 해고하겠다고 하고 있다. '실패하고 있는 학교들'은 폐쇄하겠다고 하고 있다. 또 정부에서 만일 최저임금제를 도입하더라도 노동자들에게 돌아가는 혜택은 '노동을 강요하는 복지' 계획에 의해 밑뿌리가 침식되게 하려 하고 있다. 설사 최저임금제가 실시된다고 해도 이 '노동을 강요하는 복지' 계획이 실시되면, 청년들은 최저임금제에서 정해진 것보다 임금이 더 낮은 '의사 고용'으로 더욱 내몰리게 되어 있기 때문이다. 이러할 때 최저임금제가 의미를 가질 수 없음은 불을 보듯 뻔하다.

신노동당은 지난 2년 동안 공공연히 신자유주의적 의제(議題)를 발전시켜 왔다. 그런데도 좌파 그룹들은 대체로 '활동가의 희망에 의거하는 사고(思考)'에 매몰되어 있다. 고작 블레어 정부에 대해 이러저렇게 해주기를 바란다는 청원을 하고 있을 뿐이다. 그들은 신자유주의의 임박한 공격으로부터 어떻게 우리 자신을 방어할지에 대해 어떠한 전략도 내놓지 못하고 있다. 상태가 이러한 만큼 '대항-권력'을 만들어 낼 전략을 내놓지 못하고 있는 것은 두말할 나위가 없다.

이 좌파 그룹들과 좌파적 사회운동들은 범유럽적인 저항운동에서 고립되어 살아온 자신들의 풍토병적 편협성을 아주 최근에 들어와서야 겨우 극복해 나가기 시작하고 있다. 영국의 좌파는 이런 수준이다.

유럽 차원의 전망: 유럽은 영국에서 '유연한' 모델을 수입하고 있는가

유럽연합(EU: 1993년 11월 '마스트리히트 조약'으로 유럽공동체에서 유럽연합으로 되었다: 역주)은 노동을 유연화하고 노동자의 권리를 약화시킬 정책들을 기꺼이 받아들여 왔다. 유럽연합은 임금인상 압력과 정부 재정 적자 및 인플레이션을 억제하는 데 있어 노동시장에 대한 탈(脫)규제를 핵심적인 요소라고 간주하는 정책방향을 가지고 있다. 그리고 그러한 조치들을 '유럽통화동맹'(EMU: European Monetary Union)을 위한 '수렴의 기준'(여러 나라를 유럽연합 차원에서 경제적으로 통합하기 위해 나라별 차이를 좁히는 것에 관한 기준인데, 실은 신자유주의적 기준에 맞추어 일치시키려는 것이다. 그렇게 일치시키는 데 있어 적용되는 기준을 '수렴의 기준'이라 한다: 역주)을 충족시키는 데 꼭 필요한 것으로 생각하고 있다.

이러한 분위기 속에서 포르투갈의 사회주의 정부는 '연간 노동 시간제'(annualised hours: 연간 단위의 변형 근로 시간제이다), 일시적 고용계약, 다기능화 등을 추구하는 정책을 채택했다. 프랑스의 공공부문 노동자들 역시 공격받고 있는데, 이들은 지금 일자리에 대한 보장을 상실해 가고 있다.

더구나 유럽연합의 주요 나라들은 '노동을 강요하는 복지'형의 제도와 정책을 속속 도입하고 있다. 이러한 제도와 정책들은 노동자를 보호하는 제도와 정책들의 근본을 침식하게 될 것이다.

프랑스는 사회복지 급여금 수령자 가운데 일자리를 구하도록 요구받는 사람의 비중을 점차 높여 왔으며, 지금도 계속 그렇게 하고 있는 중이다. 독일은 실업자를 취업대상으로 해서 정상-이하(sub-normal)의 임금을 받는 일자리들을 새로이 창출하는 정책을 강구하고 있다. 실업자들은 이런 일자리라도 받아들여야 하며, 이를 받아들이지 않으면 정부는 이들로부터 실업 급여금의 수혜 자격을 박탈하고 있다. 이렇듯 영국의 "유연화-착취" 모형은 범유럽연합 차원에서 속속 추진되고 있다.

주지하듯이 1990년대 중반에는 전 유럽에 걸쳐 '마스트리히트 조약'

에 관해 열띤 논쟁이 진행되어 왔다. 이 당시 '마스트리히트 조약'에서 '사회 헌장'(Social Chart)을 채택하기로 했다는 점이 이 조약의 수용을 정당화하는 데 결정적으로 작용했다. 노동조합들과 사회민주주의 정당들은 '사회 헌장'과 연계되어 있는 조치들 즉 부분-시간 노동자에 대한 동등한 권리의 보장, 가족휴가 제도, 피고용자와의 협의 제도, 노동시간에 대한 제한 등의 조치들에 대해 그 긍정적 의의를 극구 강조했다. 그러나 1997년에 이르러서는, 유럽연합의 일부 국가들에서 실시되고 있는 노동 보호 조치들은 '유럽통화동맹'(EMU)을 체결하려는 계획에 의해 그 밑뿌리가 침식되고 있는 중이다.

더구나 고용-보호 조치들이 사용자들에 의해 교묘하게 따돌려지고 있다. 예컨대 영국에서는 하청에 대한 규제 조치와 비공식(탈법적인) 잔업에 대한 규제 조치들이 지켜지지 않고 있다. 종합하면 '마스트리히트 조약'은 "유연화-착취" 전략을 촉진하고 있다. 이 전략은 '사회 헌장'이 발휘할 수도 있는 긍정적인 역할마저 그 뿌리에서부터 침식해 가고 있다. 그리고 '사회 헌장'을 신자유주의 정책을 정당화하기 위한 장식용품 내지 변명으로 격하시켜 버리고 있다.

법령상의 변경이 어떠한지에 상관없이 신자유주의가 추진하고 있는 "유연화-착취" 전략의 물질적 효과는 자본의 권력이 노동자에게 얼마만큼이나 규율을 부과할 수 있느냐 하는 데 따라 좌우될 것이다. 그 효과는 또 한도 끝도 없이 일하도록 강요하는 것에 대해 노동자들이 저항하는 '대항-권력'의 힘이 어느 정도인가 하는 데 따라 달라질 것이다.

그리고 자본의 "유연화-착취" 전략에 맞서는 노동자의 대항-전략은 '일자리'를 달라고 요구하고, '완전 고용'을 요구하고, '일할 권리'를 요구하는 등 좌파의 전통적인 요구들을 넘어서는 것이 되어야만 비로소 실효성이 있을 것이다. 이렇게 볼 때 '많은 세계들', '많은 영역들', '많은 사람들'을 아우를 수 있고 또 '많은 미래들'을 향한 많은 열망들을 표현해 주는 저항운동, 즉 참다운 변화를 가져올 수 있는 참다운 저항운동을 건설하기 위해서는 보다 상상력 있는 언어가 필요할 것이다.

3
'땅 없는 사람들'의 저항[*]
'믿을 수 있는 계획 대안'을 찾아서: 브라질의 농민운동

필립 르벨리(Philippe Revelli)

[《르 몽드 디쁠로마띠끄》 편집자 주: 브라질 국민들은 지금 놀라운 사실들을 접하고서 아연실색해 있다. 브라질에서는 그동안 전투(군사)경찰이 도시에서 약탈 행위를 일삼아 왔는데(그들은 금품을 갈취하고, 사람을 고문하고, 암살을 자행하면서도 아무런 제재를 받지 않아 왔던 것이다!) 이러한 약탈 사건들이 비밀 촬영에 포착되어 지금 두 편의 다큐멘타리로 텔레비전에 방영되고 있는 중이다. 그리고 이 방영을 통해서 브라질 국민들은 그런 끔찍한 사건의 실상을 생생하게 알게 되었다.

한편 민주노조운동과 좌파 정치운동은 이 방영을 계기로, 90년대에 들어 선거 위주의 활동이 실패를 겪으면서 한동안 침체 상태에 빠져 있었던 자신들의 활동을 옛날처럼 다시 활성화시켜 보려 하고 있다. 겨우 기지개를 펴고 있는 형편인 것이다.

다른 한편 브라질 연방 공화국 페르난도 카르도소(Fernando Henrique Cardaso) 대통령의 수상쩍기 그지없는 동맹세력들은 진정으로 브라질 사회를 바꾸어 보려는 개혁 시도에 대해서는 어떤 종류의 것이건 모조리 가로막고 있다.

---

[*] 이 글은 《르 몽드 디쁠로마띠끄》 1997년 9월호에서 번역·전재한다.

이렇게 답답한 상황에서 아무런 힘이 없을 것 같은 '땅 없는 농촌 노동자들의 운동'(MST)이 농지개혁 문제를 둘러싸고 중도좌파 정부에 대한 대항을 행동으로 구체화하고 있으니 참으로 역설적이라 하지 않을 수 없다.]

＊　　　＊　　　＊

지난 몇 달 동안 수많은 브라질 사람들은 날이면 날마다 텔레비전 수상기 앞에 자리를 고정시킨 채 '종합 텔레비전'(Globo TV)에서 저녁 8시에 방영하는 '레이 두 가두'(Rei do gado)[1]라는 연속극의 토막이야기들을 열심히 지켜보고 있다. 이 끝없이 이어지는 통속적인 영웅담에서는 재산이 어마어마한 대지주 하나와, 변화를 거부하는 현 사회체제의 타성과 자기 동료들의 부패에 의해 각성된 상원의원 한 명과, '땅 없는 농민들'이 여러 등장인물들 가운데서 시청자들로부터 가장 시선을 끌고 있다. (우리나라에서 '모래시계' 방영이 불러일으켰던 상황을 연상하면 될 것이다. 역주)

연속극으로 들어가 보자. 상파울루에서 800킬로미터 동쪽에 위치하고 있는 '폰탈 두 파라나파네마' 지역에서는 영화에 뒤지지 않을 정도로 극적인 장면들이 전개되고 있다. 엉성하게 지어진 바라크 건물들이 보도 양측으로 줄지어 늘어서 있다. 그 길의 교통 안내판에는 "'땅 없는 사람들'의 야영지입니다. 조심해서 운전하시오!"라는 경고문이 적혀 있다.

그 앞쪽은 1,400헥타르의 경작하지 않는 토지를 가진 산타 리타 농장(파젠다: fazenda)[2]인데, 이 땅은 가시철조망 울타리와 중화기로 무장한 40여 명의 '용역 경비대'(피스톨레이로스: pistoleiros)에 의해 엄중하게

---

1) '가축의 왕'이라는 뜻이다. (브라질에서는 광대한 토지를 소유하고 있는 대지주들이 국내 수요를 충족하기 위하여 곡물을 재배하는 대신에 거대한 목장을 만들어서 수출용으로 축산업을 경영하고 있다. 그래서 이들을 '가축의 왕'이라고 빗대어 이름붙인 것이다. 역주)

2) 대농장으로서 그 소유자를 '파젠데이로'(fazendeiro)라 한다.

보호되고 있다. 그리고 약 1,600여 가구의 농민들이 ‘땅 없는 농촌 노동자들의 운동’의 깃발 아래 조직화되어 정부를 향해서 이 농장의 농토를 강제 수용해서 농촌 노동자들에게 재분배하라고 요구하고 있다.3)

1996년 11월 현재로 그들은 나무와 양철과 플라스틱으로 엉성하게 지어진 이 난민촌에서 1년여 가까이 야영생활을 하고 있다.

유혈 사태를 동반하는 토지분쟁은 브라질의 역사에서는 결코 새삼스러운 현상이 아니다. 그러나 이번 경우에는 사정이 다르다. ‘땅 없는 농촌 노동자들의 운동’의 영향력이 점차 증가하고 있는데다가, 이 농민운동이 예전에는 각기 고립되어 있던 농민들의 투쟁을 상호연결시키고 나아가 짜임새 있고 정연한 체계를 가진 ‘믿음이 가는 계획 대안(代案)’을 부여해 주고 있기 때문이다.

농장 점거를 열 번 가량 조직하면서, 브라질의 ‘수출-농업’ 모델* 이 가지는 생존·생육 능력에 이의를 제기하면서, 현대적인 통신수단에 힘입어 자신들에 대한 청중의 수를 확대하면서—예컨대 ‘땅 없는 농촌 노동자들의 운동’은 인터넷에 웹사이트를 보유하고 있다4)—이 ‘땅 없는 사람들’은 후진적인 시골 사람들이라는 전통적인 이미지를 떨쳐내고서 자신들의 입장에 대해 중간계급, 본질적으로 도시적인 사람들인 중간계급 사람들 대다수의 지지를 얻어내는 데까지 이르고 있다.

---

3) ‘브라질 헌법’은 황무지 상태로 방치되어 있는 농토에 대해 정부가 강제수용하는 것을 허용하고 있다.

* ‘생계-농업’ 모델에 반대되는 용어이다. 경작 농민의 생계용 농작물 재배를 위주로 농업경영이 이루어지는 것이 아니라 수출용 농축산물 생산을 위주로 하는 농업경영을 말한다. 이러한 농업 경영 체제는 일반 소농민이나 도시 서민대중의 이익을 무시하면서 대토지를 소유하고 있는 극소수 대지주들의 이익에 복무하는 것이다. 역주

4) Mèl: semterra sanet.com.br.

카라자스의 농민학살

1996년 4월 카라자스(Carajas) 엘도라도(Eldorado)(에스파냐 사람들이 라틴 아메리카에 있다고 상상하던 황금나라. 비유적으로는 '꿈의 나라', '낙원'이라는 뜻을 가지고 있다: 역주)에서 땅 없는 농민 19명이 학살되었다. 이 사건은 이 나라 전국에 걸쳐 의분의 파도를 불러일으켰다. 그리고 친근한 고향마을들 한가운데서 일어나고 있는 농지 재분배 투쟁의 홍수는 이 농지개혁 문제가—연속극 '가축의 왕'의 교묘하고 재미있게 엮은 이야기 줄거리가 제공하는, 대수롭지 않은 흥미의 선을 넘어서—민족현실에서 차지하는 중요성이 어떠한지 그 진실을 똑똑하게 보여주고 있다.

연속극 극중에서는 '땅 없는 사람'인 어여쁜 루아나—여배우 파트리카 필라가 배역을 맡고 있는데—가 "브라질에서는 땅의 분배가 정의롭지 못하다. 그것에 대해 논의하는 것 자체가 이미 우리들에게 도움을 주는 것이다"라는 말을 내지른다. 이 장면을 내보낼 때, 프로듀서들은 농지개혁에 대해 대체로 호의적인 시청자들을 향해서 그들의 감정의 보풀들을 솔질하고 있다는 것—농민들의 농지개혁 투쟁에 대해 전폭적으로 우호적이 되게끔—을 분명히 의식하면서 드라마를 그렇게 연출하고 있는 것이다.5)

브라질의 토지 재산의 분배는 규칙적으로 반복되는 정부의 포고령에도 불구하고 세계적으로 가장 불평등한 상태에 머물러 있다. 또 세계은행에 따르면 0.8%의 토지 소유자들이 경작 가능한 농지의 43%를 차지하고 있는 반면에 2천3백 만 명의 농업 노동자 및 소농민들은 빈곤의 문턱 이하의 수준에서 살아가고 있다고 한다.

'사회 정의'라는 거창한 것까지 거론하지 않더라도, 줄잡아 3억 인구를 먹여 살릴 수 있으면서도 이러한 빈곤이 병존하고 있다는 것—이것이

---

5) 여론조사 기관인 '민중의 소리'(Vox populi)의 한 설문조사(1996년 여름)는 응답자의 87%가 찬성하는 의사를 밝혔다고 한다.

현하 문제가 되고 있는 ‘수출-농업 체제’의 한계인 동시에 그 부패성이다. 인도의 전 영토와 맞먹는 경작 가능한 토지를 갖고 있는 브라질은 세계에서 가장 주요한 식량 생산국이자 수출국의 하나이다. 예를 들어 1996년도의 경우, 이 나라의 농업 산출량은 잘만하면(수출용 육류 위주가 아니라 식량용 곡물 위주로 생산한다면: 역주) 3억의 인구를 먹여 살릴 수도 있는 분량이었다. 그러나 3천2백 만 명의 브라질 농민들은 배불리 먹지 못한다. 그리고 그 정부는 지난 해에 30억 달러 이상의 돈을 식료품 수입에 바치고 있다.

소농민들이 농산물에 대한 국내시장 수요의 절반 이상을 공급하고 있다. 그러나 정부 보조금의 주된 몫을 흡수하는 것은 대토지 소유자들이다. 이 보조금이 대토지 소유자들의 수출-농업 경영이 지속될 수 있게끔 뒷받침한다는 명분으로 그렇게 하고 있는 것이다.

이에 대해 ‘브라질 전국 주교회의’(CNBB)는 다음과 같이 비판하고 있다. “‘농업 현대화 정책’과 정부가 채택하고 있는 시장 본위의 개발모형 때문에 토지의 집중이 심화되고 있으며, 이러한 토지의 집중은 농촌에서 소농지 소유제의 파괴를 초래하면서 수많은 사람들을 농촌으로부터 추방하고 있다. 그리고 이 나라 안에서 끔찍한 농촌 집단이주(엑소더스)를 빚어내고 있다”라고.[6]*

이와 동시에 브라질에서는 대규모 농장인 파젠다들이 방치되어 있거나 조방적인 목축에 바쳐지고 있는데, 이것들은 토지 투기의 표적이 되거나 자본을 이윤이 많은 곳으로 빼돌리는 데 그 은폐물이 되고 있다. 뿐

---

6) 《디알》(Dial), 파리, no 7, 1996. 5. 1-15, 1~15호.
* 브라질의 현 대통령 카르도소는 유명한 경제학자이며, 저명한 종속이론가이다. 그는 또한 진보적인 정치가이기도 하다. 그는 1988년 사회민주당을 창립하고 그 당수가 되었으며 1994년에는 사회민주당 후보로서 대통령에 당선되었다. 그러나 그는 ‘시장경제’론자로서 “국가는 사(私)경제의 대변인이 되어야 하며, 효과적인 방법으로 조정 기능을 수행하고”, “능률과 평등의 제고는 소유관계의 급진적 변화를 통하여 실현할 수 없다”고 하여 브라질 경제를 신자유주의적인 방향으로 이끌어 가고 있다. 그 결과가 토지의 급속한 집중이다. 『21세기의 도전과 전략』, 밀알, 1996에 실린 카르도소의 글 「21세기를 위한 우리의 프로그램」을 참조하시오: 역주

만 아니라 '농지개혁과 식민화를 위한 전국 연구소'(Incra)에 따르면 1억 5천3백 만 헥타르(즉 프랑스, 독일, 스페인, 스위스 및 오스트리아를 합친 것만한 땅덩어리이다)를 몇몇 거대 라티푼디아들이 차지하고서 땅을 놀리고 있다.**

'땅 없는 농촌 노동자들의 운동'(MST)의 등장

브라질의 전(全) 역사는 농민항쟁으로 점철되어 있다. 그리고 이러한 농민항쟁들은 난폭하게 진압되는 것이 예사였다. 그러던 중에 1964년에는 군사 쿠데타가 일어났고, 군사정권은 대중조직들에게 "묘지의 평화"를 강요했다.

그러나 60년대 후반에 들어서면서부터 토지 분쟁이 전국의 거의 모든 지역에서 들불처럼 불타올랐다. 소토지 소유자들인 포세이로(posseiro)들은 '농지개혁 및 식민화 법'에 따른 아마존 강 유역 지구의 국토에 대한 자본가들의 '땅 차지하기' 습격을 받게 되었다. 그러나 이 농민들은 농장 지주들인 파젠데이로(fazendeiro)들의 탐욕에 맞서 자신들이 근래에 개간한 농토들을 악착같이 지켜내고 있다.[7]

한편 남쪽 주(州)들에서는 농민들의 토지 점거가 계속 늘어나고 있다. '이태푸(Itaipu) 댐' 건설로 인해 수많은 농민 가구들이 그 지역에서 쫓겨나게 되었는데, 이러한 상황이 농민들의 분노에 기름을 붓고 있다. 그리하여 마침내 '토지와 정의' 운동의 형성으로 비화되고 있다.

** 라티푼디아는 포르투갈 식민지 시절에 노예제 또는 농노제 형태로 운영되던 대농장의 이름이다. 현재는 그냥 방대한 토지를 보유한 거대농장을 그렇게 부른다. 이것들은 그 크기가 수만 또는 수십만 헥타르의 규모에 달한다. 예컨대 다니엘 루드윅이라는 미국인은 1962년에 150만 헥타르를 매입했고, 폭스바겐 사는 14만 헥타르의 농장을, 킹스랜지 사는 10만 헥타르의 농장을 소유하고 있다. 또 네슬레, 미쯔비시 같은 초국적 기업들이 이런 대농장을 소유하고 목축을 경영하고 있다. 『라틴 아메리카의 정치경제학』, 한울, 1991을 참조: 역주

7) 「죽으라고 점찍힌 브라질 사람들」, ≪르 몽드 디쁠로마띠그≫, 1990년 12월호를 참조하시오.

1973년에는 북동부 지역 주교들이 「나는 우리 민중들이 아우성치는 소리를 들었다」는 제목의 선언을 발표하였다. 이 선언은 가톨릭 교단이 새로이 현실참여에 나서고 있음을 보여준다. 이 가톨릭 교단 안에는 해방신학의 쟁쟁한 대표자들이 그 면면을 보이고 있다.

1975년에는 ‘토지 문제에 관한 사제단’(CPT)이 만들어졌다. 이 사제단은 농민들의 투쟁을 적극 지원하고 있다. 게다가 1985년에는 ‘땅 없는 농촌 노동자들의 운동’이 탄생했는데, 이 조직은 이 나라의 네 귀퉁이에서 각기 고립 분산적으로 전개되고 있는 농민투쟁들이 상호 통합·조정되도록 하기 위해서 ‘토지 문제에 관한 사제단’이 주도해서 마련한 회합의 결과물이었다.8)

그리고 나서 열두 해가 지난 지금, ‘땅 없는 농촌 노동자들의 운동’은 브라질 전국 27개 주 가운데 21개 주에서 조직되기에 이른다. ‘땅 없는 농촌 노동자들의 운동’은 21명으로 구성된 집단지도부가 전국에 걸쳐 통일적으로 지도하고 있는데, 이 집단지도부는 각 주마다 한 명씩 낸 대표들로 구성되어 있다.

한편 1996년도 사업보고서에 따르면 이 ‘땅 없는 농촌 노동자들의 운동’은 176개의 농장을 점거했으며, 이렇게 되찾은 땅에다 45,218개의 가구를 정착시킬 생각이라고 한다. 이처럼 ‘땅 없는 농촌 노동자들의 운동’은 농지개혁을 위한 투쟁에서 브라질 농민의 대변자로 인정되고 있다.

이러한 활약상에 대해 경제학자인 셀소 푸르타도(Celso Furtado)는 “‘땅 없는 농촌 노동자들의 운동’은 엄청난 영향력을 가지고 있고 또 아주 유능한 지도부를 가지고 있는, 그래서 감탄할 만한 조직이다”라고 평가하고 있다. 97년 현재 ‘땅 없는 농촌 노동자들의 운동’의 회원 수는 약 5만 가구이며, 이들은 244개의 야영 난민촌에 집결되어 있다.

---

8) 교회의 이같은 영향력 이외에 ‘땅 없는 농촌 노동자들의 운동’ 속에는 ‘브라질 공산당’(PC do B)—그 정치노선이 일체의 점진적 개선을 거부하는 것이어서 ‘알바니아 사람들’이라는 별명을 가지고 있는—에 연결된 조류 하나가 공존하고 있다. 이 급진적인 부분은 향후 어떤 시기에 가면 농민운동의 노선을 둘러싸고 ‘토지 문제에 관한 사제단’을 비롯하여 이 농민운동을 지지·지원하는 다른 조직들과 갈라서게 될 가능성이 있다.

협동조합에 의한 재(再)사회화 실험

'산타 리타 농장'을 마주보며 야영촌이 한가롭게 졸고 있다. 식사 배급, 일일 집회, '농지개혁과 식민화를 위한 전국 연구소'의 도움으로 새롭게 짜여진 일정도 하루 시간을 다 채우는 데까지는 이르지 못하고 있다. 그래서 하루 해가 길기만 하다.

야영 난민촌 식구들 가운데 어떤 이들은 작은 채소밭을 가꾸고 있다. 다른 어떤 이들은 인근에서 고용직 일자리를 가지고 있다. 왜냐하면 땅 없는 사람들의 대부분은 농업 노동자들이거나 아주 작은 농지를 소유하고 있는 빈농이지만, 그 밖에 교사, 이발사, 윤락여성, 아이를 데리고 거처할 곳을 찾고 있는 미혼모, 실업자 등도 포함되어 있기 때문이다. 그들 중에는 또 농촌 대(大)이주로 땅에서 뿌리를 뽑혔지만, 그럼에도 불구하고 농촌에 대해 애착심을 간직하고 있는 농민의 아들들이 다수를 차지하고 있다.

질마르 모루(Gilmar Mauro)는 이러한 사람들 중의 하나이다. 그는 농촌 주민들의 대다수가 아직 문맹자를 벗어나지 못하고 있던 시절에 정규 교육과정을 이수한 사람이다. 그리고 노동조합 활동을 몸소 체험한 경력도 가지고 있다. 그는 야영 난민촌의 운영위원회의 지도자이다. 그의 말에 따르면 "우리들이 철조망을 절단하던 그 때도 역시 밤이었다"고 한다. '땅 없는 사람들'은 두 번이나 '산타 리타 농장'의 '용역 경비대원들'의 감시를 따돌리고서 분규중에 있는 땅으로 침투해 들어갔다. 그리고 그곳에서 그들은 땅을 일구고 씨를 뿌리기 시작했다. 두 번이나 퇴거 명령이 발부되었다. 그리고 전투(군사)경찰이 쳐들어와서 토지를 점거한 농민들을 쫓아냈다.[9]

그러나 이곳에서 몇 킬로만 가면 400여 가구가 '산 벤투 농장'의 땅을 경작하고 있다. 그리고 카사바(열대 작물로서 그 뿌리는 녹말을 만드는

---

9) '땅 없는 사람들'과 '용역 경비대들' 사이에 충돌이 있은 후인 1997년 1월, '땅 없는 농촌 노동자들의 운동'은 '산타 리타 야영촌'의 가구들을 다른 야영촌으로 이동·배치하는 결정을 내렸다. 이는 갈등이 엉뚱한 방향으로 변질되는 것을 예방하기 위해서였다.

원료이다: 역주), 옥수수, 강낭콩 등을 생산하고 있다.… “우리는 스물 세 번 농장을 점거했고 전투(군사)경찰은 스물 세 번 우리를 쫓아냈다. 스물 네번째가 마지막이었다.” 여기에 인용하는 것은 ‘땅 없는 농촌 노동자들의 운동’의 활동가인 에디나 토레아니(Edina Toreani)가 말한 이야기이다. 그 후 각 가구는 작은 땅뙈기를 경작하고 있다. 그리고 생산한 것 가운데 잉여분은 협동조합을 통해 판매하고 있다. 이 협동조합은 ‘농지개혁 협동조합 연맹’에 가맹하고 있다. (이 연맹은 또 ‘땅 없는 농촌 노동자들의 운동’에 연결되어 있다.) 이 운동을 지도해 나감에 있어 “농민에게 땅뙈기를 나누어주는 것만으로는 충분하지 못하다. 농민들은 신용대부를 받을 수 있어야 하고 판매망을 가지고 있어야 한다. 나아가 업무관리 기술도 새로 익혀야 하고 자녀들 교육—야영촌 안에서 운영되는 학교에서—도 시켜야 한다. 이런 것들을 해결하는 길이 마련되어야 한다. 그렇게 될 때 농민의 생활 설계는 총체적으로 완결성을 갖추게 될 것이다.”

사회학자인 수자 마틴(Souza Martin)은 여기에서는 “농촌 주민의 재사회화를 위한 철저한 경험”이 시도되고 있다고 그 의의를 평가하고 있다.[10] 셀소 푸르타도 교수는 ‘땅 없는 농촌 노동자들의 운동’의 발걸음에서 또 다른 것을 주목하고 있다. “이것은 브라질이 만들어 내고 있는 대규모 실업에 대한 유일하게 효과 있는 대응책이다. 무엇보다도 ‘생계-농업’을 재창조하는 일이 시도되고 있다. 이것이 도시에서의 한계화(限界化)된 삶보다 더 나은 삶의 방식이라는 것을 어찌 인정하지 않을 것인가?”라고 그는 말하고 있다.

한편 정부는 말로는 농지개혁 정책을 제자리에 갖다놓을 결심이라고 공언하고 있다. 정부는 정부 기구 안에 ‘토지정책을 위한 특별장관직’을 설치했다. 그리고 지난 해에 6만 가구에게 농지를 나누어 주었다고 주장하고 있다. 정부는 지난 96년 12월 18일 유휴 토지에 대한 세금을 대폭 인상하는 법안을 상원에 상정하고 이를 가결시켰다. 그러나 이 조치는

---

10) ≪월간 땅 없는 농촌 노동자들≫(Jornal dos trabalhadores rurais sem terra), 1996년 7월호.

농민에게 농지를 나누어주기 위한 것이 아니라 토지에 대한 투기를 억제하는 것을 그 목적으로 한 것이었다.

카르도소 대통령은 아마도 거세게 불타오르고 있는 토지 분쟁을 해결하기 위하여 모종의 토지수용 법령을 발동할 용의를 가지고 있을 것이다. 그렇지만 "농촌주의자들"—대토지 소유자들의 압력단체인—혼자만으로도 의석의 1/3을 확보하고 있는 이 나라 국회에서 그가 얼마만큼이나 운신의 폭을 가지고 있는지, 여러분들은 한번쯤 그 점에 대해 자문(自問)해 볼 수 있을 것이다.

게다가 카르도소 대통령은 지난 대통령 선거 당시에 케케묵은 수구정당인 '자유전선당'(PFL)과 동맹을 맺고서 당선되었는데, 이 집권동맹이 사회에 변화를 가져오는 방향으로 국가 정책을 추진하지 않을 것이라는 점에 대해서는 많은 말이 필요하지 않다.

그런데 사회학자인 주세 드 수자 마틴이 말하고 있듯이 "농지개혁은 경제문제가 아니다. 그것은 정치문제이다.… 브라질은 농지 재분배 개혁을 내실있게 수행해 내는 데 필요한 양 이상의 땅을 보유하고 있는, 세계에서 몇 안 되는 나라들 중의 하나이다.… 그러나 농지개혁을 하면 이 나라 국민(민중이 아니라: 역주)의 권력의 토대를 이루고 있는 토지소유 체제를 무너뜨리게 된다.… 이 엘리트 집단은 토지만이 아니라 은행이나 공업 및 상업 등에도 투자하고 있다. 그리고 각급 수준의 국가기구 모두를 통제하고 있다."

이 지주 과두세력들에게는 토지를 재분배하려는 시도는 어떠한 것이건 모든 수단을 총동원해서라도 반드시 격퇴해야 할 사안인 것이다.

'땅 없는 농촌 노동자들'과 '지주 과두세력' 사이의 격화되는 대립

그들은 1주일째 행군해 가고 있는 중이다. 그들은 하루 행군 거리를 짧게 잡고 야간행군으로 조금씩 이동하고 있다. 날씨가 견딜 수 없을 만큼 무덥기 때문이다.

그들이 누구인가? 파라(Para) 주의 수도인 벨렝(Belem)을 향해 길을 가고 있는 약 4,500명의 ‘땅 없는 농민들’이다. 그들은 정부 당국을 상대로 ‘메카세이라 농장’에 대해 토지수용을 실시하라고 요구할 참이었다. 그들은 한 달 전부터 이 토지를 점거해 오고 있었다.

1996년 4월 17일, 그들은 ‘카라자스 엘도라도’에 이르렀다. 행진대열의 머리 위로는 ‘땅 없는 농촌 노동자들의 운동’의 상징이 새겨진 붉은 깃발들이 나부끼고 있다. 벨렝에 소재하는 주지사 집무실에서는 카라자스 시의 올리베이라(Oliveira) 시장 앞으로 명령이 하달되어 있었다. 길을 혼잡스럽게 하고 있는 것들을 싹 쓸어서 없애버리라는 명령이.

땅 없는 사람들의 학교에서 교사로 일하고 있는 오엘리아(Oelia)는 이렇게 이야기하고 있다. “오후가 되자 전투(군사)경찰 여러 부대가 차에서 내리더니 짐을 부리기 시작했다. 그리고 우리들을 포위했다. 곧 이어 협상을 시도하지도 않고 해산 권고를 하지도 않은 채, 그들은 우리들에게 지랄탄을 갈겨댔다. 그리고는 총알을 퍼부었다.”

오후 늦게 전갈을 받은 ‘파라 주 인권 수호 협회’(SDDH) 변호사 완델레이 마르틴스(Wanderlei Martins)는 급히 현장으로 달려갔다. 그리고 쿠리오노폴리 병원으로 달려갔다. “시체 공개진열장에는 땅 없는 농민 19명의 시체가 뒹굴고 있었다. 그들은 모두 아주 가까운 거리에서, 총구를 들이대고서 사살된 모습이었다.”

이보다 앞서 1995년 8월에도 이 비슷한 사건이 있었다. 전투(군사)경찰과 ‘용역 경비대’가 합동작전으로 수행한 어느 난민촌에 대한 철거작전에서 9명의 농민이 살해된 일이 있었던 것이다. ‘땅 없는 농촌 노동자들의 운동’의 변호사인 주벨리노 스트로자케(Juvelino Strozake)는 이렇게 회상했다. “지난 15년 동안 땅을 가지려는 농민들의 투쟁에 연루되었다는 것을 이유로 해서 농민, ‘땅 없는 농촌 노동자들의 운동’ 활동가, 노동조합 지도자, 수사 및 수녀, 변호사, 국회의원 등을 망라해서 1,654명이 살해되었다. 이 범죄에 대해 책임이 있는 자가 누구겠는가? 십중팔구 농장 지주들에게 고용된 하수인들이거나 전투(군사)경찰의 요원들일 것이다. 그러나 그들 중의 누구도 처벌되지 않았다. 그러던 중에 최근에 들어 고작 두 명에게 유죄 판결이 내려졌다. 하지만 이 두 명이 누구인고 하니, 단지 상관의 명령을 실행했을 뿐인 말단 경비대원이었다.”

1996년 8월 정부는 용하게도 군대에 의해 저질러진 범죄에 대한 재판을 민간 법정으로 넘기는 법률안을 국회에 상정·통과시켰다. 그러나 인권옹호단체들은 ‘카라자스 학살사건’에 연루된 전투(군사)경찰 요원 155명에 대해 재판이 열리는 날이 올 것이라고는 거의 기대하지 않고 있다. 당분간은 그런 일이 없을 것이라는 말이다.

과연 그러했다. 법원은 ‘땅 없는 농촌 노동자들의 운동’ 활동가들에게 범죄 혐의를 덮어씌우는 일에 대해서는 매우 열심인 반면에―폰탈(Pontal) 지역에서는 이 운동의 지도자인 주세 라이냐(José Rainha Jr.)와 간부들 다수가 “범죄단체 구성” 죄목으로 기소되었다―대토지 소유자의 하수인들을 처벌하는 일에는 그에 견줄 만한 열성을 보여주지 않고 있다.[11] 1996년 9월 20일, ‘산타 리타 농장’의 ‘용역 경비대’는 어떤 텔레비전 취재팀에게 사격을 가하여 모니카 테세이라(Monica Texeira) 기자에게 가벼운 총상을 입혔다.

이 총격의 주모자와 장본인들에게 처벌을 포함한 응분의 조치를 강구하라는 촉구가 쇄도했으나, 카타리나 에스티모(Catarina Estimo) 판사는 이들 촉구를 받아들이기를 거부했다. 그들의 행위는 “재산 소유자로서 정당방위권” 행사라는 것이 그의 논리였다.

한편 농장 지주들(파젠데이로스)에게 고용된 민간 병력이 늘어나고 있는데, 이들은 불안을 증대시키는 중대 요인이 되고 있다. 이에 대해 인권변호사인 주벨리노 스트로자케는 이렇게 말하고 있다. “그들은 ‘경비 병

---

11) 1989년 당시 어느 농장에 대한 토지 점거가 행해지고 있던 중에 그 농장의 대지주와 경찰관 한 명이 암살된 사건이 있었는데 이와 관련하여 주세 라이냐는 1997년 6월 11일, 징역 26년의 실형을 선고받았다. 그는 그 사건이 있던 당일에 사건 현장으로부터 2천 마일이나 떨어진 곳에 있었다는 알리바이를 제시할 수 있었음에도 불구하고 이런 판결이 내려진 것이다.

력’이라기보다 사실상 사설 ‘군대 병력’이다. 그들은 파라과이에서 밀수입한 중화기들로 무장하고 있다”라고.

뿐만 아니라 1996년 8월, 파라 주의 지주 과두세력은 자신들이 거느린 ‘용역 경비대’들을 마라바(Maraba) 거리에서 시가행진을 시키기도 했다. 심지어 ‘카라자스 엘도라도’의 희생자들을 추모하기 위해 대(大)건축가인 오스카 니에메이에르(Oscar Niemeyer)가 구상하여 제작한 기념물을 파괴하기까지 했다.12)

이렇게 나아가더니 결국 ‘로크 산토스 농장’ 지주는 일간지 ≪폴라 상파울루≫(Folha de Sao Paulo)에서 “60년대의 좌익 선동꾼들이 되돌아 왔다”고 너스레를 떨면서 ‘농촌 민주 동맹’(UDR)을 부활시켜야 한다고 부르짖기에 이르렀다.13) 이 ‘농촌 민주 동맹’이라는 조직은 1985년에 설립되었는데, 주장이 과격한 것만큼이나 행동이 폭력적이며, 주세 샤르네이(José Sarney: 1980년대 후반, 군사정부에서 민간정부로 이행하던 당시의 대통령이다: 역주) 대통령이 농지개혁을 실시하려는 낌새를 보이자 이것을 저지하려는 목적 아래 만들어진 것이다. 대토지 소유자들의 압력단체인 이 조직이 다시 무대 전면에 등장하고 있는 것이다. 이는 농지개혁 문제가 브라질에서 차지하는 정치적 비중이 어떠한지를 극명하게 드러내

---

12) 파라 주의 ‘우릴란디아 도 노르트’(Ourilandia do Norte)에서 1997년 1월 13일 ‘땅 없는 농민’ 3명이 학살된 사건이 발생한 후에 연방공화국 대통령은 파라 주 남부지역에 대해 무장을 해제시키는 포괄적인 조치를 단행하기로 결정했다. 같은 시기에 연방 정부는, 범죄를 저지르고도 아무런 처벌을 받지 않고 멀쩡하게 돌아다닐 수 있게 되어 있는 그간의 사태에 대해 자신들도 이에 대결하려고 결심하고 있음을 보여주기 위하여, 약간의 움직임을 취했다. 즉 법무장관으로 하여금 판사 1명과 검사 1명을 선임하여 ‘카라자스 엘도라도’ 학살 사건의 진상을 밝히는 것을 목표로 하여 사건 조사에 박차를 가하라는 임무를 부여했던 것이다. 그러나 “세상 사람들이 잘 알듯이 그리고 검찰 스스로가 자인하고 있듯이, 꼼짝달싹 않고 열 달이나 시간을 보낸 후에 그래서 증거들이 거의 다 소멸되어 버린 후에 뒤늦게 사건의 진상과 책임 소재를 밝힌다는 것은 지극히 어려울 것이다. 뿐만 아니라 그렇게 하는 데는 많은 시간을 요할 것이다.”(리오 마리아 위원회: Comité Rio Maria, 1997년 3월 11일)

13) ≪폴라 상파울루≫(Folha de Sao Paulo), 1996. 8. 7.

보여주는 '사건'이다.

한편 1년이 있으면 대통령 임기가 끝나는 해로서 대통령 선거가 있게 된다. 현재 이 자리를 차지하고 있는 있는 카르도소 대통령은 이 선거에서 연임하기 위해 애를 쓸 것이다. 이러한 판국에 대통령이 '노동자당'(PT)의 주도 아래 결집되고 있는 좌파세력에 맞서서 자신의 동맹자가 될 이 지주세력들—지주세력은 카르도소의 속마음이야 어떠하든 상관없이 틀림없이 그의 주요 동맹세력이 될 것인데—이 자신에게 등을 돌릴지도 모르는 위험한 농지개혁 조치를 감히 시도하겠는가?

방향을 잃고 헤매 온 반대운동

'땅 없는 농촌 노동자들의 운동'은 출범하던 시기에 '통일 노동자 연맹'(CUT)의 지지·지원을 받았다. 그리고 이것들에 기반하여 만들어진 '노동자당'은 이후 급속히 그 영향력을 키워 왔다. 특히 남부지역의 여러 주들과 공업부문에서 세력의 증대가 현저했다. 그 결과 1990년에는 루이 이나시오 드 실바(Luis Inacio da Silva)—애칭으로 "룰라(Lula)"라고 불리는—가 노동자당의 후보로 대통령 선거에 출마했고, 대선에서 성공을 거둘 수 있을 것처럼 보이기까지 했었다. 그러나 그는 콜로르(Fernando Collor de Mello)에게 간발의 차이로 추월당하고 말았다.

그러나 이렇게 잘 나가는 것처럼 보이던 것과는 달리 1994년 대선에서 "룰라"는 총투표의 겨우 27%밖에 득표하지 못했다. 반면에 바로 이전 정부에서 재무장관이었으면서 사회민주당(PSDB)의 후보로 나선 경쟁자 카르도소는 1차 선거에서 거뜬히 당선되었다.(브라질에서는 1차 투표에서 과반수를 넘는 후보가 없으면 1, 2위 득표자가 결선투표를 한다: 역주) 재무장관으로 재임 당시 초(超)인플레이션을 억제하는 '인플레이션과의 싸움'에서 카르도소가 거둔 논란의 여지없는 성공이 반정부 좌파세력들로 하여금 당황하여 실족하게 만들었던 것이다.

'땅 없는 농촌 노동자들의 운동'의 지도자 가운데 한 사람인 조아오 페드로 스테딜레(João Pedro Stédilé)는 이렇게 말하고 있다. “경제학자인 카르도소의 대통령 당선은 진보세력의 힘을 심하게 마비시키고 있다. 그런데도 산업·업종별 노조의 연맹들은, 체제로부터 배제된 대중은 급격히 그 수가 늘어가고 있는 판에 산업·업종별로 제각기 자신의 조합원들의 이익을 방어하는 데만 몰두하고 있다.[*] 오직 우리들 ‘땅 없는 농촌 노동자들의 운동’만이 신자유주의 기획 속에서 쓰레기통에 내버려지는 운명에 처한 이같은 대중의 일부를 조직했다. 그리고 정부의 정책에 대해 변혁지향적인 투쟁으로 대항하고 있다”라고.[14]

이러한 평가에 대해서 노동자당의 대통령 후보였던 “룰라”까지도 견해를 같이하고 있다. 그는 1997년 3월 ≪폴라 상파울루≫에 다음과 같이 썼다. “‘땅 없는 농촌 노동자들의 운동’은 정부가 수행하고 있는 정책에 대해 반대하는 조직운동들 가운데 사실상 주된 운동이다”라고.

‘땅 없는 농촌 노동자들의 운동’은 이처럼 막중한 책무를 지고 있다. 그리고 좌파의 창날로서 그 위상이 부쩍 높아져 있다. 그 지도자인 조아오 페드로 스테딜레가 이 운동에 대해 가지고 있는 생각은 이렇다.

“농지개혁은 단지 ‘땅 없는 사람들’의 문제를 해결하는 데에만 기여하는 것이어서는 안 된다. 그와 동시에 그것은 사회 전체의 문제를 해결하는 데도 기여하는 농지개혁이 되어야 한다. 다른 한편 농지개혁은 그 자체만으로는 결코 성공할 수 없고 국가경제에 대한 새로운 계획, 즉 경제발전에 대한 지금의 것과 다른 ‘대안적인 모형’에 통합되는 경우에만 생존·생명력을 가질 것이다. 그런데 ‘땅 없는 사람들’만으로는 정부로 하여금 그러한 계획을 시행하도록 강제하기에는 힘이 부족하다. 그러한 강제를 할 수 있기 위해서는 우리들 ‘땅 없는 사람들’의 운동 이외에 다른 운동들이 각기 자신의 대중동원 능력을 회복하는 것이 꼭 필요하다. 우리가 농지개혁을 모든 민중, 모든 시민의 투쟁이라고 말하는 것은 바로 이러한 뜻에서이다.”

---

[*] 중소 사업장 노동자들의 조건은 더욱 어려워지고, 특히 비정규직 및 임시직 등 불안정 고용 상태의 대중이 엄청나게 늘어가고 있는 가운데, 조합원의 주된 부분인 독점 대사업장 정규직 노동자의 이익을 유지·개선하는 것을 위주로 하는 조합주의적인 활동에 급급한 행태를 비판하여 말하고 있는 것이다. 역주

14) ≪폴라 상파울루≫(Folha de Sao Paulo), 1997. 3 16.

4
권력의 새로운 개념[*]

존 홀로웨이(John Holloway)[**]

[편역자 주: 최근 유럽의 진보적 지식인층에서는 하나의 붐이라고 할 수 있을 정도로 멕시코의 사파티스타(Zapatistas)에 대한 지지와 연구가 확산되고 있다 한다. ≪한겨레 21≫ 177호(1997. 10. 16)에는 범세계적인 '체 게바라 열풍'을 소개하면서 사파티스타의 마르코스가 체 게바라와 가장 유사한 이미지를 가진 투사로 인식되고 있다는 기사가 실리기도 하였다.

이렇게 고조되는 관심에 부응하기 위해 여기저기 흩어져 있는 사파티스타 관련 문헌을 찾던 중 유럽의 유수한 진보적 지식인인 존 홀로웨이의 글이 사파티스타의 생각과 실천을 비교적 잘 설명하고 있다고 판단되어 이 글을 번역하였다.

아울러 대통령 선거를 거치면서 선거와 합법정당을 통한 정치세력화가 노동자·민중의 정치세력화의 올바른 길인가, 아니면 다른 어떤 길이 또 있을 수 있는가에 대한 선진 노동자들의 고민과 모색이 이루어지고

---

* 이 글은 1996년 3월에 영어, 스페인어, 독일어로 여러 매체에 발표된 논문 "The Concept of Power and the Zapatistas"를 번역한 것이다.
** 영국 에딘버러(Edinburgh) 대학 및 멕시코 푸에블라(Puebla) 자유대학 교수. 편저로 『국가와 자본』(청사, 1985)과 *Global capital, national state and the politics of money*(Macmillan Press, 1995)가 있다.

있는 지금, 사파티스타의 새로운 실험에 대한 이해를 통해 올바른 정치
세력화 방향을 모색해 가는 데 도움이 될 수 있었으면 한다.

  존 홀로웨이의 글이 추상적인 언어로 되어 있어 이해하기 까다로운 면
이 있으나, 이는 최대한 풀어서 번역·설명함으로써, 특히 우리 전태일 열
사의 글과 연관지어 역주를 많이 달아 보충설명함으로써 독자들의 이해
를 돕고자 하였다. 참고로 이 글은 영어, 스페인어, 독일어로 발표되었으
나 여기에서는 영어판만을 가지고 번역하였다.]

1. 사파티스타가 안겨주는 도전: 정치와 권력의 새로운 개념

  "하나의 신종 거짓말이 '역사'라는 상품명으로 우리에게 강매되고 있다.
'희망'이 패배했다는 거짓말이! 인간의 '존엄성'이 패배했다는 거짓말이! '인
간성'이 패배했다는 거짓말이! 그리고 그런 것들은 패배할 수밖에 없다는 거
짓말이!"('인간성을 옹호하고 신자유주의에 반대하는 대륙간 회합'을 위한 마
르코스 사파티스타 부사령관의 초청장에서, 《라 조르나다》, 1996. 1. 30)

  각도를 바꾸어서 보면, 이 거짓말은 또한 '권력'이 무엇인가에 대한 거
짓말이다.(권력은 '현존의 지배 질서를 유지하기 위해 지배자가 민중을
통제하고 억압하는 힘'이라고 주장하는 거짓말: 역주) 그리고 이 거짓말
은 또 인간에게 '필요'란 무엇인가에 대한 거짓말이다.(인간은 다른 사람
과 더불어 살면서 자신의 고귀함의 창조를 필요로 하는 것이 아니라, 오
직 이기적이고 쾌락적인 욕망의 충족만을 필요로 한다는 거짓말. 전태일
열사는 이와 관련하여 자신의 일기와 수기에서 인간은 "서로서로를 필요
로 하는", "인간을 필요로 하는 모든 인간들이여, 그대들은 무엇부터 생
각하는가? 인간의 가치를? 희망과 윤리를? 아니면 그대 금전대의 부피
를?", "인간은 고귀한 생명체", "인간의 생명은 고귀한 것입니다. 부한
자의 생명처럼 약자의 생명도 고귀합니다. 천지만물 살아 움직이는 생명

은 다 고귀합니다"라고 적었다. 역주)

그런데 이 거짓말의 주인공인 '신자유주의'가 역사 무대에 등장한 지 20여 년이 흐른 지금, 저들의 거짓말은 많이 달라졌다. 저들의 거짓말은 이제 더 이상 "이러저러하면 이러저러하게 좋아진다"면서 달콤하게 사람들을 꾀는 정도의, 속임수 수준의 거짓말에 머물지 않게 되었다.

'신자유주의'가 등장하고 나서 20여 년이 지나며 발전하는 사이에, 저들의 거짓말 또한 실로 엄청나게 변화·발전(?)했다. 1980년대 식의 '시장 낙관주의적'인 거짓말이 대거 90년대 식의 '시장 현실주의적'인 거짓말로 대체되어 버린 것이다.

다시 말해서, "자유시장 체제 하에서는 모든 것이 완벽하다"는 거짓말은 점차 뒷전으로 밀려나고, 그 대신 "'자유시장 질서', 이것이 세상사가 존재하는 방식이고 또 존재해야만 하는 방식이다. 현실 속에서는 이것 이외의 다른 대안은 없다"는 보다 악랄한 거짓말이 자리를 차고 앉았다. 즉 민중을 꾀는 거짓말이 아니라 민중을 윽박지르고 협박하는 거짓말이 전면에 부상하고 있는 것이다.

그들은 이렇게 말한다. "지금의 현실과 모습이 다른 사회를 여러분들의 머리 속에 그려볼 수는 있다. 그렇게 머리 속에서 그려낸 사회의 모습은 아름답고, 고상하고, 즐겁고, 그래서 매우 바람직한 것일 수 있다. 그러나 지금의 현실과 다른 모습을 가진 사회는 머리 속에서는 몰라도 현실 속에서는 만들어 낼 수도, 존속할 수도 없다"라고.

이처럼 '희망'이 패배한다는 거짓말은 곧 '가능성'이 패배한다는 거짓말이 되고, 나아가 변화·변혁을 만들어 내는 '권력', 세력, 권능, 동력 또는 힘 같은 것은 존재할 수 없다는 거짓말이 된다.

사파티스타는 '희망' 또는 '가능성'이라는 것에 대해서, 또 '권력'이라는 것에 대해서 '신자유주의'의 이같은 거짓말과는 전혀 다른 생각을 가지고 있다. 이 주제들에 대한 사파티스타의 독특한 관점은 사파티스타와 멕시코 정부 사이에 진행된 회담* 에 관해서 부사령관 마르코스가 논평한 말 속에 잘 표현되어 있다.

그는 1995년 5월 5일 이렇게 말하고 있다. "이건 공평한 회담이 아니다. 대등한 당사자들 사이의 회담이 아니다. 왜냐하면 이 회담은 회담에 임하는 쌍방에 대해 상호 대등한 지위를 인정하면서 진행되고 있지 않기 때문이다.… 그렇지만 이 회담의 양쪽 당사자 가운데 사파티스타는 결코 약자 쪽이 아니다. 오히려 강자 쪽이다. 정부측으로 말하자면, 그들은 군사적 폭력과 일부 몰지각한 언론매체들이 퍼뜨리는 거짓말만 가지고 있다. 이러한 폭력과 거짓말은 결코 이성(理性)보다 강할 수 없다. 저들은 여러 날, 여러 달, 여러 해 동안 저들의 폭력과 거짓말을 사람들에게 강요할 수 있을 것이다. 그러나 '역사'는 결국에 가서는 저들과 우리를 각기 본연의 분수에 맞는 자리에 가져다놓을 것이다."('사필귀정'에 따라 폭력과 거짓의 편은 결국 패배자의 위치에 처하고 말 것이라는 뜻이다: 역주) (≪라 조르나다≫, 1995. 5. 11)

그거 아주 멋진 얘기이다. 하지만 황당무계한 얘기일 뿐이다! 마르코스가 하고 있는 선언문 문구 같은 진술이 어떻게 과학적으로 맞을 수 있단 말인가?

그는 거짓과 진실 가운데 어느 쪽이 더 강한가 하는 문제에 대한 최종 판정을 역사에다 의뢰하고 있는데(전태일 열사의 경우에도 사정은 똑같다. 1969년 12월 31일자 일기에서 "올해와 같은 내년을 남기지 않기 위하여 나는 결단코 투쟁하련다. 역사는 [정의가 승리한다는 것을: 역자] 증명한다"라고 쓰고 있다: 역주), 그렇게 해서는 의문점은 전혀 풀릴 수가 없다. 왜냐하면 사회과학에 따르면 역사란 거짓과 진실 가운데 어느

---

* 인디오 선주민들의 자치 요구에 대한 협상을 말한다. 1994년 1월의 사파티스타 봉기 직후에 시작되었으나 현재는 결렬되어 중단 상태에 있다. 정부측이 선주민들―이들은 15세기에 스페인의 침략으로 파괴된 마야 문명, '마야 공동체 사회'의 후예들이다. 경제적 형편이 아주 열악하고 사회적으로도 인종 서열상 최하급으로서 심하게 차별받고 있지만, 이에 굴하지 않고 지금도 원시공동체의 공동체주의적 전통을 강하게 이어가고 있다―의 권리에 관해 쌍방간에 합의한 사항들을 이행하지 않음으로써, 1996년 8월 29일 사파티스타측에서 협상의 중단을 선언해 버렸다. 역주

쪽이 더 강한지를 판정하는 장소가 아니라, 단지 권력의 소유를 둘러싼 폭력적인 투쟁의 결전장이기 때문이다. 그리고 역사란 또 권력투쟁의 결과를 승리자를 중심으로 기록해 놓은 것일 따름이다. 주류 사회과학의 견해에 따르면 역사란 이처럼 폭력적인 권력투쟁 그 이상의 아무것도 아니다.

그리고 이처럼 역사가 폭력적인 투쟁의 결과물일 따름이라고 할 때, 사파티스타가 멕시코 정부보다 강하다는 마르코스의 주장을 우리들은—무조건 믿는 것이 아니라 어떠한 객관적 근거에 입각해서—과연 "그 말이 맞다"고 옹호할 수 있겠는가? 도대체 이성(理性)이 폭력과 거짓말(이것을 체계화한 것이 이데올로기이다. 역주)보다 더 강하다는 주장을 과학적으로 계속 견지할 수가 과연 있겠는가? 그런 따위의 황당무계한 말을 옹호하려 한다면 결국 '권력'이 무엇인가에 대한 황당무계한 이론(진정한 힘은 폭력과 거짓에서 나오는 것이 아니라 진실과 도덕 또는 양심 같은 데서 나오는 것이라는 입장을 말한다. 이런 입장은 종래 사회과학의 시각에서 볼 때는 황당할 수밖에 없다는 뜻으로 이야기하고 있다. 그러나 이것은 필자의 견해가 아니다. 이 대목에서 필자는 자신의 견해를 일부러 뒤집어서 말하는 어법을 쓰고 있다. 역주)을 옹호하지 않으면 안 될 것이다.

이상에서 이야기한 문제들은 사파티스타와 그들의 황당무계한 반란이 안고 있는 심각한 난제이면서, 그들이 우리에게 안겨 주고 있는 중대한 도전임에 틀림없다.

사파티스타의 반란은 실로 황당무계하다. 베를린 장벽이 무너진 이후, 산디니스타가 패배한 이후, 엘살바도르와 과테말라에서 민족해방운동이 패배한 이후, 중국이 세계 자본주의 시장에 점점 더 깊숙이 통합되어 가고 있는 지금, 쿠바 혁명이 어떤 형태로 변형되건 살아남기가 갈수록 어려워지고 있는 지금, 라틴 아메리카에서 그리고 세계 대부분의 지역에서 주요한 혁명운동들이 모조리 사라져 버린 지금, 그리고 멕시코가 '북미자유무역협정'(NAFTA) 창설을 통해 자신의 현대화(또는 근대화)를 대내외에 선언하고 있는 지금, 바로 그러한 순간에 일단의 선주민 농민들이 치아파스 주의 산 크리스토발 읍과 그 밖의 몇몇 읍들의 통제권을 장악했으니 말이다. 그것도 대다수는 목총으로 무장하고서! 이 얼마나 황당무계한 일인가?

이들이 황당무계한 것은 이것뿐이 아니다. 이들은 황당무계한 행동을 벌인 데 바로 이어서 자신들의 황당무계한 생각들을 공개적으로 마구 천명하고 있다. 멕시코 동남부 지역의 정글에 모인 고작 수천 명의 반란자 집단에 지나지 않는 자들이, 자신들은 세계를 변화·변혁시키고 싶고, 세계를 변화·변혁시키고자 투쟁하고 있다는 것이다.

더구나 그들의 황당무계한 기획 안에서 가장 중요하고 핵심적인 부분이면서 동시에 가장 심하게 황당무계한 점은, 그들이 권력(국가권력이든 정권이든)을 잡지 않고서 세계를 변화·변혁시키고자 하고 있다는 사실이다. 그들의 담화는 농담, 떠들썩한 이야기 소리, 아이들의 떠드는 소리, 춤 추기 등 어지러움으로 가득차 있다.

이런 따위의 반란을 어떻게 중요한 사안이라 생각하고 심각하게 받아들일 수 있겠는가? 현실적이고(공상적이 아니라) 중차대한 과제인 신(新)유럽 건설에 있어 그 심장부 위치를 차지하고 있는 도시인 브뤼셀(이곳에 유럽연합 사무소가 있다: 역주), 그 브뤼셀에 살고 있는 우리들에게 그들의 말과 행위는 우리 자신과 현실적으로 중대한 관련성이 있는 사안으로 보이기보다는 오히려 가브리엘 마르케스(Gabriel Garcia Marquez)의 소설에 나오는 환상적인 이야기처럼 느껴지기만 한다.[*]

그렇기는 하지만 나는 사파티스타를 진지하게 맞이하려 하고 있다. 나는 마르코스가 자기들이 멕시코 정부보다 강하다고 말할 때, 그의 말이

---

[*] 가브리엘 마르케스는 콜롬비아 출신의 중남미의 대표적 작가이며, 노벨문학상 수상자이다. 그의 대표작은 '백년 동안의 고독'이라는 소설인데, 이 소설은 기상천외하고 환상적인 사실들을 종횡무진으로 엮은 흥미진진한 이야기들로 가득차 있다. 그러나 그의 환상적인 이야기들은 아라비안나이트 같이 공상적이기만 한 것이 아니라, 라틴 아메리카에 켜켜이 쌓인 부조리에 대한 생생하고 깊이있는 폭로이다. 역주

옳기를, 틀리지 않기를 바라고 있다. 나는 또 그들이 권력을 장악하지 않고서 세계를 변화·변혁시키고자 기도하고 있다고 말할 때, 그러한 그들이 정말로 옳기를 바라고 있다. 나는 우리들이 살고 있는 이 비극적인 현실로부터 벗어날 다른 어떤 대안을 보지 못하고 있기 때문에 그들이 옳기를 바라고 있다.

오늘날 이 비극적인 현실, 약 5만 명의 인간 생명이 매일 굶주림으로 죽어 가고 있는 세계, 10억 이상의 인간이 극도의 빈곤 속에 살아가고 있는 이 비극적인 세계에서 혁명은 몹시도 절실하다. 그러나 때때로 나는 우리들이 '불가능성'이라는 덫에—혁명이 몹시도 절실한 만큼이나 옴짝달싹 못할 정도로 몹시도 심하게—치여 있는 것처럼 느낀다. 그래서 나는 마르코스의 선언이 옳아 주기를 바라고 있다. 그리고 그렇게 되기 위하여 단지 아름답고 시적(詩的)일 뿐만 아니라 이론적으로나 실천적으로 튼튼한 현실적 기초를 가져주기를 바라고 있다.(그렇다. 현실적이어야 한다. 그러나 "오늘의 현실이 변화될 수 없는 영구불변의 현실이라고 보는 것은 미신이다"—『전태일 평전』 중에서: 역주)

그러나 그들이 옳기를 바라는 것만으로는 충분하지 않다. 만약 우리가 그들이 옳기를 진정으로 바라고 있다면, 우리는 그들이 행하고 있는 것들의 이론적·실천적 기초가 무엇인지에 대해서 그것을 이해하고, 비판적으로 검토하고, 강화하기 위하여 적극적으로 노력하지 않으면 안 된다.

사파티스타는 하나의 이론적·실천적인 도전을 우리에게 안겨 주고 있다. 그들은 라틴 아메리카 선주민에 대한 우리들의 기존 관념들에 대해 도전하고 있다. 그들은 또 멕시코 국가에 관한(또는 다른 라틴 아메리카 국가에 대한, 나아가서는 이 세계 모든 국가에 대한) 사람들의 낡은 이해에 대해서 도전하고 있다. 나아가 사파티스타는 혁명적 좌파든 가장 넓은 의미에서의 좌파든, 실로 좌파라고 지칭되는 자들이 너나 할 것 없이 공통적으로 지니고 있는 여러 고정관념들에 대해 정면으로 도전하고 있다.

마르코스가 봉기 첫해에 어느 논평에서 말하고 있듯이 "올해에 무엇인가가 일어났다. '신자유주의'가 우리에게 강제로 팔아먹고 있는 왜곡된 거짓 근대성(또는 현대성)이 아닌 그 무엇이! 거짓된 정부 프로젝트들이나 알량한 선심으로 포장된 제도권 구호기관들의 기만성이 아닌 그 무엇이! 태고적부터 이 땅에서 살아온 선주민들에 대해 나라가 이들을 부당하게 방치하거나 무시하는 것이 아닌 그 무엇이! 그런 것들이 아닐 뿐만 아니라, 과거의 이러저러한 현실이나 경험 또는 전통 같은 것들을 우려먹으면서 살아가고 있는 이른바 '좌파'들의 경직된 도식들도 아닌 그 무엇이 일어났다! 고통으로부터 '희망'으로 빠져 나가는 이 벅찬 투쟁의 항해 속에서 정치투쟁은 고통으로부터 물려받은 누더기 옷을 모두 벗어던진다.(고통으로부터 해방되어 인간의 고귀함을 창조하는 것을 전망의 중심으로 삼는 것이 아니라, 단지 고통을 일시적으로 조금 줄이는 것을 전망의 중심으로 삼는 협소한 시각에 의거하는, 정치투쟁의 낡은 형태들을 탈피한다는 의미이다: 역주) 이 항해로 하여금 새로운 투쟁형태, 다시 말해서 민중이 정치적인 존재가 되고 정치적인 활동을 하는 등의 방식들을 새롭게 바꾼, 새로운 정치투쟁 형태들을 찾아 나서지 않을 수 없게 하는 것은 다름아닌 이 항해가 그 목적으로 지니는 바, '희망' 바로 그것이다. 그렇다. 새로운 정치, 새로운 정치적 도덕성, 새로운 정치적 윤리 등의 문제는 그저 정치가 좀 더 새롭고, 좀 더 도덕적이고, 좀 더 윤리적이면 좋겠다는 요망사항 정도의 문제가 아니다. 그것들이야말로 전진하기 위한, 그리고 상대편을 능가하기 위한 유일한 길이다."(부사령관 마르코스, ≪라 조르나다≫, 1995. 5. 2)

그는 정치적 도덕성, 정치적 윤리에다 다음의 것들을 덧붙일 수도 있었으리라. 즉 "새로운 정치 이론, 정치와 권력에 관한 새로운 이해"라는 말을.

2. 국가는 사회변혁의 도구가 될 수 없다

종래의 정치이론에서는 권력은 돈 또는 국가에 대한 통제권과 결합되어 있는 것으로 이해하는 것이 통례였다. 특히 '좌파'는 이렇게 권력을 "통제권"으로 이해할 뿐 아니라 사회변혁이라는 것도 권력을 통해 이루어지는 것으로 간주해 왔다. 그리고 사회변혁은 권력, 그 가운데서도 특히 국가에 대한 통제권(돈에 대한 통제권보다: 역주)을 통해 이루는 것으로 사고하는 것이 통례였다.

'주류 좌파'(자본주의에 비판적인 정치적 조류 가운데, 무정부주의나 생디칼리즘처럼 국가의 존재 의의를 원천적으로 부정하는 조류를 제외한 대부분을 말한다: 역주)는 일반적으로 국가에 대한 통제권을 장악하고서, 이렇게 장악한 국가를 사회를 변혁시키기 위한 장치로서 이용하는 것을 운동의 전략적 목표로 삼아 왔다. 이 점에서는 주류 좌파 내부에서 차이가 없었다.

주류 좌파의 한 흐름인 '개혁주의적 좌파'는 국가에 대한 통제권을 장악하는 것을 선거에서 이김으로써 합법적으로 집권하는 문제로 보고 있다면, 다른 한 흐름인 '혁명주의적 좌파'는 국가에 대한 통제권을 장악하는 것을 비합법적으로 국가권력을 탈취하는 문제로 간주하고 있는 것이다.(레닌주의적 전통과 게릴라 투쟁 전통을 따르는 혁명주의 조류들에서는 확실히 그러하다.)

이렇게 볼 때 '개혁주의적 좌파'와 '혁명주의적 좌파' 간의 해묵은 논쟁은 실은 좌파의 전략적 목표 자체를 둘러싼 논쟁이기보다는 "국가에 대한 통제권 장악을 위한 수단을 무엇으로－선거냐 폭력혁명이냐－할 것인가"를 둘러싼 논쟁이라고 할 수 있다. 사회를 변화·변혁시키기 위해서 국가권력을 쟁취·장악해야 한다는 입장은 좌파 안에서 이의없이 널리 받아들여져 왔으며, 국가권력의 확보를 실제적인 목표로 설정하는 것은 개혁주의나 혁명주의냐를 가릴 것 없이 그들 모두에게 공통된 것이었다. 따라서 그들 내부에서 이것은 전혀 쟁점이 아니었다. 좌파들은 모두 국가권력의 장악을 사회변혁을 위한 전제조건, 논란의 여지가 없는 전제조건으로 간주해 왔던 것이다.

그러나 국가라는 매개체를 통해서 사회를 변혁시키고자 했던 시도들

(혁명적 수단에 의해서건, 개혁적 수단에 의해서건)은 그 어느 것도 자신들이 설계했던 사회변혁을 결코 달성하지 못하였다. 그러한 시도들은 동구 사회주의든 서구 사회민주주의든 숱하게 역사적 패배를 겪어야 했다. 그런데도 그 수많은 패배들 모두에 대해 혁명운동의 '배반' 또는 민중의 '배반' 때문에 그렇게 패배하게 되었다는 식으로 그 탓을 돌려서는 그렇게 줄줄이 실패하게 된 이유가 제대로 설명될 수 없다. 그 숱한 실패들에서 민중이든 운동세력이든 그들의 거듭된 배반이 실패의 주된 이유라고 한다면, 변혁은 앞으로도 전망을 가질 수 없을 것이다. 이후에도 배반하지 않는다는 보장이 없으므로!

그러한 시도들이 실패한 이유는 다른 데에 있는 것 같다. 국가권력을 사회변혁의 매개체로 사용 또는 이용하고자 했던 그 많은 시도들이 대부분 실패했다는 사실은—민중과 운동의 배반 탓으로 변혁이 실패했다는 가설을 증명해 주는 많은 실례를 제공하고 있다기보다는—오히려 그러한 전략(국가권력을 이용하여 사회변혁을 이루고자 했던 운동전략) 그 자체가 그릇된 것이었음을 시사해 주고 있다. 즉 그 실패들은 국가라는 곳이 진정한 권력—민중을 통제하는 힘이 아니라 사회를 변혁시킬 수 있는 힘—이 소재하는 자리가 아니라는 사실을 암시하고 있는 것이다.

오늘날 국가들은 자본주의 사회관계의 전 세계적 그물망 안에 끼워 넣어져 있다. 그리고 이 자본주의 사회관계의 전 세계적인 그물망이 개개 국가의 성격을 규정하고 있다. 국가가 사회의 성격을 규정하는 것이 아니라 사회가 국가의 성격을 규정하고 있다. 따라서 국가는 사회의 근본적인 변화, 즉 사회변혁을 만들어 낼 수 없다.

쉬운 예로 사회(국가와 사회를 대칭시켜 파악하는 의미에서 말하고 있다: 역주)는 그렇게 하려고 시도하기만 해도 별 어려움 없이 실제로 이루어지고 마는 자본의 철수만으로도 개개 국가들에 대해 존립 그 자체마저 위협할 수 있기 때문이다.(1994년 말에 있은 멕시코 사태에 이어 최근 동남아시아와 우리나라를 뒤흔들고 있는 외환위기를 보면 이러한 현실을 생생하게 확인할 수 있다: 역주)

이처럼 국가권력이라는 관념은 하나의 신기루이다. 국가를 장악하는 것은 진정한 의미에서 권력을 장악하는 것이 아니다.(세계화된 자본주의 체제 하에서는 확실히 그러하다. 국가보다는 오히려 초국적 자본이 더 많은 권력을 가지고 있다. 그리고 국가든 돈이든 이러한 종류의 권력은 세상을 근본적으로 변화시킬 수 없다는 점에서 진정한 힘 또는 참된 권력이 못된다. 따라서 인간해방 운동은 민중의 힘으로 국가권력을 차지하는 것이 아니라 국가권력 밖에서 민중권력을 형성하는 것, 즉 민중을 정치적으로 세력화하는 데 초점을 맞추어야 옳다. 이것이 이른바 '민중사회'의 형성이다: 역주)

국가를 통해서 사회를 변혁하고자 했던 시도들은 사회변혁이라는 자기 목적을 달성하는 데 실패하기만 한 것이 아니다. 국가와 국가권력에 대한 집착은 변혁운동으로 하여금 근본적 변화를 향해 일관되게 밀고 나가는 것을 곤란하게 만들고, 나아가 변혁운동 자체를 무너뜨리기까지 하는 등 운동에 해악을 끼치는 경향을 보여 왔다. 왜 그렇게 되는가를 잠시 살펴보자.

만약 개개의 국가가 물고기가 그물에 걸려 있듯이 자본주의의 전 세계적 그물망에 속박되어 있는 상태라고 한다면, 국가는 자신이 영위하는 정규적인 운행 그 자체를 통해 자본주의 사회관계를 재생산하는 경향—해체하는 경향이 아니라—을 지니게 된다. 국가는 이렇게 자본주의라는 기성의 질서를 재생산하는 방향으로 기능한다. 국가가 우리들과 관계함에 있어서 또 우리들이 국가와 관계함에 있어서 자본주의적 사회관계의 재생산과 양립할 수 없는 것들은 무엇이건 간에 여과되어 제거되게 마련인 것이다.*

---

* 예컨대 스웨덴에서는 1980년대에 노동조합이 임금의 일부를 '임금 소득자 기금'으로 비축해서 이 돈으로 대기업을 매수하여 노동자 자주관리를 실시하려고 시도했으나, 자본측의 '자본파업' 위협으로 좌절된 바 있다. 뿐만 아니라 90년대에 들어서는 스웨덴의 진보적 노사관계를 피하려는 초국적 자본의 해외유출로 인해, 스웨덴은 경제의 마이너스 성장과 실업의 증가, 임금의 저하, 노사관계의 후퇴 등을 겪고 있다. 심지어 산업의 공동화 현상까지 나타나고 있다. 이에 대해 국가는 속수무책이며 오히려 자본을 사유재산으로서 보호하는 역할과 임금노동제를 통한

이러한 여과 과정은 또한 혁명과 전복 활동에 대한 탄압의 경우처럼 광포하고 격렬한 것일 수도 있지만, 반드시 그런 형태만 있는 것은 아니다. 쉽게 감지하기 어려운 형태의 교묘한 여과일 수도 얼마든지 있다. 감정, 정서, 사랑, 미움, 분노, 웃음, 춤 같은 것을 억압하거나 배제시키는 형태의 여과일 수도 있는 것이다.

한편 국가는 공적인 것을 사적인 것과 구분한다. 그리고 우리들의 공적인 생활, 즉 중대한 의미를 지니는 측면을 우리들의 사적인 생활(흔히 사생활이라고 하는 것: 역주) 즉 시시하고 별 의미없는 측면으로부터 떼어서 가져가 버린다. 그리고 이렇게 공적인 것과 사적인 것을 엄격히 구획짓고 공적인 것을 앗아감으로써 우리들 사이에 어거지로 칸막이를 친다. 즉 민중은 공적인 생활에서 배제되고 사적인 생활만을 가진 존재로서 개별화되는 것이다. 국가는 이렇게 한편으로는 우리를 사사로운 개인으로 파편화하면서, 다른 한편으로는 우리를 우리들 자신으로부터 소외되게 한다.(인간 생활에서 중요한 의미를 지니는 공적인 생활을 지배권력에 박탈당함으로써 민중은 '자기 자신의 귀중한 일부를 빼앗긴 존재'가 된다는 의미이다. 이렇게 됨으로써 자본주의 하에서의 인간은 사적인 측면과 더불어 공적인 측면을 함께 지니는 '사회연대적 개인'이 되지 못하고 극히 이기적이고 '사적인 개인'이 되기를 강요받는다: 역주)

그래서 국가권력의 장악을 지향점으로 하는 좌파 활동들은 어느 것이나 문제를 지니게 된다. 그러한 활동들은 자본주의 사회가 인간의 파편화를 재생산하는 것과 똑같이 인간의 파편화를 재생산하는 경향을 지니게 되는 것이다.

만약에 권력이 곧 국가와 동일한 것이라고 한다면, 권력을 장악한다는

자본의 이윤추구 활동을 보장하는 역할만 하고 있다. 이 경우에서 보듯이 국가는 자본을 어느 선까지는 통제할지 모르지만 끝내는 자본의 자유로운 축적운동을 보장하고 보호하는 장치로서 역할한다. 「세계화, 규제완화 및 그 결과들」, 서울대학교 경제연구소 주최 '제5차 국제 심포지엄 자료집', 1997. 8. 13 및 김성희, 「스웨덴 모델—노동의 대안적 체제의 실험」, ≪경제와 사회≫, 1996년 가을호, 한울을 참조: 역주

것은 곧 우리들 자신의 주요 부분을 억압한다는 것과 같은 뜻이 된다.(국가는 본질적으로 민중으로부터 공적인 부분을 빼앗고 공적인 권력의 독점을 통해서 민중을 파편화하고 소외시키는 속성을 가지는 기관인데, 이러한 국가의 권력을 민중이 장악하고 행사한다면 민중은 국가권력을 통해서 자기 자신을 파편화하고 소외시키는 자기 모순적인 일을 하는 셈이 된다는 의미이다. 역주) 그것도 진지함과 헌신성, 희생, 그리고 모든 종류의 '무책임성'을 제거하는 높은 도덕성을 가지고서 자기 자신을 억압하게 된다.

특히 선거라는 수단에 의해 국가에 대한 통제권을 쟁취하고자 하는 개혁주의적인 정당의 경우에, 국가가 자본주의적 사회 제관계에 굳게 유착되어 있다는 국가의 본질적 속성으로 말미암아 진보정당은 사유재산에 대하여(정상적인 기업활동을 통해 축재한 것만이 아니라 천민적 활동에 의해 축재한 것까지! 부정비리로 형성한 것이건, 부동산 투기로 형성한 것이건, 정경유착에 의한 민중수탈로 형성한 것이건 가리지 않고: 역주) 엄숙하고, 책임감 있고, 존중하는 입장을 분명히 하라는 압력을—그것도 상당히 크게—받게 된다. 그와 동시에 이러한 체제내적인 정당이라는 위상에 부합하지 않는, 평당원들의 변혁지향적인 활동들을 억압하라는 압력 또한 매우 크게 받게 된다.

혁명주의자들은 국가의 모습을 이와 전적으로 똑같은 방식으로 만들어 내지는 않는다. 그러나 그들도 권력의 쟁취라는 보다 고차원의 목표를 위해서 자신을 헌신하고, 희생하고, 그 목표 아래에 자신을 종속시킬 태세를 갖지 않으면 안 된다. 특히 어떠한 혁명 조직활동도 비합법적이고 비밀적인 활동일 수밖에 없는 조건 하에서는 더욱 그러하다. 따라서 이들에게도 비록 그들이 목적하는 바는 인간이 '완전한 인간'이 됨을(파편화되고 기능화되고 도구화되고 물질화되어 인간성이 파괴된 모습이 아니라, 인간화된 인간을 말한다. "인간을 물질화하는 세대, 인간의 개성과 참 인간적 본능의 충족을 무시당하고 희망의 가지를 잘린 채 존재하기 위한 대가로 물질적 가치로 전락한 인간상을 증오한다."—전태일 열사의 일기 중에서: 역주) 보장하는 사회, 인간소외가 극복된 사회를 창조하는 것일지 모르지만 그렇게 되기까지 당분간은 국가권력의 획득을 위해 자기 자신들의 파편화와 비인간성이 불가피하게 요청된다는 관점이 암암리에 가정되어 있다. 이 더럽고, 인간이 소외된 세상에서 지배권력에 도전하는 유일한 길은 그들의 어법(그들의 어법이란 "수천 권의 장서로 채워진 서재에서 커피를 마셔 가며 정교한 개념과 논리를 구사하여 유려한 문체로 서술"하는 말투나 글투를 말한다―「전태일 평전」 중에서. 그러나 살아 움직이는 현실을 생생하게 표현해 주지 못한다: 역주)과 조직형태(과두제적이고 관료적인: 역주)를 그대로 채택하는 것뿐이라는 관점이 대전제로서 가정되어 있는 것이다.

이렇게 '권력은 곧 통제하고 지배하는 물리적인 힘'이라고 바라보는 시각은 극단으로 나아갈 경우 권력을 군사력과 동일시하는 데로까지 발전한다. 그런데 군대는, 국가의 군대든 혁명군이든, 공장조직이 모방하는 본보기이다. 뿐만 아니라 공장조직의 나쁜 점들을 더욱 악화시킨 모습을 가지고 있다. 군대는 인간의 자기소외를 극단적으로 강화한 조직형태이며, 인간의 정상적인 정서 생활을 조직의 임무에 극한에 이르기까지 복속시키는 조직형태의 전형이다. 그래서 권력이 곧 군사력이라고 생각하는(그리고 권력은 군사력으로써 획득되어야만 한다고 생각하는) 관점에서는 권력과 비인간화(자기 자신과 타인의)는 사실상 같은 것으로 간주되고 있다.

한편 운동조직의 국가지향적인 전통―운동조직이 국가조직을 본보기로 삼는 전통―은 남성에게(그리고 특히 젊은이들에게 매우) 특권적 지위를 부여한다. 이는 반드시 여성을 남성에 비하여 직접적으로 차별한다는 의미에서 하는 말이 아니다. 무엇보다도 우선, 사회적 경험의 여러 가지 형태들에 대하여 가치 평가를 하는 방식에서 여성이 불리하게끔 차별적이라는 의미이다.

예컨대 운동에 대한 직업적인 헌신(생활을 하면서 운동에 참여하는 것이 아니라 운동 그 자체가 직업인 경우, 이 때 활동가의 조직은 자발적인 결사체의 민주적인 조직형태를 닮기보다 직업으로 사람들을 구속하는 조직인 기업과 정부의 위계적 조직형태를 쉽게 닮게 된다. 레닌주의적

운동조직에서 특히 그러하다: 역주)은 사회적 경험과 활동 각각에 대하여 차별적으로 위계를 설정하는 조직문화를 조장한다.

국가권력 획득을 지향하는 행동이나 경험은 우대받는다. 반면에 다른 유형의 경험들, 예컨대 감성적 관계들, 어린이와 노는 것, 육감적인 것 등은 부차적인 중요성밖에 부여받지 못한다. 이러할 때 남성, 특히 젊은 독신의 남성이 유리해지는 것은 필연적이다.

이렇게 해서 공적인 것과 사적인 것의 분리, 중요한 것과 하찮은 것의 분리 같은 인간 총체성의 파괴―이것이 바로 계급과 국가가 존립하게 되는 기반인데―라는 문제가 운동(혁명적인 혹은 개혁적인) 조직 안에서도 일어난다.('인간의 총체성'이란 인간과 자연의 관계, 인간과 인간의 관계를, 물질적인 것과 정신적인 것을, 이성적인 것과 감성적인 것을 모두 아우르는 것을 말한다. 또 "열 손가락 깨물어 아프지 않은 것이 없듯이" 중요한 것과 사소한 것을 모두 아우르는 것을 말한다. 특히 돈이나 권력을 인간의 삶의 전부로 삼지 않는 것이다. "어떠한 인간적 문제이든 외면할 수 없는 것이 인간이 가져야 할 인간적 문제이다"―전태일 열사의 수기 중에서: 역주)

자본주의 세계에서 정치는 딱딱한(따분하다고 말할 정도는 아니지만) 즉 인간적인 정(情)의 개입이 부정되는 용무이며, 무엇보다도 특히 딱딱한(따분하다고까지는 말하지 못할지라도) 성(性: gender) 즉 남성에게 알맞은 일거리이다. 그것은 어린이에게는 끼어드는 것이 허용되지 않으며, 농담이나 놀이 같은 것을 허용하지 않는 '엄숙한' 일거리이다. 전통적 좌파 세계에서도 사정은 이와 별반 다르지 않다.

3. 사파티스타는 국가권력 지향성을 거부하고 민중권력을 지향한다

국가권력의 혁명적 장악이라는 관점이 누구보다도 특히 젊은 독신 남성의 경험 세계에 잘 어울리는 관점이라고 이해하는 것이 옳다면(생활 문제에 대해 책임지지 않고 오직 운동에만 직업적으로 전념할 수 있음으로써, 또 물리적인 힘의 행사라는 면에서 젊은 남성이 우월하므로. 그래서 나이를 먹으면 대거 운동에서 탈락하거나 쉽게 변절한다: 역주), 아니 그러한 올바른 이해에 기초해야만 사파티스타가 일단의 혁명가 그룹으로부터 무장한 지역공동체로 전환하게 되면서 왜 혁명에 관한 전통적인 생각을 포기했는지를 수긍할 수 있다. 그들은 국가권력 장악을 중심으로 삼는 낡은 운동관이 갖는 협소성을 깨달았던 것이다.

그래서 그들은 거듭 자신들은 국가권력을 정복하거나 획득하고자 하지 않는다고 말해 왔다. 그리고 거듭 반복해서 그들은 실제 행동에서, 그리고 선언문에서 자신들은 국가기관에서의 활동(행정부든 의회든 제도권 정당이든: 역주)을 변혁운동의 활동형태 가운데 하나로 인정하기를 거부하고 있다.

통제와 억압을 통해 지배하는 것을 그 원리로 하는 국가라는 것에 대해, 변혁운동이 몸담을 조직형태 중의 하나로 인정할 수 없다는 그들의 입장을 보여주는 가장 중요한 사례로서는 그들이 '복종함으로써 지도한다'(mander obedeciendo)는 원칙을 견결하게 고수하고 있는 사실을 들 수 있다. '복종함으로써 지도한다'는 것은 운동의 지도자들은 조직의 구성원들에게 복종해야 하며, 주요한 사항에 대한 결정은 조직구성원 전체의 집단적 의사결정 과정을 통하여, 즉 대중민주주의를 통하여 이루어져야 한다는 관점이다.(이는 단체협약 교섭권을 위원장에게 일임하는 것이 아니라 조합원 대중이 가져야 한다는 관점과 근본적으로 같은 맥락이다: 역주)

그런데 이 원칙을 고수한다는 것은 정부와의 교섭 과정에서 부단히 마찰을 빚게 됨을 뜻하였다. 이 원칙은 지배자들이 민중을 통제하는 방식과는 정면으로 배치되기 때문이다. 그래서 예컨대 시간 문제를 둘러싼 정부와 사파티스타 간의 갈등에서 이 원칙의 고수에 따른 지배자와 민중 간의 마찰을 잘 확인할 수 있다.

라캉도나 숲에서는 교통·통신 조건이 매우 열악하였다. 이에 반해서 협상에서 논의되는 문제들은 모두가 매우 중요한 것으로서 매 사안마다 철저하게 토의되어야만 했다. 이럴 때 '복종함으로써 지도한다'는 원칙을 견지한다는 것은 곧 의사결정을 내리는 데 상당한 시간이 걸린다는 것을 의미했다. 이러한 상황에서 정부 대표단이 조속히 답변을 달라고 고집했을 때, 사파티스타는 자신들의 원칙을 쉽게 타협해 버리기보다는 "당신들은 인디언의 시계(時計)를 이해하지 못하고 있다"고 당당하게 응수했던 것이다.

훗날 데이비드 사령관(Comandante David)이 이 일에 관하여 자세히 이야기해 준 바에 따르면, 사파티스타는 정부측 협상대표에게 이렇게 응수했다고 한다. "우리들 인디언은 문제를 이해하고, 의사결정을 하고, 합의에 도달하는 우리 나름의 리듬(시간적: 역주)과 형식(공간적: 역주)을 가지고 있다고 설명해 주었다. 그리고 우리가 이런 입장을 밝혔을 때, 그들은 우리를 조롱하는 것으로 응답했다. 그들은 이렇게 말했다. '좋아요. 그런데 우리는 당신이 왜 그런 말을 하는지 도무지 이해하지 못하겠소. 당신은 지금 일본제 시계를 차고 있지 않소. 그런데 어째서 당신이 원주민의 시계를 차고 있다고 말하는 거요. 그 시계는 일본에서 온 것이지 않소'라고."(《라 조르나다》, 1995. 5. 17)

이 일화와 관련해서 타초 사령관(Comandante Tacho)은 이렇게 논평했다. "그들은 남으로부터 배울 줄 몰랐다. 그들은 우리의 말을 완전히 거꾸로 알아듣는다. 우리는 시간을 사용하지 시계를 사용하지 않는다.(《라 조르나다》, 1995. 5. 18) (인간은 모든 일에 시간과 공간을 사용하며, 시계는 시간을 재는 데 사용된다. 이 뻔한 것을 가지고 농단을 부린 것이다: 역주)

국가를 변혁운동의 활동 공간으로 삼기를 거부하는 입장은 사파티스타가 '시민사회'와 관계하는 데서도 역시 중심적인 원칙이다. 사파티스타는 여타 형태의 투쟁들―민중운동과 시민운동의―에 참여하고 있는 사람들과 '행동의 통일'을 만들어 내고자 하는 그들의 전략―'민족 민주

대회'의 조직이라든가 '사파티스타 민족해방전선'의 조직 등—모두에서 아주 노골적으로 국가의 의의를 무시한다.

일례로 최근에 발표된 라캉도나 정글의 제4차 선언서에서 그들은 '민족해방전선'의 결성을 제안하였는데, 그들은 그 제안에서 "이 전선에 참여하려면 그 구성원은 국가의 공직, 대중적인 선거에 의한 선출직이든 임명직이든 또 어떤 급수의 자리이건 그것을 차지하려는 바람 같은 것은 일체 포기해야 한다"는 것을 전제조건으로 명시했다. 그리고 이러한 사파티스타의 입장은 개혁주의적 좌파로부터 트로츠키주의적 좌파에 이르기까지 국가권력 지향적인 좌파 모두에게서 사파티스타에 동조하던 사람들을 일제히 분개시켰다.(사파티스타의 그같은 입장은 국가권력이 사회변혁의 도구일 수 없다는 관점에서 비롯되기도 했겠지만, 그것만이 아니라 국가권력 지향적인 부분들이 지니고 있는 출세주의와 부도덕성 같은 비인간화된 측면들—국가권력 지향성이 필연적으로 수반할 수밖에 없는—도 복합적으로 작용했으리라고 생각된다. 우리나라의 경험에 비추어 보면 충분히 미루어 짐작할 수 있다. 그러나 이러한 입장은 다소 지나친 감이 있고, 그래서 최근에는 약간 완화되고 있다고 한다. ≪한겨레 21≫, 제177호(1997. 10. 16)를 참조: 역주)

4. 사파티스타는 '참'과 인간의 '존엄성'으로 무장하고 인간해방을 추구한다

그렇다면 도대체 무엇을 하자는 것인가? 사파티스타는 자신들은 세계를 정복하고 싶지 않고 단지 세계를 새로워지게 만들고 싶다고 말하고 있다. 그러나 이렇게 세계를 새로워지게 만들려면 세계에 대해 변화가 일어나게끔 작용하는 힘이 무언가 있어야 할 터이며, 따라서 필연적으로 권력, 세력 또는 힘이란 무엇인가에 대한 자기 나름의 개념을 가지고 있어야 할 것이다. 그런데 권력, 세력 또는 힘이란 곧 국가권력 혹은 군사력이라는 식으로 한정적으로 명확히 정의되지 않는다면, 그런 것이 아닌 권력이나 힘이란 도대체 무엇이란 말인가? 권력이 없는 자들의 권력, ‘얼굴이 없는 자’들의 얼굴, ‘목소리가 없는 자’들의 목소리를 도대체 어떻게 생각해 볼 수 있단 말인가?(사파티스타는 복면을 해서 얼굴을 알아볼 수 없다. 누구인지 몰라보게 하기 위해서가 아니라 그동안 인디오 선주민의 존재 자체를 무시해 왔던 데 대한 대응수단으로서, 자신들을 주목하라는 뜻에서 복면을 한다고 한다. 또 합법적인 지위를 가지고 수시로 자기 주장을 발표하지도 못하고 있다. 대신 가끔 선언서를 발표하고 있다. 그래서 ‘얼굴 없는 자’, ‘목소리 없는 자’라고 필자는 말하고 있다: 역주)

사파티스타는 자신들이 이야기하는 말을 “‘참’과 불로 무장한 자들의 말”(la palabra de los armados de verdard y fuego)이라고 자처한다. 불은 무기가 될 법하니까 그렇다고 하더라도, ‘참’으로써 무장한다니 ‘참’이 무기란 말인가? 그렇다. 이들에게 ‘참’(진리 또는 진실)은 단지 도덕적 속성임에 그치지 않고 바야흐로 하나의 무기로서 등장하고 있다. 그들은 ‘참’ 즉 진실과 진리로써 무장하고 있다. 그리고 그들에게 이것은 그들이 보유하고 있는 총기의 화력보다 훨씬 더 중요한 무기이다. 비록 그들이 군대로서 조직되어 있기는 하지만, 그들은 불에 의해서가 아니라 ‘참’ 즉 진실과 진리에 의해 이기려고 작정하고 있다.

‘목소리 없는 자’들, ‘얼굴 없는 자’들이 ‘참’으로써 무장하고 있다. 그들이 자신은 ‘참되다’라고 말할 때 그 의미는 서양적인 관념과는 사뭇 다르다. ‘참되다’는 것은 자신들이 처한 상황이나 자신들의 나라 사정에 관해 진실 즉 ‘거짓이 아닌 객관적 사실’을 이야기하고 있음을 뜻하는 데 그치지 않는다.(대상을 향해 객관적으로 인식하고 표현하는 것만이 전부가 아니다. 이것은 ‘참’의 필요조건일 뿐이다: 역주) 자기 자신의 인간적 본성에 대하여 어긋나지 않는 생각과 행위를 하는 것이야말로 진정한 ‘참’이다.[우리들이 많이 이야기하는 ‘참 사랑’ ‘참 교육’ ‘참 세상’이라든가 전태일 열사의 수기에 수없이 나오는 ‘참된 희망’ ‘참 사람’ ‘참 인간적 본능' '인간의 참 목적인 평화와 희락' 등의 '참'도 이와 같다. '참'은 객관적인 인식인 동시에 주체적인 지향이다. 그리고 그것들의 통일이다. "진리란 경험(즉 객관: 역자)에 입각한 양심(즉 주체: 역자)의 소리 그 것이다"라고 한 전태일 열사의 말도 같은 취지이다. 역주)

그래서 '참'은 곧 인간에 대한 '존엄성'이다. 존엄해지고자 하는 것이야말로 인간의 본성에 어긋나지 않는 자주적 지향이기 때문이다. '참'은 또 참다 참다 안 되면 마침내 야!바스타! 즉 "이제 그만 좀 해!"라고 말할 수 있는 긍지, 인간으로서의 긍지를 가지는 것이다. 이렇게 될 때 싸우다 죽은 자들의 죽음은 그 의의를 회복할 수 있을 것이다.(싸우다 죽는 것은 역사에 기여하고 민중에 기여하기 때문에 가치가 있다거나—그러한 측면이 분명히 있지만—어쨌든 죽어 버렸으므로 허망할 뿐이라거나 하는 시각에서만 바라보아서는 안 된다. 굴종하지 않고 싸우는 그 순간만은 그들은 인간으로서의 '긍지'를 가지고 사람답게 산 것이다. 소설『녹슬은 해방구』속에 죽음을 맞이하는 순간까지 인간으로서의 '긍지'를 잃지 않고자 노력하는 전사들의 이야기가 나오는데, 그들의 죽음도 '죽음'으로서만이 아니라 인간으로서의 '존엄성'을 가지고 산 값있는 '삶'이라는 측면을 중심으로 해서 그 의의가 평가되어야 할 것이다. 이같은 맥락에서 『전태일 평전』에서는 전태일 열사가 당시 비인간적인 노동현실 속에서 인간의 '긍지'를 지키는 유일한 길로서 과감한 투쟁을 택했다고 말하고 있다. 역주)

인간의 '존엄성'을 역설하는 것은 우리를 비인간적으로 취급하는 이 사회현실에서 자신의 인간성을, 민중이 인간임을 주장하는 것이다. 인간의 '존엄성'을 역설하는 것은 우리들을 파편화시키는 이 사회에서 우리들 하나하나가 모래알이 아니라 모두가 어우러져 하나의 전체를 이루고 있음을 주장하는 것이다.(전태일 열사의 일기 속에는 "위로해야 할 나의 전체의 일부", "나의 또 다른 나", "자기의 소중한 전체의 일부", "저희들의 전체의 일부" 등 '전체의 일부'라는 표현이 많이 나오는데, 전적으로 같은 맥락이다. 역주) 인간의 '존엄성'을 역설하는 것은 또한 자기 자신의 생활을 자기 스스로 통제하겠다고—그러한 자율적 또는 자주적 통제를 금하는 사회 속에 살면서-주장하는 것이다.

인간의 '존엄성'을 지킨다는 것은 또 우리가 투쟁을 통해 향후에 실현하고자 하는 인간다운 생활, 즉 "실현 가능하지만 아직은 미처 실현되지 않은 생활"을 지금의 시점에서 미리 실천하는 것이다.(굴종을 거부하고 자신의 인간적 존엄성을 지키는 것을 말한다. 이것이 진짜 투쟁이다. 역주) 그리고 '참'으로써 또는 '존엄성'으로써 무장한다는 것은 "아직은 미처 실현되지 못한 인간다운 생활"을 지금 현시점에서 실천할 권력 또는 권리를 큰소리로 주장하는 것이다.

그들 사파티스타들이, 그리고 우리들이 '참' 또는 '존엄성'으로 무장되어 있다고 주장하면서 종래 통용되던 진부한 권력 개념은 거꾸로 뒤집힌다. 권력, 세력 또는 힘은 이제 현재 존재하는 것을 계속 존재하게 하는 힘이 아니라 현재 존재하지 않는 것을 실현시키는 힘이라고 180도 다르게 개념화된다. 권력 또는 세력이란 "실현 가능하지만 아직은 미처 실현되지 않은 것"(블로흐[Bloch]가 쓰는 용어를 빌리자면 Not Yet)을 실현되게 하는 힘이다.(말하자면 참다운 권력이란 현상을 유지하고 타인을 지배하는 힘이 아니라 현상을 타파하고 인간해방의 미래를 창조하는 힘이라는 말이다. 역주)

현존하는 것("이것이 세상이 존재하는 방식이다"라는 지배 논리와 더불어)-그것은 한 마디로 압축하면 인간에 의한 인간의 지배이고 인간의 존엄성에 대한 부정이다-즉 야만(野蠻)이 절대적인 질서로 통용되고 있는 현실사회에서, 또 추상적으로 말해서 '동일성' 또는 획일성이 주인 노릇을 하며 군림하는 현실사회에서(동일성이란 철학적 용어로서 "여러 대상, 속성, 사태 등이 모든 특징 면에서 완전히 일치하는 것, 또 영원히 변하지 않는 것"을 의미한다. 『전태일 평전』에서 "오늘의 현실이 절대로 변화될 수 없는 영구불변한 현실이라는 미신"이라고 말하고 있는 그 미신이 바로 동일성이라는 관념이다. 이것을 원리로 삼게 되면 인간은 지배자의 닮은 꼴로 획일화되고 사회진보는 부정된다. 그 대안의 원리는 인간의 다양한 개성의 긍정과 그것에 기초한 사회적 연대이다. 역주), 바로 그러한 현실사회 속에서 인간의 '존엄성'으로 무장한다는 것은 무엇인가? 그것은 현존의 지배질서를 거부할 수 있는, 지배자와 동일해지지 않을 수 있는, 획일적이지 않을 수 있는 권력과 권리를 주장하는 것이다.

인간소외에 기초해서 굴러가고 있는 세상에서 사파티스타는 탈(脫)소외, 비(非)소외의 기치를 들어올린다. 억압되고 있는 것 즉 웃는 것, 노래하는 것, 춤추는 것의 기치를 들어올린다. 사회과학, 겉으로 드러난 '현존재'에만 의거하고 있거나 '세계의 동일성'이라는 인식론적 기초 위에서 건축되어 있는(세계의 다양성과 모순성 및 그에 따르는 무궁한 변화·발전이 아니라 현존 질서의 불변성과 그 안에서의 획일성과 무모순성을 인식의 원리로 삼음을 말한다. 최근 유행하고 있는 '복잡성의 과학'이나 '혼돈 이론' 등은 동일성의 원리가 철학적으로 무너지고 있는 조짐이다. 그러나 이것들도 사물 내면의 모순성은 여전히 보지 못한다. 아니 오히려 그것을 부정한다: 역주) 현재의 주류 사회과학의 정규 과목에서는 전혀 나타나지 않는 것들의 기치를 들어올린다.

그렇지만 사파티스타의 그러한 시도는 쓸데없는 헛수고가 아닐까? 너무나 공상적이지 않을까? 어떻게 아직 미처 실현되지도 않은 것이 권력 또는 힘을 가지고 있다고 이야기할 수 있는가? 어떻게 비소외, 비동일성, '존엄성'과 '참' 같은 것의 권력 또는 힘에 대해 운운할 수 있는가? 그런 것이 과연 권력이나 힘을 가질 수 있는가? 역사 속에는 '참'과 '존엄성'을 가지고 있으나 끝내 권력이나 세력과 힘을 갖지 못한, 그래서 무기력하게 패배한 자들의 시체들이 널부러져 있지 않은가?

'아직은 미처 실현되지 않은 것'이 어떤 형태로든 현재 이미 존재하고 있지 않다고 하면 '아직은 미처 실현되지 않은 것'의 힘에다 호소한다는 것은 극히 비현실적이고 공상적인 짓거리일 것이다.(마치 절대자인 신에게 호소하는 것처럼!: 역주) 순 정신적인 실재로서 선험적으로 주어져 있다고 이해되는 것들은 하등 도움이 되지 않는다. 즉 그 가는 길이 예정되어 있다고 말하는 종류의 '역사'라든가 (종교에서 흔히 볼 수 있는 목적론적이고 종말론적인 역사 같은 것: 역주) 이러저러하게 선험적으로 주어져 있다고 주장되는 인간의 '존엄성'이라든가(자유주의에서 얘기하는, 인간의 천부적인 자유 같은 것: 역주) 하는 데에 의거하는 것은 사람이 사람답게 살아가도록 세상을 변혁하는 데 전혀 도움이 되지 않는다.

우리는 먼저 '존엄성', '참', '비동일성'(즉 사물들의 다양성 및 다른 사물과의 차별성 또는 대립성이다: 역주), '아직은 미처 실현되지 않은 것' 등이 어떤 형태로든 지금의 현실 속에서 이미 존재하고 있는 것으로 이해하는 경우에만 '역사'라든가 '존엄성'이라든가 '참'이라든가 하는 것들의 권력 또는 힘에 대해서 구체적으로(공상적으로가 아니라: 역주) 생각하기 시작할 수 있다.

그것들은 현존한다. 물론 그러한 것들은 초월적인 실재로서 현존하지는 않는다. 그렇지만 그것들은 반(反)진리인 자본주의 사회에 대한 현재의 거부, 현재의 투쟁, 현재의 부정과 반대라는 형태로 엄연히 현존한다. '참'은 반(反)진리에 대한 투쟁으로서 현존한다. 존엄성은 모욕에 대한 투쟁으로서, 비소외는 소외에 대한 투쟁으로서, 비동일성은 동일성에 대한 투쟁으로서 현존한다. 그리고 '아직은 미처 실현되지 않은 것'은 '현재 일방적으로 통용되고 있는 것'에 대한 투쟁으로서 현존한다.

요컨대 그것들은 야!바스타!로서, "이제 그만 좀 해!"로서 우리들 모두의 내부에 현존한다.(이화여대 신인령 교수는 《한겨레신문》 1997년 8월 25일자의 칼럼에서 우리의 현실이 지긋지긋하다고, 이 지긋지긋한 현실이 이제 그만 끝나 주었으면 좋겠다고, 반세기의 분단 현실과 천민적 독재정치의 현실이 이제 그만 끝나 주었으면 좋겠다고 말했다. 이것을 큰 소리로 분명하게 표출하는 것이 바로 우리의 야!바스타!이다: 역주)

이 지점에 대해 안토니오 가르샤 드 레온(Antonio Garcia de Leon)은 사파티스타 성명서들의 편집물 중의 한 서문에서 아주 적확하게 표현하고 있다. 거기에서 그는 이렇게 말하고 있다. "반란 성명서가 점점 더 많이 발표되면서 우리는 반역이 실은 우리 자신의 내면 깊숙한 곳에서부터 연원하고 있음을 알게 되었다"라고. 사파티스타의 권력과 힘은 야!바스타!의 권력과 힘이다. 우리들 모두의 내면 깊숙한 곳에 현존하는, 억압에 대해 반대하고 거부하는 권력, 세력 또는 힘이다.

그러면 그와 같은 야!바스타!가 현존하는 것을 우리는 어떻게 아는가? 우리는 그것이 우리 모두에게 틀림없이 존재하고 있다는 것을 알고 있다. 아마도 매우 억압되어 있고, 그래서 항상 모순적인 형태를 취하고 있을지라도(지배에 대해 부정하고 저항하면서도 동시에 지배자처럼 되고자 하고 자기비하를 하고 대세에 쉽게 굴종하는 등: 역주) 우리들의 내면에 항상 존재하고 있을 수밖에 없다는 것을.

우리는 야!바스타!가 존재한다는 것을 특별한 경험을 통해서만, 꼭 어떤 특별한 경험이 있어야만 아는 것이 아니다. 인간이 인간을 억압하는 사회에서는 인간의 '존엄성'을 지키고자 하는 데 따르는 저항심은 민중의 생활에서 떼어놓을 수 없는 부분이기 때문에 굳이 경험해 보지 않아도 그냥 알 수 있는 것이다.

우리는 그러한 저항심의 표출을 자본주의 사회에서의 삶을 구성하고 있는 수백 만 가지의 각종 투쟁들 속에서 찾아볼 수 있다.(자본주의 사회에서의 삶은 온통 투쟁으로 이루어져 있다. 만인에 대한 만인의 투쟁이 그 원리이다. 전태일 열사는 이것을 "생존경쟁이라는 없어도 될 악마", "한 인간이 인간으로서의 모든 것을 박탈당하고 박탈하고 있는 무시무시한 세대"라고 표현했다: 역주) 95년 말 프랑스를 뒤흔든 노동자 파업으로부터 이른 아침 직장, 자기를 인간적으로 소외시키는 곳으로 출근할 시간임을 알려주는 괘종시계의 경보에 대해 악담하는 것에 이르기까지 모두가 투쟁이다. 그리고 그 모든 투쟁 속에 저항심이 내재해 있다.

그러나 이 저항심을 수량적으로 측정할 수 있는 방도는 없다. 또 이 저항심에 대하여 경험주의적으로 개념 정의를 할 수 있는 방법도 없다. 그렇다. 이것은 그저 감지만 할 수 있을 뿐이다! 이처럼 이 야!바스타!는 존재하기는 하지만 명료하게 표현되지 않는 형태로 존재하는 경우가 많다. 그리고 이것의 표현이 종종 명료하지 않은 형태를 가짐으로써 사회의 변화·발전에는 어쩔 수 없이 어느 정도의 예측 불가능성이 존재하게 되는 것이다.

사파티스타가 과연 권력이나 힘을 가지고 있느냐 하는 질문은 이만하면 해명되었을 것이다. 그리고 참된 권력이란 이렇게 야!바스타!의 힘이라고 바르게 이해해야만 그때라야 비로소 우리들은 사파티스타가 과연 권력이나 힘을 가지고 있느냐 하는 질문으로부터 어떻게 우리들의 야!바스타!를, 그들의 야!바스타!가 아니라 우리들의 야!바스타!를 명확하게 표현할 것인가 하는 질문으로 넘어갈 수 있다. 참된 권력이란 야!바스타!의 힘이며, 야!바스타!는 사파티스타만이 아니라 우리들에게도 있을 터이므로!

한편 우리들이 사파티스타가 권력 또는 힘을 가지고 있다는 말의 의미를 위와 같은 식으로 파악할 때, 그러한 인식은 사파티스타들이 어째서 멕시코 정부의 군사력에 의해 쉽게 압살되어 버리지 않았는지 또는 아직 그렇게 되지 않고 건재한지, 그 이유를 바르게 이해할 수 있도록 해 줄 것이다. 사파티스타가 압살되지 않고 있는 것은 근본적으로 그들의 군사력에 힘입고 있는 것이 아니다. 오히려 그들의 야!바스타!에 대한 멕시코 국내 및 나아가 전 세계에 걸친 이례적으로 높은 공명, 즉 세계 모든 사람들의 공통된 야!바스타!에 힘입고 있는 것이다.

권력과 힘의 문제를 이런 식으로 이해하는 것은 그런 것들에 대한 올바른 이해 자체에서 나아가 우리들로 하여금 사파티스타 정치활동의 여러 측면들에 대해서도 보다 잘 이해할 수 있도록 해 준다. 민중을 모욕하고 있는 사회에서 이미 '존엄성'을 가진 민중이 존재한다는 것, 거짓 투성이의 사회에서 '참'(진실과 진리)을 가진 민중이 존재한다는 것('참'과 인간의 '존엄성'이 그 본질을 충분히 실현하는 것은 못되고 단지 모욕과 반(反)진리에 대한 대립물의 형태로서 존재할 뿐이지만)을 이해하고 받아들이게 될 때 운동에 대한 관점에 결정적인 전환점이 이루어진다.

즉 민중이 지금 현재 인간적 '존엄성'을 가지고 있다는 것을 이해하고 받아들인다고 할 때, 정치사업을 수행함에 있어서 활동가가 대중을 향해 일방적으로 말하고 가르치는 정치사업 방식이 아니라 대중으로부터 귀를 기울여 듣는 정치사업 방식을 중심으로 삼는 것이 필연적으로 뒤따르게 마련인 것이다.(이것은 활동가와 대중의 상호 인정의 정치이다!)

사파티스타 민족해방 운동의 모체였던 일단의 혁명가 집단은 운동이 출범하던 당시 라캉도나 정글의 선주민 공동체들과 일체화되어 가는 과정을 거치면서 의사소통을 하기 위하여 선주민들에게 귀를 기울이지 않을 수 없었다. 그들은 혁명운동의 위대한 전통인 말하기, 즉 민중에게 무엇을 어떻게 생각할지 가르쳐 주기를 포기하지 않으면 안 되었다. 그래서 혁명의 정치는 계급의식을 민중의 밖에서부터 민중에게로 가져가는 사업을 중심으로 하는 대신에, 민중이 이미 수행하고 있는 '존엄성을 지키기 위한 투쟁'을 받아 안고 그것을 보다 분명히 표현되게 하는 사업 중심으로 바뀌게 되었다. 그리고 이것으로부터 사파티스타 담론에서 핵심적인 지위를 차지하는 두 개의 구절이 도출되게 된다. 즉 '복종함으로써 지도한다'(mander obedeciendo)는 원칙과 '물어가며 함께 걸어간다'(preguntando caminamos)는 원칙이 그것이다.

혁명은 이미 주어져 있는 '대답'을 실행하는 일이 아니라 끊임없이 '질문'하는 과정이라고 재정의된다. 혁명은 대문자 R로 시작되는 Revolution이 아니라 소문자 r로 시작되는 revolution이 된다.(혁명은 거만하게 뽐내며 하는 일이 아니라 겸허하게 실천하는 일이라는 의미이다: 역주) 이러한 인식 전환으로 혁명은 이제 이미 사전(事前)적으로 그 모습이 규정되어 있는 '약속된 땅'에 도달하는 일(즉 설계도가 주어져 있는 일: 역주), 또는 미래의 어느 날 갑자기 일어나는 '커다란 사건'(즉 우연적 또는 우발적으로 주어지는 일: 역주)을 지칭하는 것이 아니게 된다. 혁명이라는 말은 이제부터는 지금 현재의 삶 속에서 인간의 '존엄성'을 창조적이고 풍부하게 그리고 명확하게 표현하는 일을 지칭하는 것으로 전환된다.("한 인간이 그의 인간성을 풍성하게 하는 과정은 곧 좁은 자아의 환상을 버리고, 그 껍질을 깨고, 자신과 이웃과 세계에 대한 참되고 순수한 관심의 햇살이 비치는 곳을 향하여 나아가는 과정을 뜻한다. 참된 소망, 참된 사랑, 참으로 순수한 그리움만이 인간을 구원하고 풍성하게 하는 것이다"라고 한 『전태일 평전』의 관점에서 그렇게 하는 것이다: 역주)

인간의 '존엄성'을 사고의 중심에 놓고 운동을 생각하는 관점과, 민중의 투쟁에 귀 기울이기를 중심에 놓는 활동 자세 등은 또한 사파티스타

들이 왜 그 지지자들에게 자기들의 정글로 와서 자기들이 하고 있는 게
릴라 투쟁에 동참하라고 요청하지 않는지를, 그 대신에 민중은 자신이
위치하는 곳이 어디든 그 현장에서, 자신들이 할 수 있는 방법이 어떤 것
이든 구체적으로 실천할 수 있는 방법으로 투쟁해야 한다고 강력히 주장
하는지를 납득하는 데도 도움이 된다. 요컨대 그들은 "우리들이 옳다. 그
러니 우리에게 동참하라"고 말하지 않는다. 그들은 그 대신 "우리 모두
가 우리들의 야!바스타!를 표현하기 위해 투쟁하지 않으면 안 된다"고 말
하고 있다.

그들은 여러 가지 정치행사를 제안하고 주도했다. 아구아스칼리엔트
스(Aguascalientes: 글자 그대로 풀이하면 '뜨거운 물'이다. 사파티스타가
세운 요새지들의 보통명사이다. 원래는 1995년 2월 정부군의 대공세 때
함락된 사파티스타의 본부 소재지의 고유명사였는데, 그 후 그곳을 잊지
않는다는 뜻에서 다섯 군데에 같은 이름의 요새를 세웠다. 그곳에는 군
사시설만이 아니라 극장을 비롯한 놀이 시설들이 있다. 역주)에서 열린
'민족 민주 대회', 사파티스타 민족해방운동의 목적과 장래에 대한 범민
족적 및 국제적인 자문, '선주민 포럼' 등을 발기하고 주도했다. 그리고
지금은 '신자유주의에 반대하는 대륙간 회합'을 제안하고 이를 주도하고
있다.

그러나 이 모두는 자신들의 회원수를 늘리기 위한 목적으로 마련된 것
이 아니다. 자신들에 대한 지지·지원 운동을 꾸리기 위해서 마련된 것도
아니다. 이 정치행사들은 모두 자기들 이외의 다른 사람들이 각자 자신
들의 투쟁, 민주주의와 자유와 정의를 위한 투쟁을 강화하도록 자극하는
것을 겨냥하고 있다.

그들이 자신들에게 공명해 달라고 호소하는 대상은 아주 일반적인 보
통사람들로서, 사파티스타는 그것을 '시민사회'라 부르고 있다. 그들은
또 계급투쟁이나 프롤레타리아에 관해서 거의 이야기하지 않는다. 이런
태도들이 몇몇 마르크스주의자들로 하여금 사파티스타는 개량주의자들
이라고 비판하도록 하는 근거가 되고 있다.

물론 '시민사회'라는 용어를 사용하는 것은 몇 가지 점에서 보면 불만족스러운 바가 있다. 하지만 사파티스타가 왜 마르크스주의 전통의 용어들을 사용하기를 극구 피하고자 하는지는 충분히 이해할 수 있다. 마르크스주의 전통의 용어들은 지난 1백여 년간 독단적으로 해석되어 옴으로써 지금 상태로서는 그 좋지 못한 전통이 남긴 유산을 잔뜩 부하로 짊어지고 있기 때문이다. 프롤레타리아라는 개념은 그 가운데서도 특히 논쟁적이다. 일반적으로 이해되고 있는 그대로, 이 말은 자본에 대하여 특정한 유형 또는 방식으로 예속되어 있는 특정한 민중집단을 엄격히 한정해서 지칭하는 개념이다.(임금노동자만을 지칭하는 개념이라는 의미이다. 가내공업 같은 이른바 비공식 부문에 종사하는 사람들이나 신자유주의 하에서 증가하고 있는 자기-고용 노동자들은 이 범주에서 제외된다: 역주) 프롤레타리아라는 말의 개념이 이와 같음으로 인해서 이 개념을 중심으로 사고하게 되면 부지불식간에 어느 한 민중집단(임금노동자를 말한다: 역주)의 투쟁을 여타 민중집단들의 투쟁에 비해 특권적인 지위에 올려놓게 된다. 또 어느 한 유형의 투쟁(예컨대 노동쟁의: 역주)을 여타의 투쟁 유형들에 비해 특권적인 지위에 올려놓게 된다.

그런데 사파티스타의 야!바스타!라는 개념은 이러한 사고방식과는 분명히 선을 긋는다. 다른 한편 내가 보기로는 사파티스타의 야!바스타!라는 개념은 프롤레타리아라는 개념에 비해 마르크스 자신의 노작들에 보다 더 부합하는 개념인 것 같다. 또 야!바스타!라는 개념은 계급적 대립이 비록 관통되는 방식은 서로 다르지만 우리들 모두를 관통하고 있다는 관점에 기초하고 있으며, 그럼으로써 투쟁에 대한 새로운 개념 즉 인간 활동의 모든 측면을 계급투쟁의 범위 안에 포괄하는 보다 풍부한 투쟁개념을 가질 수 있게 해 주는 적절한 개념이라고 할 수 있겠다. 나에게는 그렇게 비춰진다.

지난 2년 동안 멕시코 동남부 정글에서 들고일어난 이 반란집단은 일단의 혁명가들이 치아파스 주 선주민의 투쟁 전통과 상호 접목됨으로써 생겨났다. 이 반란은 또 수많은 민중들로 하여금 불행과 고통으로 인해 죽어 버리거나 아니면 야!바스타! 하고 외치며 들고일어나도록 강요하는 '전 세계적 신자유주의'의 공포가 엄습하는 1990년대라는 시대 속에서 태어났다.

그리고 최근 수년 동안 진보운동 안에서 전 세계에 걸쳐 토의되어 왔던 주제인 성의 문제, 연령의 문제, 어린이 문제, 죽은 자들 및 죽음의 문제 등 저항운동의 사상과 행동에 관한 여러 주제들에 대하여 상당한 정도로 이를 구체화시켰다.(그리고 그것을 한 걸음 진전시켰다) 이 모든 것들은 정치를 인간의 '존엄성'을 구현하는 정치적 활동으로 올바로 이해하는 것에서 연원하고 있다. 또 여성, 어린이, 노인에 대하여 이들 각각에 대해 각각 특정한 형태의 억압이 행해지고 있다는 것을 인정하고, 이런 인정을 바탕으로 그들 여성, 어린이, 노인들의 투쟁을 존중하는 것이야말로 참된 정치라고 올바로 이해하는 것에서 연원하고 있다.

노인들의 투쟁을 존중하는 것은 마르코스의 이야기 속에서, 특히 안토니오 노인(Old Antonio)이라는 인물을 매개로 하여 단골 주제를 이루고 있다. 그러나 노인들의 투쟁에 대해 존중하는 기풍은 산 안드레스(San Andres)에서 있은 정부와의 회담에서 연로한 트리니다드 사령관(Comandante Trinidad)이 지도적 인물의 하나로 떠오르는 과정을 통해서도 강력하게 부각된 바 있다.

사파티스타 여성들이 사파티스타 남자들로 하여금 어떻게 여성들의 투쟁이 가지는 의의에 대해 인정할 수밖에 없게 만들었는지는 이미 잘 알려져 있다. 그리고 봉기 첫날에 공표된 '여성을 위한 혁명헌법'과 같은 예를 통해서 여성들의 이러한 노력의 성과를 구체적으로 확인할 수 있다. 또 1994년 1월 1일 산 크리스토발 읍을 점령한 군사행동, 사파티스타가 수행한 것 가운데 가장 중요한 군사행동을 이끈 것이 아나 마리아(Ana Maria)라는 여성이었다는 사실에서도 사파티스타 안에서 여성들의 지위가 어떠한지가 잘 드러나 있다.

마르코스의 저술에서는 어린이 문제와 어린이들의 뛰어놀 자유의 문제가 줄곧 그 주제가 되고 있다. 그리고 최근의 한 인터뷰에서는 그가 어린이 문제를 운동이 관심가져야 할 제반 문제들 가운데 가장 중요한 문제로 생각하고 있다는 것이 확연히 눈에 띄게끔 두드러지게 이 문제를 강조하고 있다.

"우리들의 꿈 안에서 어린이들은 그냥 어린이들일 뿐이며, 그들이 할 일은 어린이답게 되는 것이다.… 우리는 농지 재분배라든가, 대규모 대중 동원이라든가, 정부가 무너지는 것이라든가, 선거라든가, 선거에서 좌파가 승리하는 것이라든가 하는 등등의 것들을 꿈꾸지 않는다. 나는 어린이들에 대해서 꿈을 꾸며 꿈 속에서 그들이 어린이가 되는 것을 본다.… 우리 사파티스타는 사실상 운동적으로 아직 어리다. 운동적으로 어린이들인 우리 사파티스타가 운동의 어린이로서 할 일은 열심히 뛰어놀고 그러면서 배우는 것이다."(크리스찬 칼로니코 루시오[Cristian Calonico Lucio]와의 인터뷰에서, 1995. 11. 11. 미발표)

내가 위와 같은 사례를 든 것은 "그것 봐라. 사파티스타의 투쟁—군사적 충돌과 정부와의 지루한 회담—도 역시 이러한 중요한 문제들을 제기했다"라고 말하기 위해서가 아니다.(계급주의적 편향에 반대하는 서구 신좌파의 입장에서, 또는 자신의 입장을 정당화하기 위해 이것저것 모조리 끌어들이는 자기중심적인 자세로써가 아니라는 뜻이다: 역주) 그보다는 사파티스타는 인간성을 옹호하는 것을 지향하고 있으며, 그로 인해 그들의 투쟁 안에서 이 문제들—여성 문제, 노인 문제, 어린이 문제 같은—이 중심적인 위치를 차지하고 있음을 보여주기 위해 구체적인 실례를 든 것이다.

사파티스타의 투쟁은 보다 나은 주택, 학교, 병원 등과 같이 물질적 조건의 개선을 확보하기 위한 투쟁만이, 단지 그런 것만을 위한 투쟁이 아니다. 사파티스타의 투쟁은 민중이 인간으로서의 '존엄성'을 가지고 살아갈 수 있는 세계, 사람들이 가면을 쓴 채 서로에게 자기 자신을 감추지 않고서 상호 관계할 수 있는 세계, 서로가 서로를 인정하는 세계를 창조하기 위한 투쟁이다.("내가 보는 세상은, 내가 보는 나의 직장, 나의 행위는 분명히 인간 본질을 해치는 하나의 비평화적, 비인간적 행위이다. 하나의 인간이 하나의 인간을 비인간적인 관계로 상대함을 말한다. 아무리

피고용인이지만 고용인과 같은, 가치적으로 동등한 인간임엔 차이가 없기 때문이다"라는 전태일 열사의 절규는 단절되고 적대적이기까지 한 상품적인 인간관계에 대한 통렬한 고발이다: 역주). 이러한 시각에서 볼 때 마르코스의 저술, 시, 아구아스칼리엔트스의 극장과, 사파티스타가 하고 있던 일들 모두를 잠시 정지시키는 춤들은 혁명 과정의 단순한 장식물이 아니라 혁명에 있어서 중심적인 위치를 차지하는 내용물이다.

지금까지 이야기해 온 바와 같다면, 우리들에게 던져진 문제는 어떻게 사파티스타를 지원하는 연대위원회를 꾸릴까 하는 것이 아니라 오히려 그들이 시작한 운동 과정에 우리들이 어떻게 함께할 수 있을까, '함께하는 연대'를 할까 하는 것으로 된다. 우리는 어떻게 우리 자신의 야!바스타!를 이론화하고 행동으로 구체화할 것인가? 우리들의 투쟁들과 멕시코 동남부 지역에 있는 그들 사파티스타의 투쟁을 하나로 통일시키는 문제에 대해 어떤 것이 좋은 대답이 될까? '존엄성'이 더 이상 '모욕'에 반대하는 투쟁에 국한되지 않는 사회, 인간의 '존엄성'이 사회 운영의 중심적인 기준이 되는 세상을 건설하기 위한 투쟁에서 그러한 통일을 어떻게 구체화할 수 있을까?

사파티스타가 '인간성을 옹호하고 신자유주의에 반대하는 대륙간 회합'을 1997년 4월에서 8월 사이에 5개 대륙에서 개최하는 방식으로 가지자고 제안하고 초청한 것은 아마도 그같은 질문들을 광범위하게 불러일으키기 위해서일 것이다.(이 회합은 실제로는 5개 대륙에서 따로 열리지 않고 전 세계에 걸쳐 하나의 회합으로 하여 스페인의 수도 마드리드에서 97년 7월 26일부터 8월 2일까지 1주일간에 걸쳐 열렸다: 역주)

사파티스타는 멀리 떨어져 있는 땅에서 일어난, 우리와는 별 상관이 없는 또 하나의 반란이 아니다. 그것은 우리에게 이론상 및 실천상으로 심각한 도전을 안겨 주고 있다. 그것은 인간의 '존엄성'을 위한 투쟁에 동참할 것을 촉구하는 도전장인 것이다.

대륙간 회합을 갖자고 요청한 마르코스의 발표문에 따르면 "인간의

‘존엄성’이란 민족감정(우월감이나 열등감 같은)에 사로잡히지 않는 민족이며, 다리이기도 한 무지개이며,[*] 심장 속에 끓고 있는 피가 무엇이든 그것을 뛰어넘어(인종이나 민족 및 종족 같은 혈연적인 것을 뛰어넘어: 역주) 인간의 심장이 고동치는 소리이다. 인간의 ‘존엄성’은 또 국경선이니 세관이니 전쟁이니 하는 것들, 지배권력이 민중을 지배하고자 만들어 놓은 것들을 조롱하는 반란자의 불경한 행위이다.”

우리는 물어가며 함께 걸어간다(Asking we walk: Preguntando camina-mos.) 서로 물어가며 함께 걸어가자!

---

[*] 좌파들은 97년 5월 25일~6월 1일에 치러진 프랑스 총선에서와 같이 노동운동, 환경운동, 여성해방 운동, 인종차별 철폐운동, 사회민주주의 운동, 공산주의 운동 등 각양한 진보운동이 총연대하는 경우가 있는데 이것을 흔히 ‘무지개 연합’이라 한다. 그러나 이러한 ‘무지개 연합’은 진보세력의 진정한 통일로 나아가지 못하고 여러 갈래로 분산된 원상태로 되돌아가는 경우가 많다. 상호간의 교류 및 교통이 잘 이루어지지 않았기 때문이다. 그래서 마르코스는 무지개일 뿐만 아니라 교량이기도 한 연대를 제창하고 있다: 역주

■ 편역자
전태일을 따르는 민주노조운동연구소
1990년 2월 '민주노조운동연구소'로 설립·활동해 오다가 97년 9월 '전태일을 따르는 민주노조운동연구소'로 이름을 바꾸어 현재에 이르고 있다. 전태일 열사의 삶, 실천 그리고 사상을 모범으로 삼아, 참된 민주노조운동 및 노동운동을 발전시키기 위한 '실천적 이론'의 모색·보급을 기조로 하여 활동하고 있다. 그 성과의 하나로 97년 말에 『경제 대공황과 IMF 신탁통치』(한울)를 펴낸 바 있다.

신자유주의와 세계민중운동

ⓒ 도서출판 한울·전태일을 따르는 민주노조운동연구소, 1998

편역자/전태일을 따르는 민주노조운동연구소
펴낸이/김종수
펴낸곳/도서출판 한울

편집/최연희

초판 1쇄 발행/1998년 2월 12일
초판 3쇄 발행/1998년 10월 7일

주소/120-180 서울시 서대문구 창천동 503-24 휴암빌딩 201호
전화/영업 326-0095(대표), 편집 336-6183(대표)
팩스/333-7543
등록/1980년 3월 13일, 제14-19호

Printed in Korea.
ISBN 89-460-2489-5 93320

* 값 9,000원